「国家2011计划」出土文献与中国古代文明研究协同创新中心成果

华夏人文历史

中国通史 〔叁〕

隋唐五代两宋

[大字本]

总撰稿 ◎ 卜宪群

撰　稿 ◎ 雷　闻（再造统一——唐代宗教）
　　　　　江小涛（五代十国——宋代文化）

华夏出版社　HUAXIA PUBLISHING HOUSE
安徽教育出版社

图书在版编目(CIP)数据

中国通史：大字本．3，隋唐五代两宋 ／ 卜宪群总撰稿．－－北京：华夏出版社 ；合肥：安徽教育出版社,2017.9（2023.3重印）
ISBN 978-7-5080-9242-3

Ⅰ．①中⋯ Ⅱ．①卜⋯ Ⅲ．①中国历史－隋唐时代②中国历史－五代十国时期③中国历史－宋代 Ⅳ．① K20

中国版本图书馆 CIP 数据核字 (2017) 第 171288 号

青釉四系罐　隋

鎏金狻猊纹银盘　唐

敦煌壁画《行脚僧图》

狩猎纹金蹀躞带及刀　龟负论语玉烛酒筹鎏金银筒　唐

韩熙载夜宴图（局部） 五代

宋仁宗皇后像

第三卷 《隋唐五代两宋》

1	再造统一
19	炀帝功过
39	贞观之治
63	武则天
83	开天盛世
105	安史之乱
127	中晚唐的困局
147	世界都会长安
169	吐蕃兴衰
195	敦煌
219	唐朝对外文化交流

239	唐代宗教	
263	五代十国	
283	宋太祖	
307	澶渊之盟	
325	与士大夫共治天下	
349	王安石变法	
385	靖康之难	
403	宋金和战	
425	偏安东南	
445	东京梦华	
471	宋代新儒学	
503	宋代文化	
547	隋唐五代北宋南宋纪元表	

再造统一

隋武士俑

妖姬脸似花含露，玉树流光照后庭，
花开花落不长久，落红满地归寂中！

这首曲子名叫《玉树后庭花》，常被后人称作"亡国之音"。这是南朝最后一个皇帝陈后主与嫔妃们的唱和之作。陈后主不理朝政，日日夜夜沉湎于声色。不久，陈后主的江山，就如那花期短暂的后庭花一般凋零破碎了。

此前的三百多年，类似的亡国之音一直在南北大地上吟唱，这是中国历史上王朝更迭最频繁的时期。在北方，自西晋末年到北魏统一，期间"五胡十六国"你方唱罢我登场，最短的只存在过八年。在南方,朝代更迭也同样频繁。

滚滚长江水,目睹着这些割据政权的兴亡离合和人民的深重苦难。然而,统一是历史的趋势,是政治的需要、经济的要求、文化的向往、人民的渴望。但此时的南朝,由于政治腐朽昏庸,无心统一;北朝则受游牧民族的牵制,无力统一。山河分裂,天下犹如一盘乱棋。那么,如何破解这个三百多年来无法解开的困局呢?破解这个困局的棋子,没有落在南朝的政治中心建康,也没有落在北魏的政治中心洛阳,而是落在了一片荒凉苦寒之地。

"王气所聚"的武川镇。位于大青山北麓的土城梁村,距离呼和浩特市西北二十五公里。往北,是一望无际的草原;再往北,就是荒凉寂寥的大漠。谁能想到,这一段段静默的黄土梁所怀抱的,曾经是北魏的军事要塞——武川镇。后人感叹武川镇乃"王气所聚",因为在这个区区弹丸之地,先后走出了北周、隋、唐三朝皇室,左右了中国三百多年的历史。

中国社会科学院历史研究所研究员 楼劲

传说当时有一个术士,他在武川镇的时候,发现自己的相书似乎出现了巨大的问题。按照相书上的面相,在大街上或小的衙门当中,他满目所见都是帝王将相。这是怎么回事?这是不可能的。回来之后他就把相书烧掉了。这个传说完全是附会,但是六镇当中确实出现了一大批影响整个中国以后历史的政治领袖和军事领袖。

武川镇遗迹

天兴元年（398年），北魏占领了中原的大部分地区，这个由游牧民族拓跋鲜卑建立的政权，将国都迁至平城（今山西大同）。为了抵抗北部游牧民族柔然的攻击，拱卫平城，北魏在长城沿线设立了一系列军镇，其中有六个最为重要，除武川镇外，另外五个分别是：沃野、怀朔、抚冥、柔玄、怀荒，这就是著名的北方六镇。

北魏抵抗柔然的军事主力集中在北方六镇。六镇军将多由拓跋氏贵戚贤臣充任，具有很高的社会地位。他们虽然远离政治核心，仕途却不受影响，且常被特别提拔，因此，"当时人物，忻慕为之"。

然而，太和十七年（493年）北魏孝文帝拓跋宏迁都至洛阳后，北方六镇的地位一落千丈。镇守边疆的勇士们逐渐被遗忘，成为孝文帝汉化政策的弃儿。空间的距离扩大了政治身份的差距,"留居京者,得上品通官;在镇者,便为清途所隔。"流连于繁华富庶的中原,谁会想到那荒凉苦寒的边塞?六镇的军将不但失去了往日的荣耀,镇兵镇民们甚至被归入了贱民的行列。

中国社会科学院历史研究所研究员 楼劲

六镇集团的镇守者原来是最高贵的士人,现在他们被视为最低贱的军人。因此,下层军将就纵酒高歌,结成了义父、义兄、义子的关系。这样一种强固的集团,在面临沦为社会底层的强大压力的时候,所激起来的反弹、所表现出来的团结,是当时任何集团也比不了的。

强大的军事力量和牢固的家族关系,再加上聚积已久的怨气,使北方六镇这片重要的卫戍之地逐渐演变为北魏最不安定的地区。正光五年(524年)三月,因沃野镇下辖的一个高阙戍戍主对下属苛刻,镇民破六韩拔陵聚众起义,杀戍主,并且攻占了沃野镇,揭开了六镇大起义的序幕。很快,战火席卷了北方六镇。六镇军人集团乘势起兵,经过一系列的军阀混战之后,来自怀朔镇的高欢和来自武川镇的宇文泰,主宰了北魏王朝的命运,这两位并世枭雄,最终将北魏分割为东魏和西魏两个相互对峙的政权。北魏的分裂进一步削弱了北方的力量,再加上塞外击破柔然而新兴的突厥,连同无所作为的南朝,使中国陷入更为混乱的政治割据中,国家统一的前途更加渺茫。

历史在黑暗中继续蜗行摸索,它在呼唤一个强势人物,一个真正能够一统天下的君主。

杨坚崛起——**关陇集团登上了历史舞台**。西魏大统七年、东魏兴和三年(541年)六月十三日的一个深夜,一声响亮的啼哭在西魏冯翊城(又称同州)中响起,同州刺史杨忠的夫人吕氏诞下了一个健壮的婴儿,他,就是后来的隋文帝杨坚。

就在这天晚上,一位名叫智仙的尼姑特地从山西渡过黄河,星夜兼程来到同州,求见杨坚的父亲杨忠。她告诉杨忠:"此儿大有来历,不可养于俗人之家。"杨忠相信了这位素昧平生的僧尼,决定把自家宅院辟为尼寺,将儿子交给智仙抚育。

中国社会科学院历史研究所研究员 黄正建

杨坚家族从五代祖开始就世代在武川镇为武将,到了杨坚的父亲杨忠这一代家族开始兴盛起来。杨忠是一个非常了不起的人,他身材魁梧、武艺绝伦、见识深远。他随着宇文泰到了关西,在对东魏的战争中功勋卓著,成了宇文泰手下一个非常重要的军事将领,被封为隨国公。为什么杨坚建立的王朝叫隋朝呢?这个"隋"就是从这来的。杨坚就出身在这么一个显赫的家族里。

由于杨忠常年跟随宇文泰征战在外,杨坚的青少年时期大多是与智仙一起度过的,智仙还给杨坚取了个非常佛教化的小名——那罗延,意为"金刚力士"。历史已经无从探究智仙的具体来历,但她却对杨坚的一生影响巨大,将杨坚真正历练成为一个勇猛精进、刚毅沉着的金刚力士。一代枭雄宇文泰曾夸赞杨坚:"此儿风骨,不似代间人!"

在杨坚的成长岁月里,西魏和东魏的战争一直没有间断,大规模的战役就有五次,在一系列的拉锯战中,战争的天平逐渐倒向西魏。事实上,在与东魏高欢集团对峙之初,局促于关中一隅的西魏宇文泰集团并没有多少优势可言,尤其是在武力上,根本就不具有与高欢相抗衡的实力。因为经过六镇起义洗礼的鲜卑武装,有二十多万都归入了高欢的麾下,而宇文泰所统领的军队不过区区一万人。由于宇文泰武川军人集团实力较弱,特别是其中的鲜卑军队人数很少,要稳定关中地区的统治秩序,并与高欢集团相抗衡,他们就必须依靠关中本地的汉人豪强。为了将此前互不统属的军队与乡兵进行整编,从西魏大统九年(543年)开始,宇文泰开始着手军制改革,"广募关陇豪右,以增军旅",一些汉人豪族相继率领乡兵归附宇文泰。到了西魏大统十六年(550年),宇文泰终于完成了对府兵制的建设,将此前一盘散沙的地方武装打造成为一个组织严密的系统。

中国社会科学院历史研究所研究员 楼劲

宇文泰带领着他身边的核心军将集团来到关中之后,面对的是众多的汉人豪强集团。为了安定地方和加强自己的军事力量,宇文泰将率领这些士兵的汉人豪强选拔到高级将领的位置上去,让自己身边的核心集团做最高级的将领来统领他们,这样就编制出来府兵制这样一套军事系统。府兵制本身也有一个不断完善的过程，北周的第三位皇帝周武帝宇文邕对府兵制的改革影响尤其深远。首先，他下诏"改诸军军士并为侍官"，强调军队归皇帝所有，完成了府兵的国家化；其次，他又下令大量征召汉族百姓入伍，史称"是后夏人半为兵矣"，这无疑使汉人武装逐步成为国家的基础。通过这些改革措施，北周的军事实力得到很大程度的加强。

在西魏府兵制的顶端是八位柱国大将军，除了宇文泰本人与西魏宗室元欣之外，还有六位，即：李虎、李弼、独孤信、赵贵、于谨、侯莫陈崇。在八柱国之下，还设有十二大将军，他们都是府兵制下最重要的领兵大将。杨坚的父亲杨忠，就身居十二大将军之列。正是借助府兵制，西魏军队的战斗力逐渐增强，不仅可以与东魏抗衡，而且在战略态势上日益占据优势。

成年后的杨坚，跟随父亲加入到征战的行列中。此时高欢和宇文泰早已不在人世，他们的儿子高洋和宇文觉也已经先后废掉了东魏和西魏的皇帝，建立了北齐、北周两个国家，但相互之间的战争依然在继续。特殊的成长经历，使杨坚很快在战争中崭露头角，他先后被北周皇帝授予车骑大将军、骠骑大将军，展现出超强的军事才能和非凡的王者之气。杨坚出众的才华，得到了势力更大的独孤家族的赏识，这促成了一次重要的政治联姻。父亲杨忠为他迎娶了独孤家族的第七个女儿。杨坚的岳父独孤信，出身鲜卑望族，是西魏的开国元勋，位居府兵制顶端八大柱国之一。

中国社会科学院历史研究所研究员 黄正建

独孤信家族是鲜卑贵族，他的祖先就是鲜卑的部落大人，家族地位从一开始就比较高。他当然也是出生在武川镇的，后来跟着宇文泰到了关西。他的长女嫁给了宇文毓，后来成为北周的明敬皇后；他的第四个女儿嫁给了李虎的儿子李昞，这个李昞就是后来建立了唐王朝的唐高祖李渊的父亲，换句话说，独孤信的第四个女儿就是李渊的母亲；他的第七个女儿就嫁给了杨坚，后来成了隋朝的文献皇后，就这样，独孤家族一门就出了三个皇后。

无论是在北周，还是在之前的西魏，鲜卑贵族与汉族贵族的联姻都非常普遍，这得益于宇文泰的治国之策。割据关陇一隅的宇文泰，兵力财力不及东魏的高欢，文化上不如江南萧氏，因此必须推行一个全新的政策，那就是在精神文化层面将不同民族融合在一起。这是宇文泰在府兵制之外的又一次改革。宇文泰用儒家经典《周礼》来改造中央官制，使汉族豪强与士人归心；同时，给一些汉族军将赐予鲜卑姓氏，以达成杂糅胡汉的目的。杨坚家族就被赐姓为"普六茹氏"。这样，一个胡汉势力相结合的政治同盟——关陇集团登上了历史舞台。

中国社会科学院历史研究所研究员 楼劲

所谓关陇集团，关是关中，陇是陇右，它是指当时一个地区性的豪强集团。这个集团在宇文泰率军来到关中并且把关中地区的军事形势暂时稳定下来以后，就成为宇文泰首先需要利用和依靠的一个重要的政治集团，集团成员都是府兵集团当中的高级将领、中级将领。所以整个关陇集团也就是宇文泰的统治核心集团。关陇集团的意志就直接表现为北周王朝的统治意志。

关陇集团的出现是北朝民族融合的最后一环，在魏晋南北朝近四百年的历程中，民族政策的好坏与民族融合程度的高低，始终考验着政治家的智慧，是王朝兴衰的重要杠杆。与宇文泰实行的民族融合政策不同，东魏高欢有着非常强烈的鲜卑化倾向。强大的鲜卑军队是高欢集团赖以生存的根基，无论是东魏，还是之后的北齐，都在通过许多措施来确保他们的利益。高欢经常使用鲜卑语号令三军，鲜卑官员也普遍轻视中原士族，在朝堂议事时甚至以"狗汉"呼之，在民间，鲜卑人欺凌汉人同样成为普遍的社会现象。这不仅激化了民族矛盾，也使北齐朝政迅速走向腐化。

隋朝建立——新兴王朝的勇气与智慧。577年年初，北周和北齐展开了最后的决战，此时决定战争胜负的天平已经完全倒向了北周。一方面，经过府兵制改革，北周军队战斗力有所增强；但另一方面，更重要的原因还在北齐自身：腐败混乱的朝政，激烈的民族冲突，使北齐的实力不可逆转地消解着，北周军队的攻击，不过是压垮骆驼的最后一根稻草。

《历代帝王图》中的隋文帝

北周很快灭掉了北齐,统一了中国北方,实现了从天下三分到南北的隔江对峙,在统一天下的道路上迈出了关键性一步。这一年,杨坚三十六岁,因为战功卓著被晋升为上柱国。更为重要的是,杨坚再一次得益于政治联姻。此前他十三岁的大女儿杨丽华被周武帝选为太子妃,北周统一北方后的第二年,武帝病逝,宣帝即位,杨丽华成为皇后。杨坚也随之被晋升为大司马,距离最高权力宝座越来越近。从唐代大画家阎立本所作的《历代帝王图》中,不难感受到杨坚深沉严毅的王者气质。然而,也正是过高的荣耀和霸气外露的仪表,将杨坚推向了最危险的境地。

中国社会科学院历史研究所研究员 雷闻

随着杨坚政治地位和政治威望的提高,周宣帝对他越来越猜忌,所以他的处境其实是相当危险的。周宣帝曾经对杨丽华,也就是杨坚的女儿说,早晚有一天我会族灭你们杨家。有一次,周宣帝召杨坚入宫,他事先告诉身边的左右侍从,一旦发现杨坚神情有变，就立即杀了他。杨坚入宫之后，表现得泰然自若，面对周宣帝的百般责辱，他装聋作哑，最终躲过一劫。

为了化解周宣帝对他的猜疑与忌惮，杨坚请求外调为扬州（治今安徽寿县）总管，暂时远离政治中心。此前杨坚就曾先后担任过随州刺史、定州总管和亳州总管，深知北周存在流民问题、官制腐败问题以及州、郡、县多重管理的混乱问题，这些问题同样会毁掉这个国家。这让杨坚对最高权力充满了渴望，他想改变这一切，但目前他需要在隐忍中等待。大象二年（580年）五月，已在上一年退位的周宣帝暴病身亡，撇下了年仅八岁的静帝，北周的王气黯然而收。作为静帝的外祖父，已晋爵为随王的杨坚距最高权力宝座只有一步之遥了。

此时的杨坚，完全不必再收敛他的王者霸气，为了防止北周宗室势力发动兵变，他先后将五位亲王召回长安处死，这使那些手握重兵的地方实力派深感不安。

当年六月，宇文泰的外甥——坐镇山东的大将尉迟迥在相州誓师，声讨杨坚。郧州总管司马消难、益州总管王谦很快起兵响应。一时之间，三方并乱，"半天之下，汹汹鼎沸"。

杨坚无法容忍统一的北方重新分裂，他派遣名将韦孝宽首先全力进攻最具威胁的尉迟迥，很快攻破邺城，尉迟迥自杀身亡。八月底，杨坚大军压境，郧州总管司马消难逃到陈朝。到了十月底，益州总管王谦被杀，传首京师。这样，仅仅用了四个月，三总管之乱就被彻底平定。

北京大学历史系教授 吴宗国

在平定尉迟迥等三个总管的叛乱之后两个月,杨坚下令,把宇文泰改为鲜卑姓氏的汉族将领的姓氏还原为汉姓。比如说,杨坚原来叫普六茹氏,现在就还原为杨姓,这表明了杨坚要向大家宣告,他是汉族正统的代表,同时也表明了他要跟原来的鲜卑传统划清界限。

开皇元年(581年)二月,杨坚废掉了北周最后一个鲜卑皇帝静帝,从外孙手中取得皇位,建立了由汉人执政的大隋王朝。杨坚之所以极力标明自己汉文化的正统性,是因为只做一个拥有半壁江山的北方皇帝,显然不是杨坚的志向。

新的朝代,自然要改弦更张,采用新的政治制度。新王朝建立后,杨坚首先将北周仿照《周礼》设立的官爵制度废除,恢复汉魏旧制,设立了以"三省六部制"为主体的中央官僚体系。事实上,在建国的第一天,杨坚就任命自己的心腹高颎、虞庆则、李德林分别掌管尚书、门下、内史三省,成为新王朝的宰相,而六部尚书中,汉人与胡人出身者各占一半。显然,这是一个以汉人为主体、胡汉融合的新政治格局,最直观地体现了新的时代特色。

内蒙古包头市达茂旗突厥石人墓

自隋朝建立伊始，杨坚已经剑指南朝。然而，隋朝虽然取代了北周，但全国的政治格局与多年前北魏时期并无两样。此时中国南方由陈朝割据，北方则受到突厥的牵制。要统一天下，杨坚必须首先解除来自北方游牧民族的威胁。如何破解这个三百多年来都未破解的困局呢？这考验着杨坚和新兴王朝的勇气和智慧。

突厥，是北朝末年崛起于塞北草原的游牧民族，有数十万精

蒙古国境内的突厥文碑

再造统一 | 13

锐骑兵,北方草原的众多部族都归附其下。北齐、北周对峙时,双方都争相拉拢突厥,每年送给突厥大量丝绸等物资,试图以此换取其帮助,突厥自然乐得坐山观虎斗。

中国社会科学院历史研究所研究员 黄正建

突厥的佗钵可汗曾得意地说:我南边的这两个儿子这么孝顺,我还愁物资缺乏吗?他说的这两个儿子指的就是北周和北齐,可见他的骄横之态。不过,随着北周平定北齐统一北方之后,突厥就不可能再通过操纵中原内战来获取巨大的经济利益了,特别是杨坚建立隋朝以后,对突厥采取了更强硬的政策,史书记载就是"待之甚薄",这样一来,突厥就对隋朝十分怨恨,不断地派兵南下侵扰。

不过,强大的突厥也有着无法克服的弱点,那就是内部矛盾重重,与沙钵略可汗同时并立的,还有达头、突利、阿波等几位可汗,形成割据态势。对此,开皇元年(581年)十二月,曾经出使突厥、熟知其内幕的长孙晟给杨坚上书,建议采取远交近攻、离强和弱的策略,分化瓦解突厥各部。事实证明,这个策略收到了奇效。开皇三年(583年)夏,隋文帝任命卫王杨爽为行军元帅,分兵八道出击突厥,大败沙钵略可汗。突厥战败,内部矛盾进一步加剧,最终分裂为东、西两部。由于东、西突厥相互对峙,分别向隋朝示好,北朝末期的战略态势至此完全颠倒过来。开皇四年(584年),东突厥的沙钵略可汗终于臣服于隋朝。

据说，当曾经不可一世的沙钵略可汗在长孙晟的威逼利诱下，跪受杨坚诏书之后，感到羞愧难当，与大臣们抱头痛哭了许久，不仅是因为颜面尽失，更让他们伤感的或许是突厥强盛时代的逝去。三百年无法解开的困局，在隋文帝杨坚手中，仅用了三年的时间就破解掉了。

伐陈之战——走向统一。解决了北方的后顾之忧，杨坚终于可以将他的目光投向隔江而治的陈朝。

据《隋书》记载，自隋朝建立之后，杨坚多次与文武群臣讨论平陈之策，对此他表现得尤为审慎。二百年前，前秦苻坚挥师百万，大军南征，结果一战即溃，致使中原地区再次陷入各族政权的战乱之中。杨坚不想重蹈覆辙，他采纳了当朝宰相高颎较为

隋代战船模型

稳妥的建议。

中国社会科学院历史研究所研究员 雷闻

高颎建议，在江南收获季节，在江北开始集结一部分隋军，摆出一副进攻的态势，虚张声势，诱使陈朝屯兵防御，这样可以耽误江南的农时。等陈军开始集结之后，隋军立即解甲收兵。这个建议主要有两个目的：一是破坏江南的经济；二是麻痹陈朝，为以后的进攻增加突然性。

但这个建议有一个致命的弱点，它无法有效分解陈朝的主力军队。开皇六年（586年），虢州刺史崔仲方提出了一个更为具体的战略计划：在武昌以西的长江上游大造战船，"多张形势"，吸引陈朝的注意力；将武昌以东的长江下游作为隋军的主攻方向，密谋渡江之计。如果陈军以精兵增援上游，则武昌以东的隋军即可乘虚横渡长江，直取建康；如果下游的陈军按兵不动，则上游的隋军可顺流直下，配合下游隋军攻取建康。杨坚对这个计划大为赞赏，完全予以采纳。开皇七年（587年），杨坚对长江北岸的隋军进行了细致的部署，并命令大将杨素在白帝（今重庆奉节）建造战船，又令人将伐树造船的余材投入长江，顺江而下，给陈朝施加心理压力，诱使陈朝调兵西上，从而转移对下游隋军备战的注意。

开皇八年（588年）三月，隋文帝正式下诏伐陈。为了瓦解江南民心，他令人把这份檄文抄写了三十万份，悄悄在江南各地分发。

就在战争迫在眉睫之时,陈朝却依然是纸醉金迷、歌舞升平。陈后主自以为江南为"王气所在",根本无须担心,大臣也说:"长江天堑,自古隔绝南北,隋军难道还能飞过来吗!"然而,北方的隋朝却不这么认为。隋文帝与大臣们早已成竹在胸。北方国力的增强,已经打破了南北间的均势;北方各族人民以汉化为主流的大融合,又逐渐消除了南北对峙的民族矛盾色彩。人民向往统一,呼唤统一,支持统一,这都使隋文帝对统一充满着信心。

中国社会科学院历史研究所研究员 黄正建

中国古代人以及现代人,心里是有一种渴望统一的情结的,这种情结大概从春秋战国时,甚至可能更早就开始具有了。人们具有普天之下莫非王土这么一种观念,就是说在这块土地上应该只有一个政权、一个国家。这种观念是深入人心的。

开皇八年(588年)十一月初十,隋文帝杨坚亲赴距离潼关三十里的定城,隆重誓师。五十万南征大军在晋王杨广、秦王杨俊、清河公杨素的统率下,如同洪流一般,兵分八路,从潼关大门奔涌而出。自前秦王苻坚兴兵南征以来,又一次大规模的统一战争正式拉开了序幕,而这一次,淝水之战风声鹤唳的历史没有重演,战争进展之顺利甚至超出了隋文帝的想象。

韩擒虎、贺若弼,是平陈之役的两个主要角色。开皇九年

(589年)正月初一,贺若弼自广陵渡江,很快攻占京口,韩擒虎则自采石夜渡长江。他们分南北两路,对建康形成合围之势。贺若弼大军苦战两日,击溃了陈军的主力,而韩擒虎则率奇兵,在正月二十一日率先攻入建康城。

"门外韩擒虎,楼头张丽华。谁怜容足地,却羡井中蛙。"千年之后,杜牧的诗句仍然使人回味不已,它形象地写出了陈朝灭亡的原因,也道出了陈朝末代皇帝的无尽悲哀。

攻取建康之后,其他各条战线上也势如破竹,到了二月初,岭南的冼夫人率众归附隋朝。至此,"陈国皆平",杨坚终于完成了再造统一的历史使命。这是数百年来多少旷世枭雄所梦想的目标,无论是前秦的苻坚、北魏的孝文帝,还是鲜卑英雄宇文泰、一代英主周武帝,他们都为这个梦想的实现做出了巨大的努力和贡献;这更是中华民族的夙愿,经历了四百多年的大分裂,人们对民族和睦与国家统一充满了强烈的渴望。

隋朝的统一开创了中国历史上继秦汉以后第二次大统一的局面,再次将孕育了华夏文明的黄河流域和长江流域凝结在一个政权之下。但版图的统一仅仅是再造统一的第一步,在接下来的岁月中,等待隋文帝杨坚和大隋王朝去完成的,将是更为重要的使命。他需要为这片辽阔的版图植入新的体制,从根本上消除国家分裂的因素,这无疑考验着这位杰出政治家和整个民族的勇气与智慧。

炀帝功过

隋炀帝像

隋文帝仁寿四年（604年）七月，再造统一的杨坚死于今天陕西省麟游县境内的仁寿宫，次子杨广即位，是为大名鼎鼎的隋炀帝。

如果我们问："中国古代最有名的暴君是谁？"恐怕大多数普通中国人会回答说是秦始皇与隋炀帝。相比之下，隋炀帝似乎更为不幸。毕竟，秦始皇是中国第一个大一统帝国的开创者，是"千古一帝"，而隋炀帝却不过是个亡国之君，是后世帝王的反面教材。"罄南山之竹，书罪未穷；决东海之波，流恶难尽"——瓦岗军领袖李密讨伐隋炀帝的这句檄文，早将杨广残暴、荒淫的形象牢牢确立在国人的心目中。

千百年来,隋炀帝都是作为"暴君""昏君"的典型代表受到人们的口诛笔伐。这样的评判对他来说是否公平?真实的隋炀帝究竟是怎样一个人?他的这种形象是历史的真实,还是后人的建构?他是真的犯下了那么多的暴行,抑或只是后世"众恶归之"的结果呢?下面,就让我们走近隋炀帝和他的时代,去探寻这些问题的答案吧。

隋朝的制度创新——中央与地方官制的变革。开皇初年,一位叫梁彦光的官员被任命为相州刺史。如果在以前,临近赴任的这段时间将是他最忙碌的时候,因为他需要自己挑选和任命僚属,帮助他处理各方面事务。但从开皇三年(583年)之后,他再也不必这样做了。因为隋文帝废除了地方长官就地自聘僚属的制度,他的下属以后只能一律由中央吏部任免。

从魏晋南北朝以来,地方官主要是由当时地方长官自己来任命的,这样就造成一个弊病,形成了一个一个地方小集团,这对中央集权、对中央的统一领导是非常不利的。杨坚看到了这种弊病,所以他当皇帝以后,实行了改革,把所有官员的任命权都收归中央。

全国两千多个县以上行政建制的官员,不论由何种方式选拔出来,最后都由中央直接任命,任命、罢免、考核的文书都归吏部处理。这样，吏部不仅责任重大，而且事务繁多，以至吏部的官员抱怨说"年纪稍大的官员，会被需要处理的文书活活累死"。因此，在吏部官员忙碌的时候，地方官的上任反而显得轻松很多。

在相州，梁彦光只能工作三年。三年后，朝廷会根据他的工作情况将他调往外地。从隋初开始，文帝就规定，州县长官三年一换，下属官员四年一换，且不得连任。因为官员在一个地方长期任职，很容易被地方豪强拉拢结交，进而互相勾结影响中央政令的推行。通过这些措施，中央不仅牢牢控制了地方官任用之权，而且可以防止地方官员和当地豪强互相勾结，进一步加强了中央对地方的掌控。

南北朝时期，王朝的更迭十分频繁，地方势力各自为政，州、郡、县三级政区的设置十分混乱。杨坚把东汉以来的州、郡、县三级制，改变成州、县两级制。撤郡五百多个，裁减了大批的官员。

另外，由于王朝更迭频繁，每个国家都有不同的官职和称谓。隋文帝杨坚统一中国之后，想改变这种混乱的局面，对制度做出了重大革新，完成了从秦汉三公九卿制向隋唐三省六部制的转型，设立了以"三省六部制"为主体的中央官僚体系。

"三省"即尚书、门下、内史。尚书省为最高行政机构，其长官尚书令通常空缺，而以左、右仆射总其权。尚书省内设有吏部、礼部、兵部、都官、度支、工部，合称"六部"，其长官称为尚书。在六部之下，各有四司，负责各项具体的行政事务。

门下、内史两省最初设置于内廷，是皇帝的秘书咨询机构，到了隋代，它们正式成为国家的政权机构，这是三省制形成的重要环节。

内史省主要负责皇帝诏令的起草,而门下省不仅要签发内史省起草的皇帝诏令,还要对尚书省呈交的奏案进行审核,因此成为政务运行的枢纽。

隋朝最终摆脱了秦汉"家国一体"的体制。在外朝,形成了与皇家事务彻底分离的政权机关。三省成为国家政务运行的不同环节,而皇帝自己则成为政府的最高负责人。与此同时,三省六部中的所有官员,无论职务高低,都已不再是三省长官的僚属,他们虽然在工作上受到宰相的监临,但其关系却是比肩的同僚性质。

隋朝统一前,连年的战乱产生了大量流民和荒废土地,而且地方豪强直接控制着当地的人口,这既减少了国家财政收入和徭役兵役征发的对象,也给国家稳定造成了隐患。再加上当时的赋税制度、徭役制度不合理,很多农民隐瞒户口。这些都导致了政府控制的户口大为减少。

通过大索貌阅以整顿户籍,隋朝政府清理出隐漏人口一百六十四万,还有大量逃亡农民通过申报户口重新成为国家的编户齐民。国家控制了大量的自耕农,并以此为依据来收取赋税。

1969年在洛阳发掘出了隋朝粮仓——含嘉仓。今天在一些粮窖里还能找到大量已经炭化的谷子。含嘉仓面积四十五万多

含嘉仓遗址

平方米，有粮窖约四百个，每个粮窖可以存放多达五十万斤的粮食。而这只是隋朝储存粮食的一小部分。当隋朝进入一个稳定的发展阶段后，国力迅速增强，国库充盈。隋朝的农业获得长足发展，人口迅速增加。开皇九年（589年）国家控制的户口为七百万户左右，到文帝晚年的仁寿四年（604年），户口就已超过了八百九十万户，短短十五年时间内，增加了近二百万户，这无疑是个惊人的成就。

从晋王到皇帝。伟大的君主除了要让国家强盛，还必须为帝国挑选一位理想的继承人，一向几乎无所不能的杨坚在这个问题上却犯了难，因为太子杨勇太令人失望了。

隋代阿弥陀佛说法像

首先，太子杨勇生活奢侈，这与向来提倡节俭的杨坚的观念很不相同。其次，他的一些做法触动了杨坚敏感的神经，比如说，有一年冬至的时候，他在东宫接受百官的朝贺，这在当时是很敏感的一件事情。

杨坚和独孤皇后一共有五个儿子，三子杨俊封为秦王，出镇洛阳；四子杨秀封为蜀王，出镇益州；幼子汉王杨谅则留在长安。而此时杨坚的第二个儿子杨广在干什么呢？

开皇十一年（591年）十一月二十三日，扬州总管府的大殿香烟袅袅，一场隆重的受戒仪式正在这里举行。这场法事极不寻常，因为主持受戒仪式的，是中国佛教史上最重要宗派之一天台宗的创始人——智𫖮，而接受菩萨戒的，正是隋王朝在江南的最高长官晋王杨广，这一年杨广二十一岁。作为隋朝的皇子，杨广为什么要纡尊降贵和僧人杂处呢？

就在两年前，平陈之役完成了中国的政治统一，但南方并不平静。第二年，江南各地相继爆发大规模反隋叛乱，杨广又受命出镇扬州。叛乱虽然很快平息，但如何尽快消除江南士人、百姓对新兴王朝的敌视，无疑是一项紧迫的课题。于是，杨广把目光投向了在当地非

智者大师像

常有影响力的佛教。

几百年来，江南社会都笼罩在浓厚的佛教氛围中，而智𫖮则是当时江南最著名的佛教领袖，对僧俗各界都有着广泛的影响力。对于智𫖮来说，能够在故国覆灭之际，为佛教僧团找到杨广这样一个位高权重的亲王作为外护，实在是求之不得的幸事；而对于杨广而言，能够借助这位名重一时的高僧的名望，扩大自己的影响，更是收取江南民望的方便法门，何况，佛教本来就是自己的家传信仰。

杨广、智𫖮二人的交往，可谓一拍即合、相得益彰。杨广为智𫖮奉上"智者大师"的尊称，而智𫖮则不仅盛赞杨广镇守江南的功业，甚至将其视作"总持菩萨"再世，这无疑对江南的百姓产生了巨大影响，杨广平陈以来那种"征服者"的形象也渐渐得以改观。

杨广随后镇守扬州达十年之久，其间江南社会稳定，经济文化日渐繁荣，而与智𫖮等佛教高僧的交往更为他赢得了巨大的声望。

事业的成功往往伴随着野心的滋长，杨广开始觊觎太子之位。此时的杨勇日渐失去了文帝与独孤皇后的宠爱，太子地位发生了动摇。在这种情况下，杨广一方面培育自己的势力，并成功取得了朝中重臣杨素的支持；另一方面矫饰言行，处心积虑地骗取了父母尤其是独孤皇后的信任。开皇二十年（600年）十一月的一天，大隋皇宫里的气氛突然紧张起来，一件影响大隋王朝命运的事情发生了，经过长时间考虑，杨坚终于下了决心，他更换了皇位继承人。太子杨勇被废，取而代之的正是杨广。

仁寿四年（604年）六月，一个隐秘的消息溜出仁寿宫厚厚的宫门，迅速在隋帝国蔓延：六十四岁的皇帝杨坚病倒了。一个月后，为建立统一多民族国家做出了巨大贡献的杨坚去世了。杨广如愿以偿地登上了皇帝宝座，这一年，他三十六岁。

为了巩固皇位，杨广刚一登基，就立即派人赶回长安，以文帝遗诏的名义将长兄废太子杨勇赐死。此前，三弟秦王杨俊早已离开了人世，而四弟蜀王杨秀也因杨广的诬陷，被文帝废为庶人。因此，当杨广即位时，只有幼弟汉王杨谅有能力表示反对。

杨谅时任并州总管，今天山西、河北、山东的五十二个州都在他的管辖之下。早在杨勇被废、杨广入嗣东宫时，杨谅就非常不满，到蜀王杨秀被废之后，他心里更加不安，因为杨广的下一个清算目标显然就是自己。果然，在隋文帝死后，杨广秘不发丧，随即以文帝的名义召杨谅入朝。

以前，隋文帝曾担心京师发生叛乱，若皇帝与太子身遭不测，而领兵在外的汉王却被伪诏征调回京，这无疑会使隋王朝陷入巨大的危险。这种担心并不是杞人忧天，因为当年隋文帝就是用这种方式把北周的五位亲王骗回长安并一网打尽的。于是，文帝跟杨谅订下一个密约：如果是文帝本人召他回京，玺书上的"敕"字旁边会别加一点作为暗记。

杨谅在玺书上没有发现暗记，心知京城有变，于是立即起兵造反。可是，追随杨谅起兵的却仅有十九个州，由于实力的悬殊，这次叛乱很快被杨素平定。通过短短的平叛战争，杨广不仅清除了那些异己势力，又发现了一批能干的将领，如杨义臣等人，使得最高权力的过渡顺利完成。

"尚秦汉之规摹"——志向远大的隋炀帝。杨坚给太子杨广留下了一份丰厚的家业。

在隋文帝统治的二十三年中，除了平陈之役及开皇末年对高丽和突厥的两次小规模战争之外，社会是相当安定的。杨坚一直

《隋文帝祈雨图》

推行劝课农桑、轻徭薄赋的政策，农民除交租调、服徭役外，基本上没有其他负担。在这样的背景下，农业获得长足发展，人口也迅速增加了。

杨广即位的次年改元大业。登上帝位的他，能否像他父亲杨坚那样大有作为呢？面对着这个古老的中华帝国，杨广开始了他那波澜壮阔而又毁誉不一的帝王生涯。

千名美女划着龙舟，缓慢前行，她们各自手执雕板镂金的船桨。这就是托名唐代颜师古所撰的《大业拾遗记》中所载隋炀帝的一次江南出游。明代小说《隋炀帝艳史》中的描写则更为细致，除了一千名美女之外，又添上了一千只羊。在香艳化的过程中，隋炀帝下江南的故事也被妖魔化了。

实际上，杨广是一位胸怀远大志向的皇帝，他以"大业"两个字作为自己的年号，便可窥见他的雄心。《隋书·炀帝纪》说他"尚秦汉之规摹"，处处以秦皇、汉武的功业作为自己的人生目标。为了在有生之年实现自己的伟大理想，成为历史上的又一位千古一帝，他必须要有所作为。

当杨广还是晋王的时候，身边就聚集了许多青年才俊，杨广首先继承和完善了父亲杨坚创立的人才选拔制度。早在开皇七年（587年），隋文帝下诏每州岁贡三人，当时主要是明经与秀才两科，时称"贡举"，正式确立了后世所谓的科举制。大业之初，杨广又创立了进士科，它实际上是一种文学科目。此后，形成了秀才、明经和进士三科并列的常贡。进士科取人颇多，隋朝的进士房玄龄、侯君集和孙伏伽等人后来甚至成为唐初的名臣。

杨广曾经在南方生活很长时间,他深刻认识到江南陈朝故地与北方在文化上还没有真正融合,山东地区也不安定,国家的统一局面并不巩固。此外,作为都城的长安人口众多,关中物资供应不足。他决心改变这种状况。杨广需要重新选择一座居于华夏中心、地势险要,而且具有良好交通和经贸条件的城市作为都城,以便加强对东方和江南的统治,维护国家的统一。

隋朝统一以后,东部河北、山东的地方势力是有很强大的反弹。南方也一样,开皇九年(589年)杨广平陈之后,第二年,陈朝旧境全叛。巩固统一是杨广面临的一个很现实、很严峻的任务。如果国家的核心建在关中、在长安,指挥起来不是很方便,而洛阳是天下之中,相对来说,对于控制河北、山东、江南,是比较有利的。

最终,杨广和他的大臣们将注意力集中到了洛阳。东都洛阳三面环山,地势险要,有丰沛的饮用水源,而且邻近山东、河北与江南等产粮区。最重要的,洛阳居于国土中心,是隋朝的交通和经贸中心。

王朝的都城代表一个国家的形象和气质,谁能够担负起设计建造洛阳城的重任呢?这个重任最终落到了宰相杨素、杨达及主管工程的将作大匠宇文恺的肩上。接到皇帝营建东都的诏令,几位大臣立即行动起来。

杨素等人没有让杨广失望,仅仅用了十四个月,一座巍峨的都城拔地而起。东都洛阳城周长约二十七公里，即使在科技发达的今天，在如此短的工期内建成这样规模的城市，也是很难实现的。人们不禁好奇：这样的奇迹在当时的施工条件下究竟是如何实现的？

在东都洛阳刚刚建成的时候，河北地区的三千多户工匠就被官府迁入洛阳定居下来。同时杨广又将几万户富商迁入洛阳，为洛阳的繁荣打下了基础。

从那以后，洛阳又重新成为古代中国新的政治、经济、文化中心，也是南北物资交流的枢纽。东都洛阳城在我国的城市建设发展史中占有重要地位，而且对其他国家的城市建设也产生了重大影响。

营建东都的工程开工没多久，杨广又有了新的决定——开挖大运河。在动用数百万人修建东都的同时，还要动用大量人力开挖大运河，杨广的目的是什么呢？

江南的经济发展已经达到了前所未有的程度，而北方的人口和北方土地可以产出的财富，却不足以供养一个庞大的朝廷，这使得加强整个南北之间的水路交通运输成为一件迫切的事情，而水路运输的便利、低成本又使开挖大运河成为最佳选择。

大业元年（605年）三月，杨广征发百余万人开通济渠，以沟通黄河与淮河。同时又发淮南十余万百姓开挖邗沟，以沟通长江与淮河。大业四年（608年），又令百余万男女百姓开永济渠。大业六年（610年），隋炀帝又下令开江南河，沟通长江与钱塘江之间的水上交通。仅仅六年时间，由永济渠、通济渠、邗沟、江南河组成的大运河就全部完工。

大运河以洛阳为中心，全长两千多里，至元代又发展为京杭大运河，直到今天仍是世界上最长的人工运河。大运河连接了黄河流域和长江流域两个文明，为南北经济文化交流提供了便利条件。大运河的精神，就是中华民族自强不息、不断开拓进取的伟大精神。

与南朝那些"面傅脂粉"、坐于深宫的皇帝不同，精力旺盛的隋炀帝喜欢四处巡狩。即使是对炀帝持激烈批判态度的初唐史官也不得不承认，杨广"志包宇宙"，"威震殊俗，过于秦汉远矣"。而在《饮马长城窟行示从征群臣》一诗中，炀帝这样表达了他的心声："树兹万世策，安此亿兆生。讵敢惮焦思，高枕于上京？"可见，对隋炀帝的巡狩活动，不可一概以游山玩水视之。

在西部的古丝绸之路，即使拥有先进的交通工具，在此行进都是一件非常困难的事。但是在一千四百多年前，杨广曾经不辞辛劳地在这样恶劣的环境下西巡张掖。

自五胡十六国以来，由于战火绵延、各地政权更迭频繁，汉代张骞开辟的丝绸之路烟尘断绝，曾经的繁荣早已衰败。

大业五年（609年），杨广西巡河右，这次出巡主要是为了解决吐谷浑对河西走廊的军事威胁，维护边境安全，因为就在一年之前，吐谷浑的军队屡屡侵扰张掖等边关重镇。杨广总领六军亲征吐谷浑，取得全胜，丝绸之路重新打通。隋朝在吐谷浑故地置州、县、镇、戍，实行郡县制管理，这是以往各朝从未设置过正式行政区的地方。

祁连山海拔近四千米，杨广曾经率军队从这里穿过，他是中国历代第一个也是唯一一个到过西域的帝王。据史料记载，隋炀帝曾在燕支山大设宴席，款待高昌王麴文泰及西域二十七国来朝见的大臣和使者，来自武威、张掖等地的许多士女百姓也盛装出席。各国商人云集张掖进行贸易，"丝绸之路"重新繁荣。

隋炀帝在位十四年，曾经两下扬州，北巡突厥，西巡河右，经略越南，招抚流求。他真正住在长安不足两年，住在东都洛阳不足四年，其他时间都在各地巡游。从东到西，从南到北，为了建立一个幅员广阔的帝国，成就他的大国之梦，建立一番足以比肩秦皇、汉武的"大业"，炀帝始终在不停奔走，但这也给人民带来了沉重的负担，为隋王朝的速亡埋下了祸根。

吉林省集安市高句丽王城遗址

高句丽墓壁画《狩猎图》

东征高丽——隋王朝开始步入险境。 开皇十八年（598年），隋文帝就曾派汉王杨谅率三十万大军反击了高丽与靺鞨对辽西的联兵进犯。大业七年（611年），隋炀帝决心彻底解决辽东问题，这年二月，杨广下诏讨伐高丽。

为什么要打高丽？是为了实现国家统一。实际上是打辽东，当时"朝野皆以辽东为意"，因为辽东原来是汉朝的四郡地，是中国统一王朝的一个部分。辽东没有统一进来，国家的统一就没有最后完成。所以说，从隋文帝开始，一直到唐高宗，每一个皇帝都打辽东。为什么要打？就是要完成国家的统一。对一个帝王来说，国家的统一与边疆的巩固，这是一个非常重要的目标。

大业七年，为征辽东，全国各地的军队、水手乃至粮草、辎重等，都汇聚到涿郡，几乎所有人都认为，以大隋当时的强盛，平高丽将会像平陈战争那样顺利，甚至比平陈还要轻松许多。杨广对战争结果更为自信。然而，此时的他根本不会意识到，东征高丽这个决定最终拉开了隋王朝空前危机的序幕，当然，也是他个人悲剧的开始。

炀帝忽略了辽东半岛、朝鲜半岛特殊的地理环境。隋朝的军队出海作战,并没有什么优势,他们不擅长水战,尽管有一支来护儿的水军,但最后基本上全军覆没了。战后清点,渡过辽河的三十五万隋军,回到辽河以西的才两千七百人!

损失惨重的隋炀帝很快组织起第二次东征,就在高丽马上要弃城投降、几近成功的时候,有人却从后方匆匆赶来,向杨广报告了一个惊人的消息:杨玄感起兵叛乱了。杨玄感时任礼部尚书,负责在河南督运粮草,他扣下了即将运往前线的军粮,起兵造反。很多关陇勋贵子弟纷纷响应,叛乱的兵力一度多达几万人,直奔东都杀去。杨广闻讯后立刻下令从高丽撤军。

杨玄感是杨素之子,他叛乱的原因就是隋炀帝继位以后,曾经对杨素有过猜疑,说杨素如果没有死的话,我也会把他灭掉。因此作为杨素的儿子,杨玄感心里自然就觉得很害怕,担心有朝一日隋炀帝对他下手。

隋帝国的各路重臣得知杨玄感造反,怕危及权贵势力,不待杨广命令,即纷纷起兵讨逆。虽然杨玄感吸引了近十万各路农民军前来投奔,但是这些农民军的战斗力实在太差,不过一个月,就被消灭,杨玄感自杀身亡。第二次征辽东就这样被叛乱打断了。

当时追随杨玄感起兵的,还有一大批像李密和李子雄这样来自关陇集团核心家族的成员，这个现象表明隋朝的统治阶层已经发生了很严重的分裂。另一方面，杨玄感起兵使第二次征辽战争很快就失败了，这样就动摇了隋朝的统治基础，使之后的农民战争获得了更大的一个发展空间。

大业十年（614年），杨广三征高丽。此时，高丽历经三年的战争，国力早已不支，只好向隋炀帝认错，并称臣求和。这次东征大隋取得了名义上的胜利，但是隋朝国内早已怨声载道，天下骚动。据史学家考证，攻打高丽的兵役徭役量超过了隋代几项大工程的总和，达到几乎全国就役的程度。

征高丽前后动用一百三十万军队，除了军队以外，还要征发大量民工为战争服务。拿造船来说，当时就在沿海地区设立了几个造船厂，比如在东南就征发了很多人日夜不停地为他建造战船，这些民工就站在水里，天天造战船，结果腰部以下都生蛆了，死了差不多一半。

征辽大军中的大规模逃亡开始出现了，越来越多的人逃奔到山东、河北的深山大泽之中。走投无路的百姓高唱《无向辽东浪死歌》："忽闻官军至，提剑向前荡。譬如辽东死，斩头何所伤。"爆发出前所未有的呐喊。很快，全国就形成了三个农民军集团，即李密、翟让领导的瓦岗军，杜伏威领导的江淮起义军，以及窦建德领导的河北起义军。

百姓摇旗呐喊的时候，统治阶级内部矛盾也爆发了。大业十三年（617年），唐国公李渊、武威富豪李轨、江都通守王世充等手握重权的大臣不约而同纷纷起兵，割据一方，众多世族也加入其中。

国破身亡——隋炀帝身后事。大业十二年（616年），杨广在万念俱灰之下，带着萧皇后，第三次乘龙舟经大运河来到江都，与前两次不同的是，这一次却是逃避，而且这一次他再也没能重返关中故土。

杨广把在长安时就一直置于案头的名贵铜镜也带到了南方。他有时依然会揽镜自照，面对镜中的自己感慨道："这么好的一颗头颅，将来会是谁来砍下呢！"

大业十四年（618年）三月十四日，全副武装的叛军闯进杨广的寝宫，最终杨广死于江都。丢了江山社稷的杨广，早就想过自己会丢了性命，想过后人将会批评自己，但他无法预料，后世人们提到他时往往会联想到"残暴""奢靡"等词，最终他还丢

隋炀帝墓

了名誉。杨广的悲剧不只是国破身亡,更在于他的形象被后世刻意地贬低。

在某种程度上,我们可以说隋炀帝的统治是一种急政,而不是单纯的暴政,事实上,他的很多政策是符合中国历史发展的要求的。只不过,在当时的情形之下,他推行得急了一点,也早了一点。毕竟,经过了几百年的割据战争之后,广大百姓需要的其实是安定,他们最基本的要求,是要过上平稳富足的生活。

营建东都,开凿大运河,打通丝绸之路,西巡张掖,开发西域,乃至攻打辽东,都是为了巩固和发展统一多民族国家。杨广还进一步推行政治制度改革,完善了三省制与科举制度,使中国古代政治制度从此进入了一个崭新的阶段。

大业,这个昭示杨广满腔抱负力图创建宏图大业的年号,最终只走到了第十四个年头。应运而起的唐朝继承了隋朝的物质和制度成果,继往开来并进一步完善,中华民族的历史即将走向又一个鼎盛的朝代。

隋炀帝墓志

贞观之治

唐太宗像

位于陕西省礼泉县的九嵕山，沟壑纵横，峰峦秀拔，景色宜人。在这座山上，长眠着中国历史上一个伟大的帝王，那就是唐太宗李世民。

唐太宗是大唐帝国的第二位皇帝，他在位的贞观时代由于社会安定、政治清明，被后人誉为"贞观之治"。虽然从经济上来看，这个时代远不如开元天宝盛世那样繁荣昌盛，甚至与隋代的国力相比也不可同日而语，然而，它却如一个充满激情和希望的少年，朝气蓬勃，具有独特的魅力。后世的帝王将相、文人墨客，大都将其视为超越尧舜的理想年代，谈起贞观，就像在谈论一个遥不可及的梦想。

战功卓著的秦王李世民。 李世民是唐代开国皇帝李渊与窦氏生的第二个儿子。他有一兄,名叫李建成,还有两弟:三弟元霸,四弟元吉。李元霸死得很早,《隋唐演义》等后世的小说把他塑造成一个天下无敌的头号大英雄,但这不过是民间传说而已。辅助李渊与群雄争霸,并最终夺取天下、建立大唐王朝的,主要是他的另外三个儿子,而秦王李世民的战功尤其显赫。

毋庸置疑,作为一个饱经风雨的老练的政治家,在大唐建国的道路上,开国皇帝李渊自然起到了举足轻重的核心作用。然而在今天留下来的正史中,大唐开国的功劳似乎都被记在李世民一个人头上,这自然是不公正的。细心的史学家们经研究发现,李世民在登上皇位之后曾改动了国史,以致其父李渊和兄弟们的功劳都被淡化甚至抹去了。

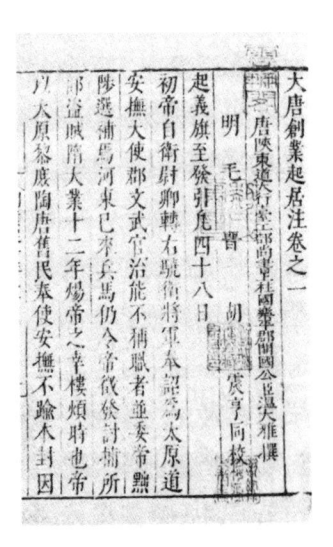

《大唐创业起居注》

不过,即使我们承认这一点,李世民本人卓越的军事才能与显赫的战功仍是不可否定的历史事实。无论是当时流传的《秦王破阵乐》,还是今天看到的昭陵六骏浮雕,都是这一事实的真实写照。

昭陵六骏可能是中国美术史上最有名的浮雕艺术品了。它们最初竖立在昭陵北司马门内两侧,现在有四块收藏在西安碑林博物馆,另两块(拳毛䯄、飒露紫)则在20世纪初被文物贩子盗卖到美国,如今收藏在费城宾夕法尼亚大学考古与人类学博物馆。

2002年7月至2003年11月,陕西省考古研究所在昭陵博物馆的协助下,对昭陵北司马门遗址进行了全面的发掘,有了许多重要的考古发现,其中"昭陵六骏"石雕的四件残块的发现尤其引人注目,因为有两件石块已被证明可与西安碑林博物馆所藏"青骓""什伐赤"的残损部分相拼接。如今,这几件六骏的残石已被移交给西安碑林博物馆。

拳毛䯄、什伐赤、白蹄乌、特勒骠、青骓,这些名字带有浓厚异域风情的骏马,每一匹都承载着李世民的一段辉煌的功勋。例如,拳毛䯄为平刘黑闼时所乘,什伐赤为平定王世充、窦建德时所乘,白蹄乌为平薛仁杲时所乘,特勒骠为平宋金刚时所乘。

昭陵六骏之飒露紫

昭陵六骏之什伐赤

昭陵六骏之青骓

无论是窦建德、王世充，还是薛仁杲、刘黑闼，都是在隋末乱世中叱咤风云的一代豪杰，也都是李唐建国的主要对手，而他们无一例外都是被李世民所平定的。每一次战斗都很艰险，在一千多年之后的今天，我们依然可透过飒露紫与青骓身上所中的羽箭，感受到那些大战的惊心动魄。

变起玄武门。历史总是惊人地相似。正如隋代的杨广在江南不断建功立业，并进而谋取东宫之位一样，随着战功的不断累积，李世民的个人野心也在不断膨胀，他也开始觊觎最高权力，这自然给太子李建成造成了极大的压力，双方的矛盾日渐升级。最终，在武德九年（626年）六月四日的玄武门之变中，李世民杀死了太子建成和站在太子一边的四弟元吉，并胁迫父亲李渊立自己为皇太子。

中国社会科学院历史研究所研究员 雷闻

为了这一天，李世民做了大量的准备工作。首先，建立自己的人才队伍，无论是房玄龄、杜如晦、长孙无忌这样的谋士，还是尉迟敬德、秦叔宝等猛将，都被收到自己的帐下；其次，还尽力争取朝中大臣与后宫嫔妃的支持，对高祖李渊施加最大的影响；第三，他力图在洛阳建立自己的根据地，派心腹屈突通、温大雅、张亮等去洛阳，暗中结交山东豪杰；第四，他也着力收买建成和元吉手下的重要人物，如掌管宫城北门玄武门的禁军将领常何。以前我们只从史书中看到太子一党试图收买李世民麾下的猛将尉迟敬德等人的记载，但敦煌文书表明，李世民当时也有同样的手段，而且似乎更有成效。

清绘本《两奸王斗富》描绘太子李建成与齐王李元吉斗富的情景，从中可见在不少人的心目中李建成与李元吉只是两个奸诈炫富之人，与历史上真正的李建成与李元吉很不相同。

20世纪初,法国汉学家伯希和从敦煌掠走一件敦煌文书《常何墓碑》残卷,今天收藏在法国巴黎国家图书馆。

（武德）七年,奉太宗令追入京,赐金刀子一枚,黄金卅挺,令于北门领健儿长上,仍以数十金刀子委公锡骁勇之夫,趋奉藩朝,参闻霸略,承解衣之厚遇,申绕怅（帐）之深诚。九年六月四日,令总北门之寄。

在玄武门之变中,常何在玄武门当值,李建成认为他是自己人,就根本没有防备。而李世民却在他的帮助下,暗中在玄武门设下伏兵。

敦煌写本 P.2640《常何墓碑》

敦煌文书《常何墓碑》的宝贵，就在于它不仅揭示了常何本人在玄武门之变中的作用，也把李世民此前通过他来收买禁军将领的隐情呈现在世人面前。因此，尽管李世民后来极力推卸责任，掩盖自己密谋夺位的事实，声称高祖李渊早就打算改立自己为太子，并把他精心策划的玄武门之变描绘成一次事发仓促的自卫，然而，这显然不过是胜利者的一面之词。

就在玄武门的战斗基本结束后，全副武装、杀气腾腾的秦府大将尉迟敬德突然出现在大内深处高祖皇帝的面前。此时的形势已经很清楚了，李渊无奈交出了全国的兵权。两个月后，他又被迫下诏退位，改称太上皇，李世民终于如愿以偿地登上了皇帝宝座。

毫无疑问，杀兄逼父，这种人间惨剧自然有悖于中国传统的伦理道德。从许多方面来看，李世民通往皇权之路都与隋炀帝有许多类似之处，甚至更为血腥，但在传统史家的笔下，二者的评价却有天壤之别，这究竟是为什么呢？

原因似乎很简单：隋炀帝在登基之后，滥用民力，兵革屡动，使隋王朝迅速覆亡；而唐太宗却完成了一个华丽转身，他从此励精图治，与民休息，不仅奠定了唐王朝三百年的基业，也创造了一个传颂千古的"贞观之治"的美丽神话。

政治环境宽松的贞观之治。在通过宫廷政变夺取皇位之后，唐太宗面临着治理因隋末战乱而百废待兴的天下的问题。那么，他究竟可以依靠哪些人才来帮助他呢？

我们知道，与北周、隋朝的皇室一样，李唐家族同样来自北魏时期的武川镇军人集团。在宇文泰推行关陇本位政策之后,他们也都成为关陇集团的核心家族。随着隋代以来天下统一局面的形成,无论是政治体制还是社会结构都开始发生巨大变化,仅仅依靠关陇集团已经无法满足国家对人才的需求了,因此,来自山东和江南的人才逐步进入朝廷之中。

唐太宗即位之初,朝廷里存在着三种人:

第一种是唐高祖时的重臣,如四位宰相中,裴寂、宇文士及出身于关陇贵族,萧瑀为隋炀帝萧皇后的弟弟,出身于江南士族,而封德彝则是山东士族。这些人思想保守,无法解决隋末农民战争之后的山东问题,致使武德年间山东地区的叛乱一波接着一波。在李世民登基之后,这部分人很快远离了权力中枢。

第二种是李世民为秦王时的僚属,其中既有关陇集团出身的长孙无忌、房玄龄、杜如晦这些谋士,又有山东豪杰,如尉迟敬德、秦叔宝等骁将,他们多年追随李世民南征北战,并在玄武门之变中发挥了重要作用。这部分人是李世民依靠的主要力量,不过,他们虽为乱世英雄,却并不真正了解当时社会的真正需求,无法解决唐王朝面临的转型问题。

第三种是在隋末战乱中成长起来的一些中下层士人,如魏徵、王珪、戴胄、杜正伦等。

北京大学历史系教授 吴宗国

第三种人有一些共同点:其一,他们大多出身比较寒微,也都比较年轻,在贞观之初一般都不到五十岁;其二,他们经历

宋人绘《十八学士图》（局部）。李世民为秦王时，于宫城西开文学馆，罗致四方文士，有房玄龄、杜如晦等十八人。

过隋末动乱和唐初的政治斗争，有丰富的政治经验，对全国的政治形势与百姓的疾苦有深刻了解；其三，通晓经史，注重经世致用，特别注意吸取历代兴亡的经验教训，来解决社会现实问题；其四，他们关心国家命运，敢于评说时政，甚至不顾个人安危，犯颜直谏。

虽然唐太宗即位后，继续重用关陇贵族作为皇权的依靠，但与此同时，也大力提拔了魏徵等主要来自山东的士人，来帮助他制定大政方针。正是这两部分人才的共同努力，才促成了"贞观之治"局面的出现，其中魏徵的作用尤为重要。

魏徵，是除了唐太宗之外，开创"贞观之治"局面的另一位主角。他是河北巨鹿人，早年曾出家为道士，在《隋唐演义》中，他是一位上知天文、下知地理、神机妙算、料事如神的奇人。但真实的魏徵却是另一个形象，虽然其貌不扬，没有小说中那么神奇，那么高深莫测，但他极具胆识，且有着远大的政治抱负。在一首《述怀》诗中，魏徵这样写道："中原初逐鹿，投笔事戎轩。纵然计不就，慷慨志犹存。"其不凡志向可见一斑。在隋末农民战争中，他曾先后追随过瓦岗军的李密与河北的窦建德，与所谓的"山东豪杰"关系密切。

随着窦建德被李世民平定，天下安定，魏徵来到首都长安，被太子李建成收归帐下，官拜太子洗马。在李建成与

魏徵像

李世民争夺皇权的斗争中，他坚定地站在太子一边。然而，形势突变，在玄武门之变中，太子被杀，魏徵面临着艰难的抉择。幸好李世民爱惜人才，不计前嫌，并对他委以重任。

感激于李世民的知遇之恩，魏徵从此知无不言，言无不尽，在贞观时期的朝廷决策中，他扮演了极其重要的角色。如果用贞观时期另一位名臣王珪的说法，魏徵"每以谏诤为心，耻君不及尧舜"，形象地反映了魏徵对自己正色当朝的要求，以及对唐太宗致太平的高度期许。那么，在太宗眼里，魏徵又是怎样的形象呢？

后世的人们谈起"贞观之治"，往往会想起那位被史家称道的名相房玄龄，然而在唐太宗看来，房玄龄的功勋似乎主要是在创业时期，魏徵才是贞观之治的首功之臣。据《资治通鉴》记载，贞观十二年（638年）三月，太宗曾特别指出："贞观之前，从朕经营天下，玄龄之功也。贞观以来，绳愆纠缪，魏徵之功也。"在另一个场合，他又说："成我今日功业、为天下所称者，唯魏徵而已。古之名臣，何以加也！"可见，对于魏徵的特殊贡献，唐太宗是了然于胸、始终念念不忘的。"贞观之治"局面的出现，正是唐太宗与以魏徵为代表的士大夫共同努力的结果。

何谓"贞观之治"？简言之，就是在唐太宗李世民统治时期，国家出现了一个相对稳定的治世。政治清平安定，经济得以恢复发展，文化初步繁荣，国力日益强大。其特点，一是君臣孜孜论政的政治文化，二是将民本思想落在实处。

贞观之治的出现，首先得益于贞观君臣对隋朝速亡的历史教训的深刻总结。一个繁荣富强的隋王朝，不到四十年就土崩瓦解，这是唐初君臣亲眼目睹的事实，对此，他们不能不心怀戒惧。特别是唐太宗，他非常注意从隋王朝的覆灭中总结教训，如何实现国家的长治久安，成为太宗和他的大臣们关注的焦点。因此，君臣们常常聚会，在一起讨论统治方针与政策，这成为贞观一朝的标志性景观，其主要内容则记录在唐玄宗时期史官吴兢所撰的《贞观政要》一书中。

在这部书中，吴兢分门别类地记录了唐太宗与他的大臣们在国家治理方面的多次讨论，其中，太宗即位仅两个月之后的一次讨论具有特别重要的意义。正是在这次会议上，确定了贞观时代的基本政治路线。在当时的朝廷中，关于用何种政策来治理百姓，出现了"王道""霸道"两种完全不同的意见。宰相封德彝

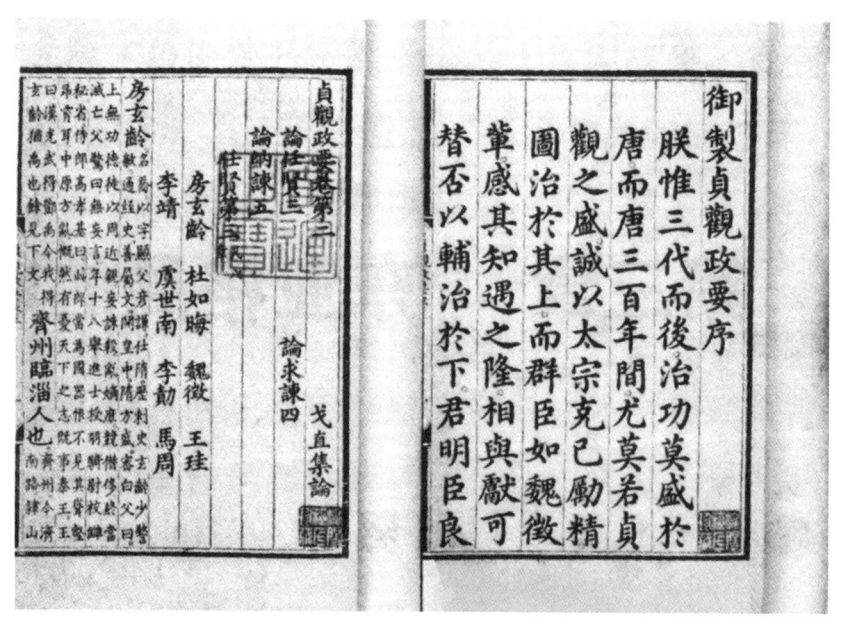

《贞观政要》书影

等人认为，经过长期的战乱，人心不古，因此，对百姓必须实行高压，对四夷各族当以武力慑服。封德彝所代表的，实际上是关陇军事贵族集团那种崇尚武力与强权的悠久传统。

对于这种主张，魏徵进行了坚决的驳斥，他为太宗分析了大乱之后天下思定、人心思治的政治形势，解除了太宗对于大乱之后能否迅速致太平的疑虑，他特别劝太宗"偃革兴文，布德施惠，中国既安，远人自服"，坚定了太宗以德化民的信心。后来的情形基本上是按照魏徵的预期发展的，在太宗施行仁政的决策下，到贞观四年（630年），天下就出现了安定、清明的政治局面，贞观之治的雏形得以显现。多年以后，太宗还不时回想起这次讨论，认为魏徵的建议为国家治理指明了方向，使国家完成了从"马上打天下"到"马下治天下"的转型。

在贞观君臣论治过程中，他们讨论了皇权的来源和君民的关系问题，清醒认识到"水能载舟，亦能覆舟"的道理，因此反复强调要"以百姓之心为心"，这无疑是孟子所谓"民为贵，社稷次之，君为轻"的民本思想的翻版和具体化。太宗自己还打了一个形象的比喻："为君之道，必须首先安养百姓，如果为了一己之私去损害百姓的利益，就像是割自己的肉来填饱肚子，肚子饱了，人也就死了。"这表明，唐太宗对君民关系有深刻的理解。

在皇权本身的运用，特别是君臣关系上，贞观君臣也进行了具体的讨论。他们重新提出了《礼记·礼运》中的"天下为公"的原则，强调在君主专制政体下，对皇权的范围和行事准则进行某些限制和界定。总的说来，贞观年间的君臣关系比较和谐，这在中国历史上也是非常罕见的。太宗一方面特别强调君臣共治天下，另一方面又要求百官坚守直道，敢于负责，敢于提出不同意见。

在一次上奏中，魏徵特别要求唐太宗说："但愿您使我成为良臣，而不要使我成为忠臣。"太宗非常奇怪，赶忙询问"忠臣"与"良臣"的区别。魏徵回答说："所谓忠臣，就是敢于进谏，但却被皇帝诛杀，这样不仅使皇帝陷入不义，昭著恶名，又使得国家与自己的小家都走向毁灭，唯独自己享有勇于进谏的好名声。至于良臣，则是皇帝勇于纳谏，君臣都享有美名，使得子子孙孙都享有荣华富贵。"太宗听后非常感动，厚赏了魏徵。后来的事实证明，正是由于魏徵的勇于进谏和太宗的乐于纳谏，才使二者各自享有"良臣"与"明君"的不朽盛名，从隋末战乱中走出来的唐王朝也走上了正确的发展轨道。

在太宗倡导的宽松的政治环境下，贞观年间形成了兼听纳谏的风气。在宫内，贤德的长孙皇后就曾多次向太宗进谏，纠正太宗的一些她认为不妥的言行。在外朝，除了魏徵之外，当时经常进谏的大臣还有王珪、戴胄、马周、张玄素等，甚至那位在隋炀帝时以阿谀顺旨、溜须拍马闻名的封德彝也有多次进谏的记录，可见一时风气之盛。

贞观君臣论治中，形成了一整套以民为本的政治思想，他们也将这些思想落实在朝廷具体的政策之中，例如轻徭薄赋，鼓励垦荒，兴修水利，奖励人口增殖等。在贞观初年，全国的经济情况一度非常严峻，不过由于大量荒地的存在，农民都能占有土地，在唐太宗的一系列政策的引导下，生产逐步得到恢复。到

昭陵北司马门十四国蕃君像底座

贞观中期，虽然经济仍然未达到隋代的水平，但社会秩序迅速安定，全国出现了家给人足的小康局面。

"天可汗"唐太宗——贞观时期和谐的民族关系。在2002年至2003年间陕西省考古研究所对昭陵北司马门遗址的那次发掘中，除了"昭陵六骏"石雕残块的发现外，更令人振奋的是，文献记载的立于昭陵的"十四国蕃君石像"也通过这次发掘，得到了验证。大约有分属十个个体的残躯、头像及带有铭刻的底座被发现，它们是唐太宗所推行的民族政策的真实见证。

经过研究，可以确认这些石像当年曾被安置在北司马门内最南端的第五台地上，与昭陵六骏一起，分别排列在两座东西相对的廊房中。

西侧：于阗王伏阇信；

薛延陀真珠毗伽可汗；

焉耆王龙突骑支；

吐蕃赞府弃宗弄赞（松赞干布）；

高昌王左武威将军麴智勇；

龟兹王诃黎布失毕；

吐谷浑河源郡王乌地也拔勤豆可汗慕容诺葛钵；

东侧：突厥乙弥泥熟侯利苾可汗右武卫大将军阿史那思摩；

突厥答布可汗右卫大将军阿史那社尔；

新罗乐浪郡王金真德；

林邑王范头黎；

婆罗门帝那伏帝国王阿那顺。

这些石像及其题名虽有残缺，但可大致复原。据研究，东侧的另外两尊蕃王像应当是东突厥的颉利可汗左卫大将军阿史那咄苾，以及突利可汗右卫大将军阿史那什钵苾。这十四尊石像是在唐高宗时所立，像主大都是在贞观年间归化唐王朝的少数民族首领。与六骏一样，它们矗立在昭陵，同样是为了展示唐太宗一生的功业。这些石像的排列有一个规律，即西侧的蕃君主要是今天新疆、西藏、青海等西域诸国的首领，而东侧所立的主要以突厥首领为主，兼及朝鲜半岛和南亚地区。

在这里，我们不能不谈到唐太宗的另一个非常重要的身份——天可汗。

关于天可汗制度，在学术界目前还有一些争议，如有学者认为"天可汗"的称号不限于唐太宗，因为唐代西域和北方民族也曾经把后来的玄宗、肃宗、代宗称为"天可汗"。但无论如何，以"天可汗"来称呼唐朝皇帝是从唐太宗时开始的。

贞观四年（630年），名将李靖率军大破东突厥，行军副总管张宝相擒东突厥颉利可汗，献俘太庙，于是西北各部给唐太宗献上了"天可汗"的尊号。此后，在给这些部族君长下公文时，太宗就自称为"皇帝天可汗",用太宗自己的话说就是,"我为大唐天子,又下行天可汗事乎?"贞观二十年(646年)九月,在唐军平定薛延陀后,原属铁勒之十一个部落又遣使入唐,尊太宗为"天可汗"。

关于这个尊号的来历,据有的学者研究,"天可汗"亦非唐朝皇帝所特有,一些强盛的游牧民族的首领也有此号,只不过汉译用别的名词而已,如突厥语中的"登里可汗",如果翻译成汉文的话,也就是"天可汗"的意思。至于唐太宗身兼皇帝和天可汗的两种身份,是继承了五胡十六国时期"胡汉体制"的结果。也就是说,唐太宗对中原百姓自称为皇帝,对西北游牧民族,则自称"天可汗"。

西北各民族首领给唐太宗上"天可汗"的尊号绝非偶然,它与唐王朝在民族地区推行的羁縻州制度密切相关。唐朝在贞观年间相继平定东突厥、吐谷浑、薛延陀等之后,对其首领并不采取屠杀政策,而是推行了"羁縻"政策,也就是说,在各族聚居区列置州县,重要地点则设立都督府,以本族的首领担任都督、刺史等,可以世袭。例如,东突厥的突利可汗就被太宗封为"北平郡王、右武侯大将军、顺州都督"。这些羁縻州府一般不向朝廷申报户口和缴纳赋税,但要接受所在大唐边州长官的征调,并向朝廷进贡。一方面其长官由朝廷册立任命,但另一方面则以传统方式处理本族内部事务,有相对独立的自治权。应该说,这个政策是符合唐王朝和各民族的共同利益的。

对于青藏高原上的吐蕃民族，唐太宗则采取了和亲政策，将文成公主嫁给吐蕃赞普松赞干布，唐与吐蕃结成甥舅关系，从而避免了双方的武装冲突。文成公主的入藏，不仅使汉、藏两个兄弟民族的关系更加密切，更重要的是，她给藏地带去了中原地区先进的文化与生产工具，促进了吐蕃社会的发展。正由于此，藏族同胞至今都对这位美丽的唐朝公主感怀至深。在拉萨大昭寺和布达拉宫中，文成公主的塑像与松赞干布一起，接受着藏民世世代代的敬仰与膜拜。我们同样不能忘记，一手推行和亲政策的，正是这位天可汗——唐太宗。

中国社会科学院历史研究所研究员 雷闻

和谐的民族关系，既是"贞观之治"出现的前提，其本身也正是"贞观之治"的重要内容。之所以有这样的民族政策出台，与唐太宗本人的民族观念密不可分，他曾经总结说："自古皆贵中华，贱夷狄，朕独爱之如一，故其种落皆依朕如父母。"应该说，这样的民族观念，是魏晋南北朝以来数百年民族融合的美丽结晶。

以人为镜可知得失。贞观十七年（643年）正月，那位"耻君不如尧舜"的魏徵因病去世。与他对贞观之治的特殊贡献相适应，魏徵墓在整个昭陵一百六十七座陪葬墓中的位置非常显赫，绝大多数文武大臣的陪葬墓都位于陵山南麓的平地上，唯独魏徵的墓地位于九嵕山的山梁上,与嫔妃、公主等一样享受着所谓"近茔"的优遇。

对于魏徵之死,唐太宗悲痛万分,他说:"夫以铜为镜,可以正衣冠;以古为镜,可以知兴替;以人为镜,可以明得失。朕常保此三镜,以防己过。今魏徵殂逝,遂亡一镜矣!"失去了魏徵这面最宝贵的镜子,还有谁能来直言不讳地提醒太宗的过失呢?随着这个标志性人物的离去,"贞观之治"的夺目光华也似乎黯淡下来。

君恩难常,就在魏徵死后不久,太宗就怀疑他与朝中官员的结党营私有牵连,于是做出了一系列不理智的举动。在魏徵的病榻之前,他曾经亲口答应把女儿许配给魏徵之子,后来竟

魏徵墓

然悔婚了,他甚至还令人推倒了魏徵墓前那座由自己亲笔书丹的石碑!这种悲剧,长眠于九泉之下的魏徵恐怕无论如何也不会想到吧。

封建帝王的自我尊大恐怕是与生俱来的,隋炀帝就曾经跟人说:"人们都以为我只是靠祖宗的荫庇继承皇位的幸运儿,其实他们错了!我无论生在什么样的家庭,都能靠自己的才干当上皇帝。所以,我倒是觉得生于天子之家才是我的不幸呢!"这种狂妄之语出自隋炀帝之口,倒也不足为奇,但类似的想法,连一生英武的唐太宗也未能幸免。

李世民毕竟是个凡人,他也有着普通人一样的虚荣和自满,随着社会的安定、国家的日益繁荣,这种骄傲的情绪就抑制不住地流露出来。对于魏徵无休止的犯颜直谏,他也有厌烦的时候。有一次,他回到后宫,怒气冲冲地对长孙皇后说:"魏徵那个乡巴佬整天找我麻烦,总有一天我会杀了他!"而长孙皇后赶紧换上朝服向太宗祝贺,说:"我听说'主明臣直',魏徵敢于直言进谏,正是由于您是个有道的明君啊。"太宗这才消了气。这件事从一个方面显示了太宗的心态,即使是长孙皇后要提出意见,也需要非常委婉。

俗话说"旁观者清",随侍太宗身边的魏徵对此自然洞若观火,也焦急万分。贞观十一年(637年),他就曾连续上了四道《论时政疏》,提醒太宗慎终如始,切不可居安忘危。另一位大臣马周更直截了当地说:"但愿如贞观之初,则天下幸甚。"然而,在魏徵死后,敢于犯颜直谏的大臣就少多了。

立储之困与太宗晚年政局。在唐太宗晚年,最困扰他的是接班人的问题。长孙皇后为太宗生了三个儿子:长子李承乾,虽有轻微的足疾,但已位居皇太子多年。第四子魏王李泰,好文学,深得太宗的宠爱,他还组织文人学士编写了唐代的第一部地理总志——《括地志》,直到今天,此书仍是我们研究唐初地理的重要资料。第九子晋王李治,生性软弱,太宗不是很中意他。

受到父亲恩宠的李泰开始积极活动,希望能取代太子的地位。感受到威胁的承乾则力图自保。此时,朝中的文武大臣与勋贵子弟各有附托,结为朋党,这使太宗非常忧虑,玄武门之变的阴影又一次笼罩在他的心头。历史会不会重演?

就在魏徵去世三个月之后,承乾被人告发谋反,被太宗废掉太子之位,宰相侯君集等也因此被杀。至此,太宗只能在魏王李泰和晋王李治之间选择一人继立为皇太子。那么,究竟选哪一个呢?由于当朝宰相同时也是长孙皇后哥哥的长孙无忌的坚持,最终唐太宗选择了晋王李治。

太宗选择李治为太子,可能有几个原因:第一,李泰与承乾争位已久,如果李泰做了皇帝,承乾的性命一定难保,甚至晋王李治也可能性命不保。晋王则素来仁弱,如果他即位,则两位哥哥都可能保全。第二,如果立了魏王李泰,会给后世子孙树立一个坏的榜样,即藩王可通过阴谋夺取皇位。第三,长孙无忌是关陇军事贵族的代表,而李泰的背后则是一些出身普通地主阶层的文人大臣如刘洎、岑文本、崔仁师等人,如果立了李泰,他们必然会与长孙无忌等关陇集团发生冲突，这是唐太宗所不愿看到的。

太子的废立问题，让唐太宗身心俱疲。将一个他并不十分满意的晋王立为皇太子，他的心情可想而知。英雄暮年，着实令人有些伤感。在李治被立为皇太子之后，他的舅舅长孙无忌的权力就更大了，与魏徵时常犯颜直谏不同，长孙无忌对太宗一味阿谀奉承，曲意逢迎，这在某种程度上助长了太宗的骄傲情绪，也使得贞观初年那种群臣争相进谏、太宗虚心采纳的政治风气荡然无存。

与此同时，由于唐太宗认为李治懦弱无能，便决心在自己有生之年解决边疆问题。于是，在贞观末年，对外战争就频繁起来：贞观十八年（644年）平灭焉耆；十九年（645年），出征高丽；二十年（646年），灭薛延陀；二十一到二十二年（647—648年），在东北，唐军又两度泛海进攻高丽；在西北，击败龟兹，并移置安西都护府于此；在西南，又发十三州兵攻打"松外诸蛮"。这些战争加重了百姓兵役和徭役的负担，开始引起百姓的不满。

更严重的是，唐太宗亲征高丽最后以失败告终，这不禁使人想起了隋炀帝的命运。然而，唐太宗毕竟不是隋炀帝，他会及时改弦更张，直面自己的错误。据史料记载，当时朝中许多人都反对太宗亲征辽东，但没有人能够说服太宗，等到他失败而归时，他才无限感慨地说："要是魏徵还活着，他一定不会让我去征讨高丽的，我也就不会落得这样的失败。"于是，魏徵的墓碑被重新竖立起来，而魏徵之子与公主的婚姻也重新提上议事日程。

在魏徵去世六年之后的贞观二十三年（649年）五月，唐太宗在翠微宫驾崩，时年五十二岁。一个伟大的时代，就在这样落寞悲伤的气氛中画上了句号。

尽管有这样一个不那么辉煌的尾巴，贞观时代仍然是中国历史上最让人动心的年代。开元时期的史学家吴兢就称赞说："惟太宗文武皇帝之政化，自旷古而来，未有如此之盛者。虽唐尧、虞舜、夏禹、殷汤、周之文武、汉之文景，皆所不逮也。"

这个评价，几乎高到无以复加。唐太宗是否承受得起如此的赞美，我们在此不予置评，但比肩尧舜，则的确是唐太宗最高的人生理想，也是魏徵的殷殷期望。

"贞观之风，到今歌咏。"的确，贞观时期的中国可以说是历史上少有的和谐社会，在君臣关系、君民关系乃至民族关系等方面，都树立了极高的标杆，留下了值得珍视的遗产。

武则天

无字碑

　　乾陵，是中国古代唯一的女皇帝武则天与她的丈夫唐高宗李治的合葬陵墓，位于陕西省乾县北门外六公里处的梁山北峰上。这是今天唯一一座未被盗掘的唐代帝陵，其中究竟还隐藏着多少秘密，后世的人们从未停止过猜测。在乾陵朱雀门外，隔着司马道，左右对称地竖立着两座巨大的石碑。西面是武则天为唐高宗所立的"述圣纪碑"，东面那座著名的"无字碑"，经历了千年的风雨，巍巍屹立完好无损，仿佛仍在默默诉说着主人不平凡的一生。

　　的确，在男尊女卑的传统观念占统治地位的古代中国，武则天的出现绝对是个异数。无论是她与唐太宗、唐高宗父子两代的情感纠葛、筹划登基的密室权谋，还是她治国安邦的雄才大略，都成为千百年来史学家与文人墨客的关注焦点和不尽的话题。在不同的历史时期，武则天的形象与评价大不相同，直到今天，有关她的故事仍能轻轻拨动中国人的心弦。这一切，不仅因为她独特的个人魅力，还因为她所开创的时代，上承贞观之治，下启开天盛世，成为走向盛唐的重要环节。

武则天的身世。初唐四杰之一的才子骆宾王的《讨武曌檄》，起首一句便是"伪临朝武氏者，人非温顺，地实寒微"。在唐初那个婚姻非常讲究门第的时代，一个出身寒微的女子怎么可能登上权力的巅峰？

唐高祖武德八年（625年），武则天出生于并州文水县（在今山西）。父亲武士彟，是隋朝末年河东（今山西部分地区）地区的木材商人。隋炀帝时期大兴土木，许多像武士彟这样的木材商人因之发家致富。不过，武士彟并不是那种只懂得赚钱的普通商人，他还有着敏锐的政治眼光，随时准备着进行更高层次的政治投资。

起初，武士彟是太原副留守王威的心腹，但经过认真权衡利弊之后，他开始倾心结交当时坐镇太原的李渊，也就是后来建立大唐的唐高祖。事实证明，这的确是一笔回报丰厚的投资。从李渊的角度出发，他也需要得到太原土著豪强的支持，双方可谓一拍即合。

在李唐建国的道路上，武士彟立下了不少功劳。太原起兵之初，他就被任命为大将军府铠曹参军。唐军平定长安之后，他被赐以"太原元谋勋效功臣"的称号，并担任了尚书兵部下面的库部郎，主管全国的武器装备事务。三年之后，武士彟晋升为工部尚书，这表明李渊的确很看重他的经营管理的才能。经过这样攀龙附凤的投机，一个庶族出身的富商从此步入了高官的行列，成为大唐王朝的新贵。

在唐初，门阀士族虽然丧失了政治特权，但在社会上仍有极高声望，因此，武士彟在时人眼中仍被视作暴发户。不过，很快，一次婚姻改变了这一切。武士彟的原配相里氏在武德四年（621年）病故，于是唐高祖亲自做主，把隋朝权贵——观王杨雄的侄女嫁给了他，这也就是后来武则天的生母。弘农杨氏为天下高门，又是隋朝皇室近亲，在那个"婚"与"宦"决定一个家族社会地位的时代，作为当朝新贵的武士彟能攀上这样的亲事，自然求之不得。到了武则天出生时，她的家庭已实在不能算是"寒微"的。

武则天是武士彟与杨氏生的第二个女儿。贞观九年（635年）五月，武士彟去世，当时武则天年仅十一岁。她的生活似乎在一夜之间发生了变化，无忧无虑的童年转眼成为过去，因为父亲前房相里氏所生的两个哥哥元庆、元爽对杨氏母女显然不算太好。这样的家庭环境对幼年武则天的性格成长产生了很大的影响，使她变得隐忍而坚强。仇恨的种子在她心中已经种下，即使到她后

武则天之母杨氏顺陵走狮

来手握天下大权之时,她仍对这两位异母哥哥曾经的态度和行为耿耿于怀,使其相继被流放而死。

那么,这个普通的贵族小女孩是如何一步步走向权力的巅峰的呢?

人生的转折发生在三年之后,在她十四岁那年,武则天被唐太宗召入皇宫,成为后宫的一名"才人"。《新唐书·武皇后传》中记载了当时的情形:"太宗闻士彟女美,召为才人,方十四岁。母杨恸泣与诀,后独自如,曰:'见天子庸知非福,何儿女悲乎!'母韪其意,止泣。既见帝,赐号'武媚'。"

上述材料生动反映了武则天与生俱来的独特个性。侯门一入深似海,何况是皇宫!母亲杨氏的悲戚自然是可以理解的。值得注意的是武则天的态度,从她坚定决绝的语气来看,似乎宁愿入宫碰碰运气,也不愿呆在家里受气,她积极的人生态度和冒险精神在此时已开始显现。

在唐初,皇室的婚姻通常取当朝勋贵子女为对象,武则天能被召入宫,并不奇怪。当然,武则天的美貌也是重要因素。一些唐史专家认为,洛阳龙门奉先寺那尊著名的卢舍那大佛就是按照武则天的容貌来塑造的。无论这个推测是否属实,我们都可以依稀看出史书所载武则天"龙睛凤颈,方额广颐"的神采,何况这尊大佛正是武则天在当了皇后之后,以"脂粉钱二万贯"赞助修凿的。与明代版画相比，庄严端正的卢舍那大佛或许更接近武则天的容貌和气质。

除了过人的美貌，武则天也有着出众的才华，至今我们仍可以在她晚年亲自书写的《升仙太子碑》（此碑今在河南偃师县府店乡府店村南）中，感受到一种流丽、秀逸之美。

然而，在太宗时期的后宫，这位武媚娘过得似乎并不如意。十二年过去了，她的地位丝毫没有提高，身份依然只是当年入宫时受封的五品"才人"。之所以如此，或许是因为唐太宗并不十分欣赏她刚毅的个性。

卢舍那大佛

武则天在晚年曾回忆起她年轻时的一则故事：据说当时唐太宗有一匹雄健狂烈的骏马"狮子骢"，即使是身手矫捷的骑手也不能驯服它，而柔弱的武则天却出人意料地站出来说："只需给我三件东西，我就能驯服这匹马。一是铁鞭，二是铁檛，三是匕首。如果铁鞭打它不服，就用铁檛击打它的头部，如果还是不

武则天像

服，就以匕首割断它的喉咙！"虽然据武则天自己回忆，唐太宗当时对她的胆识颇为赞赏，但从情理推之，她不经意间流露出来的那种残忍，恐怕不免会让太宗有些反感。有个细节似乎透露出一点隐情：与武则天大致同时入宫的一位徐才人，很快就因知书达礼、性情柔顺被太宗封为九嫔之一的"充容"，而武则天虽然也试图表现自己，但历经十二年，却一直没有得到这样的升迁机会。

中国社会科学院历史研究所研究员 黄正建

唐朝的嫔妃制度是这样的，除了皇后之外有四妃，就是贵妃、淑妃、德妃、贤妃；四妃之外就是九嫔，九嫔有九位，第一等就叫昭仪；九嫔之下又是九位婕妤，九位美人，九位才人；才人之下还有二十七位宝林，二十七位御女，二十七位采女，基本上就是这样一个结构。那么武则天第一次进宫的时候，被封为才人，也就是婕妤、美人、才人中的最低一等。

废王立武——关陇集团与新兴力量的较量。幸运的是，虽然没有得到唐太宗的青睐，但武则天却渐渐与小她三岁的皇太子李治有了感情。同样是在《讨武曌檄》中，骆宾王就指责武则天："昔充太宗下陈，尝以更衣入侍。洎乎晚节，秽乱春宫，密隐先帝之私，阴图后庭之嬖。"先后侍奉太宗、高宗父子两代皇帝，自然有悖于人伦。武则天后来自述说，太宗早在贞观时就因其德行出众，把她赏赐给了李治，这自然只是她的一面之词，是她为了掩盖自己在伦理方面的缺憾而编织的谎言。

无论两人的感情是如何开始的,有一个事实却很清楚,那就是当贞观二十三年(649年)唐太宗驾崩之后,二十五岁的武则天虽一度按照惯例,与太宗那些没有生育过的嫔妃一起在感业寺出家为尼,但很快就被唐高宗召回后宫,进而被封为"昭仪"。

永徽六年(655年)十月十九日,唐高宗不顾舅舅长孙无忌和褚遂良等顾命大臣的坚决反对,废掉了出身关陇集团高门的王皇后,改立武则天为皇后,史称"废王立武"。这个事件不仅仅是两个女人的斗争,更是两种政治力量之间的斗争。在这个过程中,长孙无忌、褚遂良、于志宁、韩瑗、来济等大臣相继被贬杀,关陇贵族受到了沉重的打击。而支持武则天的,则主要是一批依靠科举入仕的新进官僚如许敬宗与李义府等,通过"废王立武"的斗争,这些人开始在唐王朝的政治舞台上崭露头角。

中国人民大学历史学院教授 刘后滨

关陇集团是在北朝后期,即西魏、北周开始形成的以关中陇右地区的军事贵族为核心的政治集团,隋唐的皇室以及隋唐皇室的姻族都出自这个集团。唐高宗李治支持武则天,他与舅舅长孙无忌、大臣褚遂良等人代表的关陇贵族之间的矛盾迅速激化。长孙无忌、褚遂良是唐太宗临终前的顾命大臣,是他们全力扶助李治当上了皇帝,而且在李治称帝后继续执掌着朝政大权。李治和

李勣墓前石雕武士

武则天起初打算以和平方式笼络长孙无忌等人，但无论如何低声下气，都无法奏效。

在这件事情的最终决策上，手握兵权的元老重臣李勣（即徐世勣，也就是瓦岗山的徐茂公）的态度至关重要，在高宗犹豫不决的时候，是他对高宗说出了一句惊心动魄的话："此陛下家事，何必问外人！"这句话具有很重要的象征意义。

自东汉以来，皇帝总是和当时最有势力和影响的豪强大族或贵族联姻，皇后的废立不单纯是其家事，而是国家大事。正因如此，高宗要反复征求宰相大臣的意见。然而，唐初的社会结构已经有了重大变化，当时山东士族已经崩溃，关陇集团也已衰落，国家政权已不再建立在门阀和贵族的基础上了，李勣的话实际上点破了这一点。"废王立武"，不仅标志着西魏、北周以来关陇贵族统治的终结，也标志着中国古代皇帝—贵族政体的终结。从此以后，中国历史上基本上不再出现外戚专权的现象。

武则天与高宗合称"二圣"。如愿当上皇后，只是武则天走向权力巅峰的第一步。从显庆五年（660年）之后，唐高宗由于

《武后行从图》

身体的原因,开始让武则天协助处理政务。几年后,武则天又开始垂帘听政,她甚至与高宗合称为"二圣"。不过,《资治通鉴》所说的"天下大权,悉归中宫,黜陟、杀生,决于其口,天子拱手而已",却并不符合当时的实际情况。在很长一段时间内,武则天并未完全掌握朝政大权,在重要政务的决策比如对宰相的选拔上,高宗仍然掌握着最后的权力。

直到上元元年(674年),武则天上表建言十二事,才真正提出了自己的一套完整的政治主张,如轻徭薄赋、停止边疆战争,同时,她还试图从礼制的角度提高妇女地位,并建议提高中下层官员的待遇,使才高位下者得以升迁等。这些建议既显示了武则天对当时国情的深刻理解和卓越的政治才能,也透露出她收买人心、提高自身威望的野心。

在武则天的背后,有一个属于她自己的私人谋士集团,其核心是刘祎之、元万顷、范履冰、苗神客、周思茂等人,他们当时大多担任着史官、著作郎等著述之职,虽然官阶较低,但大多"善属文",也就是一些笔杆子组成的写作班子。与绝大多数朝官在皇城上班不同,这些人常常出入长安北面的宫城,故称"北门学士"。他们不仅帮武则天编写诗文著作如《臣轨》《列女传》《百僚新戒》等,同时也参决政务,为武则天出谋划策,成为她幕后的得力助手。

此后,武则天不仅鼓动高宗改立太子,还将一些年轻资浅的文士任命为宰相,而这些人大都是她的拥护者。弘道元年(683年),唐高宗病死,次子李显即位,是为唐中宗。不久,在宰相裴炎的配合下,武则天用一个近乎儿戏的理由废掉了李显,改立三子李旦为帝,即唐睿宗,她自己则正式临朝称制,把朝中一切军政大权都集中到自己手中。从此,武则天加快了取代李唐王朝的步伐。

武则天称帝。对于武则天的野心,朝野上下自然都是心知肚明,而不满其专权的大有人在。就在她临朝称制的第二年,扬州爆发了徐敬业的叛乱。徐敬业是曾为武则天登上皇后宝座立下大功的李勣之孙,他纠集了一批失意的高官子弟,打出了匡扶李唐天下的旗号,公开起兵反对武则天,骆宾王那篇《讨武曌檄》就是在这样的背景下写成的。然而,徐敬业虽然组成了一支十万人的军队,一度来势汹汹,但很快就被武则天派去的大军平定了。

徐敬业叛乱的迅速平定显然坚定了武则天的信心与决心。垂拱四年（688年），武则天自称圣母神皇，并以高压手段镇压了越王李贞等李唐宗室诸王在各地发动的武装反抗。与此同时，她开始任用来俊臣、周兴等一大批酷吏，大肆屠杀李唐宗室子弟与反对她的朝臣，扫清了称帝道路上的最后障碍。

天授元年（690年），武则天正式改唐为周，改元为"天授"，并为自己加上了"圣神皇帝"的尊号，一代女皇最终走上了历史的前台。这一年，她六十五岁。

然而，在任何时候，武力和屠杀都不能解决所有的问题。作为一个女人，要登上并坐稳皇位，武则天面临着巨大的困难和挑战。首先，从儿子手中夺取皇位并实现改朝换代，这本来就是一种"篡夺"，必然会遭到来自李唐支持者的强烈反对，更何况，她还是个女人，这的确是个前无古人的创举。如何制造舆论，向朝野上下宣扬武周政权的合法性与正当性呢？

在传统的"天人感应"的思想基础上，一个又一个祥瑞在各地被制造出来，白雀、嘉禾、醴泉等不断涌现，一些昭示大周受命的所谓"瑞石"也被送到洛阳。据说，甚至连那滚滚奔流的混浊的黄河水也一度变清了。这些祥瑞似乎都在向人们展示着武则天的仁德和神圣，而她的改朝换代就是天命所在。为了表示对那些捧场的山川神灵的感谢，武则天曾封洛水神为显圣侯，而洛阳附近的中岳嵩山则被改称为"神岳"，中岳神被封为"太师、使持节、神岳大都督、天中王"，这也是中国古代山川封爵的开始。

可是，在传统的中国政治文化中，武则天毕竟很难找到其皇权合法化的依据。幸运的是，她从佛教那里得到了巨大的支持。

《大云经》全称为《大方等无想大云经》，在唐代，社会上流这是目前收藏在伦敦大英图书馆的一份珍贵的敦煌文书,据意大利汉学家富安敦(Antonino Forte)教授研究,它就是法明等十位僧人于载初元年(690年)七月所上的《大云经神皇授记义疏》,乃是武周革命时重要的政治宣传品。

行着后秦沙门竺佛念所译的四卷本,以及后凉沙门昙无谶所译的六卷本。在《大云经神皇授记义疏》中,法明等僧人完全从为武则天登基制造舆论的角度,对译自印度的《大云经》进行了非常通俗的解释。例如,对于"大云"之称,《义疏》就直接解释说:"神皇母临万国,子育兆人,犹如大云,以一味雨泽及中外,无远不霑,故曰'大云'者也。"

特别重要的是,在《大云经》中,原有净光天女以女身而当称王于阎浮提国土的记载,《义疏》遂直接采用各种祥瑞与谶言,把武则天与净光天女比附,来证明武则天称帝的正当性:"佛即先赞净光惭愧之美,次彰天女授记之征,即以女身当王国土者,所谓圣母神皇是也。"可以想见，对于无法从儒家政治传统中获取有利资源的武则天而言，来自佛教义理方面的支持，对于其政权的合法性是多么重要。

由于从小受到母亲杨氏家族的佛教信仰的熏陶，更由于佛教徒在武周代唐的过程中，不遗余力地替武则天进行政治宣传，在武则天称帝之后，她下诏令佛教位在道教之上。然而，这并不意味着武周时期的道教完全就此衰落。事实上，就在这部《大云经神皇授记义疏》中，法明等僧人就在五处引用了道教的谶纬，如《卫元嵩谶》《中岳马先生谶》《紫微夫人玉策天成纬》《嵩岳道士寇谦之铭》等，特别值得注意的是《中岳马先生谶》，它很可能就是长安金台观主马元贞所造作的，其目的同样是为了替武则天进行政治宣传。

在泰山脚下的岱庙之中，收藏着一座著名的岱岳观碑，是由两块石碑上施石盖合而束之而成，故又被称为"双束碑"。民间又俗称为"鸳鸯碑"。上面镌刻着从高宗龙朔元年（661年）到代宗大历八年（773年）的二十余条道教徒奉敕建醮造像的题记，下面这条题记尤其引人注目："大周天授二年岁次辛卯二月癸卯朔十日甲子，金台观主中岳先生马元贞，将弟子杨景初、郭希玄，内品官杨君尚、欧阳智琮奉圣神皇帝敕，缘大周革命，令元贞往五岳四渎投龙作功德。元贞于此东岳行道，章醮投龙，作功德一十二日夜。又奉敕敬造石元始天尊像一铺，并二真人夹侍，永此岱岳观中供养。"

与此同时，在河南、山东还发现了五条相关的石刻材料，表

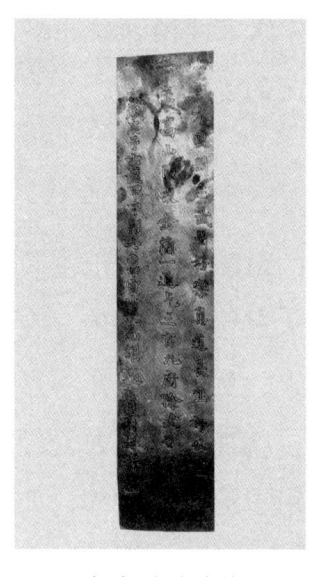

武则天投龙金简

明在武则天称帝前后,这位来自长安的道士马元贞曾率领弟子,与宫中所派出的宦官一起,前往五岳四渎进行了一系列的道教仪式,宣扬武周革命的正当性。

1982年,一位农民在嵩山峻极峰下耕地时,偶然发现了一件珍贵文物,这就是著名的武则天投龙金简,目前,它保存在河南省博物院。这枚金简不仅是武则天宗教信仰的见证,也真实记录了武则天晚年的心境。金简长36.3厘米、宽8.2厘米、厚约0.1厘米,重247克。在其正面分三行镌刻着如下文字:

大周国主武曌,好乐真道,长生神仙,谨诣中岳嵩高山门投金简一通,乞三官九府除武曌罪名。

太岁庚子七月甲申朔七日甲寅小使臣胡超稽首再拜,谨奏。

据学者研究,金简上的"胡超"就是当时著名的道士胡惠超。武则天正是请他采取道教的投龙仪式,来为自己解脱罪名。

所谓"投龙",是一种道教仪式,将写有自己愿望的金简(或玉简、土简等)投入名山大川中,通常还伴随着一条小小的金龙,因为据说龙可以上天入地,如同信使一般,把金简及其中表述的愿望带给天地诸神。虽说与嵩山金简配套的金龙今天已经无从得见,但我们或许可从西安何家村出土的金龙中依稀想见其形制。在武则天晚年，或许是因为对其称帝前后的大肆杀戮而心生忏悔，她希望通过这种投龙仪式，请道教的神仙除去她先前所犯下的各种罪孽，从而益寿延年，中岳金简真切地反映了她的这种期盼。

西安何家村出土金龙

显然，无论是佛教还是道教，都曾在武则天的改朝换代中发挥了巨大的舆论宣传作用，而到了晚年，她似乎更倾向于道教的长生久视的学说了。

标新立异、"自我作古"的女皇。作为中国历史上唯一的女皇帝，武则天无疑是位成功的政治家，她同时也是个极富创造力的女人，在许多方面都力图标新立异，她身上那种"自我作古"的豪迈气概是许多男性皇帝都望尘莫及的。

国家祭祀是中国古代国家获得政权合法化的重要途径，早在高宗乾封元年（666年）在泰山举行封禅大典时，武则天就开始以皇后的身份积极参与这些仪式，虽然此举曾一度招致儒家官僚的反对，但却是武则天登上政治舞台、确立其政治地位的重要步骤。

到了武周政权建立之后，她更加放手改革国家祭祀。例如，她曾经在中岳嵩山举行了原本只应在东岳泰山举行的封禅大典，又铸造了象征中国古代皇权的九鼎。武周革命之初，为了表示对新政权的支持，来自周边国家和地区的人们也"聚钱百万亿"，用铜、铁铸造了一个雄伟的"天枢"，立在洛阳皇城正南门外——这是全城官民最容易看到的公共空间。武则天还下令，在天枢上面铭刻朝中百官与四夷酋长的名字，营造出皇权天授、万国来朝的景象。

与此同时，在中国传统政治文化中有举足轻重地位的明堂也在武则天的亲自主持下得以建立，成为她祭祀神灵和施行朝政的场所。要知道，在太宗、高宗时期都曾多次动议修建明堂，都因诸儒争论不决而未能实现，至此，这一梦想因武则天的决断而得以实现。据史料记载，在这座明堂的顶部，专门设计了一个高达一丈的铁凤凰，外面涂以黄金，这自然是武则天作为女皇的象征，也有"凤鸣岐山"这样象征周王朝勃兴的含义在。她还给明堂取了一个很好听的名字：万象神宫。当然，与九鼎、天枢一样，明堂这类重要的礼制建筑，都出现在武周统治的中心——神都洛阳。

在文化上，武则天也进行了一次史无前例的创造，就在登基前夕，她亲自创造了十二个新字，其中就包括了自己的名字——"曌"，象征着女皇的权威如日月当空，无远弗届。其他十一个字是：天、地、日、月、星、君、臣、人、载、年、正，还有证、圣二字等，史称"武周新字"。后来还陆续有增加，如国、初、授等。无论是在敦煌文书上，还是在一些石刻资料中，我们都能见到这些新字。在我们前面介绍的武则天中岳投龙金简上，也有"曌""月""日""臣"等四个武周新字。如今，这些新字已经成为一些文物断代的重要依据。

天：而	地：埊	日：⊙	星：〇
月：卍 或 囗 或 囝		国：囻	
君：龴	臣：忠	载：䴕	年：𠌶
人：㞢	正：㞢	授：穐	
圣：壐	证：𡆠 或 𡇒	初：𡆠	

武周新字

当然，除了这些礼仪与文化上的创造之外，武则天在政治上也有大胆的举措。为了收拢人心，武则天广开仕进之门，平民百姓也可能在一夜之间变成高官，因此，人们常常批评武则天"取人颇滥"。在她称帝的第二年（691年），社会上就流行着这样一则歌谣："补阙连车载，拾遗平斗量；欋推侍御史，盌脱校书郎。"

这首歌谣并不夸张，因为当时武则天就曾一次性任命了拾遗、补阙六十人，而原本的编制却不过二十员。有趣的是，当时一位幽默的举人又续了一句："糊心存抚使，眯目圣神皇。"甚至连武则天本人都在被嘲笑之列，认为她糊涂。于是一个刚刚被提拔的侍御史认为这是诽谤朝政，要治这个举人的罪。武则天却笑呵呵地回答说："只要你们这些人不是滥竽充数，何必怕人家说呢！"女皇的胸怀和气度可见一斑。其实，不止是这些低品的官员，宰相的任命也不断打破常规，其任职资格越来越低，甚至一些五品、六品的官员就可能被直接任命为宰相。毫无疑问，这些破格提拔的宰相对武则天自然感恩戴德，这也有利于加强武则天对宰相的控制。

在科举制度上，武则天也有两项新的举措：首先是大开制科，给那些沉寂下僚的优秀人才开辟了一条迅速升迁的道路。其次，武则天创设了武举，后来平定安史之乱的中兴名臣郭子仪就是通过武举获得出身的。

总而言之，武则天的用人之道是"进退皆速"，如果没有真才实学，会很快被她罢去。虽然在一定程度上取人有些轻易，导致了"试官""员外官"的盛行，但同时也有利于杰出人才的脱颖而出，后来为开启开天盛世立下大功的姚崇、宋璟、张说、张嘉贞等人，无一不是在武周时期崭露头角的。

政归李唐。武则天晚年，一块最大的心病就是她的皇位继承人问题。究竟是立本家的侄儿武承嗣、武三思，还是立自己的儿子为皇太子？武则天一度非常犹豫。如果立子，则意味着政权回归李氏，这无疑是对自己开创的武周政权的否定，从其情感上很难接受。武氏的支持者就声称：自古以来，"天子未有以异姓为嗣者"，大周皇帝姓武，其继承人当然也应该是武氏子弟。然而，更多的朝臣倾向于李氏。

宰相狄仁杰是武则天最为信任的大臣，他就从亲情的角度出发，问武则天："儿子与侄儿相比，究竟谁更亲一些？"答案自然无须待言。另一些朝臣则从宗法制度的角度指出：如果立武承嗣为太子，等他即位之后，是绝不可能为姑姑武则天立庙祭祀的，这也等于否定了她一生的努力。

显然，这种两难的困境是女性称帝本身所造成的，从体制上来说，李、武两家的矛盾也是无从化解的，虽然武则天曾做出过许多弥合的努力，她甚至一度让儿子李旦改姓武氏，但这究竟还是行不通的。最终，在狄仁杰等人的努力下，武则天确定了向李唐回归的方针。于是，在圣历元年（698年），她从均州召回了先前被废掉的次子李显，重新立他为皇太子。

大足元年（701年）十月，武则天回到了长安，并大赦天下，改元为"长安"。这无疑是一个意味深长的信号，因为这是她自永淳元年（682年）移居洛阳之后，二十年来首次西返长安，具有明显的政治指向作用。

但是，武则天还必须协调朝中各派政治势力的斗争。一方面，侄儿武三思再度拜相，表明武则天希望在她身后，武氏家族能够继续享有她称帝期间获得的一切特权；另一方面，她的男宠张易之、张昌宗兄弟又结成了一个新的权力集团。这两方面的势力都对李显顺利继承皇位构成巨大威胁。

最终，在神龙元年（705年）正月，宰相张柬之等联合禁军将领发动了一场政变，杀死了张易之兄弟，武则天被迫提前让位给儿子，即中宗李显。大约一年之后，无比落寞的她在东都洛阳的上阳宫辞世，享年八十一岁。武则天时代就此终结。

"牝鸡之晨，惟家之索"，《尚书》中的古训代表着中国传统政治文化对女性从政的否定，而武则天却以极大的勇气和智慧独自挑战着这一传统。在千年之后的今天，我们已经可以摆脱封建史家对武则天的谩骂和批判，从客观的角度来面对她的成就和复杂的一生。武则天是残忍的，她可以为了登上权力巅峰而任用酷吏、大开杀戒；她也是宽容的，面对骆宾王文采飞扬的战斗檄文，她连声赞叹，并批评宰相失职，错过如此人才。

无论后人如何评价她的一生，都不能不对她无与伦比的创造力表示赞叹。正是由于武则天的出现，唐朝的历史才显得那样的多姿多彩。

在武则天时代，虽然一度因改朝换代而造成血雨腥风，但在她的统治稳定之后，社会秩序就恢复正常了。"政启开元，治宏贞观"，郭沫若对武则天的历史定位可谓公允。在她统治时期，人口大量增殖，国家疆域空前拓展，基层社会安定，生产力得到大幅提高。与此同时，科举制得到进一步完善，为国家发现和培育了许多优秀人才。这一切，都为即将到来的开天盛世打下了坚实的基础。

开天盛世

《打马球图》

忆昔开元全盛日,小邑犹藏万家室。

稻米流脂粟米白,公私仓廪俱丰实。

这是大诗人杜甫那首著名的《忆昔》诗的前面四句,他所回忆的,是曾经亲身经历的一个如梦如幻的时代,在饱受战争煎熬而不断奔波流离的杜甫心中,现实是冰冷残酷的,而那个刚刚逝去的繁华年代却显得那般美好。

的确,经过一百多年的发展,到玄宗时期,唐王朝进入了真正的盛世。在他统治的四十多年中,无论是政治、经济、军事,还是文化、艺术、宗教等各个方面,中国历史都迈入了一个巅峰时代，后人通常将其称为"开天盛世"。这也是中国文化最富有积极进取精神和博大胸怀的时代，对于当时那种无所不在的宏大开阔、昂扬向上的精神，人们习惯于称之为"盛唐气象"。

讲武立威。开天盛世是从乱象中走出来的。

开元元年（713年）十月十三日，刚刚平定太平公主之乱的唐玄宗在骊山脚下举行了一次讲武阅兵仪式，当时征兵二十万，旌旗相连五十里，规模非常宏大。

然而，就在这次军礼仪式上，发生了一件令全军震慑的大事。玄宗突然以军容不整为由，下令斩宰相兼兵部尚书郭元振于旗下，在张说、刘幽求等大臣的苦苦哀求下，郭元振才最终免死，被流放边地。另一位具体负责制定军礼的官员唐绍却没有这么幸运，未等其他大臣求情，就被迅速处斩了。

这个事件极不寻常，因为郭元振身为宰相，又一直是唐玄宗的心腹，在平灭太平公主时立有大功，而唐绍也素来以直言敢谏著称。以这种显而易见的借口而欲处斩宰相，不过是唐玄宗对功臣集团的一次警告。对于唐玄宗而言，如此处置功臣，自有其不得已处，绝不可以"鸟尽弓藏"来解释。

玄宗的皇位来之不易，此前的十年，是大唐开国以来政局最为动荡的岁月。神龙元年（705年）正月的那场宫廷政变，终结了武则天时代，中宗李显被扶上了皇帝宝座。然而，中宗时的朝政更加混乱，野心勃勃的韦皇后和女儿安乐公主一心想步武则天后尘，武三思等武氏家族的成员也力图保持他们此前获得的各种特权，而朝中的大臣则纷纷拉帮结派，一时间卖官鬻爵、大兴土木，使得朝纲大坏。

更可怕的事情还在后面。没过多久，韦皇后毒死了中宗，并秘不发丧，

唐玄宗像

派韦氏子侄担任禁军将领，自己则临朝称制，刚刚复辟的唐王朝再次面临着被篡夺的危险。在这个危急时刻，年轻的李隆基站了出来，他联合姑姑太平公主，掌控了禁军，于唐隆元年（710年）六月十九日夜发动了政变，杀死了韦皇后与安乐公主，并拥立父亲李旦登上皇位，自己则成为皇太子。

不过，乱象仍未结束。很快，极富政治权谋与野心的太平公主就发现侄儿李隆基不易控制，她开始积极活动，企图说服睿宗李旦换掉太子，却未能成功。两年之后，睿宗下诏传位给太子，但自己仍掌握着军国大事的决定权。太平公主仍不放弃，她在七位宰相中安插了四位自己的亲信，并试图控制禁军。先天二年（713年）七月三日，唐玄宗得知太平公主即将举兵作乱的密谋，立即先发制人，粉碎了这次未遂的政变，太平公主被赐死于家中。至此，二十八岁的唐玄宗才真正掌握了军国大权。

太平公主的威胁虽然解除了，但玄宗很快发现，自己又被功臣集团所包围。在杀韦皇后、平定太平公主之乱的过程中，唐玄宗得到张说、崔日用、王琚、刘幽求、郭元振等人的大力帮助，

这些人都很有才干,通过参与玄宗的密谋,他们都步入高级官员的行列,并试图继续把持朝政。于是,有人就直接提醒玄宗说:"这些功臣大都是机变权谋之士,可以与他们共渡危难,但决不可使他们得志!"

一语点醒梦中人,要清除神龙以来朝廷的种种弊政,就必须有能够拨乱反正的贤臣的辅佐。可是他的那些功臣作为既得利益者,只希望维持现状,甚至自身还可能成为下一次宫廷政变的参与者。

为了显示自己掌握的强大军事力量,玄宗决定在骊山举行这次盛大的讲武仪式。一方面,借以震慑潜在的政敌;另一方面,则通过对郭元振等人的处罚,向功臣集团敲响警钟。

"救时宰相"姚崇。唐玄宗选择在骊山讲武,还有一个不为人知的目的,就是为了会见一个重要人物,那就是当时在距离骊山不远的同州(今陕西大荔)担任刺史的姚崇。正是伴随着姚崇的登场,开天盛世的序幕才缓缓拉开。

姚崇并不是政坛的一个新面孔。早在武则天末年,姚崇就曾经担任过宰相,他不仅具有非凡的政治才能,且为人刚正廉洁,即使在酷吏横行的武周时期,他也敢于坚持原则,多次平反冤狱,在朝野上下享有崇高威望。然而,由于功臣集团的反对,玄宗被迫采取了不寻常的手段才实现了拜姚崇为宰相的目的。

就在骊山讲武的第二天,玄宗来到渭川打猎,召见了姚崇,并任命他接替郭元振留下来的宰相职位。据史官吴兢记载,当时姚崇并未马上谢恩接旨，他提出，只有在玄宗答应他的十条建议之后，才愿意出任宰相。虽然司马光的《资治通鉴》认为姚崇拜相的过程太过戏剧化，但从今天的眼光看来，这十条建议却非常切中时弊，代表了姚崇后来施政的基本方向，即迅速安定政局、澄清吏治、与民休息，并营造宽松的政治环境。

唐玄宗完全接受了姚崇的建议，于是姚崇同意出任宰相，他们重整朝纲的努力就此展开。首先，把张说、刘幽求等功臣全部从朝廷要员贬为外州刺史，同时又把玄宗的兄弟如宋王成器、岐王隆范等出为外州刺史，这样使功臣和宗王无法结合起来，杜绝了再次发生宫廷政变的可能。

其次，大力整顿吏治。开元二年（714年）五月，罢去了武则天以来所有的员外官、试官和检校官，并严禁皇亲国戚利用权势，为人请托。

最后，通过几次对皇亲国戚犯法的严惩，使国家重回法制轨道。一次是皇后的妹夫长孙昕因殴打御史大夫李杰，被玄宗杖杀，玄宗还专门下诏向百官谢罪；另一次，则是薛王李业的舅舅王仙童欺凌百姓，被御史纠弹，在姚崇的坚持下，王仙童被治罪。这两个案子的处理震动朝野，使从中宗以来骄纵无比的权贵们看到了玄宗的态度，开始收敛自己的不法行为。

在唐玄宗和姚崇等人的共同努力下，经过几年时间，稳定政局的任务已经完成。到开元四年（716年）底，号称"救时宰相"的姚崇完成了自己的政治使命，在罢相时，他推荐宋璟接替自己主持朝政，开元之治继续在正确的轨道上前进。

到了开元九年（721年），开元初被贬出的功臣张说被召回京，重新出任宰相，而外放的诸王也被相继召还长安，这表明政局已经彻底稳定下来，社会开始进入一个承平发展的时期，盛唐的繁华就在前面不远处。

唐代的制礼作乐。 文坛领袖张说的归来，预示着一个新时代的开始。开元十一年（723年）五月，玄宗置丽正书院，延揽一批著名的学者和诗人任职其中，两年之后，它被改称为"集贤殿书院"，张说以宰相的身份兼领其事。玄宗对集贤院的学士们非常优礼，一些人甚至觉得耗费过多，张说解释说："自古以来，在国家承平之日，帝王们通常会大兴土木，沉迷于声色犬马之中，而当今皇上却优礼文士，研习典籍，这才是国家之福啊！"

在张说的支持下，开元十三年（725年）十一月，唐玄宗在东岳泰山举行了一次盛大的封禅典礼。盛世封禅，是中国古代政治文化的一个古老传统，具体仪式是皇帝在泰山顶上筑坛以祭天，称为"封"，在泰山脚下的社首山祭地，称为"禅"。封禅的目的既是为了向天地报告统治的成功，更是为了炫耀帝王的功业。

这次封禅仪式规模弘大，参加者除了朝中的文武百官和皇亲国戚外，周边民族和国家如突厥、契丹、日本、新罗、大食、日南等都派使者参加了这次盛典，这当然是为了营造一种万国来朝、天下一家的气氛。在玄宗祭天的玉牒中，他特意申明，这次封禅，他没有任何个人的秘请，只希望为天下苍生祈福。为了纪念这次历史性的大典，玄宗亲笔书写了一篇《纪泰山铭》，镌刻在泰山之巅的摩崖上。一千多年过去了，在晨曦的照耀下，这面粲然生辉的石刻依然是泰山最为醒目和壮观的遗迹,向人们诉说着盛世的辉煌。

除了封禅,唐玄宗还下诏进行《大唐开元礼》与《唐六典》的编纂。《大唐开元礼》从开元十四年(726年)开始编纂,直到开元二十年(732年)才得以成书。而《唐六典》的修纂历时更长,从开元十年(722年)开始,直到二十六年(738年)才最终成书。这两部书虽然内容不同,但都是在玄宗制礼作乐的背景下修成的。

唐玄宗《纪泰山铭》摩崖石刻

《大唐开元礼》的主要内容是唐代五礼制度中各种仪式的仪注，而《唐六典》的内容则是唐代各官府机构的设置、人员构成及其执掌。在某种意义上，《大唐开元礼》可谓唐代的《礼记》，而《唐六典》则相当于唐代的《周礼》，可以说，它们都是唐玄宗营造盛世的产物，其撰作目的都是树立本朝典制的权威。

空前繁荣的富庶时代。开元、天宝年间，中华帝国的版图空前辽阔。东至东南沿海，包括台湾及南沙群岛在内的南海岛屿均属大唐，西南以世界屋脊喜玛拉雅山为天然屏障，与天竺接壤，西至帕米尔高原，与大食毗邻，西北至巴尔喀什湖畔，北至贝加尔湖，东北势及外兴安岭以南包括库页岛在内的鄂霍茨克海岸，与日本列岛隔海相望。

回顾中国历史上几个有限的盛世，无不与疆域的辽阔息息相关。面对这样广大的国土，这块土地上的每个国民，上至王公贵族，下至庶民百姓，都会情不自禁涌出自豪感。

开天时期，社会经济空前繁荣。在农业经济时代，人口就是生产力。唐玄宗曾下令在全国范围内进行大规模的括户，也就是对那些因战乱或沉重的赋役、兵役而被迫逃亡的农民进行全面普查，准许逃亡农民就地落籍，结果括出八十万逃户，使国家控制的户口从神龙元年（705年）的六百一十五万户增加到开元十四年（726年）的七百零六万户，人口则达到四千一百四十一万人。到了三十年后的天宝十三载（754年），政府控制的户口更增加到九百一十八万户。事实上,据中晚唐著名学者杜佑估计,当时的实际人户当有一千三四百万户。如果以每户五六口推算,则全国人口当在七千万上下,而长安的人口就在百万以上。

那么,当时世界其他国家的人口是什么情况呢?东法兰克王国从塞纳河到莱茵河之间的人口二三百万。直到16世纪,地中海地区人口才五六千万,北非人口则是三百万。当时全世界总人口两亿左右,仅唐朝就占全球总人口的三分之一。

农业的发展,是盛唐经济繁荣的基础。史书记载:当时"四海之内,高山绝壑,耒耜亦满",意思是当时全国耕地很多。据统计,开元天宝年间全国的耕地达六亿六千万亩,人均超过九亩,为当今中国人均耕地的八倍。

唐朝前期,粟、麦为全国的主要粮食,自唐朝中期开始,南方水稻种植向北方扩展。唐玄宗下令在今河南地区大开水田,大面积种植水稻。随后,在今天的山东、河北、山西等地,水稻种植也陆续获得成功。随着水利灌溉设施的兴修,耕作制度的改进,水稻种植的北移,曲辕犁、筒车等先进生产工具的普遍利用,盛唐的农业生产率得到提高,出现了"公私仓廪俱丰实"的喜人局面。

北京大学历史系教授 吴宗国

据学者推算,盛唐时代,全国每年粮食产量可达六亿石,约相当于今天的二百五十亿公斤,平均每人占有粮食约三百五十公斤。这不能不说是个奇迹。由于天时、地利、人和,盛唐的人口数量、耕地面积和单位面积粮食产量都达到了一个良好的比例，这是盛唐得天独厚之处。

考古工作者1971年发现位于洛阳老城区北侧的含嘉仓遗址时，还以为是八角墓葬，等看到铭文砖之后才知道，它正是唐玄宗时代大名鼎鼎的粮仓——含嘉仓。这个粮仓始建于隋代，至唐代和北宋时都在沿用，其规模之大不可思议：东西长约六百余米，南北长约七百余米。仓城内东西成行、密集排列着四百多个粮窖。粮窖口径最大的约十八米，深约十二米，可藏粮一万几千石以上。

其实，含嘉仓只是唐政府许多粮仓中的一个。在当时的长安、洛阳、扬州、成都等大城市，大小粮仓星罗棋布，数不胜数。

在人口增殖和农业发展的带动下，开天时期的手工业和商业也有了长足的进步，江南的发展态势尤为迅猛。或许，天宝二年（743年）春天在长安城东广运潭的那次盛会可以被视作这个富庶时代的标志性事件。

这次盛会是由陕郡（今河南陕县）太守兼水陆转运使韦坚策划的，他预先准备了三百多艘新船，分别标示各郡之名，除了满载大米外，每艘船上都陈列了本郡的土特产品，例如：

广陵郡（扬州）：锦、铜镜、铜器、海味；

含嘉仓铭刻砖

广运潭遗址千余年来仍有迹可寻。根据有关历史记载，其遗址应该在今西安东北光大门（唐禁苑光泰门）一带。在这片土地上，今天已建成了西安世博园，供游人赏玩。

丹阳郡（镇江）：京口绫衫缎；

会稽郡（绍兴）：铜器、罗、吴绫、绛纱；

南海郡（广州）：玳瑁、真珠、象牙、沉香；

豫章郡（南昌）：名瓷、酒器、茶釜、茶铛、茶椀；

宣城郡（安徽宣城）：空青石、纸、笔、黄连。

这些产品的种类反映了唐代的手工业和商业发展到唐玄宗时期的一些新变化。首先，江南已经可以生产一些高级的丝织品，取代河北地区成为唐代丝织品生产的中心只是迟早问题；其次，豫章茶具反映了茶叶生产已经有了巨大发展，饮茶在唐代社会已经蔚然成风；第三，宣城纸笔则说明，从唐代起这里就已经成为文房四宝的生产基地，这同时表明了唐代社会对这些商品的需求；第四，广州船上所陈列的主要是进口商品，这表明，唐代的海外贸易在这一时期也有了巨大发展。

三月二十七日这天，唐玄宗和大臣们一起登上望春楼，一场盛会正式拉开了帷幕。

得宝弘农野,弘农得宝耶!
潭里船车闹,扬州铜器多。
三郎当殿坐,看唱《得宝歌》。

在各郡贡船中,为首的第一艘船尤为引人瞩目。船头上站立着陕县尉崔成甫,他身着绿衫,外罩锦半臂,头系红抹额,亲自领唱起他新填词的《得宝歌》,在他身后,一百名盛装的美女齐声应和,鼓、笛之声响彻云霄,欢乐的气氛弥漫在广运潭边。

紧随着陕郡船之后,各郡船只依次前进,驾船的人都头戴斗笠,身着宽袖衫,使人恍若置身于江南水乡。在望春楼下,这支庞大的船队接受着玄宗的检阅。不过,这却不仅仅是一次检阅各地物产的博览会,更像是一次君民同乐的大聚会。为了观看这次盛会,成千上万的长安百姓也都涌到了广运潭边,其中不少人从没见过如此多的船只,目睹着林立的桅杆,显得异常兴奋。这一天,无论是"三郎"玄宗,还是广大百姓,都深深感到那种国泰民安、身逢盛世的喜悦。

昂扬与超越的盛唐气象。 就在广运潭盛会的前一年(742年),一位旷世的天才也来到了长安,他就是李白。很难想象,如果没有李白,盛唐的韵味将会如何黯淡?虽说天才总是成群结队出现的,盛唐的诗坛也是万紫千红,但如果只能选一个人来代表盛唐气象，那么李白无疑是不二人选，他的出现，实在是这个时代的幸运。

李白出生于一个富商之家，在四川江油县度过了少年时代，他自幼读书击剑，才气横溢。二十多岁时，他出三峡，泛舟而下，开始了十多年的漫游生活，足迹遍布吴越、荆楚、齐鲁等地，在饱览各地自然美景的同时，也创作了大量脍炙人口的诗篇。李白的诗歌具有豪迈无前的浪漫主义风格，语言瑰丽，意境辽远，而且极富音乐性。

李白像

> 君不见黄河之水天上来，奔流到海不复回。
> 君不见高堂明镜悲白发，朝如青丝暮成雪。
> 人生得意须尽欢，莫使金樽空对月。
> 天生我材必有用，千金散尽还复来。
> 烹羊宰牛且为乐，会须一饮三百杯。
> 岑夫子，丹丘生，
> 将进酒，君莫停。
> 与君歌一曲，请君为我侧耳听。

《将进酒》排山倒海、恣意汪洋的气势，至今让人读来魂悸魄动，目醉神迷。宋代的严羽曾说：别人写诗是用笔一句一句写下来，而李白则只要把心里那股气张口一喷就行了。这实在是知者之言！同样是李白，他也能写出"郎骑竹马来，绕床弄青梅"这样清新婉丽的词句。事实上，不管是哪种体裁，也不管是哪种主题，只要出自李白之手，都一定会达到极高的水平。

李白的诗名越来越大，连唐玄宗也知道了李白的大名，终于，在天宝元年（742年），四十二岁的李白被召入翰林供奉。

在兴庆宫的沉香亭，四面遍植名贵的牡丹，当年唐明皇与杨贵妃常在此饮酒赏花。宿醉的李白曾为之写下了著名的《清平调》三首，其中之一曰："名花倾国两相欢，常得君王带笑看。解释春风无限恨，沉香亭北倚栏杆。"

然而，对于傲岸不羁的李白来说，长安的宫廷生活终究不是他所习惯的。杜甫在《饮中八仙歌》中就说："李白斗酒诗百篇，长安市上酒家眠，天子呼来不上船，自称臣是酒中仙。"

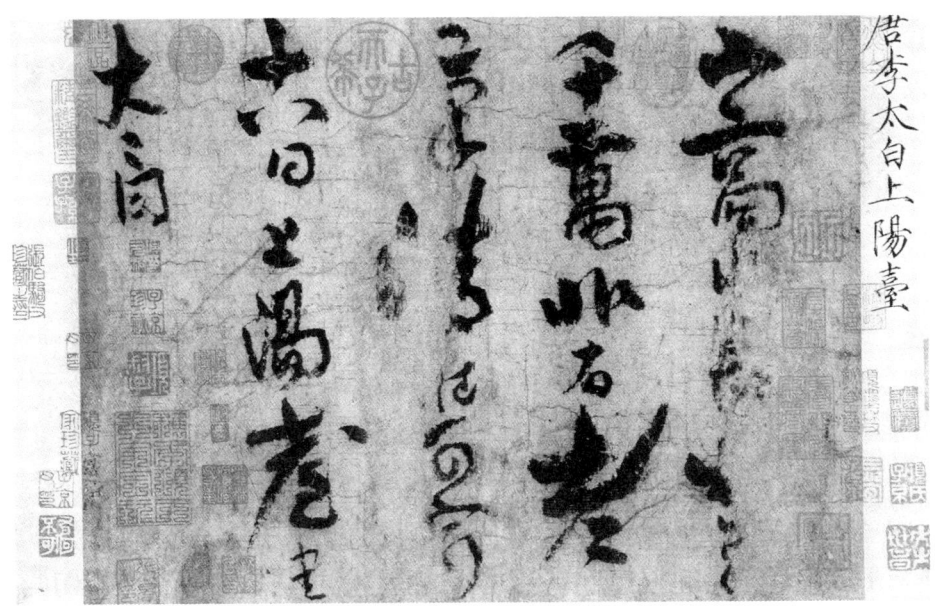

李白书法《上阳台帖》

知李白者，杜甫也！寥寥四句，就把一位豪放俊迈、诗酒无双的李白形象勾勒出来。可是，李白这种傲视权贵的态度使他得罪了高力士等人，没过多久，他就自请还山。

然而，仕途失意并不影响李白的狂放与激情，盛唐的人们是用欣赏的眼光来看待这位天才诗人的，他的朋友遍布各地，这其中，就有另一位诗坛主将——杜甫。

和浪漫主义诗歌的代表李白相比，小他十一岁的杜甫通常被视作现实主义诗歌的代表。风格的不同并未影响二人的交谊，特别是杜甫，他对李白一直非常仰慕，时常牵挂在心。据学者研究，在杜诗中，赠怀李白的诗篇多达十五首。"白也诗无敌，飘然思不群。清新庾开府，俊逸鲍参军"，是他对李白诗篇的高度评价；"冠盖满京华，斯人独憔悴"，则吐露出他对李白遭遇的

成都杜甫草堂中的杜甫塑像

开天盛世

不平之气;"不见李生久,佯狂真可哀。世人皆欲杀,吾意独怜才",更充分表明,只有杜甫,才是李白的真知己。

至于杜甫自己,他一生的科举和仕途都不如意,早年曾在长安过着"朝扣富儿门,暮随肥马尘"的窘迫生活,中年时,又遭逢安史之乱这样的家国巨变,被迫流离失所。然而,如果没有安史之乱,他就不可能写下被后人称为"诗史"的《北征》、《春望》、"三吏"、"三别"等忧国忧民的诗篇;如果没有战乱中他到处奔波、寄人篱下的经历,他也写不出《茅屋为秋风所破歌》《秋兴八首》那样感人至深的篇章。安史之乱终结了开天盛世,而杜甫沉郁顿挫的诗篇则给盛唐的诗坛画下了有力的句点。

盛唐气象也表现在绘画艺术上。与诗坛一样,开天时期的画坛同样群星闪耀,各种题材的绘画都出现了繁荣景象。人物画方

《虢国夫人游春图》(局部)

面，有善于表现贵族妇女闲适生活的张萱。在辽宁省博物馆中，保存着相传为宋徽宗临摹的张萱所作《虢国夫人游春图》，描绘的是杨贵妃的姐妹虢国夫人等骑马游春的场景，画面生动，是唐代贵族妇女生活的形象写照。张萱的另一幅名作《捣练图》收藏在美国波士顿美术馆，刻画的则是宫廷妇女从事捣练、理线、熨平等工序的劳作场景，富于生活气息。这两幅仕女图都显示了张萱在刻画人物方面的精妙技艺，也反映出盛唐艺术那种雍容华贵的气度。

在山水画方面，则有被称为"大小李将军"的李思训、李昭道父子所代表的金碧山水画，以及王维所代表的水墨山水。后世对王维推崇备至，奉其为文人水墨画的鼻祖，宋代的苏东坡就说，王维是"诗中有画""画中有诗"。

在鞍马画方面，其代表人物是韩幹，他流传至今的名作《照夜白》生动表现了唐玄宗所喜爱的名驹的神气，另一幅《牧马图》后来也曾成为宋徽宗宣和内府的珍藏之宝。

正如李白、杜甫辉耀盛唐诗坛一样，盛唐的画坛同样出现了一位划时代的大师——"画圣"吴道子。无论是人物、花鸟，还是台阁、山水，各个门类的绘画，他几乎无所不能、无所不精。当吴道子还在世时，他高超的绘画技艺就已经被民间所神化了。

据说在开元中，一位名叫裴旻的将军为了给亡故的母亲做功德，请吴道子在东都天宫寺画几面墙的神鬼壁画，吴道子答应了，但他要求裴旻先献上一场惊心动魄的剑舞，"以增壮气"。只见裴旻走马如飞，剑如闪电，突然将手中的宝剑高抛数丈，在其笔直下落的一瞬间，他拍马赶到，刚好将急速下坠的宝剑纳入手

韩幹《照夜白》

里的剑鞘中。和围观的百姓一样，吴道子看得激动无比，随即起身作画，很快就完成了一幅时称"天下壮观"的得意之作，可见吴道子画风的跌宕豪放。

另一则故事更为有趣。据说吴道子在长安一座寺院绘制了"地狱变"壁画，将地狱中的阴森恐怖场景描绘得淋漓尽致，许多长安百姓看过之后，都不敢杀生吃肉了，当时市面上的屠户和渔夫们失去了生意，不少人甚至因此改行。

在唐代，绘画艺术的载体主要是壁画和屏风，卷轴画尚未发展起来。因此，吴道子的作品大多集中在长安、洛阳的寺观壁画之中。据史料记载，他前后画寺院墙壁三百多间，而人物与神鬼的面貌无一相同。

可惜的是，千年之后的今天，我们已无缘欣赏到这些壁画杰作,只能从一些后人的摹本中依稀看到它们的风貌,其中最有名的,当属流传到日本的《送子天王图》。这幅画描绘的是佛陀释迦牟尼降生的故事,无论是天王、神怪,还是大臣、宫女,神态各异,生动表现出不同身份的人面对佛陀降生这一重大事件所发生的不同的心理变化。整幅画作兰叶描,并略作渲染,用线挺拔,轻重顿挫似有节奏,衣带随风飘举,体现出吴道子一派的典型画风。

《送子天王图》(局部)

盛唐的书坛同样精彩。无论是张旭、怀素、贺知章的草书，还是李邕的行书、楷书，都冠绝一时。李阳冰的隶书，甚至被称为秦代李斯之后的第一人，而后世艳称的书法大师颜真卿，他的青春岁月同样是在开天时期度过的。

当然，能与李白诗歌、吴道子绘画一起代表盛唐气象的，当数张旭的草书。"张旭三杯草圣传，脱帽露顶王公前，挥毫落纸如云烟。"杜甫的《饮中八仙歌》将一个豪放不羁、旁若无人的艺术家的形象刻画得淋漓尽致。

张旭在当时影响极大，无论是怀素还是颜真卿，都曾向他学习书法。而后人论及唐人书法，对欧、虞、褚、颜、柳等均有褒贬，唯独对张旭无不赞叹不已，这在艺术史上几乎是绝无仅有的。

相传，张旭因见公主与担夫争道，而得笔法之意，在河南邺县时，爱看公孙大娘舞西河剑器，遂得草书之神。这与吴道子观裴旻舞剑而得壮气，可谓不谋而合。

据说，在任职常熟县尉时，张旭常常喝得酩酊大醉，醉后呼叫狂奔，乘兴挥毫，激动处，甚至用头发蘸着墨汁疾书于墙壁。酒醒之后，看着满墙龙飞凤舞、飘逸万态的书法，自己也不能相信，认为一定是有神力相助。今天，当我们看着张旭仅存的几件作品时，他奔走挥毫的身影似乎依然在眼前闪动。

开天盛世来之不易，它是从一连串的政治动乱中走出来的。只有政治稳定，才有经济的发展，也才有文化的繁荣。

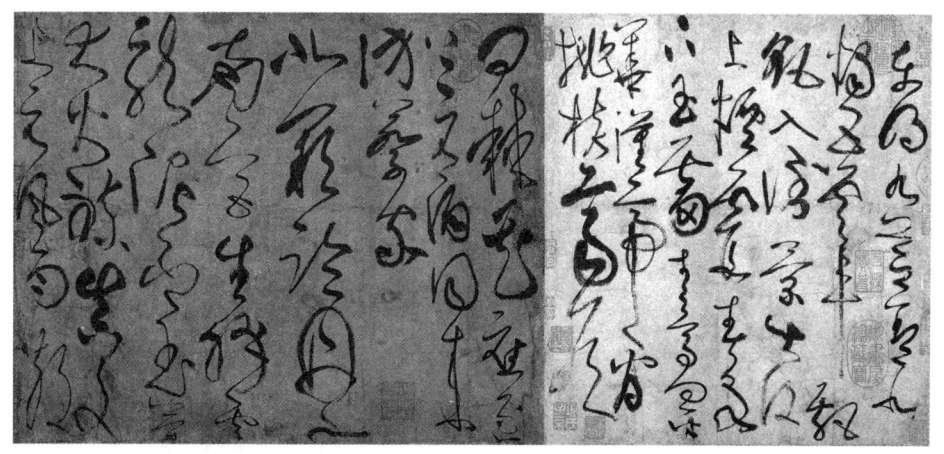

张旭《古诗四帖》（局部，辽宁省博物馆藏）

随着李白、杜甫、王维、张萱、韩幹、吴道子、张旭、怀素、李阳冰、颜真卿等这些中国文化史上的巨人们纷纷登上历史舞台，尽情展示着自己的才华与个性，一个灿烂辉煌的时代终于到来了。从他们的身上，我们读出了"盛唐气象"的真义。直到今天，盛唐文化所代表的那种昂扬与超越的精神仍值得每个中国人为之自豪。

然而，即使是盛世，也有繁华落尽的时候，在唐玄宗的晚年，各种社会矛盾逐步积累，引发了安史之乱，开天盛世从此成为中晚唐人心目中的一个梦境，而唐玄宗早年的励精图治和晚年的骄奢淫逸，也都成为后世君主时常借鉴的一面镜子。

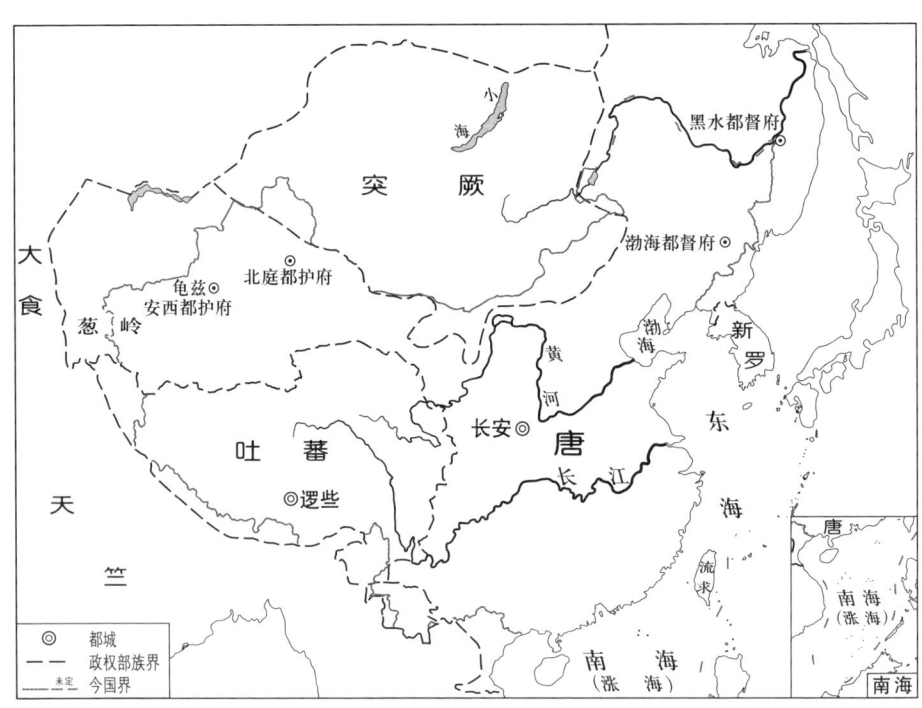

唐朝形势图（741年）

安史之乱

唐彩绘胡人骑马俑

渔阳鼙鼓动地来，惊破霓裳羽衣曲。
九重城阙烟尘生，千乘万骑西南行。
翠华摇摇行复止，西出都门百余里。
六军不发无奈何，宛转蛾眉马前死。
花钿委地无人收，翠翘金雀玉搔头。
君王掩面救不得，回看血泪相和流。

　　这是白居易的千古绝唱《长恨歌》的高潮部分，这段凄美爱情故事的主人公，就是缔造了开天盛世的唐玄宗李隆基和他心爱的贵妃杨玉环。就在长安往西不远处那个并不起眼的马嵬驿里，大唐帝国最美丽的女人被赐死了，而深爱她的玄宗却只能掩面泣血，无能为力。

然而，杨贵妃与唐玄宗的爱情悲剧，不过是唐朝历史上一个翻天覆地的大事件中的小插曲。自天宝十四载（755年）起，一场起自幽燕的叛乱席卷了整个中原和帝国的心脏地区，惊慌失措的唐玄宗匆忙逃离长安城，翻山越岭，长途跋涉到成都去避难。

为什么在大唐帝国最为繁荣昌盛的承平时期，会发生这样一次突如其来的叛乱？为什么它竟然会持续八年之久？它最终是如何被平定的？又会带来怎样的后果？要回答这些问题，还得从唐玄宗末年的政局说起。

奸相专权与动荡的政局。就在开天盛世一派歌舞升平的繁华景象下，一场潜流汹涌的危机却正在孕育之中。这种危机是双重的，它来自朝廷与边疆两个方面。

唐玄宗共有三十个儿子，其中七个早夭。因长子小时候被动物抓破脸，次子李瑛遂被立为皇太子，可是他的生母赵丽妃出身于歌妓，没有家族势力可以凭借。后来玄宗非常宠爱武惠妃，在宰相李林甫的支持下，武惠妃开始积极活动，试图让自己的儿子李瑁做太子，一时间李瑛的太子地位岌岌可危。

为了自保，开元二十五年（737年），李瑛与另外两个弟弟联合起来，准备谋害寿王，可惜事情败露，武惠妃乘机诬告他们要谋害玄宗。玄宗一气之下，没有认真考虑就下令把三个儿子全部杀掉。事后，他不免有些后悔，所以立寿王为皇太子的事情也被搁置下来。不久武惠妃去世，玄宗遂立第三个儿子李玙为太子。

历经艰险从美国追索回国的"唐贞顺皇后石椁",其浮雕精妙绝伦,实属国宝。石椁的主人就是人们熟知的武惠妃,她是在杨贵妃之前,玄宗最为宠爱的女人。正是这位武惠妃和她的儿子寿王李瑁,卷入了开元后期皇太子的废立事件。

然而,危机远未结束。在天宝之初,唐玄宗一度重用与太子颇有关系的名将皇甫惟明、王忠嗣来解决国家的军事问题,又重用太子妃之兄韦坚管理国家财政。然而,随着他们功业日盛,玄宗却感到这是一种来自太子方面的极大威胁,李林甫乘机兴起大狱,天宝六载(747年)韦坚和皇甫惟明被赐死,甚至太子也被迫与韦妃离婚。稍后,兼领河西、陇右、朔方、河东四镇节度使的王忠嗣也被李林甫诬告为谋反。虽然太子最终没被牵连,但他与玄宗的关系从此蒙上巨大的阴影,他变得更加小心谨慎,以致于还不到四十岁,头发就已经花白。

在太子废立及一系列大狱的背后,都闪现着宰相李林甫的身影。

《帝鉴图说》中的唐玄宗

　　李林甫恐怕是中国历史上最为有名的奸臣之一了，他是李唐的宗室，从开元二十二年（734年）拜相，直到天宝十一载（752年）去世，他独揽朝政达十八年之久，这不仅在玄宗时期的宰相中绝无仅有，即使是在整个唐朝的历史上也极为罕见。李林甫这类权相的出现是唐代宰相制度演变的必然结果。开元十一年（723年），张说奏改政事堂为"中书门下"，宰相机构开始独立于三省制之外，从此之后，宰相就不仅具有决策权，而且掌握了行政权，权力越来越集中于一人之手。

　　随着玄宗年事渐高，怠于政事，善于揣摩其心意的李林甫开始扮演着越来越重要的角色。李林甫文化程度不高，据说也就是能识字判事而已，但不可否认，他却具有非常出色的行政才能，不仅帮助唐玄宗完成了政治、军事制度的一系列调整，又采取了许多措施抑制土地兼并，维护国家的安定与经济的发展。

为了维护自己的权位，李林甫对威胁到他的人非常无情，他一定会想方设法进行打击，甚至将他们置之死地而后快，成语"口蜜腹剑"就源于当时人对他的形容。可以想见，如果太子即位，曾策划拥立寿王的李林甫必然会失势，太子的亲信如皇甫惟明、王忠嗣、韦坚等人必然会威胁到他的地位。在这种情况下，李林甫不惜多次兴起冤狱，其最终目的是要动摇东宫。

天宝八载（749年）前后，一个真正足以动摇李林甫地位的人出现了，那就是唐代历史上另一位臭名昭著的奸臣——杨国忠。他是唐玄宗的新宠杨贵妃的远房堂兄，在杨家姐妹的推荐下，玄宗委任他担任各种财政使职，进而取得了掌管全国财政收支的大权。必须承认，除了依靠裙带关系外，杨国忠本人也的确具有很强的财政管理能力。两年后，他又兼领剑南节度使。在极短的时间内，杨国忠的权势几乎上升到与李林甫相同的地步，二人的矛盾激化起来。

天宝十一载（752年），李林甫借口南诏入侵，奏请杨国忠亲赴成都坐镇，试图借此机会把杨国忠赶出朝廷。但事情还没结果，李林甫就于十一月病死在骊山。就在李林甫死后的第三天，杨国忠被正式任命为宰相，他不仅接管了李林甫手中的全部权力，同时继续兼领自己此前的各种财政使职，甚至连关内、剑南等地的军政大权也落入他的手中，权力的集中达到空前的程度。

外重内轻的军事格局。 与不断恶化的朝廷政局相比，唐王朝的军事战略格局的变化则更加凶险。在府兵制下，国家的战略格局是居内驭外，关中、河南等地的军府数量大大超过其他地区，整个安全态势是内重外轻，因此，唐代前期发生在外州的叛乱一般很快就被平定。为了适应边疆形势的发展变化，唐王朝开始实行募兵制，在边疆地区相继设立节度使，渐渐囤积了大量的常备军，且战斗力非常强劲。相比之下，内地的防卫却非常薄弱，除了长安的一些禁军之外，基本上没有什么常备军可言，国家出现了非常危险的外重内轻的战略格局。由于承平日久，内地的百姓已经多年不闻干戈之声了。

从唐睿宗开始，唐代在边疆地区设立节度使，到开元九年（721年），基本上完成了九大节度使的设置，它们分别为：范阳、平卢、河东、朔方、安西、北庭、河西、陇右、剑南。李林甫拜相之后，为杜绝有才学的汉族将领"出将入相"的道路，遂向玄宗建议由胡人也就是唐朝所谓的"蕃将"来担任节度使。这样，从开元末年起，许多蕃将开始成为各大"军区"的首脑。到了天宝末年，担任节度使的分别是：安禄山兼任范阳、平卢、河东三镇节度使，他养父的儿子安思顺节度朔方，哥舒翰兼任河西、陇右二镇节度使，封常清则兼任安西、北庭二镇节度使，至于剑南，则是由宰相杨国忠兼领的。

在这九大"军区"中，兵力最强的当属安禄山和哥舒翰，他们二人分别是东北、西北两大军事集团的代表，相互之间颇有矛盾。如果从经济角度来看，兼领三镇的安禄山实力无疑更胜一筹，因为他辖下的河北地区是唐代前期经济最发达的地区，远非戈壁荒漠居多的河西与陇右可比。这种经济与军事上的优势使得他在发动叛乱时有了更强的信心，更何况哥舒翰当时年老多病，长期待在长安休养。

天宝末年，发生在玄宗与他最宠信的宦官高力士之间的一段对话很有意味。晚年的唐玄宗怠于朝政，他对高力士说："朕今老矣，朝事付之宰相，边事付之诸将，夫复何忧？"力士回答说："臣闻云南数丧师，又边将拥兵太盛，陛下何以制之？臣恐一旦祸发，不可复救，何得谓无忧也！"

所谓"云南数丧师"，是指杨国忠支持下的剑南节度使鲜于仲通于天宝十载（751年）发兵攻打南诏，大败而回，天宝十三载（754年），剑南留后李宓再次出兵南诏，又全军覆没。杨国忠却向玄宗报捷，满朝文武慑于他的淫威，没有人敢说出真实情况。"边将拥兵太盛"，是指安禄山一人身兼三镇节度使，手握重兵，正在东北厉兵秣马。高力士的话可谓一言成谶，因为，安史之乱就在前面不远处。

语言天才与舞蹈专家安禄山。 安禄山的雄厚实力不仅来自于唐玄宗的充分信任，也不仅是因为他部下的军队常年与契丹、奚等部族作战而训练有素，他的实力还与其军队的组成结构以及他自身的特殊身份密不可分。那么，这位掀起滔天巨浪的安禄山究竟是怎样一个人？其实，如果我们抛开安史之乱对唐王朝的沉重打击不谈，他实在是一个非常有意思的人物。

安禄山是一个语言天才。据史料记载，除了汉语之外，他还通晓其他九门语言，这样超强的语言能力使他早年曾担任了范阳

敦煌壁画《舞蹈图》

节度使下面负责对外贸易的"互市牙郎",也使他在收服来自各个少数民族的军将时,显得游刃有余。

安禄山还是一位舞林高手。虽说他身材高大,膀阔腰圆,可就是这样一个大腹便便、上马还需要几个人帮忙搀扶的人,跳起"胡旋舞"来,却旋转如飞,迅捷如陀螺,据说他还曾在玄宗的宫廷中,与杨贵妃一起翩翩起舞。数十年后,大诗人白居易曾写了一首《胡旋女》诗来描绘这一场景:"天宝季年时欲变,臣妾人人学圜转;中有太真外禄山,二人最道能胡旋。"诗中的"太真"指的就是杨贵妃。

要探究安禄山的真相,我们还得从他自身的种族来源说起。

据中唐人姚汝能所编纂的《安禄山事迹》记载:安禄山本是一个"营州杂种胡",小名叫"轧荦山",他的母亲阿史德氏是一位突厥女巫,后改嫁于突厥汗国中一个名叫安延偃的粟特将军。安禄山从小就生活在一个粟特人的集团中,如果从文化认同的角度来看,安禄山应该是个粟特人。

粟特人,在中国的古籍中叫作"昭武九姓"或"九姓胡",他们的故乡在中亚阿姆河与锡尔河之间的粟特地区,以撒马尔干(在今天的乌兹别克斯坦)为中心,有康、安、曹、史、石、米等九个绿洲王国。粟特人大多以经商为主,是丝绸之路上国际贸易的主要承担者,有人将他们称作"东方腓尼基人"。要在各个民族之间做生意,通晓多种语言正是粟特人的基本技能,了解了这一点,我们对安禄山通晓九门语言就不会感到过于惊奇了。

北周《安伽墓围屏石榻线描图》（局部）反映的粟特人日常生活。

经商，或许是每一个粟特人与生俱来的本领和天性。为了追求财富，他们背井离乡，经过万里流沙与茫茫戈壁，从遥远的撒马尔干一路往东，走向繁荣富庶的中国。随着商队所到之处，许多粟特人就在当地留居下来。从南北朝到隋唐，丝路沿线的于阗、楼兰、龟兹、高昌（吐鲁番）、敦煌、酒泉、张掖、武威及长安、洛阳等城镇，都留下了他们的足迹。

安禄山成长的营州（今辽宁朝阳）也不例外。在开元、天宝前后，营州存在着一个有相当规模的粟特聚落，盛唐诗人高适《营州歌》云："营州少年厌原野，狐裘蒙茸猎城下。虏酒千钟不醉人，胡儿十岁能骑马。"吟咏的就是这种情形。另据史料记载，与安禄山一起发动叛乱的史思明同样是来自营州的"杂种胡"，他比安禄山只大一天，两人从小就是很好的朋友，他们的经历也基本相似，只不过史思明"解六蕃语，同为牙郎"，通晓的语言仅比安禄山略少一些而已。

起兵范阳。安禄山之所以能够在范阳（今北京）崛起，与他在同契丹、奚两个民族的战斗中屡立战功分不开，而范阳之所以精兵甲于天下，正是唐王朝遏制两蕃的需要。事实上，唐玄宗对安禄山的宠信，并不仅仅是他的昏庸和任人不明，而是他需要安禄山这样通达边事的蕃将。在这样的背景下，安禄山的周围逐渐聚集起一群与他种族、出身类似的武将，形成了一个关系胶固的军事集团，而粟特人在其中更占有很大的比例。除了史思明外，在安史之乱中发挥重要作用的，还有何千年、安太清、安守忠、康节、安武臣等一大批粟特族武将。

据《安禄山事迹》记载,安禄山在担任范阳节度使时,时常派粟特胡人去全国各地经商,每年都把大量的金银珠宝运回范阳。每当这些胡商回来献宝时,安禄山总要举行隆重的仪式,他身着粟特民族传统服饰,端坐在高床之上,将珍宝罗列于前,同时香烟缭绕,巫师们击鼓歌舞,而诸胡人则罗拜于下,向上天祈福。

据学者研究,安禄山充分利用了粟特民族传统的宗教信仰——祆教的祭祀仪式,来团结胡族百姓。祆教又称"拜火教",是中国古代对波斯古代宗教琐罗亚斯德教的习惯称呼,它主要崇奉光明之神。祆教早在西晋末年就传入中国,但主要还是在粟特聚落内部流传。事实上,安禄山的本名"轧荦山"正是粟特文"光明"一词的音译;在他死后,史思明给他所上的谥号"光烈皇帝",同样是取了"光明"之意。显然,安禄山把自己打扮成了"光明之神"的化身,这成为凝聚胡人的一个重要手段。

天宝十四载(755年)十一月九日,久蓄异志的安禄山终于在范阳起兵,誓师南下。几天之后,太原等地的报告陆续送到了长安,唐玄宗与满朝文武都震惊不已,只有宰相杨国忠却喜不自胜,因为他之前的预言终于应验了。

与老到的李林甫相比,杨国忠的政治才能与手腕都相去甚远,安禄山从来不把他放在眼里,而唐玄宗对安禄山的宠信更使杨国忠感到了巨大的威胁。于是,他开始搜集安禄山谋反的情报,并不断向玄宗预言安禄山要造反，二人的矛盾迅速激化。据说，安禄山本来想等玄宗驾崩之后再起兵造反，但杨国忠的步步紧逼迫使他提前动手了，打的旗号就是诛杨国忠以清君侧。

十一月十五日，玄宗派刚刚入朝的安西节度使封常清募兵六万，去防守东都。同时，他又采取了一系列部署：以郭子仪取代安思顺为朔方节度使，派右羽林大将军王承业为太原尹，避免这两镇落入安禄山亲党之手。同时，他任命儿子荣王李琬为元帅，曾在西域屡建奇功的名将高仙芝为副元帅，带着在长安临时拼凑起来的一支五万人的军队开赴陕郡（今河南陕县）。

然而，叛军前进的速度非常惊人，十二月初，已进抵黄河北岸，灵昌（滑州，今河南滑县）、陈留（今河南开封）等地相继沦陷，叛军直逼东都。一经交手，封常清就发现他临时招募的军队是乌合之众，根本不是范阳虎狼之师的对手，只能连连败退。到十二月十三日，洛阳就落入了安禄山叛军之手，封常清率残部与高仙芝会合之后，退往潼关，并组织起坚固的防线，暂时稳住了阵脚。高仙芝和封常清都是一代名将，他们退保潼关的决策，在当时无疑是合理而明智的。然而，就在这个关键时刻，唐玄宗却听信了监军的宦官边令诚的一面之词，认为他们不战而退，竟然下令将高仙芝和封常清处死。

在法国国家图书馆所藏的敦煌文书中，保留着封常清在临死之前呈给玄宗的《谢死表》，其中先分析战况，希望朝廷能对当前的严峻形势有清晰的认识，最后说："臣死之后，望陛下不轻此贼，无忘臣言，则冀社稷复安，逆胡败覆，臣之所愿毕矣。仰天饮鸩，向日封章，即为尸谏之臣，死作圣朝之鬼。若使殁而有

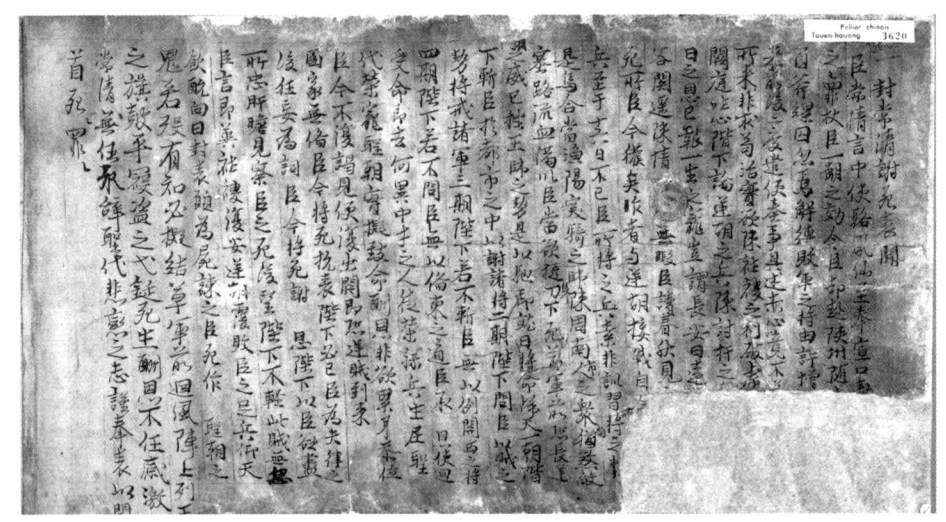

封常清《谢死表》

知，必结草军前，回风阵上，引王师之旗鼓，平寇贼之戈铤。生死酬恩，不任感激，臣常清无任永辞圣代悲恋之至。"千载之下，读到这样字字泣血、披肝沥胆的文字，仍然令人震撼。

临阵处死大将，实在是兵家大忌。那么，由谁来接替他们呢？玄宗想到了因病在家休养的河西、陇右二镇节度使哥舒翰，命他前往潼关镇守。哥舒翰面对的是怎样一个局面呢？

天宝十五载（756年）正月初一，安禄山在洛阳自称大燕皇帝，但他面临的局势却非常不利。就在他称帝前不久，平原（今山东陵县）太守颜真卿与常山（今河北正定）太守颜杲卿兄弟就分别杀掉了安禄山派来的守将，举兵声讨安禄山，一时间，河北二十三郡就有十七郡响应，极大地牵制了叛军在河南的军事行动。河北地区是安禄山的根据地，为解决后顾之忧，安禄山迅速派史思明率军夺回了常山，颜杲卿被杀，河北诸县又落入叛军之手。

不过，朔方节度使郭子仪、河东节度使李光弼却在五月的嘉山（今河北正定东）之战大破史思明，斩首四万级，军威大振，再次切断了洛阳与范阳的交通，叛军人心惶惶。只要潼关坚守，郭、李二人即可引兵直取叛军老巢范阳，平叛的局势就会豁然开朗。对于这一点，郭子仪、李光弼十分清楚，久经战阵的老将哥舒翰自然也十分清楚，而安禄山则是忧心如焚。

然而，就在这种大好形势下，唐玄宗却因杨国忠的煽动，一再催促哥舒翰出关与敌作战。有了高仙芝与封常清被诛的前车之鉴，哥舒翰显然不敢抗旨不遵，迫不得已，他在大哭一场之后引军出关，结果在六月八日陷入叛军埋伏，几乎全军覆没，哥舒翰本人也成为俘虏，一时间，平叛形势急转直下。

明皇幸蜀。潼关失守，使长安失去了最后的屏障，它的陷落只是时间问题。六月十三日凌晨，在一片蒙蒙细雨中，唐玄宗带

杨贵妃墓

着杨贵妃姐妹、部分皇子皇孙以及杨国忠、韦见素等宰相，在龙武大将军陈玄礼集合的禁军的护卫下，匆忙逃出长安，向四川进发。

十四日，当他们到达马嵬驿（在今陕西兴平）的时候，疲惫饥饿的禁军发生了骚乱，杀死了杨国忠和他的姐妹们，进而包围了驿站，要求玄宗处死杨贵妃。形势所迫，玄宗只好同意，风华绝代的美人就这样成为替罪羊，香消玉殒了。

不过，事情并未就此终结。第二天，当玄宗准备从马嵬驿出发时，被许多百姓拦住，他们请求玄宗留下，以保存平定叛乱的希望。然而，此时的唐玄宗早已心惊肉跳，他留下太子李亨慰喻百姓，自己先行往成都进发。在百姓的请求和心腹宦官李辅国的鼓动下，太子终于下决心留下来，担负起平叛的重任。对于唐玄宗来说，这实际上是他个人政治生命的终结，而对于唐王朝来说，这又成为平叛与复兴的起点。

崎岖的蜀道上，南下的唐玄宗一行人马正在艰难前行，向成都进发。此时，太子李亨对于自己何去何从却根本没有打算。这时，有人建议他去朔方（今宁夏灵武），因为他过去曾经遥领过朔方节度大使，而且朔方军兵力也很强。太子同意了，于是率部到达灵武，并在七月十二日即位，是为唐肃宗。他遥尊玄宗为太上皇，并改元为至德元载（756年）。一个月之后，肃宗派去的使者到达成都，玄宗虽然表面上很高兴，但内心却很矛盾，四天之后，他才下诏改称太上皇，要求天下大事虽由肃宗决定，但要同时上奏给他。无论如何，表面上的权力交接算是完成了。

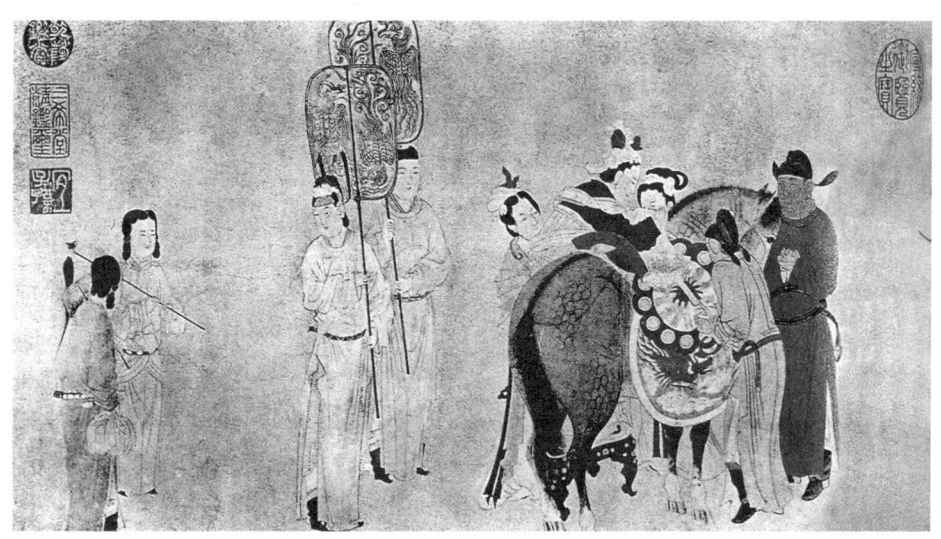

元人绘《杨贵妃上马图》(局部)

《明皇幸蜀图》

安史之乱

收复两京。肃宗刚到灵武的时候,朔方精兵都在郭子仪、李光弼的率领下,奔赴河北平叛了,故灵武的兵力很弱,这让肃宗心里很不踏实。于是,他命令河西节度使李嗣业率兵五千勤王,又从安西发精兵七千人。到了七月底,郭子仪又率五万大军从河北归来,到这个时候,灵武的军威开始雄壮起来,人们终于看到了复兴的希望。当然,这些兵力还不足以平灭叛军,于是,肃宗又派朔方大将仆固怀恩等人去回纥借兵。

在灵武,极具战略眼光的谋臣李泌向肃宗提出了先攻取叛军老巢范阳,再收复两京的计划,规劝肃宗不要希望速胜。肃宗本来同意了这一策略,但形势的变化使他最后改了主意。

至德二载(757年)正月,安禄山被其子安庆绪所杀。二月,肃宗来到凤翔,各地的勤王之师也聚集至此,九月,回纥可汗派其子叶护率精骑四千多人也抵达凤翔。于是,肃宗决心先收复长安,以便尽早把玄宗从成都请回来,免得有两个权力中心。四月,他任命长子广平王李俶为元帅,郭子仪为副元帅,担负起收复两京的作战任务。

九月十三日,郭子仪等率军十五万,从凤翔出发。二十七日,在长安城南不远处的香积寺北大败叛军,次日收复了长安。郭子仪等继续率兵追击叛军,到十月十六日,安庆绪逃离洛阳,退往相州(今河南安阳),两天之后,广平王李俶进入东都。至此,两京全部收复。

十二月初,逃往四川达两年之久的唐玄宗回到了长安,文武百官、京城士庶欢呼舞蹈,夹道欢迎,许多父老流下了激动的泪水,说:"不图今日再见二圣!"在欢庆胜利的时候,人们似乎已经原谅了这位酿成大错的皇帝。

唐军虽然收复了两京，但叛军的有生力量并未被消灭。安庆绪退保相州之后，忌惮留守范阳的史思明实力强大，于是派人去征调他的军队。史思明不愿受安庆绪的摆布，于是以所部十三郡、兵八万投降朝廷。当然，这只是表面上的归顺，朝廷自然更不放心，没过多久，史思明又再次发动了叛乱。

乾元元年（758年）七月，唐肃宗以幼女宁国公主嫁给回纥可汗，感谢其在收复两京中的关键作用，并再次要求回纥出兵帮助唐军讨伐安庆绪。九月，肃宗命郭子仪、李光弼等九位节度使率军征讨安庆绪，他不愿将军权交给一个人掌握，于是特意不设置元帅，而由宦官鱼朝恩为"观军容使"，这使得唐军缺乏统一指挥，为后来的惨败埋下了伏笔。十月，郭子仪等攻拔卫州（今河南汲县），进围相州。安庆绪无奈，向史思明求救。

第二年三月，史思明率军十三万与唐军在相州决战，结果六十万唐军竟一战而溃。不久，郭子仪被朝廷解除了兵权，召回长安。而叛军方面，史思明很快诱杀了安庆绪，自立为大燕皇帝，并把范阳改称为燕京。到了九月，他率军南下，重新占领了东都洛阳。只是在李光弼的努力下，局势才没有进一步恶化。

到了上元二年（761年）三月，安禄山的命运又在史思明的身上重演，他也被自己的长子史朝义所杀。由于史思明所部的节度使都是当年安禄山的旧将，地位本来就与史思明不相上下，他们当然不愿为史朝义卖命，叛军的力量在内部矛盾中有所削弱。

宝应元年（762年）四月，唐玄宗、肃宗父子先后去世，他们最终还是未能等到天下复归太平的那一天。太子李豫，也就是

唐玄宗泰陵

以前的广平王李俶即位,是为唐代宗。他再次向回纥借兵,于这年十月收复了洛阳。在仆固怀恩的率领下,官军乘胜渡过黄河追击史朝义,迫使叛军的重要将领薛嵩、张忠志、田承嗣等相继投降了朝廷。最后,连叛军老巢范阳的节度使李怀仙也向朝廷请降,史朝义无奈,试图向北逃入契丹,但被李怀仙部下追及,被迫自杀。

至此,历时七年零两个月的安史之乱终于结束了。

安史之乱的消极影响。 与玄宗、肃宗两位皇帝相比,诗圣杜甫或许是幸运的,诗人终于盼来了胜利的时刻。"却看妻子愁何在,漫卷诗书喜欲狂。白日放歌须纵酒,青春作伴好还乡!"直到今天,我们仍然能感受到杜甫在那一刻的喜悦之情。

然而,安史之乱虽然被平定了,唐王朝也在表面上恢复了原有的统治秩序,但这场战乱造成的后果却极为深远,中晚唐出现的各种政治、军事、社会、经济问题都与它密切相关。

最为直接的后果当然是藩镇割据的形成。和平的局面虽然出现了,但安史的残余势力并未被彻底消灭。为了尽快平乱,在仆固怀恩的建议下,唐王朝先后任命了几位安史旧部如张忠志、薛嵩、田承嗣、李怀仙等担任节度使,他们仍然统率着原来的军队，并自行任命管内的官吏，只是以表面上的投降换取了朝廷的承认，而朝廷则以节度使的头衔换取了暂时的安宁。这几个藩镇在中唐以后成为朝廷的心腹大患，时常连兵对抗朝廷，他们的存在，对中晚唐的政局有着巨大的影响。

与此同时，安史之乱导致了河西、陇右的大片土地落入吐蕃之手。为了平定叛乱，朝廷将防备吐蕃的边防主力调到中原，致使河西、陇右成为军事真空，吐蕃很快乘虚而入，到安史之乱平定时，河西、陇右之地也已全部被吐蕃占领了。在这种情势下，长安的西边已无险可守，吐蕃的军队突然成为一个近在咫尺的威胁。就在平定安史之乱的第二年，吐蕃军队就势如破竹，攻入了长安城，甚至还册立了一位新的皇帝，而唐朝的军队根本没能组织任何有效的抵抗。虽说吐蕃这次占领长安的时间很短，但他们对唐王朝的巨大威胁却一直延续了下去。

经过这场战乱，唐人的心态似乎也变得不再昂扬，也不再像先前那么自信了。由于安禄山、史思明的粟特胡人身份，使得在安史之乱后，夷夏之辨成为一个沉重的话题。在唐代初年，唐太宗曾说自己对汉人与少数民族"爱之如一"，而盛唐的人们更有着极为开放的胸怀，他们曾积极吸收一切优秀的文化。但安史之乱的爆发，使人们对这样的观念产生了怀疑，"非我族类，其心必异"成为许多唐人的共同心态。

这场战乱，使得山河破碎，满目疮痍，中原地区更是白骨遍野，国家控制的人口从天宝年间的九百多万户锐减到乱后的不足三百万户。当然，除了在战乱中死去的人口外，还有大量人口南迁到江南一带也是原因之一，这无疑给南方的发展注入了新的活力。在中晚唐河北财赋不纳于朝廷的情况下,江南成为国家财政的支柱,使唐王朝得以延续下去。

往日的繁华已成追忆,盛唐的诗篇也已无法唱响,经过这场令人错愕的战乱,遭受重创的唐王朝又开始了新一轮的重建之路。

中晚唐的困局

唐越窑青釉褐彩云纹五足炉

经过七年多的艰苦卓绝的战斗，安史之乱终于被平定了。然而，这场战争带给大唐王朝的创伤却久久不能平复。它带给大唐帝国的，是疆土的丧失，是人口的锐减，是地方割据倾向的增强，也是朝野上下心态的变化。

虽然从此时起，唐王朝又走过了一百四十五年，但盛唐那种繁荣、稳定的局面却一去不复返了。在这一个半世纪中，唐王朝一次次努力重建秩序，试图恢复盛世的辉煌，也一度让人们看到了希望的曙光，但最终却无法挽回地走向了更为惨淡的衰落。那么，唐王朝面对的，究竟是怎样难解的困局呢？

藩镇割据。唐德宗建中三年（782年）十一月，在魏州（今河北大名）东部，四位反叛朝廷的河北节度使在这里上演了一场建号立国的闹剧。幽州节度使朱滔称冀王，魏博节度使田悦自称魏王，成德的王武俊称赵王，平卢的李纳自称齐王。他们追溯了周代的分封制度，刻意把自己的领地打扮成周代的诸侯王国，虽然仍沿用唐朝年号，但却只对天子做象征性的臣服，在各自管内仿照朝廷典章设置百官。

这四个藩镇称王，主要是在各自藩镇内部为自己取得某种程度的合法性。事实上，到 8 世纪后期，认为中国已经进入春秋那样的封建割据时期的思想颇为普遍。从这一点来看，安史之乱后，唐朝的政治结构已经与前期发生了重大变化。

这种形势，正是安史之乱后朝廷面临的最大困局，那就是藩镇割据。当时为了尽快平乱，唐王朝先后任命了几位安史旧部担任节度使，他们仍然统率着原来的军队，并自行任命管内的官吏，只是以表面上的投降换取了朝廷的承认，而朝廷则以节度使的头衔换取了暂时的安宁。在这些藩镇中，李宝臣的成德镇（治今河北正定）、李怀仙的幽州镇、田承嗣的魏博镇并称为"河朔三镇"，是最跋扈的藩镇，名义上尊奉唐王朝，实际"既有其土地，又有其人民，又有其甲兵，又有其财赋"，父死子继，长期割据一方，直到唐亡。在中唐以后，河朔三镇成为朝廷的心腹大患，时常连兵对抗朝廷，他们的存在，对中晚唐的政局有着巨大的影响。

安史之乱后，内地也普遍设立藩镇。河北之外，中原藩镇有些割据性较强，如淄青（治今山东东平西北）、淮西（治今河南汝南）等。南方藩镇则军队很少，往往不设节度使，而只设观察使，以文臣充任，他们基本忠于朝廷，江淮、剑南诸道则成为朝廷财政的支柱。

力求振作的唐德宗与"泾原兵变"。 藩镇割据的局面对于一个志在恢复大唐帝国荣耀的皇帝来说，是不可接受的，盛年即位的德宗皇帝雄心勃勃，试图做出一番事业。在即位不到一年的时间里，德宗解决了不少积弊很深的历史遗留问题，如禁止各地进献奇珍异宝，放出许多宫女，设置由御史中丞、中书舍人、给事中组成的三司使，来受理州府不能裁决或裁决不当的旧案，禁止广度僧尼，清理滞留京城的外国使节及其家属等，这些措施节省了朝廷用度，也有助于教化风俗，朝廷上下呈现出一种积极向上的气象。当然，最重要的措施是在财政上推行了影响深远的两税法，以取代早就徒具空文的租庸调法。

两税法的原则是"户无主客，以见居为簿；人无丁中，以贫富为差"，这改变了之前中国历代赋税制度中以人丁征税的制度，从此以后，按财力大小分配赋税负担就成

唐德宗像

中晚唐的困局 | 129

为唐以后历代税制的一个基本原则。

中国社会科学院历史研究所研究员 黄正建

两税法一个最大的特点,就是用钱来征收赋税,用货币来运转这个国家的经济。在这二十年间,国家靠两税法,通过征收茶税、酒税等积累了很多的财富。

朝廷派特使分赴各州,确定朝廷与地方两税的分配,即将各州征收的两税分为上供(上缴国库)、送使(送交节度使)、留州(各州财政自留)三部分,确保了中央财政的收入,并加强了中央对地方的财政控制。在这个基础上,德宗开始了削藩的努力。

行动的契机是一个偶然事件,建中二年(781年)正月初九,成德节度使李宝臣病死,其子李惟岳自称留后,但朝廷这次拒绝承认这种藩镇内部的权力交接,而早就订立了军事同盟的藩镇则支持李惟岳,战争不可避免了。

这次对藩镇的战争起初进展顺利,但随着淮西节度使李希烈的公开叛乱,河北诸藩则与之结盟,形势急转直下,李希烈的兵锋甚至一度逼近东都。由于形势危急,德宗急调泾原军队前往增援,却不料激起了更大的一场灾祸。

建中四年(783年)十月二日,泾原节度使姚令言率五千军兵冒雨抵达长安,朝廷却一无所赐,派他们继续向前线进发,犒劳的只有粗食蔬菜,引起军兵愤怒,于是他们杀进长安城,德宗仓皇逃出宫,十月初四逃到奉天(今陕西乾县),才稍稍站稳脚跟。这场事变就是史上有名的"泾原兵变"。叛乱的军兵推举闲居长安、满腹怨气的原幽州节度使朱泚称帝,他也是朱滔之兄。当时河北、山东四镇称王,河南李希烈反叛,加上在长安城里称帝的朱泚,唐朝藩镇之祸达到极点。

经过神策军将领李晟等人的奋战,终于在兴元元年(784年)七月收复了长安,迎接德宗还宫。德宗宣布赦免了河北诸藩镇,集中力量,于贞元二年(786年)四月平定了淮西,李希烈被杀。至此,德宗发起的对藩镇的战争终于结束了。

这场战争耗费了大量的人力、物力、财力,给社会造成了很大破坏,不过,它却奠定了中晚唐的基本政治格局,重新调整了中央与地方关系,使二者恢复了力量平衡。战后,河朔三镇的实力大为削弱,从此在表面上都始终效忠于朝廷。从朝廷方面来看,从此对藩镇多加姑息,任其内部世袭,这是一种大乱之后稳定局势的权宜之计和无奈之举。

元和中兴。永贞元年(805年)八月,因风疾失音久治不愈的顺宗将皇位让给了二十七岁的太子李纯,这就是即将带领唐王朝走向中兴的宪宗。他性情刚明果断,用人不疑,决心以法度制裁藩镇,恰好,剑南西川发生的事,给他了一个牛刀小

唐宪宗像

中晚唐的困局

试的机会。

成都（古称益州）在唐朝与扬州一样，是全国仅次于两京的大都会，史称"扬一益二"。在宪宗即位的时候，向来恭顺朝廷的剑南西川却出现了某种割据的迹象。

当时的西川节度使是中唐名臣韦皋，他在西川经营了二十多年，拥有雄厚实力。由于屡次击退吐蕃的进攻，他还被晋封为南康郡王。韦皋经常向朝廷进奉巨额财富，以表忠心。不过，在他的治下，资深的幕僚往往出为管内州刺史，任满之后则重回幕府，而被禁止入朝迁官，这已经使西川处于某种半割据的状态。

永贞元年，西川节度使韦皋暴卒，其心腹刘辟随即自称"留后"，试图效法河朔三镇，迫使朝廷任命自己为节度使。起初，宪宗因为初即位，以息事宁人为务，同意了他的要求。可是，没把这位年轻皇帝放在眼里的刘辟却得寸进尺，要求朝廷将剑南东川、山南东道这两镇也交给他。这次，宪宗拒绝了。于是，刘辟悍然举兵，直接向东川发动了进攻。

面对这样咄咄逼人的叛乱，宰相杜黄裳建议宪宗改变德宗姑息藩镇的做法，对刘辟进行坚决镇压。第二年年初，神策军使高崇文受命率禁军出征，经过半年多的讨伐，攻破了成都，俘获了刘辟，十月二十九日，刘辟被斩于长安。平定西川，是二十五年来朝廷对藩镇取得的第一次重大胜利，极大地鼓舞了人心，也坚定了宪宗削藩的决心。

然而，对于长期割据的河朔三镇与淮西、淄青等藩镇，事情却没有那么简单。在经历了几次并不成功的尝试之后，到元和七年（812年），一个真正的良机出现了。

这年八月，魏博节度使田季安病死，继任者的问题再一次摆在了宪宗的面前。田季安之子年仅十一岁，深得人心的大将田兴被将士们拥立为节度留后，宪宗立即任命田兴为魏博节度使，表明朝廷推心抚纳之意。又派大臣裴度至魏博宣慰，以钱一百五十万缗赏军士，并免除六州百姓赋税一年。这些措施，使田兴感恩流涕，将士、百姓也欢欣鼓舞。

魏博归朝，不仅具有很强的象征意义，也有着重要的现实意义，史称"刳两河之腹心，倾叛乱之巢穴"。在河朔三镇中，魏博向来是最为倔强难制的，对中央的威胁也最大。田兴的归顺，使胶固一片的河朔三镇发生了分化，也使得朝廷削藩的整个形势发生了积极的变化和好转。

河北局势的好转，使宪宗得以腾出手来，集中力量对付长期对抗朝廷的淮西镇。元和九年（814年）九月，淮西节度使吴少阳病死，其子吴元济自领军务。朝廷开始调集诸镇兵马讨伐，河北的成德、山东的淄青两镇则暗中与吴元济相勾结，甚至派刺客到长安刺杀了力主用兵的宰相武元衡，御史中丞裴度也身受重伤。一时间，朝中群臣纷纷请求罢兵，甚至有人要求免去裴度官职以安抚藩镇之心。在这样的形势下，宪宗毫不动摇，待裴度伤

《平淮西碑》拓片（局部）

势略有好转，就任命他为宰相，担负起领导讨伐淮西的重任。

经过近四年艰苦的战争，到了元和十二年（817年）冬，大将李愬率军雪夜入蔡州，生擒了吴元济。这位立下大功的将领，正是三十年前平定朱泚叛乱、为德宗收复长安的名将李晟之子。

"忽惊元和十二载，重见天宝承平时。"淮西的平定，使天下为之震动，诸镇强藩纷纷要求归附朝廷。次年初，横海节度使程权上表，请求举族入朝，成德节度使王承宗请求纳质献地自赎，幽州节度使刘总也下决心归附了朝廷。淄青节度使李师道起先上表请求纳质献地，后又反悔，于是，宪宗以平定淮西的原班人马围攻淄青，到元和十四年（819年）二月，终于平定了淄青。

至此，宪宗的削藩事业取得了重大胜利。史称："自广德以来垂六十年，藩镇跋扈河南、北三十余州，自除官吏，不供贡赋，至是尽遵朝廷约束。"安史之乱后藩镇割据的局面发生了彻底改变，全国暂归统一。

然而好景不长，来之不易的中兴大业没过多久就功败垂成。

元和十五年（820年），宦官陈弘志等杀死了宪宗，太子李恒即位，是为穆宗。

自元和时期开始对藩镇用兵以来，巨额的军费开支使国家经济不堪重负，据史料记载，当时的情形是"三户资一兵"，百姓负担愈加沉重，天下厌兵情绪加剧。因此，当穆宗即位之后，就开始推行"销兵"之策，即诸镇有兵处，每年百人之中限八人逃死不补，十年之间便销其十之三四。然而，销兵政策在客观上造成了许多军士落籍，成为一支变乱的潜在力量，事实上，他们中的许多人最后都加入了河朔叛乱的队伍。《旧唐书》甚至以为，"再失河朔，盖销兵之失也"。

长庆元年（821年）七月，幽州军乱，将士们驱逐了穆宗任命的节度使张弘靖，揭开了河朔再叛的序幕。就像多米诺骨牌被推倒一样，形势突然变得不可收拾。七月底，成德军又乱，节度使田弘正（也就是宪宗时率先归附朝廷的魏博节度使田兴）与其家属将佐三百多人遇害。第二年，田弘正之子、魏博节度使田布也被逼自杀。

至此，河朔三镇再次脱离了朝廷的控制，朝廷与他们之间维持着一种若即若离的僵持局面。至于其他藩镇，则大多数时间里都在唐王朝的控制之下，这也是宪宗努力削藩的成果。

藩镇割据破坏了唐王朝的政令统一，但同时藩镇间相互制约，又维系着唐王朝的统治。唐末出现的超强藩镇才开始打破均势，以兵力压制群藩，最后导致了唐朝灭亡。

李德裕塑像

牛李党争。如果说河朔三镇的存在使中央备感压力的话，则朝廷内部的各种复杂斗争，更使宪宗以后的皇帝感到无奈。宪宗在位时已关注朝官的结党倾向，多次与宰相讨论朋党问题。宪宗以后，出现了影响朝政四十余年的所谓"牛李党争"，以至于文宗皇帝叹道："去河北贼易，去朝廷朋党难。"

牛党的领袖是牛僧孺、李宗闵，李党的领袖则是李德裕、郑覃等。牛、李结怨的源头是宪宗时期的一次科举考试，当时还是举子的牛僧孺、李宗闵等人在对策中言辞激烈地批评朝政，得罪了李德裕之父、时任宰相的李吉甫，双方结怨极深。

北京大学历史学系教授 吴宗国

两党大致各由志趣相投、政见相似的官员相结而成，虽然在对科举置废、藩镇政策方面有不同意见和措施，但总体看，党争的主要表现还是以人划线，此进彼退，互相倾轧。

穆宗时，李德裕为浙西观察使，本当入相，却八年不得调动，而牛党引牛僧孺为相，造成李、牛积怨加深。文宗时，牛李两党斗争日趋激烈,在朝议事,争吵不休,进退官员,唯党为是。武宗即位,以李德裕为相,将牛僧孺、李宗闵等远贬于南方。武宗死后,宣宗即位,牛党再度得势,贬李德裕于崖州(今海南琼山东南)。这以后,牛李两党首领先后病死,"牛李党争"遂告结束。

唐后期的宦官专权。在牛、李两党的背后,都隐隐有宦官集团的支持。事实上,导致唐后期政治腐败的更大问题正是宦官专权,这可能是中晚唐政治生活中另一个难以破解的困局。与藩镇割据相比,宦官专权更是腹心之患。在宦官内部,也有不同派系之间的斗争,这些斗争与外朝官僚的党争纠缠在一起,给中晚唐的政治带来巨大的危害。

在唐初,朝廷对宦官的使用有一定的限制,唐太宗特别规定,内侍省不置三品官,级别最高的内侍也不过是四品官。直到武则天称制之前,宦官的职能不过是阁门守御、内廷洒扫而已。中宗以后,宦官的人数增加到三千余人,但高品者仍然很少。宦官在唐代政治生活中发挥更大作用是从玄宗时开始的。

玄宗在位时间很长,对宦官的使用范围更广,限制则更少。稍微合乎他心意的宦官,就被授予三品的左右监门卫将军。据史料记载,当时宦官"黄衣已上三千人,衣朱紫者千余人",可见其规模之大、品阶之高。

杨思勖墓壁画

唐墓壁画中的宦官形象

唐玄宗时权势最为显赫的宦官有两位。首先当然就是高力士,他出身于岭南,自幼入宫,后成为玄宗的心腹,在玄宗发动的几次宫廷政变中,发挥了重要作用。开元、天宝时期,高力士权倾天下,李林甫、杨国忠、安禄山等人都因之以取将相。不过,他对唐玄宗始终忠心耿耿,故时人对其并不太反感。另一位是杨思勖,本姓苏,也来自岭南。他有勇力,为人残忍好杀,开元时,多次率军征讨安南(今越南)、岭南等地的叛乱,屡立战功。

宦官对于朝政的真正干预,是从安史之乱后逐渐掌握禁军兵权开始的。如李辅国在肃宗时从幸灵武,程元振保护代宗即位,均立下大功,但仍未直接掌握禁军的兵权。到了朱泚叛乱时,德宗仓皇逃到山南,宦官窦文场、霍仙鸣一路随从护卫,于是,当乱平之后,德宗不再信任朝官,而特设神策军护军中尉两员,由窦、霍二人充任,统率神策军。从此,由宦官统领神策军成为固定制度,直至唐亡。

神策军地位在其他禁军之上，装备精良，有十五万人之多。控制了神策军等于控制了中央的军事力量。朝廷又以宦官为监军使，驻扎各个藩镇，直接与中央联系，既是中央耳目，又是控制地方的手段。

宪宗时期，宦官的权力得到进一步提升。首先，设立了左右枢密使，由宦官刘光琦、梁守谦担任，他们成为皇帝与宰相之间的枢纽，使宦官干预中枢决策成为可能。枢密使的出现，最终确立了中晚唐中枢体制的新格局。其次，宪宗时，宦官还掌握了除神策军之外其他禁军的控制权，中央禁军尽在掌握中。从此，两枢密使、两中尉号称"四贵"，掌握军政大权，成为政府实际统治者。

宦官不仅掌握了禁军，也一度掌握了地方节度使的任命。许多禁军将领为了求得节度使之职，不惜以极高的利息向富户借债，来贿赂左右神策中尉，当上节度使之后，就大力搜刮民脂民膏来还债，当时民间戏称之为"债帅"。

宦官权力的扩大，直接破坏了君臣同心同德共谋中兴大业的政治氛围，而宪宗本人最终也死在宦官之手。当然，宪宗不是唯一一位被宦官杀死的唐朝皇帝，他的孙子敬宗同样是被宦官所杀，年仅十八岁。事实上，自顺宗直至唐亡，除敬宗外，八个皇帝都是宦官拥立的。

跋扈的宦官胁迫皇帝，蔑视宰相，欺凌士人，横行朝野，必然与朝官发生冲突。由于宦官的机构在北面宫城，朝官的衙门在南面皇城，因此朝官和宦官的斗争被称为"南衙北司之争"。这种斗争在接替敬宗即位的文宗时期达到高潮。

与父亲穆宗、长兄敬宗皇帝不同，新即位的文宗立即显示出与骄奢淫逸的父兄不同的品质来。他喜欢读书作诗，尤其喜读《贞观政要》，在与大臣们讨论政事时，也经常注意总结天宝之后的政治得失，颇有太宗遗风。对于轻易废立皇帝的宦官集团，年轻的文宗极其愤怒，希望能设法剪除。然而，这种举动带来的后果却是灾难性的。

文宗虽然有远大的政治抱负，但却没有任何政治经验可言。登基时，他年仅十七岁，且一直深处王府之中。与祖先相比，他既没有太宗皇帝那样在沙场上出生入死的创业经历，也没有玄宗那样广交豪杰、培植亲信的政治实践，要想剪除手握重兵的宦官，实在是痴人说梦。后人评论文宗"有帝王之道，而无帝王之才"，是颇为恰当的。

甘露之变。为消除宦官的警觉，文宗起用了与宦官关系密切的李训、郑注，共同策划了一个剪除宦官的计划。大和九年（835年）十一月二十一日早朝时，金吾大将军韩约奏报左金吾仗院内石榴树上夜降甘露。李训建议：天降祥瑞，又近在宫禁，皇帝宜亲往一看。于是，文宗命宰相和中书、门下省官先往观看。官员们回来，奏称疑非真甘露。文宗乃再命宦官神策军左右护军中尉仇士良、鱼弘志等带领宦官去察看。此时，韩约等人已将金吾兵埋伏起来，只待宦官一到就一网打尽。

然而，当仇士良等至左金吾仗院时，见韩约惊慌失措，又发现幕后埋伏了武装士兵，顿时大惊失色，狂奔而出。他们逃到大殿，以迅雷不及掩耳之势挟持了文宗，将乘舆拥入宣政门内，李训等人试图将文宗抢回，却失败了。随着大门的关闭，双方的胜负已经判定。仇士良随即派神策兵出动，捕杀了李训、郑注及众宰相，血洗长安城。经过这次宦官的大屠杀，朝列几乎为之一空。这一事件被称为"甘露之变"。

从此以后，宦官更加专横，凌逼皇帝，蔑视朝官，文宗认为自己受制于家奴，连东汉末年的汉献帝也不如，最终郁郁而终。直到唐末，再无皇帝主动对宦官采取大规模剪除行动，南北司也更势同水火。从此，"天下事皆决于北司，宰相行文书而已"，直到唐朝灭亡。

回光返照式的大中政治。会昌六年（846年）三月二十八日，宪宗第十三子李忱在宦官的拥立下登上皇位，是为唐宣宗，次年改年号"大中"。由于母亲地位低下，宣宗从小受到大家的歧视，甚至被认为智力低下，文宗、武宗都经常拿他开玩笑。这种成长环境使他养成了沉默寡言的性格，也使他清醒认识到朝中各种错综复杂的关系。在登上皇位之后，他励精图治，使大中政治呈现出中晚唐少见的安定局面，他本人也被称为"小太宗"。

然而，这种太平景象却不过是一种回光返照，在表面的平静之下，各种危机却在不断积累。到懿宗于大中十三年（859年）即位之后，这些矛盾终于激化开来，大唐帝国二百余年的大厦开始摇摇欲坠。

懿宗是宣宗的长子，但一直备受冷落，当他在宦官的支持下即位之后，多年的怨气便开始发泄出来。为了树立自己的绝对权威，他常常排斥群臣的建议，一意孤行。日常生活中，他荒淫无度，诸事务求奢华。女儿同昌公主出嫁，一次就赐钱五百万贯；自法门寺迎佛骨入宫，耗费了国家巨大财力。

在这前后，唐王朝政治上官僚队伍膨胀，官员贪贿成风；经济上土地兼并加剧，民众赋税增加。特别是徭役征发增多、兵役负担沉重，加上灾荒频仍，税吏横暴，导致大批民众生活无着、破产逃亡。当时翰林学士刘允章给懿宗上《直谏书》，沉痛分析了当时国家面临的严峻危机，以及百姓的困苦生活，他说："天下百姓哀号于道路，逃窜于山泽，夫妻不相活，父子不相救。百姓有冤诉于州县，州县不理，诉于宰相，宰相不理，诉于陛下，陛下不理。"走投无路的百姓只有造反一条路了。

大中十三年十二月，宣宗尸骨未寒，懿宗即位伊始，浙东就爆发了裘甫领导的农民起义，虽然只坚持了不过半年多即被唐军镇压，但却从此揭开了唐末农民战争的序幕。

咸通九年（868年），自徐州派往桂州的戍兵因不满朝廷再三延长戍守期限，推庞勋为首，爆发兵变。庞勋率戍兵回师，攻占徐州，与唐军对峙一年以上，战败被杀。这次兵变沉重打击了唐王朝，为此后的农民大起义提供了有利条件。

咸通十四年（873年）七月，懿宗病故，年仅十二岁的僖宗即位，从小照顾他的宦官田令孜开始平步青云，最终升为神策中尉，大权独揽。就在僖宗登上皇位的第二年，真正的危机终于到来了。

黄巢起义与唐朝覆亡。乾符元年（874年）年末，贩卖私盐的王仙芝聚众在濮阳（今河南濮阳）起义，自称"天补均平大将军"，冤句（今山东菏泽）人黄巢随即响应，队伍迅速扩大到几万人，连续攻占今河南、山东多个州县，黄河流域为之震动。

乾符四年（877年），王仙芝兵败被杀，黄巢成为义军首领，自称"黄王"，号"冲天大将军"。乾符五年（878年），黄巢率义军避开唐军主力，从浙江开山路七百里，挺进福建。乾符六年（879年），循福建向西，一举夺取南方重镇广州。十月，义军出师北上。广明元年（880年）七月打过长江，占领洛阳，逼近潼关，十二月，唐僖宗逃往四川，黄巢大军进入长安，建国号"大齐"，年号"金统"。义军宣称"黄王起兵，本为百姓"，大杀唐宗室与官吏，剥夺富家财产。

黄巢在进兵北上途中，为了减少行军阻力，就发布文告，说：义军的目的是两京，希望沿路诸藩镇自守疆域，不要与义军为敌。这样，分化了朝廷与地方的关系，把打击的锋芒指向了唐王朝最高统治者。

中晚唐的困局

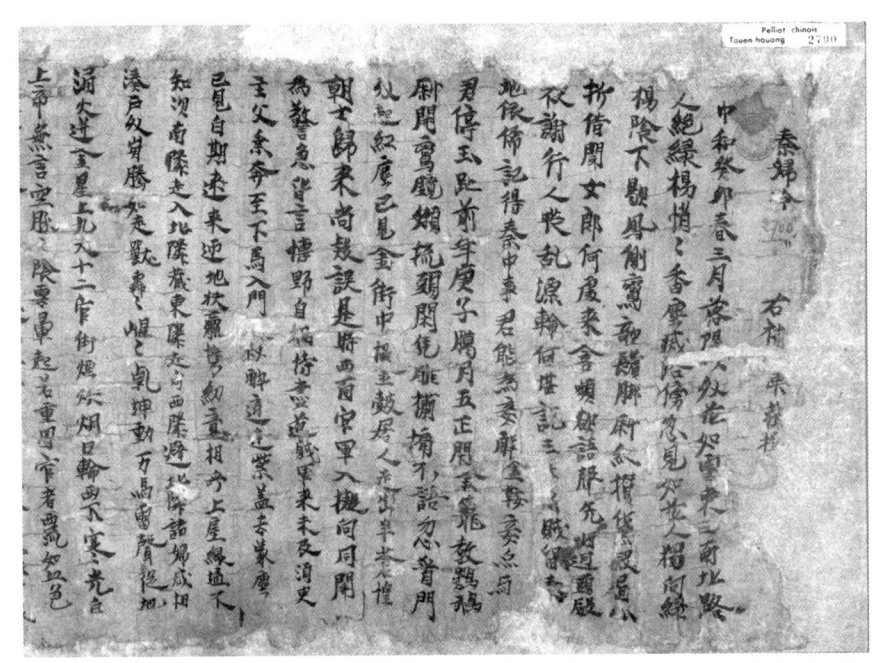

敦煌 P.2700《秦妇吟》残卷

晚唐诗人韦庄所写长篇叙事诗《秦妇吟》中的诗句，生动描写了黄巢大军攻入长安之后镇压唐代官僚的场景。

华轩绣毂皆销散，甲第朱门无一半。
含元殿上狐兔行，花萼楼前荆棘满。
昔时繁盛皆埋没，举目凄凉无故物。
内库烧为锦绣灰，天街踏尽公卿骨！

经过农民军的打击，唐朝的公卿大臣、名门显贵死亡、逃散殆尽，他们的土地、资财也被没收。然而，在进入长安之后，以黄巢为首的农民军首领却满足于眼前的胜利,没有乘胜追击,给唐王朝留下了喘息之机。

很快,唐朝又调集沙陀首领李克用率四万精骑赴关中参战,诸道援军对长安形成了包围态势,长安城中的粮食供应与兵员补充都成为严重问题,形势开始对义军不利。到中和二年(882年)九月,黄巢部下大将朱温(后改名朱全忠)投降唐朝,农民军元气大伤。一系列战斗之后,义军被迫撤出长安,又转战河南、山东一年多,中和四年(884年)六月,黄巢在泰山东南狼虎谷被杀,起义失败。

黄巢起义持续十年,其成功在于利用藩镇矛盾,流动作战,失败在于没有建立牢固的根据地,攻占长安后又不能及时追歼逃亡的唐僖宗残部。这次大起义削弱了各级官吏和贵族豪强势力,沉重打击了唐王朝统治。黄巢起义是中国封建社会农民起义由前期向后期转变的重要标志,突出特点是首次通过义军领袖称号曲折提出"平均"要求,反映起义目标由主要针对国家转向针对社会。

黄巢败后,各地藩镇割据加剧,相互之间攻伐不断,而宦官和朝官则各结藩镇为援,借助外力来打击政治对手。至此,唐王朝已经彻底失去了控制局势的能力,几乎成为藩镇任意摆布的傀儡,只能在诸强藩的夹缝中求得生存。

昭宗时,强藩有宣武(治今河南开封)朱全忠、河东李克

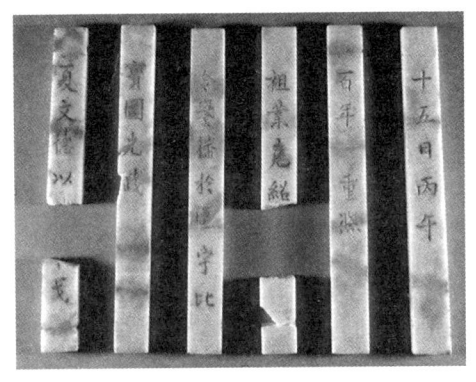

哀帝李柷即位玉册

用、凤翔（治今陕西宝鸡北）李茂贞等。南衙朝官主要依靠朱全忠，北司宦官先后倚仗李克用、李茂贞。到昭宗末年，朱全忠已成最强藩镇。天复三年（903年），朱全忠引兵入长安，杀尽朝中宦官，并命各地藩镇诛杀当处监军宦官，整个宦官集团被一网打尽，中晚唐以来形成的宦官专权局面被彻底破除。天祐元年（904年），朱全忠挟持昭宗及百官迁往洛阳，八月，杀昭宗，立其子哀帝李柷。次年杀宰相裴枢等大臣三十余人于白马驿，并投尸于黄河，南衙遂与北司同归于尽。

朱全忠在其后与李克用的争霸战争中，赢得河朔三镇支持，基本上稳定了北方的形势，最终于天祐四年（907年）迫哀帝让位，自立为"梁"，唐朝灭亡，中国历史从此进入五代十国时期。

唐后期藩镇、朋党、宦官三大祸患中，终究还是藩镇割据为害最烈，直接导致了唐朝的灭亡。

世界都会长安

《井真成墓志铭》志盖拓片

2004年4月,初春的西安传来一个令学界震惊的消息:西北大学历史博物馆从民间征集了一方珍贵的唐代墓志,墓志的主人是日本的留学生井真成。

10月10日,西北大学与陕西省文物局联合举行了新闻发布会,正式向公众介绍了这件珍贵的文物,日本著名画家、日中友好协会会长平山郁夫先生也出席了这次发布会,高度评价了这件文物的历史价值。

这方墓志的志盖铭文为篆书,共十二个字:"赠尚衣奉御井府君墓志之铭。"志文为楷书,共计十二行,一百七十一个字。

志文中，最为引人注目的无疑是第一句："公姓井，字真成，国号日本。"据墓志记载，此人才华出众，因此被日本国派往大唐学习礼乐制度，并在长安担任官职，可惜于开元二十二年（734年）正月因病去世，年仅三十六岁。为表示悼念，唐玄宗特意追赠他为从五品上阶的"尚衣奉御"。

隋文帝营建大兴城。其实，井真成的经历不过是当时许许多多在华外国人生活的一个缩影。在唐都长安，不仅生活着井真成那样来自东瀛的留学生，还活跃着来自中亚、印度乃至东罗马帝国的使者、僧侣与客商。那时，长安不仅是隋唐帝国政治、经济、军事的中枢，也是中国文化乃至东西方文化交融汇聚的中心。在当时的世界上，无论是从规模、人口、贸易还是从文化多样性上衡量，长安都可谓首屈一指，它是真正意义上的"世界都会"。

今天，隋唐长安城的地面建筑大多早已消逝在历史的烟尘中，我们只能通过历史文献、诗人的吟咏、考古的碎片，来想象和重构这座世界都会昔日的神采与荣光。

唐代长安的前身是隋代的大兴城，为方便起见，人们通常直接称之为"隋唐长安"。开皇二年（582年）六月，隋文帝下诏营建新都，宰相高颎亲自负责，而具体工程则由著名的建筑大师宇文恺主持。工程进展非常顺利，仅仅历时九个月，一座规模宏大、气势磅礴的新都就拔地而起。因隋文帝早年曾被封为"大兴郡公"，这座新都就以"大兴"为名。第二年正月，为了即将到来的迁都，文帝还特意大赦天下。三月，一个春雨霏霏的日子，隋文帝正式迁入大兴城。

在杨坚营建大兴城的背后，还流传着一个神秘的故事。

据《资治通鉴》记载，隋朝迁都除了杨坚嫌当时的长安城规模太小外，还因为皇宫中发生了一系列妖异的事件。杨坚担心刚刚即位就进行这样大规模的工程，会招致百姓不满，于是在一天晚上专门把高颎和大臣苏威找去商议。没想到，第二天一大早，主管天文观测的官员虞季才就上奏说："臣上观天象，又核对了许多材料，发现国家必定有迁都之举！而且从汉代营建这座长安城以来，已经过了八百年了，连地下水都已经盐碱化了，根本无法饮用，所以陛下还是早作打算吧。"隋文帝大吃一惊，觉得天意如此，于是才下定了营建新都的决心。

这只是虞季才为了迎合隋文帝的心意，假借天意来消除他的顾虑而已。对于隋文帝而言，也有他的心理作用在作怪，因为在刚刚完成的改朝换代过程中，北周的宗室诸王基本上都被他残酷杀掉了，如果继续住在北周的皇宫中，他的心里难免会有些异样。更重要的是，他可以借营建新都之机，将朝中的政治空间进行重新规划和布局。

当然，迁都新址也有客观的需要。从隋唐长安城与汉长安城的相对位置，我们不难发现，汉长安城过于靠近渭河，其西北角甚至也随着渭河的走向缺少一块。相比之下，位于汉长安城东南方向的隋唐长安城地势要高爽许多，免除了渭河对都城的侵蚀和威胁。

大兴城的规划设计主要由宇文恺负责,参与营造的还有阎毗、何稠等建筑家,他们都带有一些西域胡族的血统,但本人却生长于华夏,一直受到中华文化的熏陶,因此,大兴城的基本格局与结构,既取法于北魏孝文帝之后的洛阳城及东魏、北齐的邺都南城,又在建筑技巧上采取了不少西域的工艺。

到了唐代,"大兴城"被改名为长安,宫殿与城门建筑的名称也有许多改动,但城市建制、坊市街道布局等却基本上保持了隋代的风貌,只是在唐高宗永徽三年(652年),才修建了长安的罗城,也就是外郭城。除此之外,唐代前期陆续建成的大明宫和兴庆宫也是对隋代大兴城格局的重大改变。

毫无疑问,隋唐长安城是大一统王朝的直接产物和象征,也只有这座伟大的都城,才可以和天下一统的政治局面相称,这也是中国古代经济、文化发展的必然结果。

隋唐长安城不是自然形成的,而是一个系统规划的全新都城,这一点使其与中国古代绝大多数都城形成了鲜明的对比,唯一可与之相提并论的,或许只有明清时期的北京城了。

隋唐长安城的规模非常大,据《唐六典》记载,东西长十八里一百一十五步,南北十七里一百七十五步。这一记载,也为今天的考古发现所证明,据勘测,隋唐长安城总面积达到八十四平方公里。保存至今的西安城墙,基本面貌是明代洪武三年至十一年(1370—1378年)夯筑、隆庆四年(1570年)加砖砌筑的,

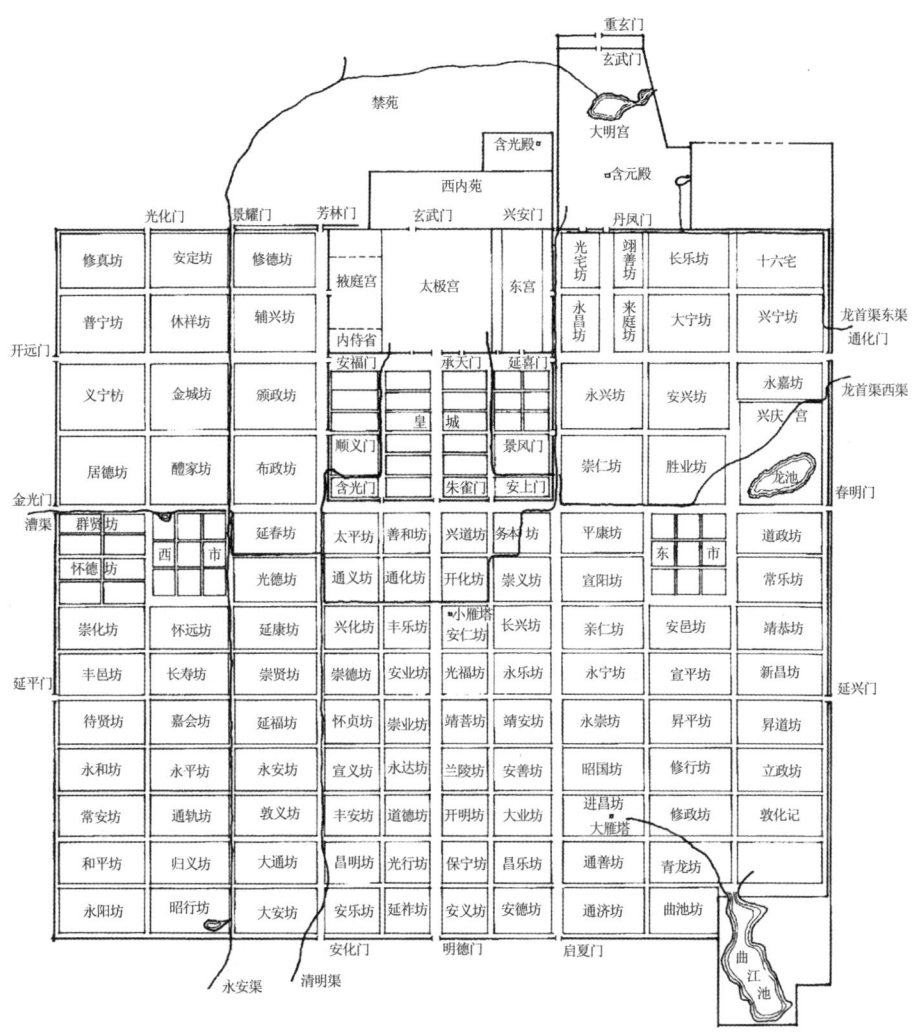

唐长安城平面图

在清代又多次修补。从规模上来看，隋唐长安城几乎是明代西安城的六倍，其气势之宏伟可想而知。

唐代长安城与"三大内"。长安城最显著的特点是整齐划一，从平面图看上去犹如一个围棋盘。其总体结构由三大部分组成：宫城、皇城和京城（外郭城）。宫城和皇城是全城的核心，宫城为皇帝居住和处理朝政之处，皇城则主要是朝廷的各种政府机构，至于京城，则主要是居民所在的里坊，以及东市和西市。在这种格局下，帝国的公共空间与私人空间基本上被分隔开来。

唐代的宫城包括太极宫、大明宫和兴庆宫，合称为"三大内"。太极宫位于全城北部正中，整体呈长方形，它是隋代就已经修建的，在唐代也被称为"西内"。太极宫的正殿是太极殿，唐高祖李渊正是在这里登上了皇帝的宝座，而开创贞观之治的太宗也是在这里视朝听政。

虽然太极宫在国家礼制空间结构中占据着核心地位，但大多数唐朝皇帝却并不生活在这里，而大明宫才是他们日常起居听政的地方。

大明宫又称"东内"，位于长安城东北的禁苑中，也就是今西安城北一公里的龙首原上。它最初建于唐太宗贞观八年（634年），但未成而止。到高宗龙朔二年（662年）才又重建大明宫，从第二年开始，高宗迁往大明宫听政，从此以后，这里也成为高宗以后诸皇帝居住和听政之所。之所以要从太极宫迁往大明宫，主要是因为太极宫地势低洼潮湿，而大明宫"北据高岗，南望爽垲，终南如指掌，坊市俯而可窥"，不仅地势高爽，更可以居高临下，掌握京城全局。

大明宫内的建筑遗址，保存于地面的，有含元殿、翔鸾阁、栖凤阁、三清殿、太液池、大角观等，其中尤以含元殿的遗址最为引人瞩目。含元殿是目前在大明宫内发现的三十余处宫殿遗址中规模最为宏大的一个。"九天阊阖开宫殿，万国衣冠拜冕旒"

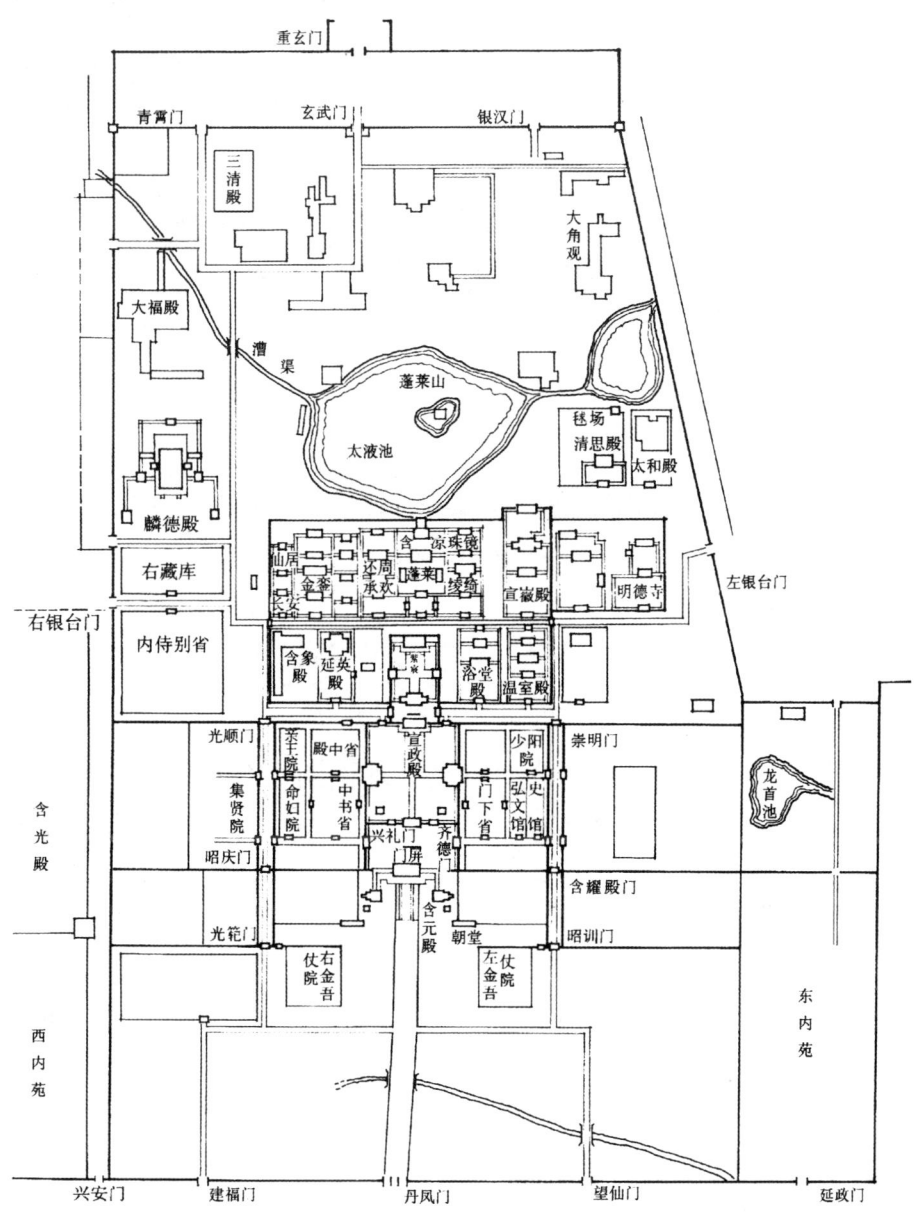

大明宫布局图。从 1957 年起，中国科学院考古研究所组成的西安唐城考古队开始对大明宫进行正式发掘工作，至今已持续了五十多年，取得了非常丰硕的成果，基本上将城垣、宫墙、城门及宫殿等遗址的范围和分布勘察清楚。据初步勘探的结果，大明宫的总面积达到三百二十公顷，合四千八百亩，相当于北京紫禁城的三倍多。

世界都会长安

大明宫含元殿复原图

（语出王维《和贾至舍人早朝大明宫之作》），作为大明宫的正殿，含元殿一直是大唐帝国举行重大典礼的地方。

据史料记载，含元殿的台阶高出地面四十余尺。从今天的考古结果来看，含元殿殿址位于龙首原南沿之上，高出下面平地达15.6米，基本与史料的记载可以印证。

据考古探测，含元殿基东西长约75.9米，南北宽42.3米，殿面阔11间，进深4间，每间广5米。另外，在含元殿前的东西两侧各有一个高达15米的夯土层，系翔鸾、栖凤二阁遗址，二者相距150米。

由于含元殿屹立在龙首原的南沿之上，殿堂高于南面地面十多米，从殿前广场登上含元殿，必须经由著名的龙尾道。与北京故宫太和殿前的御道不同，考古发掘的结果表明，龙尾道不是沿着含元殿向南，而是起自殿前广场的平地，沿翔鸾、栖凤二阁内侧的坡道，经过三层大台，迂回登到殿上。这种模式，也影响到渤海国上京龙泉府以及日本奈良平城宫第一次太极殿的建设。无论是含元殿与东西二阁，还是宽阔的龙尾道，都凸显出盛世王朝的宏伟气魄。

除了含元殿外，大明宫里最重要的建筑还有麟德殿、含光殿等，从出土文物来看，大明宫里甚至还有"毬场"。1956年冬，大明宫西城的西边距离宫城西墙210米的地方，出土了一块石志，长宽各53.5厘米，上面的铭文是："含光殿及毬场等，大唐大和辛亥岁乙未月建。"可见，在文宗大和五年（831年）十一月，这里修建了一座毬场。唐代宫廷贵族最喜爱的运动就是马球，多才多艺的唐明皇在年轻时亦是此中高手，晚唐时大明宫中兴建毬

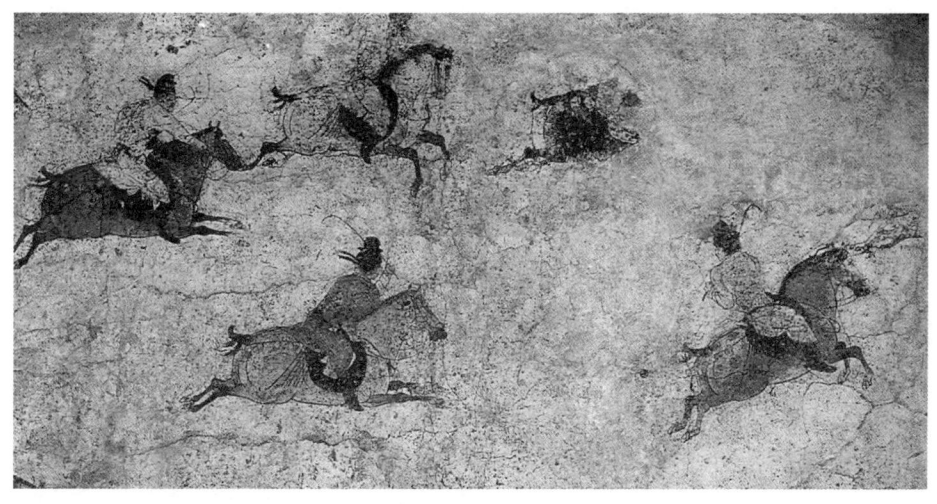

唐壁画《打马球图》

场,正是这种风尚经久不衰的真实反映。

对于唐玄宗来说,兴庆宫具有十分特殊的意义,因为这是在他登基前所住的王府的基础上建立起来的。兴庆宫号称"南内",从开元十六年(728年)之后,唐玄宗移住兴庆宫,开始在这里起居、听政。

在开元、天宝年间,兴庆宫经历了多次营缮,它的特殊之处是以园林区为主体,建筑风格多样化,其豪华富丽更在大明宫之上。考古发掘的资料表明,兴庆宫的建筑装饰瓦件丰富多彩,仅莲花瓦当的种类就多达七十三种,在宫城东南隅还发现了黄绿两色的琉璃滴水。直到今天,兴庆宫公园依然是西安城中最大的公园。面对着"勤政务本楼"和"花萼相辉楼",我们还可依稀品味到它千年之前的盛世风华。

对于大诗人李白而言,兴庆宫里也留下了他笑傲王侯、恃才不羁的身影,著名的《清平调》三章就是他在这里写下的。

云想衣裳花想容,春风拂槛露华浓。
若非群玉山头见,会向瑶台月下逢。

一枝红艳露凝香,云雨巫山枉断肠。
借问汉宫谁得似,可怜飞燕倚新妆。

名花倾国两相欢,常得君王带笑看。
解释春风无限恨,沉香亭北倚栏杆。

今天西安兴庆宫公园的沉香亭就是在唐代的原址上重建的。据说，当年杨贵妃在沉香亭四周种植了大片的牡丹花，共有红、白、紫、浅红四种颜色，盛开的时节灿若云霞，也难怪玄宗面对着如此美景、如此佳人，会忍不住召来浪漫的李白写下如此醉人的乐章，而浅吟低唱的乐工，正是后来因杜甫的诗歌扬名于后世的李龟年。

皇城位于太极宫的正南，主要分布着三省六部、九寺五监、御史台等中央各级政府机构。在皇城的东南角，是李唐王朝的宗庙所在，而西南角，则是国家祭祀社稷的地方。皇城的正门叫"朱雀门"，向北与太极宫正门承天门相对，向南则经过朱雀大街与京城的明德门相通，构成了全城的中轴线，中轴线将长安城分为街东、街西两大部分，在唐代分属万年、长安二县管理。

京城也称"外郭城"，主要是居民所在的里坊，以及东市和西市这两个贸易集中的地区。整个外郭城的平面呈长方形，考古发掘表明，其东西宽近九千七百二十一米，南北长近八千六百五十二米。东、南、西三面各开三门，已经勘探出的城门中，以南面正中的明德门规模最大，共有五个门道，其他的通常只有三个门道。

在城内，南北向街道共十一条，东西向街道十四条，其中连通城门的六条街道是城内的主干大街，其宽度多在一百米以上，而朱雀大街的宽度甚至达到一百五十五米，这即使是在今天城市

世界都会长安

的规划中，依然是个惊人的数字。

纵横交错的街道将外郭城分为一百零八个里坊和东、西两市，合称为"坊市"，这自然是长安都市社会中最有活力的部分。每个坊的四周都夯筑着高高的坊墙，坊墙之内除了民居外，还有旅馆、当铺、青楼等，大大小小的佛寺、道观也散布其中。

东、西两市在隋代称为"都会市"和"利人市"，它们分别位于皇城的东南和西南，各占两坊之地，是商业贸易的集中地。据史料记载，两市规模与内部结构大体相当，四面均有六百步，每面各开二门，这样在市内就有东西、南北交错的四条正街，街道两边店铺林立，繁华异常。

唐代长安城的伟大不仅表现在其规模上，还表现在其人口的数量上。"长安城中百万家，不知何人吹夜笛？"盛唐诗人岑参的诗句为我们勾画了长安的人口规模。而中晚唐的韩愈也曾指出："今京师之人，不啻百万。"关于长安具体的人口数量，史学界曾有过许多争论，有学者认为即使在盛唐的天宝年间，长安城也不过六十万人，但根据有些学者的推算，其人口达到一百八十万人。时至今日，具体的争议虽然仍在继续，但越来越多的学者倾向于认为，盛唐时期的长安人口超过了一百万人。

对唐长安人口数量的估算之所以有如此巨大的差异，自然是由于统计方法的不同所导致的。比如，其核定的范围是仅限于长安城内，还是将其周边的人口计算在内？又比如，对在籍每户平均口数的推算、对流动人口的估算等，也都有着很大不同。

唐章怀太子墓中的《客使图》

作为大唐帝国的首都和当时世界上最为繁华的都市，长安城的人口结构也可能是最为复杂的。这里有皇帝与他的百官所维系的中央政府，有庞大的军队，有京城本地的居民，也有来自全国各地的官员、士人与商贾，有来自周边各国的使节和商人，也有形形色色的僧人、道士。事实上，正是那些外来的人口造就了长安城独特的魅力，他们都是流动的风景，需要我们细细品味。

每年冬天，来自全国各州的都督、刺史或主要佐官如长史、司马等，通常都会到长安述职，他们被称为"朝集使"。

朝集使入京时，除了要将地方州县各级官吏考课的结果带到中央备案外，他们还带来当地的土产献给朝廷，在元日的大朝会上，这些土贡之物将会被陈列在朝堂之外供百官参观。与此同时，这些地方大员们还为朝廷带来了特殊的礼物——"贡士"，也就是到长安参加科举考试的举子。从武则天时期开始，这些来自地方的才俊也被要求站在贡品的前面接受检阅。

曲江大会和雁塔题名。唐代，每年冬天有数以千计的青年士子从全国各地涌入长安，他们是为了参加第二年春天由礼部主持的科举考试，也就是所谓的"春闱"。在来京之前，他们大多经过了各州官府筛选考核，因此往往被称为乡贡进士、乡贡明经。每年的春天，长安城的气氛都会显得有些特别。对于那些顺利及第的幸运儿来说，这个春天就会变得非常美好，"春风得意马蹄疾，一日看尽长安花"，正是对那种喜悦之情的生动写照。于是，他们会举办一系列的庆祝活动，最重要的，当然是"曲江大会"和"雁塔题名"。

曲江位于长安城东南角，它或许是唐代长安最有名的公共空间了，它是在汉代乐游苑的基础上发展起来的。这里花木繁茂，碧波荡漾，每到节日，唐玄宗通常都会来这里游赏，百官齐聚，太常寺的教坊奏乐，池中的彩舟也被装饰一新。更重要的是，曲江并不是皇家独享的，长安城的普通百姓也可以和皇亲国戚、文武百官一起享

大雁塔

受这良辰美景,晚唐时,朝廷甚至允许有财力的百姓在曲江自行建立亭台楼阁。然而,春天的曲江池畔,或许只有那些新科及第的进士们才是最得意的一群人,在长安百姓羡慕的眼光里,他们泛舟湖上,并在船上大摆宴席,歌咏欢聚。

离开曲江,这些新科进士们通常会呼朋引伴,前往附近的慈恩寺,他们公推一位书法最佳的人,将本年新进士的姓名、籍贯、及第时间等题于大雁塔的塔壁,这被称为"雁塔题名"。大雁塔是高僧玄奘于唐高宗永徽三年(652年)修建的,起初只有五层,武则天时进行了重建,改为十层,经后世多次修葺,如今只有七层,它是中国古代楼阁式砖塔的优秀代表。

雁塔题名是从中宗神龙年间(705—706年)开始的,起初直接在塔壁题名,后来因空间有限,题名又发展到塔院的四壁。这是一个非常风雅的传统,当然也是个巨大的荣誉,直到今天,当我们读到白居易"慈恩寺下题名处,十七人中最少年"的诗句时,依然能感受到他当时的那种喜悦与得意。

当然,能够实现雁塔题名梦想的人毕竟是极少数,一些落第的举子不愿回乡,于是就在长安城中僻静的寺院租房居住,时称"过夏",通过一个夏天的复习,他们盼望着能在来年有好运气。很显然,在长安城中,为数众多的佛寺与道观不仅是宗教场所,也是重要的公共空间,因此,在唐人传奇中,许多故事的场景都被放在了这些寺观之中。

国际化的大都市。最早系统记述长安这座城市创始的典籍，可能是唐玄宗时期的史官韦述所撰的《两京新记》，可惜目前仅有残本留存于日本。在这部著作中，韦述不仅记录了当时的宫廷建筑、佛寺道观、历史古迹、达官贵人的豪宅，还记载了流传在这座城市中的各种故事。

作为一个国际性大都会，长安城里居住着来自世界各地的使节、质子、客商与僧侣。据史料记载，仅在贞观四年（630年）平灭东突厥汗国之后，颉利可汗就曾率领一万多户突厥民众入居长安。安史之乱后，吐蕃占领了河西、陇右地区，使丝绸之路断绝，许多来自中亚各国的使臣不得不滞留在长安，有的甚至超过了四十年。德宗贞元三年（787年），朝廷对留居长安多年早已娶妻生子并有田宅的胡客进行检括，竟然发现有四千人之多。

西安出土的一通著名的《米继芬墓志》中说："其先西域米国人也。……父讳突骑施，远慕皇化，来于王庭。遐□京师，永通国好。特承恩宠，累践班荣，历任辅国大将军、行左领军卫大将军。公承袭质子，身处禁军。……去永贞元年九月廿一日，终于醴泉里之私第，春秋九十二。"

显然，米继芬和他父亲一样，相继成为本国派驻长安的质子，他也在唐朝的禁军中任职。九十二岁那年，米继芬在自己位于醴泉坊的家中去世。米继芬的身世和经历可以说是唐代长安许多外国人的缩影，而他家所在的醴泉坊位于西市的正北，更是胡人聚居的重要社区。这些粟特人甚至在醴泉坊建立了自己的信仰中心，也就是祆祠，而这样的祆祠在长安城共有五处。

唐壁画《商旅图》

由于这些背景各异的胡人的存在，唐代长安呈现出多姿多彩的别样魅力。无论是在绘画、音乐、舞蹈等艺术领域，还是在服饰、游乐等社会风俗方面，盛唐的长安都受到异域文化的巨大影响。

"五陵年少金市东，银鞍白马度春风。落花踏尽游何处？笑入胡姬酒肆中。"李白的《少年行》在为我们勾勒出长安少年俊逸风貌的同时，也将"胡姬"的酒肆带入我们的视线。

在唐代，"金市"系指长安的西市，那是长安最为繁华热闹的所在，来自突厥、波斯、印度和中亚昭武九姓的胡人大多生活在此附近，其中尤以康、安、史、米等粟特胡人最为活跃。他们不仅经营着各种店铺，将异域的奇珍异宝向唐人兜售，在那些茶楼酒肆，也活跃着一些充满着异域风情的歌姬舞女。

"胡姬美如花，当垆笑春风。"对于长安的少年来说，这些肌肤如雪、高鼻深目的胡族女子无疑具有极大的吸引力。更何况，她们当垆贩卖的，还是当时中国比较稀罕的葡萄美酒，而她们所擅长的"胡旋舞"，更具有中国传统歌舞中所缺少的那种热烈与奔放。

当然不止是胡旋舞，漫步在盛唐的长安街头，人们会感受到无处不在的异域情调。无论是西市里那些牵着满载货物的骆驼的胡商、在广场上表演幻术杂技的艺人，还是那些托钵独行的虬髯胡僧、宴席上技惊四座的琵琶高手，都是那个年代常见的景观。

长安是座流动的城市，不仅仅是人口在不断流动，其社区功能与结构也在不断变化之中。据学者研究，隋代官员阶层大多居住在街西中部的各个坊里，但是，到了唐代，随着唐高宗把听政地点迁往大明宫，官员阶层的居住地也随之向街东的中北部迁移。这样，以朱雀大街为界，从唐玄宗开元年间以后，长安城街东就变为高官的居住区，而街西则在很大程度上成为庶民的居住区。

从"象天法地"政治之都向世俗生活之都的转变。随着商品经济的发展，到 9 世纪时，长安城出现了新的转型。在这样的变化背后，隐含着长安城从一个"象天法地"的宇宙之都向世俗的生活之都的转变过程。

长安城的设计体现着中国古代宇宙论的图式。太极殿正对着北极星，象征着天子上应天帝，受命治国。太极殿前承天门外的大街被称为承天门街，从承天门经过皇城的正门朱雀门，到外郭城的正门明德门，这条笔直的中轴线，也构成了一条国家礼仪的延长线，一些礼制建筑如太庙、太社对称地分列两边。可以说，大兴城在营造之初，是为了展示新王朝的正统性而建设的"宇宙之都""礼仪之都"。

显然，长安城的规划正是宇宙秩序在人间的投影，其重点放在了国家统治理念的视觉化方面，居民的生活机能被放在了第二位。事实上，长安城的居民被严格限制在各个里坊之中，每个里坊都有坊正，负责早晚依据钟鼓声启闭坊门。到了晚上，大街上即空空荡荡，如果违规夜行，会受到巡夜的金吾卫的盘查。严格的里坊制度，构成了大道笔直、坊墙耸立的景观，其设计意图明显是为了便于对居民的管理和控制。

然而，随着大明宫、兴庆宫的相继修建，长安城的政治重心在向东北部移动，从大明宫前到街东中部的乐游原北麓诸坊变成了高官显贵的主要居住区。究其原因，首先当然是因为此处靠近大明宫和皇城，便于官员入朝和办公。其次，乐游原地势较高，排水好，又靠近东市和附近诸坊的各种娱乐设施，自然也是他们考虑安家的重要因素。

也是从唐高宗时期开始，长安的里坊和市场几乎同步发生了变化，到了9世纪之后，长安城的格局与唐前期相比已经有了很大的不同。随着社会的稳定与繁荣，东、西两市已经无法满足工商业迅速发展的需要，许多店铺也开始向两市附近的诸坊蔓延，东市附近的平康、崇仁二坊的繁荣甚至不下于两市。前者是烟花妓馆集中的区域，为高官、新进士及富商大贾游乐之地；后者则形成了旅馆区，来京参加科举考试的举子与各地入京办事的人员大多聚集于此。正因如此，中晚唐传奇故事中的许多场景，都发生在这个区域之内。

在东市附近的地区，也集中分布着各个藩镇的进奏院，类似于今天各省在北京设立的驻京办事处，而东市这种繁华之地，通常也是各种政治情报的集散地。中晚唐的许多政治事件就发生在这一带。

与此同时，封闭式的坊墙开始崩解。在唐初，只有极少数高官和行动不便的人才被允许临街开门，但天宝之后，制度就逐渐放宽，到了9世纪，破墙开店的现象也日益增多。

至此，隋与唐初那种以政治、军事功能为主的封闭式城市格局发生了动摇，工商业逐渐成为城市的重要组成部分。长安，这座象征着统治秩序的宇宙之都开始向居民的生活之都转变，这虽然背离了宇文恺当初设计的初衷，但却为宋代以后工商业城市的兴起奠定了基础。这种变化，显然也是与唐宋之间的社会变迁相适应的。

从 9 世纪到 10 世纪初,长安城经历了多次兵火战乱,宫室、城垣与坊市受到极大破坏。天祐元年(904 年),朱全忠逼迫唐昭宗迁都洛阳,并对长安城进行了一次毁灭性的大破坏,经过这次浩劫,辉煌壮丽的长安城几乎变成了一片废墟,曾经的世界都会,只剩下断壁残垣,留给后人凭吊。

吐蕃兴衰

雍布拉康（母子宫）

吐蕃的崛起对于唐帝国和当时欧亚大陆的国际形势，都具有举足轻重的影响。在唐太宗李世民和吐蕃赞普松赞干布的带领下，两个伟大的王朝在亚洲大陆上相遇了。

这次相遇，对于中国历史的发展具有极其重要的意义。这一时期正是中国多民族国家形成的重要阶段。吐蕃的兴衰几乎与唐王朝相伴始终，在双方时战时和、交替发展的过程中，吐蕃与唐王朝之间的了解与认识越来越深入，双方从经济、文化、科技乃至民族血脉的交流融合越来越深入而广泛，逐渐形成了休戚与共、水乳交融的共生关系。青藏高原从来就不曾"孤立隔绝"，这片由沧海变为雪原的神奇土地与广袤的中原大地一起,共同创造了中华民族的历史和文化。

吐蕃崛起。唐代吐蕃崛起于世界屋脊——青藏高原,其地理环境相当特殊。青藏高原是世界上海拔最高的高原,在高原之上,又东西向分布着一系列巨大的山系,从北往南分为四组:昆仑山、喀喇昆仑山—唐古拉山、冈底斯山—念青唐古拉山、喜马拉雅山。此外,横断山脉则为南北排列,构成一个"山束"。喜马拉雅山脉平均海拔超过四千米,自西北向东南延伸,呈向南突出的弧形,横亘在我国西藏与印度、尼泊尔、不丹等国之间,它是一道难以逾越的地理屏障。

在喜马拉雅山脉与冈底斯山之间,流淌着西藏最大的河流——雅鲁藏布江,在江的两岸,是丰饶的河谷平原,东西狭长,宽度平均十至二十公里,最宽处也不过五十公里。这里自古以来就是青藏高原上农业发达的地区,吐蕃就起源于雅鲁藏布江南岸支流雅隆河谷。在吐蕃王国的初期,雅隆河谷具有无与伦比的重要性,在这里,今天还发现了吐蕃赞普的陵墓。

四川大学讲座教授、西藏社会科学院研究员 巴桑旺堆

根据藏文文献记载,青藏高原本是一片汪洋大海,随着时间的进程,大地从大海中隆起,沧海变桑田。在长期的历史发展过程中,藏民族为开拓青藏高原、为形成中国统一的多民族国家,做出了巨大的贡献。

关于吐蕃的族属，唐人就不甚了然，中唐著名学者杜佑的《通典》就说："吐蕃在吐谷浑西南，不知有国之所由。"《旧唐书·吐蕃传》也说"其种落莫知所出也"。时至今日，这个问题仍众说纷纭。在青藏高原上，自古以来就有人类生活的遗迹，而藏族可能是当时的土著居民与迁徙而来的氐、羌等古老民族融合而成，不过，藏族真正成为一个民族共同体，应该以吐蕃政权的建立为标志。

吐蕃政权是由今天西藏山南的泽当地方的雅隆部落建立起来的。如同许多民族的早期历史一样，吐蕃远古时期的历史也与宗教起源、神话传说交织在一起，今天我们能知道的，是雅隆河谷的部落曾以犬和牦牛作为自己的图腾。吐蕃王室的始祖是聂赤赞普，据说他修建了藏族历史上最早的堡寨"雍布拉康"，意为母子宫，其遗址今天仍在西藏乃东县境内。

随着经济、社会的发展，雅隆部落的实力日渐壮大，从松赞干布之祖达日年塞、父囊日松赞开始，大力推进青藏高原上的兼并战争，到松赞干布时，在征服了羊同、苏毗、白兰、党项等部族后，基本上统一了青藏高原之大部，一个强大的吐蕃政权建立起来了。

关于吐蕃国号的来历，在汉文史料中有两种不同的说法，一种是《旧唐书·吐蕃传》所言，称吐蕃系十六国时期南凉秃发利鹿孤之后，以"秃发"为国号，后语讹为吐蕃。另一种是《新唐书·吐蕃传》，说"吐蕃本西羌属……有发羌、唐旄等，蕃、发声近，故其子孙曰吐蕃"。其实这些都是推测，"吐蕃"应当来自他们的自称。中原王朝对于周边民族或国家的命名原则是"名从主人"，按照对方的自称而以汉字写其音，突厥、回纥都是如此，也就是说，"吐蕃"是其自称。

心胸宽广的国王——松赞干布。松赞干布（汉文史书称为弃宗弄赞）是吐蕃历史上最伟大的赞普，在他的手上，吐蕃完成了统一青藏高原诸多部族的伟业。关于他的生卒年，各种汉、藏文史料中有许多不同的说法，但人们通常认为，松赞干布生于隋炀帝大业十三年（617年），卒于唐高宗永徽元年（650年），年仅三十四岁。

松赞干布是在年仅十三岁时继承王位的，当时吐蕃社会内部矛盾重重，父王之臣叛离，母后之臣作乱，雅隆部落危机四伏。在即位之后，他迅速平定了内部叛乱，并平定了对雅隆部威胁最大的苏毗和羊同两部。随后，他又向东北部进军，攻破党项、白兰羌，并开始进攻吐谷浑，这样，雅隆部的实力已经扩展到今天的青海中部地区。另外，他还向西征服了泥婆罗，也就是今天的尼泊尔。据藏文史料《布顿佛教史》说，松赞干布"将一切边地小邦尽行统治"。正是由于他"法度贤明，政绩崇伟"，所有民众对其感恩戴德，于是上尊号"松赞干布"，意思是心胸宽广的国王。

在统一青藏高原之后，松赞干布干的第一件事就是迁都，将原来的政治、经济与文化中心从雅隆河谷迁往雅鲁藏布江以北的逻些河流域，也就是今天的拉萨之地。这不仅可使吐蕃加强对新征服地区和部族的控制,也可借机摆脱旧贵族、旧势力的羁绊。在迁都之后,松赞干布还请来尼泊尔等地的工匠,在布达拉山上修建了雄伟壮丽的宫殿,吸引了许多边地部族的首领来遣使通好。

松赞干布另一项历史功绩是着手统一文字,以适应新兴政权的需要。在吐蕃政权建立之前,雅隆部和其他一些较大的部族已有了初期的文字,但很不统一,文字的不统一也给吐蕃的统治带来许多不便。于是,松赞干布先后派出许多聪慧大臣前往印度学习文字,最终由屯桑布札等人创立了一套新的文字系统。他们仿照那卡热和迦什弥罗等文字,根据原来的藏语特征,创造了二十四个辅音、六个长音,共三十个字母的吐蕃文字,且有楷书与草书两种文体。从此之后,吐蕃有了自己统一的文字,文化发展进入了一个新的阶段。

与此同时,松赞干布也建立了一整套政治、法律与军事制度,如划分行政区,设置各级职官,确立玉石、金、金饰银、银、铜、铁等告身制,共十二个等级;建立王廷议事会,以及赞普与臣下的各种会盟制度等,这些措施,使吐蕃政权粗具规模,也为吐蕃之后二百余年的发展奠定了基础。

文成公主入藏。松赞干布不仅是吐蕃政权的缔造者,也是唐蕃关系的开创者。他与文成公主的联姻是唐蕃关系史上的第一块里程碑。

唐太宗贞观八年(634年),松赞干布第一次派使者入唐朝贡,太宗随即派使臣冯德遐入吐蕃宣慰,经过这次往来,双方对彼此有了初步的了解。到了贞观十年（636年），松赞干布遣使携带大量金银珠宝随冯德遐入朝求婚，不过，太宗虽然盛情款待了吐蕃使者，却没有立即答应其求婚的请求。使者返回之后，向松赞干布汇报说，大唐之所以不许和亲，主要是吐谷浑挑拨离间造成的。于是，贞观十一年（637年），松赞干布发兵攻打吐谷浑，又于贞观十二年（638年）八月派兵二十万进攻唐朝的松州（今四川松潘一带），甚至派人到长安贡献金甲，声称："如果不嫁公主，我就派兵长驱直入！"

面对这种情况，唐太宗决定"示之以威"，派大将侯君集、执失思力、牛进达、刘兰等分路进讨，牛进达在松州大败吐蕃军队，于是松赞干布赶紧派人向太宗请罪，并再次提出请婚的要求。在这种情势下，太宗恩威并施，同意和亲，以宗室女为文成公主，下嫁松赞干布，双方建立了甥舅关系。

贞观十五年（641年），吐蕃宰相葛尔·东赞域松受松赞干布委派，带领庞大的迎婚使团来到长安，他就是历史上很有名的禄东赞。由于他举止得体，聪明机智，深得太宗喜爱。唐初大画家阎立本专门绘制了一幅《步辇图》，来描绘当时的场景。从画面上看，坐在步辇之上的太宗威严而从容，身着红袍的禄东赞肃穆恭谨。为了笼络这位在吐蕃地位显赫的大臣，太宗下诏将琅琊长公主的外孙女段氏嫁给禄东赞为妻，但禄东赞却回答说："我在吐蕃已有结发之妻，情深意长，所以不愿再娶。何况，赞普尚未与公主成婚，我作为臣子，怎能自己先行娶妻？"太宗虽然很欣赏他的态度，却仍固执己见，可见对他的重视。这件事也在历史上传为佳话。

《步辇图》

为了表示对和亲的重视,唐太宗派堂弟——时任礼部尚书的江夏王李道宗为主婚使,亲自护送文成公主入蕃。松赞干布亲自率部来到柏海,亲迎于河源,他以子婿之礼参拜了李道宗,对于这次和亲,他显得非常兴奋,声称:"我祖父未有通婚上国者,今我得尚大唐公主,为幸实多!当为公主筑一城,以夸示后代。"

文成公主入藏,具有非常重要的历史意义:首先,在政治上唐蕃建立了甥舅关系,初步稳定了唐朝的西南边疆,从和亲到松赞干布去世的十年中,唐蕃之间没有战争,关系非常友好。从更长远的角度来看,这次和亲也为西藏地区最终归于祖国版图奠定了一个良好的基础。

松赞干布与文成公主

其次,极大促进了吐蕃社会、经济与文化的进步。据史料记载,文成公主入藏时,随行的有六百多人,其中包括不少工程技术人员。她所携带的物品极为丰富,如三百六十部佛经、三百多种金玉饰品、三百六十多种食品、两万多匹绫罗绸缎。而最重要的,或许是各种图书典籍,其中有医书六十部、工艺著作六十部、历算占卜书八十部,另外,还有一些字典与耕作之书。与此同时,许多吐蕃的贵族子弟也在长安的国子学学习,他们给吐蕃社会带去了新的风气。正如唐人陈陶在《陇西行》诗中所言:"自从贵主和亲后,一半胡风似汉家。"

和战之间的唐蕃关系。贞观二十二年(648年),唐朝派王玄策出使中天竺,却正赶上中天竺王尸罗逸多去世,国中大乱,阿罗那顺篡位自立,并派兵袭击了王玄策率领的唐朝使团,王玄策带领三十多名使者奋力抵抗,但因寡不敌众,全部被俘,所有物品也被抢掠一空。后来,王玄策觅得机会逃脱,前往吐蕃,松赞干布立即派一千二百精兵,会同泥婆罗骑兵七千,随同王玄策前往征讨阿罗那顺,连战三日,斩首千余级,并擒获了阿罗那顺与王妃、王子等一万两千余人。这场战事震动了整个天竺,各个城邦纷纷向唐朝纳贡称臣。从这件事也可以看出松赞干布对唐朝的忠心。

贞观二十三年(649年),唐太宗去世,即位的唐高宗遣使赴吐蕃报丧,松赞干布立即派人在昭陵前献上金银珠宝十五种,进行祭奠。在昭陵北司马门的十四座蕃君石像中,就有一座属于"吐蕃赞府弃宗弄赞",也就是我们熟知的松赞干布。

就在第二年,松赞干布也去世了,据说他死于一场瘟疫。

由于松赞干布的儿子贡松贡赞早死,其孙芒松芒赞即位(650—676年在位),汉文史书称他为"乞黎拔布"。由于他当时年幼,执政大权落入大论(宰相)葛尔·东赞域松(禄东赞)之手,吐蕃从此进入了五十年之久的葛氏家族专权的时期,其子赞悉若、钦陵、赞婆等相继担任大论之职,直到圣历元年(698年)葛氏家族被铲除为止。正是在这一时期,吐蕃与唐代的关系进入了连年不断的战争状态。

吐蕃与唐朝的战争主要发生在两条战线上,一是吐谷浑,另一个则是西域的安西四镇。对于唐蕃双方而言,吐谷浑的战略意义都非常重要,控制了吐谷浑,就等于控制了丝绸之路的南道。

显庆四年（659年），禄东赞正式出兵吐谷浑，在乌海东岱（今青海东格措纳湖一带）被唐朝名将苏定方击败。但恰在此时，吐谷浑内部发生分裂，叛臣素和贵逃往吐蕃。引导吐蕃军队进攻吐谷浑，迫使吐谷浑可汗率残部数千帐北走凉州，请求内附。

此后，吐蕃军队在各条战线上都取得了优势。乾封二年（667年），吐蕃攻破唐朝生羌十二州，控制了整个青海地区。咸亨元年（670年），吐蕃再次攻陷唐朝西域的羁縻州十八个，又与于阗合兵攻陷安西都护府所在地龟兹拨换城（今新疆阿克苏一带），安西四镇并废，形势一度非常紧张。于是，唐高宗不得不紧急将征辽东的大将薛仁贵调往西北战场。

薛仁贵是在唐初对高丽的战争中涌现出来的名将，他是绛州龙门人，在贞观末，他作为平民应募出征，由于作战英勇，很快在战斗中崭露头角，被破格提拔为五品的游击将军。唐太宗甚至在结束辽东之役时感叹说：跟随我开国的那些将军们都已经老去了，这次征辽，夺回辽东之地并不是让人多高兴的事，我欣慰的是得到了你这样一员虎将啊！

将薛仁贵从辽东调往青海战场，一个重要后果是使唐在东北亚的军事防御受到削弱，新罗不断蚕食高丽故地，最后统一了朝鲜半岛。这也就是著名历史学家陈寅恪所说的外族盛衰连环性的一个表现。

乾封元年（666年），唐王朝以李勣为统帅，取得了对高丽的最后胜利，在这场战争中，薛仁贵再次立下了卓著战功，于是被任命为安东都护，留守新征服的高丽故地。当咸亨元年吐蕃大举进犯西域、唐军节节败退之际，高宗皇帝想起了这位常胜将军。于是任命他为逻娑道行军大总管，率将军阿史那道真、郭待封等西出青海，对吐蕃进行反击。虽然薛仁贵一路节节胜利，但由于郭待封违抗命令，使吐蕃军队在乌海先打败了郭待封的两万辎重部队，迫使薛仁贵退兵大非川。随后，吐蕃又集结了四十万大军与薛仁贵决战，唐军大败，从此之后，唐朝在对吐蕃的战争中，完全处于防御态势。之后，唐蕃战争的主要战场从青海转向了西域。

嗣圣元年（684年），武则天临朝称制，开始对吐蕃采取进攻的态势，积极谋求收复安西四镇。到了如意元年（692年），曾在大非川之战被俘的唐将王孝杰率领大军大破吐蕃，收复了安西四镇。这样，从咸亨元年以来被吐蕃占据了二十四年的天山以南地区重新回到了唐朝的版图。到了圣历元年，吐蕃专权的葛氏家族被王室铲除，唐蕃之间的战争也缓和下来。

唐隆元年（710年）正月二十七日，又一位大唐公主踏上了前往吐蕃的和亲之路，她就是金城公主。金城公主本是章怀太子李贤之子雍王守礼的女儿，为了显示对这次和亲的重视，中宗皇帝将这位侄孙女当作自己的女儿来出嫁。为此，他在始平县（今陕西咸阳西北）举行了隆重的出降仪式，为金城公主饯行。王公大臣与文人雅士数十人在宴席上赋诗饯别，今天，我们还能在《全唐诗》中看到其中的二十余首，回味当日的盛况。

这次和亲的对象是赤德祖赞（704—754年在位），他是吐蕃政权建立之后历任赞普中执政时间最长的一位。当长安四年（704年）他的父亲墀都松身死于南诏军中之时，他还是个不懂事的少年，因此朝廷政事由其祖母墀玛蕾执掌，直到太极元年（712年）其祖母去世，他才开始亲政。

为了准备这次和亲，吐蕃还专门修筑了"迎公主之道"，并别筑一城，供金城公主居住。从这一年开始，直到开元二十七年（739年）去世，金城公主在吐蕃生活了近三十年时间。虽然其间唐蕃之间还发生了多次战争，但由于金城公主的不懈努力，双方的使者往来从未间断。

与文成公主一样，金城公主入蕃时，也带去了大批书籍和工匠，甚至还有龟兹乐一部，后来，她还派使者来唐，请求唐玄宗把《毛诗》《礼记》《左传》《文选》等儒家经典及文学作品颁赐给吐蕃。另外，西藏现存最早的藏医著作《月王药诊》，就是在把金城公主带去的医书翻译之后，又吸收了吐蕃民间医药学经验而编成的。

毫无疑问，金城公主与赤德祖赞的和亲，进一步加深了唐朝中原文化对西藏文化的影响。赤德祖赞在后来给唐玄宗的上书中就说："外甥是先皇帝舅宿亲，又蒙降金城公主，遂和同为一家，天下百姓，普皆安乐。"汉藏一家，成为双方共同的期待，也成为两个民族最深刻的历史记忆。

> 西藏大学历史研究所所长 次旦扎西

按理说的话,印度和吐蕃很近,但是西藏文化偏偏往东向发展,唐蕃之间两百多年间,互派使臣次数是一百九十一人次,唐朝派使臣到拉萨吐蕃是六十六人次,吐蕃派到唐朝的是一百二十五人次,这是很频繁的。

在赤德祖赞晚年,吐蕃政权内部发生了严重的反叛事件。天宝十三年(754年),年近六旬的赤德祖赞在末氏、郎氏等大贵族的叛乱中被弑身亡。第二年,其子赤松德赞(755—797年在位)即位,开始了他长达四十三年之久的统治生涯。据《贤者喜宴》《西藏王统记》《红史》《新红史》等藏文史书记载,赤松德赞是赤德祖赞与金城公主所生之子,不过,此说并未为藏学界普遍接受,通常认为,他是赤德祖赞的妃子那囊氏所生。

安史之乱后的唐蕃关系——吐蕃大军攻陷长安。就在赤松德赞即位的同一年,唐王朝内部发生了天崩地裂般的安史之乱,这场历时七年零两个月的叛乱给唐朝百姓带来了深重的灾难,也给唐王朝的统治造成了巨大的打击。然而,对于吐蕃的军事扩张而言,安史之乱却创造了意外的良机。为了平定叛乱,唐王朝将防备吐蕃的边防主力调到中原,致使河西、陇右成为军事真空,吐蕃很快乘虚而入,到宝应元年(762年)十月安史之乱平定时,唐朝的陇右之地已全部被吐蕃占领,通往河西、安西与北庭的道路已经被完全切断。在这种情势下,长安的西边已无险可守,吐蕃大军突然成为一个近在咫尺的威胁。

广德元年(763年)十月,吐蕃调集二十万大军,经泾州、邠州、奉天、武功等地向长安进犯,即位不过一年的唐代宗急忙重新任用平定安史之乱的元勋郭子仪担任关内副元帅,出镇咸阳。然而为时已晚,就在长安近郊的周至,仓促集结的唐军一战溃败,代宗仓皇出逃陕州(今河南陕县),郭子仪收集残兵败将退保商州(今陕西商洛),吐蕃大军顺利进入长安。

这次吐蕃大军之所以长驱直入,攻入长安,其原因在汉文史料中并不清楚,但在藏文材料中详细记载了其中的缘由。据《恩兰·达扎路恭纪功碑》记载,由于吐蕃在陇右地区不断攻取唐朝州县,唐朝为集中力量收复安史叛军占据的两京,只好答应每年给吐蕃纳绢缯五万匹,以换取吐蕃暂时罢兵。在《旧唐书·吐蕃传》中,则只记载了762年肃宗派郭子仪等人与吐蕃使者在鸿胪寺歃血为盟,但碍于尊严,向吐蕃纳绢的详情就没有记录下来。随着肃宗去世,代宗即位,不愿再向吐蕃纳贡,这就惹恼了吐蕃,于是达扎路恭提议,直接向唐朝京师长安进军。这件事,在敦煌本《吐蕃大事纪年》虎年(762年)也有明确记载。

在攻入长安城后,吐蕃军队纵兵大掠,长安城被洗劫一空。他们甚至还拥立了一个傀儡皇帝,人选正是金城公主的侄儿广武王李承宏。不过,郭子仪迅速组织军队开始反击吐蕃军,城中的侠少也不断制造骚乱，迫使吐蕃军队在十五天之后退出长安。虽然时间很短，但吐蕃攻占长安是大唐帝国受到外族的最大打击，也是吐蕃军事扩张的顶峰。

从长安退军之后，吐蕃军队掉头西征，广德二年（764年）攻占了河西重镇凉州；大历元年（766年）攻占甘州、肃州；大历十一年（776年）攻占瓜州；贞元二年（786年），敦煌军民在吐蕃答应"勿徙他境"的条件之后，"寻盟而降"。至此，河西走廊的大片土地都落入了吐蕃之手。据统计，吐蕃总共占领了唐朝五十余州、一百五十余县，控制人口达一百六十多万。

对于吐蕃咄咄逼人的进攻态势，唐朝也积极采取措施进行应对。德宗贞元三年（787年），宰相李泌提出了一个计划来遏制吐蕃，他建议：首先与回纥建立友好关系，使其从北方对吐蕃施加压力；其次，与南诏重修旧好，以便在吐蕃的南部边界增加一个与之对抗的势力；最后，争取劝说天竺与大食加入反吐蕃联盟。这样，就可以从北、南、西三方面对吐蕃形成包围的局面。

在这个宏伟的计划中，与回纥与南诏的结盟尤其具有举足轻重的战略意义。李泌指出："回纥和，则吐蕃已不敢轻犯塞矣；次招云南，则是断蕃之右臂也。"

自平定安史之乱时借兵回纥开始，唐与回纥就保持着比较密切的关系，当德宗放下个人恩怨将咸安公主嫁给回纥可汗之后，二者的关系就更加稳固了。随后，回纥开始在西域特别是北庭地区与吐蕃展开激烈争夺，这在很大程度上缓解了对唐朝边境的压力。

南诏是由唐代乌蛮、白蛮等少数民族建立起来的一个地方政权,其中心区域大致与今天云南大理白族自治州的范围相当。在极盛期,它辖有云南全部、四川南部及贵州西部地区。从民族成分来讲,南诏是今天彝族和白族的先民。在吐蕃向外扩张时期,南诏是其重要目标之一,它成为唐、蕃在西南地区尽力争取的对象,在其中扮演着重要角色。

唐初,在西南地区设置了嶲州、戎州、姚州及安南都护府。为了抗拒吐蕃,唐玄宗积极推动六诏的统一,作为遏制吐蕃在西南边疆扩张的力量。开元二十六年(738年),唐玄宗册封地域最南的蒙舍诏首领皮逻阁为云南王,赐名蒙归义。其实,据敦煌文书《吐蕃大事纪年》记载,就在五年之前,皮逻阁还亲自入朝吐蕃。这次唐玄宗册封皮逻阁,使之归顺大唐,可以说是一次重大胜利。在唐王朝的支持下,蒙舍诏兼并了蒙巂诏、越析诏、浪穹诏、施浪诏等其他五诏,建立了南诏国,并于次年迁都苍山、洱海之间的太和城。

奏乐陶俑,云南大理出土。唐天宝八年(749年),南诏王带回龟兹乐两部。图为南诏国演奏胡乐的艺术再现。

南诏德化碑

南诏建立之初,与唐朝保持着紧密的关系。天宝四载(745年),皮逻阁还派遣其年幼的孙子凤迦异入朝长安,受到玄宗的厚待。天宝七载(748年),皮逻阁去世,其子阁罗凤袭爵云南王,但唐与南诏的良好关系却在不久后破裂。由于唐朝边将贪功,处置失当,双方陷入战争之中。天宝十载(751年),阁罗凤大败唐剑南节度使鲜于仲通,宣布脱离唐朝,归附吐蕃。次年,吐蕃封阁罗凤为"赞普钟",意为赞普之弟,自此二者结为兄弟之国,共抗唐朝。

不过,阁罗凤虽然被迫弃唐从蕃,但内心却一直充满矛盾和无奈,大历元年(766年),他在都城太和城立了一块巨碑,即著名的南诏德化碑,来表明自己"阻绝皇化之由,受制西戎之意",

并说:"我上世世奉中国,累封赏,后嗣容归之。若唐使者至,可指碑澡被吾罪也。"大历十四年(779年),阁罗凤去世,其长孙异牟寻即位,迁都于阳苴咩城(今云南大理)。

由于吐蕃对南诏一直横征暴敛,又不停征发其军队参与对外扩张战争,南诏苦不堪言,产生了复归大唐的念头,这正好与李泌策划抗击吐蕃包围圈的时机相吻合。于是剑南节度使韦皋于贞元五年(789年)给异牟寻写信接洽,双方使者不断。到贞元十年(794年)初,韦皋派节度巡官崔佐时赴南诏,与异牟寻在苍山会盟,南诏正式归唐,并随即派军大破吐蕃于神川,取城十六座。

至此,李泌北和回纥、南通南诏的战略计划取得了一定的成功,吐蕃大规模的扩张之势渐渐减弱,唐穆宗长庆元年(821年),唐、蕃双方进行了最后一次会盟。

四川大学讲座教授、西藏社会科学院研究员 巴桑旺堆

阅读唐朝的汉文史料的时候,我们看到了唐书里头有很多与藏民族有关的记载,尤其是对藏族的军事的记载,应该说是战争的一个直接后果导致历史上留下这么详细的记载。这也使唐人对藏族有了更进一步的了解。同样,吐蕃人对中原地区的先进文化、先进的政治制度,也有了更多的了解。到了吐蕃末期的时候,很多政治上的措施和文化上的元素,都是从唐朝制度、文化里吸取营养的。

大昭寺门前的唐蕃会盟碑

长庆元年十月十日,唐朝宰相崔植、王播、杜元颖等十七人与吐蕃使者会盟于长安西郊的王会寺。次年,唐朝又派大理卿兼御史中丞刘元鼎为赴蕃会盟使,带领使团入吐蕃再盟,五月六日,在拉萨河畔举行了盛大的仪式。长庆三年(823年),又将盟文刻石立碑。据说当时共立三碑,一碑立于长安,一碑立于逻些,还有一碑立于唐蕃交界之地。如今,这三碑中的两座已不复存在,只有逻些那座唐蕃会盟碑历经了千年的风雨,依然矗立在拉萨大昭寺前。

在会盟碑的西面是藏、汉两种文字对照的盟文内容,南、北两面分别是唐朝与吐蕃会盟使臣的名单,东面则是藏文的盟词。盟文首先申明,这次会盟的目的是"商议社稷如一",使唐蕃

"再续慈亲之情,重申邻好之义"。盟文再次肯定了清水会盟时划定的边界,商定了双方通传的驿递路线,并商定双方今后不再相互捉拿生口。在会盟碑东侧的藏文盟词中,还回顾了从松赞干布以来唐蕃关系发展的曲折历史,告诫人们,长庆会盟来之不易。今天,唐蕃会盟碑已经成为汉藏民族亲如一家的历史见证。

佛教在吐蕃的传播与吐蕃的衰落。在吐蕃与唐朝的文化交流

桑耶寺全景

中，佛教也是一个非常重要的因素，对于西藏文化传统的形成来说，这一点具有举足轻重的意义。

早在吐蕃政权建立之前，佛教的一些因素已经传入青藏高原，只是未能产生任何影响。到了松赞干布时期，佛教再次传入，并开始对社会产生一些影响。松赞干布修建了著名的大昭寺与小昭寺，文成公主带来的释迦牟尼十二岁身像被供奉在小昭寺，而大昭寺则供奉着泥婆罗赤尊公主带来的释迦牟尼八岁身

像。此外，当时肩负创立吐蕃文字重任的屯桑布札从天竺带回许多佛经，而两位公主也各自从大唐与泥婆罗带来大批佛经，其中有些已经被翻译成吐蕃文字。

佛经在当时的吐蕃社会中，影响还很有限，仅有王室和部分贵族子弟开始接受佛经，绝大多数吐蕃百姓还是信奉传统的苯教。无论在政治、军事领域，还是在日常生活中，苯教依然具有佛教不可比拟的优势地位。正因如此，在许多藏文史书中，都记载了松赞干布晚年将佛经经咒、宝物等秘密埋藏起来的传说，他寄希望于他的后代能够再弘佛法。

真正使佛教在吐蕃传播开来的，是在松赞干布去世百年之后的赤松德赞时期。在他即位之后，吐蕃社会的反佛势力仍然很大，当时最有权势的大臣外戚玛祥仲巴杰等人还组织了反佛大臣集会，制定了反佛的"小法律"，甚至连大昭寺、小昭寺都被改为屠宰作坊。在一些信佛大臣的支持下，赤松德赞首先设计活埋了玛祥仲巴杰，并采取了一系列具体措施来推行佛教。

首先，他迎请外地高僧入藏弘法，如天竺高僧寂护、汉地高僧摩诃衍等人；其次，颁布兴佛诏书；第三，修建桑耶寺，这是吐蕃史上第一座正规的寺院，它的建成被后世视为佛教在吐蕃地区扎根的标志；第四，他开始选择贵族子弟出家为僧，最初有七名贵族子弟通过考试，最终得以剃度为僧，这也是吐蕃正式出现佛教僧人的开始。一年之后，出家的僧人达到了三百多人。对于每位僧人，赤松德赞都赐给三户属民作为供养，这也就是所谓的"三户养僧制"。

随着赤松德赞政权的稳固与佛教势力的不断发展，他下令举行佛、苯二教的公开辩论，以决胜败。辩论的结果，苯教失败，赤松德赞当即宣布自己信奉佛教。在此之后，一部分苯教徒改信了佛教，但大部分都选择了自我流放，隐居在边远地区，成为后来苯教在藏北、藏东复兴的基础。事实上，赤松德赞并未对苯教全部根除，苯教的许多法术后来也被吸收进佛教之中。

在取得了对苯教的胜利之后，吐蕃佛教内部的矛盾却日渐激化。在藏、汉文史籍中，这次斗争被称为"顿渐之争"，也就是"顿门巴"与"渐门巴"之争。前者是从唐朝传入的，其代表人物是汉地高僧摩诃衍；而后者则由天竺传入，其代表人物是天竺高僧寂护。

"渐门巴"认为，只有通过逐渐修行佛法，才能一步步有所成就，最终成佛，因此讲求修持的次第与积累。"顿门巴"源于唐代禅宗的南宗，认为成佛之路不是靠长期持戒与修行得来，而需要突然顿悟，"立地成佛"。其实，早在摩诃衍到达吐蕃之前，以"金和尚"——无相大师为首的汉传净众宗就已传入吐蕃，而其弟子无住大师的某些语录也曾被译为吐蕃文。

法国国家图书馆藏的敦煌汉文文书P.4646号是著名的《顿悟大乘正理决》，它揭示了吐蕃佛教史上曾经发生的一次重要辩论，辩论双方正是摩诃衍与代表渐门巴的天竺僧——寂护弟子莲花戒。法国著名汉学家戴密微教授曾以这件文书为基础对此事件进行了深入研究，基本上梳理了这次辩论的情形，他称之为"吐蕃僧诤记"。

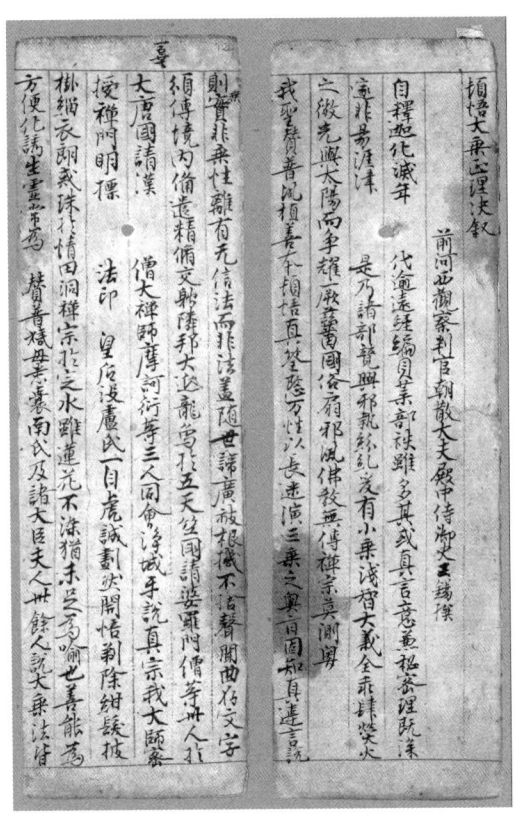

《顿悟大乘正理决》

这次僧诤会从贞元八年（792年）开始，持续了近三年时间，主要是以文字形式展开的，这些书面文献被译为各种语言，相互交换和保存，《顿悟大乘正理决》就是根据这些文献编成的，它包括"前河西观察朝散大夫殿中侍御史王锡"所写的序、大辩论的汉文档案以及摩诃衍呈给赞普的三道表章。有趣的是，根据这件汉文文书，当时摩诃衍大获全胜，赞普允许他在吐蕃传播禅宗，且取得很大成功，包括王室成员在内的一批吐蕃人皈依了禅宗。而晚出的许多藏文史书却记载汉僧失败，赤松德赞遂禁止汉地佛经流传，印度佛教终于在吐蕃取得优势。应该说，王锡是大辩论同时期的人，他的记载应有可信之处。无论如何，国内外藏学家大都同意，今天藏传佛教的教派中，至今仍有汉地佛教留下的深刻烙印。

贞元十三年（797年），赤松德赞去世，其子牟尼赞普即位，汉文史籍称之为足之煎。他继续了其父崇佛的政策，支持佛教高僧参与政治，并在王室中供养僧侣。他试图用行政命令的手段来均贫富，缓和阶级矛盾，但未能成功，却又损害了大贵族特别是后族贵戚的利益，仅仅执政一年多时间，他就被母后进食毒死。

在王室供养的高僧娘·定埃增的帮助下，牟尼赞普的幼弟赤德松赞（798—815年在位）最终即位，稳定了政局。他进一步推行崇佛的国策，不仅下诏要求吐蕃境内所有贵族与贫民都必须修习佛法，且规定在赞普年幼时，选择高僧帮助赞普学习佛法、处理朝政。他任命娘·定埃增为掌教大臣，汉文史书称之为"钵阐布"，其实权已经凌驾于大论（宰相）之上。这些措施，不仅是藏民全体信佛的前奏，也开启了僧人掌握政事的传统。

842年，在大昭寺前，发生了一件令吐蕃举国震惊的大事，吐蕃最后一位赞普朗达玛被刺杀了！就在唐蕃会盟碑前，一位来自叶尔巴寺的僧人拉隆贝吉多杰乔装打扮，趁着向正读碑文的朗达玛行礼之机，向他射出了仇恨的袖箭。

朗达玛是赤德松赞的第四个儿子，就在四年之前，一些反佛大臣发动政变，杀死了狂热崇佛的赞普赤祖德赞（汉文史书中的

"可黎可足"或"彝泰赞普"），随后拥立反佛的朗达玛登上赞普之位。两年之后，在反佛大臣的推动下，朗达玛开始推行毁佛政策。他声称，吐蕃境内前所未有的瘟疫、大旱和水灾都是崇佛所致，甚至说文成公主是魔女，她带来的汉地佛像给吐蕃降下了不祥之兆，破坏了吐蕃的"脉气"。以此为借口，他下令封闭寺院，摧毁佛像。至于佛僧，则必须在还俗、结婚、充军、打猎等方面做出选择，否则就会被处死。

虽然这次灭佛的时间不过四年，但对吐蕃佛教的打击是空前的，西藏的佛教势力在之后的百年时间里一蹶不振，史称"灭法期"或"灭佛期"。当然，朗达玛本人也为此付出了生命的代价。更重要的是，在他死后，吐蕃贵族分别挟持其二子争夺王位，甘、青之地的边将们也卷入到王室斗争，吐蕃本土和属部都陷入一片混战之中，平民与奴隶也发动了大规模的起义，一个统一的吐蕃政权从此崩溃了。

大唐与吐蕃，这两个强盛的王朝几乎同步兴衰，历史的巧合令人感慨无限。双方时战时和，有时亲密，有时疏远，彼此窥探，却又相互学习。对唐朝来说，吐蕃是必须认真了解的新伙伴、新对手；而对吐蕃来说，唐朝则是充满魅力的学习、模仿乃至超越的对象。差异巨大的双方，就在这个复杂的互动过程中不断碰撞，不断消长，也不断融合。

敦煌

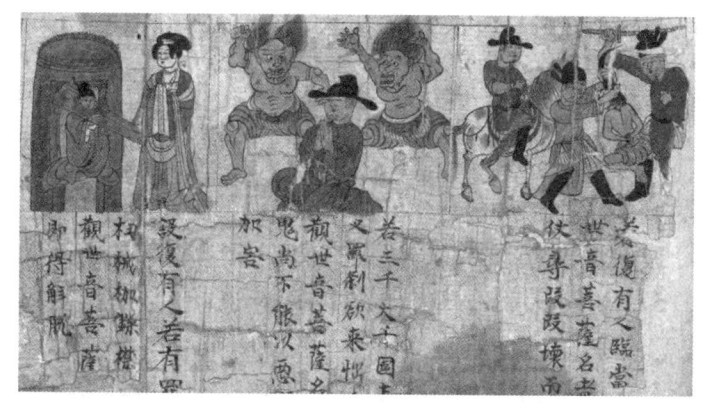

敦煌画卷《观音经变图卷》，现藏法国国家图书馆。

自公元前 2 世纪张骞凿空西域之后，横贯欧亚大陆的丝绸之路就开始在中西文化交流方面发挥着重要作用，在海运和空运发达之前，它一直是联结东西方的主要交通干线。然而，在魏晋南北朝时期中原地区的战乱中，丝绸之路也经常被阻断。隋唐帝国的兴起，不仅使国家回归统一，也给古老的丝绸之路带来了新的繁荣。

在丝绸之路上，有许多迷人的绿洲城市，而敦煌无疑是其中最为耀眼的一颗明珠，在某种意义上，敦煌甚至已经成为丝绸之路的象征。这不仅是因为其重要的地理位置，使其成为东西方文化交流汇聚的要冲，更因为它保存的大量壁画、雕塑与文献资料，为我们今天了解中国中古时期的经济、文化及中外关系等提供了非常宝贵的第一手材料。可以说，敦煌，是古代中国乃至世界独一无二的文化宝藏。

藏经洞的发现，震惊了世界。 1900年初夏，敦煌的天气渐热，但莫高窟却仍旧显得荒凉而破败。虔诚而节俭的看守人——道士王圆箓开始忙碌起来，他试图用节省下来的香火钱来重修和改造莫高窟，第一步工作就是雇人清理洞窟中的积沙。

5月26日，清沙工作进行到第16窟。这个洞窟开凿于晚唐，窟主是当时河西归义军地位最高的僧官——河西都僧统洪辩。不过，与莫高窟数以百计的洞窟相比，此窟本来没有什么特别之处。然而，一次十分偶然的发现，却将一个隐藏了近九百年的秘密揭了开来。

在休息时，王道士雇来的一位姓杨的工人无意中发现16窟甬道的北壁是空的。当晚，二人偷偷挖开墙壁，一个装满古老经卷、绢画的小洞窟呈现在他们的面前，这就是今天编号为第十七窟的藏经洞。

没有多少文化的王道士并不知道，藏经洞中的那些

藏经洞

写卷和绘画究竟有多大价值，不过，他也意识到这些东西非比寻常。于是，他不时从中挑选一些精美的绢画和书法漂亮的写经，送给地方官和一些名流，以期引起他们对莫高窟的重视，从而实现自己募集钱财重修莫高窟的计划。这样，敦煌发现藏经洞的消息与洞中的一些文物逐渐开始在西北地区流传开来。

令今天的国人扼腕叹息的是，藏经洞的发现时间似乎有些不合时宜，当时正值清朝末年，八国联军正在侵略中国，忙于逃命的清廷自然无暇顾及西北边陲发生的事情，而当地的官员大多昏聩无知，致使这一宝藏没有得到应有的保护，却成为西方"探险家"巧取豪夺的目标。

来到敦煌劫掠藏经洞遗书的外国探险家有很多，盗取文物最多的，则是英籍匈牙利探险家斯坦因与法国汉学家伯希和。1907年5月，斯坦因在莫高窟见到了王道士，并诱使王道士同意将文书和经卷以极低的价钱卖给他。十六个月之后，装满写本的二十四口箱子及五个装满绢、纸绘画艺术品的箱子被运抵伦敦，安置在大英博物馆中。伯希和则是一位天才的语言学家，能说一口流利的汉语。凭借自己丰富的汉学知识，伯希和用三个星期把所有的写本都翻检了一遍，并从中挑选了最有价值的七千多件经卷与文书，这一切，他不过花了五百两银子。

藏经洞的发现，震惊了世界，从此，国际上多了一门名叫"敦煌学"的显学，而敦煌，这座几乎已经被人遗忘了九个世纪的历史文化名城也开始重新受到世人的瞩目。当藏经洞的宝藏与莫高窟的艺术瑰宝同时呈现在世人面前时，敦煌与丝绸之路曾经的辉煌也渐渐清晰而鲜活起来。

华戎所交的都会与灿烂的敦煌艺术。敦煌，是一个被戈壁、荒漠与高山环抱的小绿洲，位于河西走廊的西端。由于地处内陆，属于典型的沙漠气候，全年平均降水量不足四十毫米，四季分明，昼夜温差很大，发源于祁连山的党河，是滋润这片绿洲的主要水源。

汉武帝元狩二年（前121年），汉武帝派骠骑大将军霍去病击败河西匈奴，夺得河西走廊的控制权，并陆续置武威、张掖、酒泉、敦煌四郡，有文字记载的敦煌历史自此开始。

与此同时，西汉王朝在敦煌的西部，还设立了阳关与玉门关，调兵戍守。从此以后，敦煌就成为联结河西走廊与西域的门户与军事重镇，东汉主管西域事务的护西域副校尉便长期驻守在敦煌。由于地处丝路南、北两道的交会之处，敦煌也成为东西方贸易与文化的重要中转站，《后汉书·郡国志》就称之为"华戎所交，一大都会"。

莫高窟，位于敦煌东南二十五公里的鸣沙山东麓，历经千年的开窟造像，形成了南北长一千七百四十米的石窟群。在十五至三十多米的断崖上，分布着七百三十五个历代营造的洞窟。这些洞窟可分为南、北二区，南区的四百九十二个洞窟是礼佛之地，共有壁画四万五千平方米，彩塑两千多身；北区则是僧人修行居住的场所，画、塑很少。那么，莫高窟是从何时开始兴建的呢？

莫高窟

月牙泉

西晋末年,中原大乱,许多少数民族相继建立了自己的政权,史称十六国时期。敦煌在这一时期,先后归属于前凉、前秦、后凉、西凉、北凉等五个政权,直到北魏灭北凉,敦煌才又重归北方统一政权之下。

目前所见敦煌佛教的确切记载,是西晋时世居敦煌的月氏高僧竺法护,他率领一批弟子在这里译经修道,被人们尊称为"敦煌菩萨"。不过,莫高窟的开凿却要比法护的时代晚得多。

据武则天圣历元年(698年)敦煌望族李克让所撰的《莫高窟佛龛碑》(原立于332窟)记载,前秦建元二年(366年),一位名叫乐僔的高僧西行来到敦煌,在城东南鸣沙山东麓,忽然眼前一亮,三危山上出现了万道金光,在金光之中,依稀有千佛化现而出。他认为这里就是他所寻找的佛国圣地,于是决心留在这里修行,并开凿了第一个禅窟。这通碑文的记载,是有关莫高窟最初开凿情况的最早记录,虽然距离事件发生已经过去了三百多年,但由于是当地的文献,还是可以信赖的。

不久,另一位高僧法良也来到敦煌,在乐僔的禅窟旁又开凿了一个石窟。从此之后,莫高窟的兴建绵延千载,形成了今天的规模。可惜的是,乐僔与法良所开凿的最早的洞窟,却早已无法确认了。

太延五年(439年),北魏太武帝拓跋焘率军攻占了北凉首都姑臧(今甘肃武威),凉王沮渠牧犍投降,其驻守敦煌的弟弟无讳、安周最终率万余家撤离敦煌，入主高昌（今新疆吐鲁番）。在这一过程中，敦煌遭受了前所未有的破坏。不过，当地的佛教却在进一步发展，特别是在太平真君九年（448年）北魏王朝直接统治敦煌以后，又带来了中原的佛教文化，这是北魏吸收了凉州佛教因素之后，经过平城（今山西大同）到洛阳的发展而形成的更高层次的文化。

从孝昌元年（525年）到武定二年（544年），被封为"东阳王"的北魏宗室元荣出任瓜州刺史。虽然北魏末年中原地区发生了连年的战乱，但远处边陲的敦煌却未受到太大影响。在元荣统治敦煌的二十年中，他不仅团结当地豪族，保持了境内的安定，而且大量抄写佛经、开凿洞窟，使莫高窟营造的规模日益扩大。

元荣之后，于保定五年至建德五年（565—576年）担任瓜州刺史的北周建平公于义，继续了东阳王元荣在莫高窟的开窟造像活动。在《莫高窟佛龛碑》中就说："建平、东阳弘其迹。"这些王公贵族的做法，不仅给当地各阶层民众做了榜样，上行下效，敦煌掀起了一个造窟的高潮，而且，他们也带来了中原的艺术风格，使莫高窟逐渐突破之前西域佛教艺术的规范，开始形成具有敦煌特色的中国式佛教艺术体系。

581年，杨坚取代北周，建立了大隋王朝，并于开皇九年（589年）平陈，完成了再造统一的伟业，也为丝绸之路的再次繁荣奠定了基础。隋炀帝时，黄门侍郎裴矩往来于敦煌、张掖之间，通过西域商胡，联络各国首领。在《隋书·裴矩传》中，保存着他撰写的《西域图记序》，从中我们可以看到，经过数百年的开拓，丝绸之路已由南、北两道发展为三道，即当时从敦煌出发，直到西海，也就是今天地中海，共有三条路线：

北道从伊吾（今新疆哈密）越过天山，沿草原之路西行，经过铁勒、突厥等游牧民族地区，一直到达东罗马；

中道从高昌西行，经焉耆、龟兹、疏勒，越过葱岭，经瓦罕山谷，进入粟特地区，再到波斯，最后到达地中海沿岸；

南道从鄯善到于阗、朱俱波（叶城）、喝槃陀（塔什库尔干），翻过葱岭，经瓦罕山谷，过吐火罗地区（今阿富汗），进入印度。

这三条道路分别以伊吾、高昌、鄯善为门户，但"总凑敦煌，是其咽喉之地"，这清楚说明了敦煌在隋唐时期中西文化交往中的重要地位。

在隋代文帝、炀帝大力倡导佛教的推动下，全国崇佛之风大盛。在莫高窟的藏经洞中，就保存着一批隋朝皇室成员的写经，例如法国国家图书馆藏P.243《大楼炭经》卷三题记就说："大隋开皇九年（589年）四月八日，皇后为法界众生敬造一切经，流通供养。"这显然是著名的独孤皇后在长安

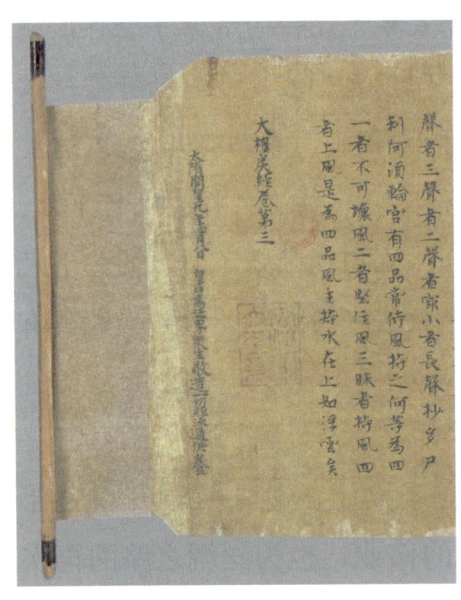

独孤皇后写经题记

敦煌壁画《飞天》

所写的，可见当日佛教发展的盛况。

在这股崇佛的浪潮中，敦煌也不例外。短短的三十多年里，莫高窟就兴建了九十多个洞窟，这在其千年的营建史上，也是独一无二的。

隋窟绝大多数集中在莫高窟南区的北段，密密麻麻连成一片，占据了莫高窟中心崖壁中上层的最佳位置。无论是从洞窟的数量还是壁画的篇幅来看，隋窟都大大超过莫高窟之前二百年间保存下来的洞窟总和。

第420窟开凿于隋代中期，是最具代表性的隋代洞窟之一，在晚唐五代归义军时期和西夏时期均有修复，例如洞窟入口处的壁画即为西夏所绘。本窟属于覆斗顶殿堂窟，平面方形，西、南、北壁各开一龛。西壁龛内塑有一佛二弟子二菩萨，龛外左右亦各塑有一身菩萨。主尊释迦牟尼佛身着通肩袈裟，结跏趺坐，体态丰满，面容慈祥。在佛陀的身后，左右分立阿难、迦叶两大弟子，前者恭敬虔诚，脸带稚气，后者肋骨毕现，一派苦行僧的模样。特别值得注意的是，在龛外侍立的菩萨的服饰上，绘有非常漂亮的连珠狮子纹，这是典型的萨珊波斯（今伊朗）的纹样，可见隋代的佛教造像，也吸收了某些外来文明的因素。

在壁画题材上，乘象入胎、夜半逾城及须达拿太子等佛传故事、佛本生故事等在隋代逐渐减少，而经变故事画开始丰富起来，如《文殊变》《普贤变》《药师变》《弥勒经变》等，特别是维摩诘经变开始大量创作，成为引人瞩目的新内容。在420窟西

第420窟西壁佛龛塑像

壁龛外两侧的上方，就绘有文殊菩萨前往探视称病的维摩诘居士的故事。窟顶四披，则绘制了《法华经变》，风格细密而精致。

由于隋炀帝滥用民力，又数次征伐辽东，终于引起了全国性的反抗。大业十三年（617年），一个地方军官李轨在武威起兵，自称凉王,控制了河西地区。李唐王朝在长安立足之后,利用粟特胡人安氏的势力,平灭李轨政权,把河西纳入自己的版图。不过,唐初的敦煌局势并不稳定,几经变乱,直到唐高祖武德六年(623年),局势才最终稳定下来。贞观七年(633年),敦煌正式定名为沙州。

从玄奘《大唐西域记》的记载可以看到,武德末、贞观初,河西地区州县萧条,百姓凋敝,帑藏空虚。敦煌以西、以北地区都是突厥汗国的势力范围,而以南则是吐谷浑的地盘。当时,唐王朝特意关闭了西北关津,"禁约百姓,不许出蕃",贞观元年(627年)西行求法的玄奘就是偷渡出去的,没有经过敦煌的州城。

吐鲁番与敦煌。隋末以来,从西域到内地的使者、商人主要还是通过经由高昌的中道。

高昌,即今天的吐鲁番,它是丝绸之路上除敦煌之外,另一颗最为耀眼的明珠。新中国成立以来,考古工作者在阿斯塔纳、哈拉和卓等地进行了艰苦的考古发掘,出土了大量十六国、北朝、隋唐时期的文书,这些宝贵的资料,大大丰富了我们对这一时期吐鲁番盆地乃至丝绸之路多元文化的认识。

隋与唐初的高昌王国是一个由汉人麴氏建立的政权,其都城是高昌城,其遗址位于今天吐鲁番市东南四十公里的三堡乡境内,面积2.2平方公里,分为外城、内城和宫城三部分。在它的西北,则是著名的交河城,这个名字经常出现在李白、岑参等人的边塞诗中,直到今天,它仍是我国保存最完整的古城遗址。

与敦煌一样,高昌国也是一个佛国圣地。通过对吐鲁番出土文书的研究,学者们发现,在面积并不算大的吐鲁番盆地,当时仅以姓氏命名的家寺,就有四十多座。高昌、交河城内,一些显要之地,也往往矗立着宏伟的寺塔建筑的遗迹。

另外,在火焰山山谷中,也有重要的石窟寺遗址,如吐峪沟中现存的四十六个洞窟,在唐代之前叫作"丁谷窟寺";木头沟中,则有伯孜克里克千佛洞,现存八十三个洞窟,它开凿于十六国时期,麴氏高昌国时达到了全盛时期,当时称为"宁戎窟寺"。伯孜克里克石窟的壁画异常精美,可惜其中不少在20世纪初被德国探险家勒考克盗走,藏于柏林博物馆,又毁于二战末盟军的

交河故城

轰炸中。

高昌佛教的兴盛，对于唐初西行求法的玄奘来说，尤其意义非凡。

当麴文泰得知玄奘来到伊吾的消息后，立即派人前往迎接，对他优崇备至，甚至与他结拜为弟兄。当玄奘从高昌继续西行时，麴文泰为他置办了丰厚的行装，又给高昌以西诸国写下了二十四封书信，并附上礼物，还向西域的霸主西突厥的叶护可汗献上厚礼，请他们为玄奘提供方便。二人约定，等玄奘取经归来，要到高昌国住三年，接受国王与信众的供养。只可惜，当玄奘从印度载誉归来时，高昌国已经不复存在了。

虽然在政治、文化等方面都极力模仿和学习中原制度，但由于势力单薄，高昌国不得不臣服于先后控制西域地区的柔然、高车、突厥等北方游牧民族。当大唐王朝于贞观四年（630年）二月一举击溃东突厥汗国，原属东突厥的伊吾随即称臣内附时，高昌王麴文泰感受到前所未有的威胁。于是，他与西突厥连兵，东攻伊吾，企图封堵这个唐朝进入西域的门户，又多次劫掠西域各国前往唐朝进贡的使者。这就给了唐太宗一个很好的出兵借口。

贞观十三年（639年）十二月，唐太宗派吏部尚书侯君集为交河道行军大总管，率领牛进达、姜行本等将领出征高昌。这次行军非常顺利，到第二年八月，刚刚接替病死的麴文泰担任高昌王的麴智盛就开城投降了。唐朝在高昌设立西州，在天山北面的北庭（今新疆吉木萨尔北）设庭州，又在西州交河县置安西都护府，以控制西域。这是唐王朝进军西域的关键一步。

参加平灭高昌的唐军大将姜行本曾在天山立了一块纪功碑,即《大唐左屯卫将军姜行本纪功碑》,它记载了唐军这次平灭高昌的壮举。在碑文所记率军鼓行而前的将领中,第一位就是"沙州刺史上柱国望都县开国侯刘德敏",可见敦煌又一次成为中原王朝经营西域的前沿基地。

显庆三年(658年),唐王朝将安西都护府迁往龟兹(今新疆库车),并设立了龟兹、于阗、焉耆、疏勒四镇,镇守西域广大地区。然而,从龙朔二年(662年)开始,崛起于青藏高原的吐蕃王国的军队也进入西域,同西突厥余部联合,与唐朝争夺西域的控制权。在随后的三十年中,四镇几度易手,直到武则天长寿元年(692年),名将王孝杰率军收复四镇(此时焉耆已被碎叶取代),并发汉兵三万人镇守,大大增强了唐朝在西域的战斗力。从此以后,直到8世纪末的一百年间,西域的局势稳定下来,唐朝进一步加强了对新疆和巴尔喀什湖以东以南的控制,丝绸之路也进入到一个极盛时期。

"边城暮雨雁飞低,芦笋初生渐欲齐。无数铃声遥过碛,应驮白练到安西。"唐代诗人张籍的《凉州词》,描绘的就是唐代丝路的繁忙景象。在这样的背景下,敦煌与吐鲁番也进入一个空前繁荣的时期。在两地的市场上,有来自中原的丝绸、瓷器,有来自西域的香料和奇珍异宝,也有来自北方的驼马和毛织品,还有当地出产的五谷。到了唐玄宗天宝年间(742—755年),沙州有六千三百九十五户,三万二千二百三十四人,达到前秦以来的又一个高峰。

丝绸之路的繁荣在很大程度上与粟特地区来的九姓胡商有关,他们的故乡在中亚阿姆河与锡尔河之间的泽拉夫珊河流域,以撒马尔干的康国为中心,分布着大小十余个操粟特语的民族所建立的城邦王国。

从4世纪初以来,粟特商人已经来到了敦煌。1907年,斯坦因就在敦煌西北的一座长城烽燧中发现了八封粟特文写成的信件,学界通常称之为"粟特文古信札",现收藏在大英博物馆里。它们都是在武威、敦煌等地经商的粟特人发往家乡撒马尔干的,却不知什么原因,遗失在敦煌的长城脚下。

隋唐时期,随着丝绸之路的畅通,粟特人经营的国际贸易活动更为活跃,许多人在敦煌、吐鲁番这样丝路绿洲城市中定居下

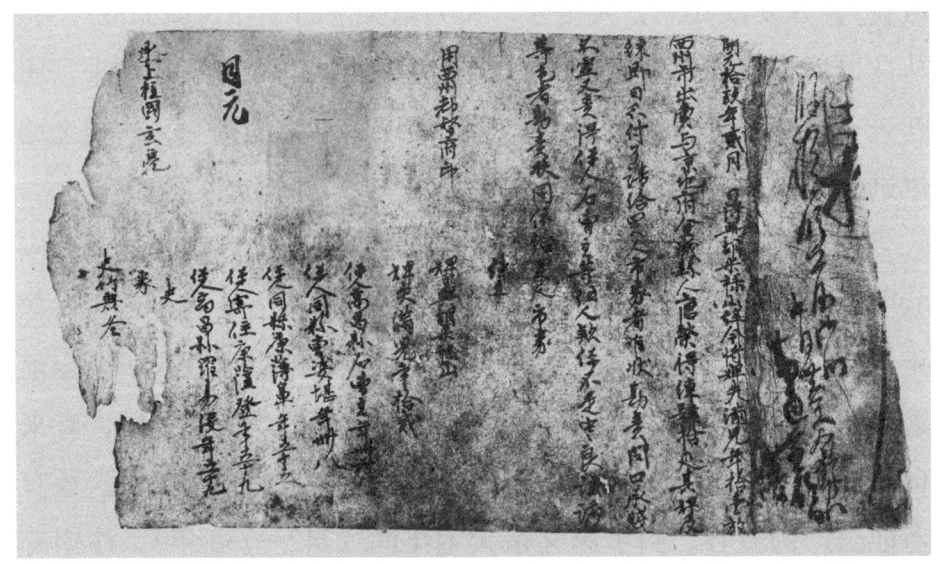

《唐荣买婢市券》

来，有些则继续向东，来到长安等地进行贸易。1973年，从吐鲁番阿斯塔纳509号墓中出土了一件文书，我们从中可以看到，胡商带来的商品不仅是香药与奇珍异宝，还有充满异域风情的胡族奴婢。

开元十九年（731年）二月，在吐鲁番的市场上，沿着丝绸之路做生意的粟特商胡米禄山，就将一位年仅十二岁的胡族小女孩作为奴婢卖给了来自京城长安附近的商人唐荣，他得到的是四十匹白练。这可能是当时一个胡婢的正常价格。

在这份西州都督府发给的买人市券上，还有五位保人的签名，他们是：石曹主、曹娑堪、康薄鼻、康萨登、罗易没。从这些名字不难看出，他们都是出身于中亚的胡人，除了罗易没来自吐火罗国，其他四位和米禄山一样，都是出身于粟特的昭武九姓胡人，他们正是丝绸贸易的主要担当者。

在吐鲁番阿斯塔纳509号墓中，还出土了一件开元二十年（732年）粟特商人申请"过所"也就是通行证的文书，其中记载了已经在西州落户的粟特人石染典，带着奴婢和牲口等，从新疆的库车到瓜州市易，瓜州都督府给予通行证后，他经过悬泉守捉、长乐守捉等唐朝镇防机构官员的盘问勘察，来到敦煌。

石染典在沙州向官府呈报了自己所携带的奴隶与牲口，并申请到伊州去。在文书上，就有沙州主管市场的官员——"市令"张休"勘同"的批注，确认石染典所带人员与牲口数目属实。这

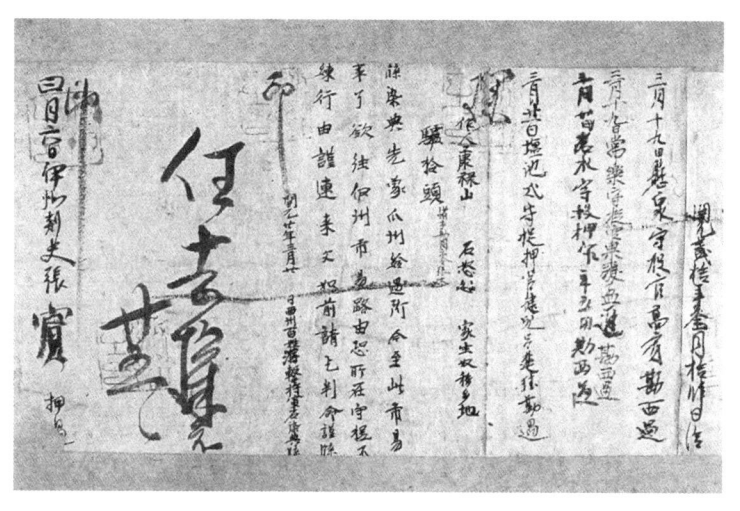

新疆吐鲁番出土的过所实物《石染典过所》，过所相当于今天的通行证明。

件难得的文书，也印证了粟特商人在敦煌市场的活跃。

在唐代沙州敦煌县的十三个乡中，有一个从化乡，这是一个7世纪初形成的粟特人聚落。到了天宝九年（750年），这里有三百户，一千四百人，大部分居民都是康、安、史、石、曹、何、米等姓的粟特人。他们虽然已经成为唐朝的百姓，但依旧信仰着自己的传统宗教——祆教，在法国国家图书馆藏敦煌文书P.2005号《沙州都督府图经》卷三中，就有记录："祆神，右在州东一里，立舍，画祆主，总有廿龛。其院周回百步。"

这所祆舍，无疑是敦煌粟特百姓精神信仰的中心。

除了祆教之外，从丝绸之路上还传来了景教和摩尼教，来自中原传统的汉文化也得到进一步深入。无论是儒家经典还是道教典籍，都传到了敦煌。当时沙州城内有州、县两级学校，按照唐王朝的规定，教授儒家经典。在藏经洞中，也发现了许多儒经的注释本，如《论语郑氏注》等。由于李唐王朝尊奉老子为先祖，道教得到了历代皇帝特别是唐玄宗的大力弘扬，敦煌与中原诸州一样，建立起紫极宫、开元观等道观，为国设斋行道。同样，敦煌文书中也包括了许多唐代的道教典籍，如《老子化胡经》《太玄真一本际经》等。

当然，佛教依然是敦煌最流行的宗教。当地的一些大家族如翟氏、李氏、阴氏等，都争先恐后地在莫高窟开凿"家窟"，其中220窟就是翟氏所建，故称"翟家窟"。它始建于贞观十六年（642年），从甬道北壁10世纪的供养人图像来看，翟家世代供奉此窟，历时约三百年，这不能不让人惊叹。

在东壁北侧的下方，有一幅《听法帝王图》，画中的帝王头戴冕旒，青衣朱裳，形象高大，在两旁身后恭谨扶持的群臣簇拥

220窟东壁《听法帝王图》

下，显示出帝王的威严，与传世阎立本《历代帝王图》相比，亦显得毫不逊色。考虑到当时正是初平高昌，唐太宗威震西域之时，画中的帝王无疑正是暗喻太宗，这自然也显示了翟氏对朝廷的忠心。

220窟的壁画色彩非常鲜艳。20世纪40年代时，敦煌研究院移除了上层归义军时代的壁画之后，才显露出初唐的壁画，由于有上层壁画的保护，这些下层的壁画才显得如此鲜亮。南壁绘的是西方净土变，以阿弥陀佛为中心，大大小小的佛、菩萨、天人化生等约一百五十身围绕四周，空中有天女散花，佛前平台上舞乐齐动，一派欢乐的景象。这也是此后唐代壁画的常见构图。

武则天一生崇佛，据说著名的洛阳龙门石窟中，奉先寺卢舍那大佛的面容就是照她的形象来塑造的。无独有偶，莫高窟第一大坐佛据说也是如此。第96窟始建于延载二年（695年），主尊为倚坐弥勒大佛，又称"北大像"，高达三十五米半，围绕着大佛像，则是高达四十五米的九层木构窟檐。今天，"北大像"是人们到敦煌时必去的地方。在窟中欣赏这尊弥勒大佛的丰姿时，是否还会想起那位以弥勒自居，事事敢为天下先的一代女皇？

在第130窟，还有一尊高达二十七米的"南大像"。据专家考证，本窟开凿于盛唐，壁画绘于开元十三年（725年）之后。当人们走进十米进深的洞窟，仰视这尊雄浑饱满、雍容庄重的弥勒大像时，一定会感受到盛唐那种自信而从容的时代精神。

在甬道南北两壁，绘制有巨幅的供养人画像，其题记曰："朝议大夫使持节都督晋昌郡诸军事守晋昌郡太守兼墨离军使赐紫金鱼袋上柱国乐庭瓌供养时"。南壁共有十二身供养人像，第一身形象最大，描绘的是乐庭瓌的夫人王氏，她头饰鲜花、宝钿，身着碧衫红裙，足登笏头履。在她的身后，是两个女儿与九个婢女，她们造型生动，富有生活气息，是敦煌供养人壁画中最精彩的一幅。

在盛唐的繁华背后，潜藏着巨大的社会危机，天宝十四年（755年），安禄山在范阳起兵，挥师南下，一路势如破竹，洛阳、长安相继失守，惊慌失措的唐玄宗无奈逃往成都避难。为了抵御叛军，唐肃宗调集驻守河西、陇右、安西、北庭的西部各地劲旅，前往中原平叛，虽然完成了勤王的任务，却使得西北地区的防卫空虚，

《王氏夫人供养图》

吐蕃乘虚而入，从青海北上，开始蚕食唐朝的疆土。在三十年间，陇右、河西诸州相继落入吐蕃之手，到了贞元二年（786年），敦煌军民在吐蕃答应"勿徙他境"的条件之后，"寻盟而降"。从此以后，敦煌进入到吐蕃统治的时代，直至大中二年（848年）。

由于与吐蕃订立了"勿徙他境"的盟约，敦煌避免了人口的大规模流失。吐蕃当时的赞普是赤松德赞（755—796年在位），他大力弘扬佛法，而敦煌正是他所要保护的一座佛教圣城。在占领敦煌之后，赞普马上邀请高僧昙旷入藏讲道，又招请汉僧摩诃衍入藏传播汉地禅法。在敦煌，吐蕃也大力扶持佛教，继续开窟建寺，使佛教在这一时期得到进一步发展。

第158窟是开凿于吐蕃统治敦煌时期的一个典型的洞窟，在佛坛之上，一尊长达15.6米的涅槃佛像静静地躺在那里。"涅槃"，是指灵魂脱离肉体，进入不生不灭的佛教最高的理想境界。这尊佛右胁而卧，神态安详，唇含笑意，没有世人临终的苦痛，表现了"寂灭为乐"的涅槃世界。

与此涅槃像相呼应，洞窟南、西、北壁的壁画描绘的是佛弟子与世俗人物的举哀图，表现了他们得知佛陀入灭后极度悲恸的场景。引人瞩目的是，在北壁各国王子举哀图中，就有吐蕃赞普的形象，他的旁边，则是一位汉装的帝王像。在他们身边，还有十三位中亚或西域的国王，采取了割耳劓面、刺心剖腹等惨烈的哀悼方式。

莫高窟第 156 窟壁画《张议潮出行图》

归义军时期。会昌二年（842年），采取灭佛措施的吐蕃赞普朗达玛被僧人刺杀，吐蕃陷入战乱之中，其河陇地区的大将论恐热、尚婢婢也相互攻击，使吐蕃的实力受到很大削弱，其在河西、西域的统治秩序也迅速崩溃。

唐宣宗大中二年（848年），沙州土豪张议潮率众起义，赶走了吐蕃的守将节儿，夺取了瓜、沙二州，并派多路使节向唐朝报捷。大中五年（851年），唐朝为之新置了一个方镇，名为"归义军"，张议潮被任命为节度使，敦煌从此开始了延续近二百年的归义军时期，直到北宋景祐三年（1036年）西夏攻占沙州为止。

初期的归义军名义上是唐朝的一个军镇，但具有很强的独立性。到了曹氏执政的归义军后期（五代、宋初），实际上已经是一个地方王国，因此，在宋代的典籍如《宋会要》中，就把瓜、沙二州列入《外国传》，这在中国历史上是相当特殊的。

10世纪中叶之后，宋王朝先后与北方的辽、西夏、金处于对峙状态，这也影响了丝绸之路的畅通。西夏在占领瓜、沙之后，还征发百姓去攻打宋朝，使敦煌日趋衰落。更重要的是，随着中国经济、文化重心的南移，以及南宋建都杭州的影响，海上丝绸之路日益繁盛起来，敦煌与吐鲁番这样的丝路绿洲，逐渐失去了往日在中西文化交流中举足轻重的地位。然而，它们所蕴含的文化宝藏，却无时不在吸引着我们，去领略它们昔日的荣光。

唐朝对外文化交流

波斯银壶

"九天阊阖开宫殿,万国衣冠拜冕旒",盛唐诗人王维这首《和贾至舍人早朝大明宫之作》,描绘的是各国使节来到大明宫朝拜大唐皇帝的盛况。这并不是诗家夸饰之言,唐朝的对外关系的确进入了一个辉煌的时期,与亚洲各国的经济文化交流空前扩大,对这些地区的认识也更加丰富了。中国的丝绸、瓷器通过陆路、海路两条丝绸之路大量运往亚非诸国,而四大发明中的造纸术、印刷术在这一时期也传入亚洲各国。

唐朝是当时世界上最先进的国家,其强盛的国力与灿烂的文化对许多国家都具有吸引力,日本先后派出十五批遣唐使,阿拉伯帝国也曾派出三十七批来华使臣。唐朝文化成为周边诸国竞相学习的对象,在唐都长安,聚集了来自亚洲各国的使者、留学生、学问僧、商人等,增进了中国人民与各国人民之间的情谊。

以大唐为核心的东亚文化圈。在人类历史上,有几个"文化圈"的存在引人瞩目,如基督教文化圈、伊斯兰文化圈、印度文化圈,以及东亚文化圈。所谓"文化圈",是指文化发展过程中,因传播而接触到异质文化,其间所产生的种种变化,特别是诸劣势文化吸收优势文化后,就形成了文化圈。在东亚文化圈中,居于核心地位的无疑就是中国。在政治秩序上,唐朝与周边诸国建立了册封与朝贡体制。从地理上来看,东亚文化圈以中国为中心,包含了朝鲜半岛、日本、越南等地区,这些地区有着共同的文化要素,如汉字、儒学、律令制度、汉传佛教等。这些共同的文化要素,则透过教育制度即以儒家教育为主体、祭祀孔子于学校的"庙学制",在东亚各国生根发芽,并塑造着士人的共同意识与行为规范。唐朝,无疑是东亚文化圈形成最重要的时期,同时也是与印度文化圈、伊斯兰文化圈发生密切关系的时期。

隋及唐初,朝鲜半岛有高丽、百济、新罗三个国家。7世

显庆五年(660年)《大唐平百济国碑铭》

纪中叶新罗与唐联合，先后灭掉百济和高丽，唐高宗仪凤元年（676年），新罗统一了朝鲜半岛。最终，唐王朝与新罗形成册封与朝贡的关系，新罗每一位新君即位，甚至立王妃、太妃，都需要经过唐朝的册封。从8世纪之后，新罗几乎每年都派使者入贡，甚至有一年三贡者。

唐朝的官僚体制、思想文化对新罗有很大影响，特别是儒学，也成为新罗学校教育的基础。从8世纪以后，新罗从唐朝带回孔子与十哲、七十二弟子图，置于大学，建立了与唐朝一样的庙学制度。

新罗还不断派遣留学生来唐朝学习。唐文宗开成二年（837年）时，新罗学生多达二百余人。从唐穆宗长庆元年（821年）到唐末，在唐朝科举登第的新罗学生有五十八人。其中最著名的是崔致远，他是今韩国庆州人，十二岁入唐，临行前其父对他说："十年不第进士，则勿谓吾儿，吾亦不谓有儿！"可见新罗人是如何看重在唐朝科举及第。崔致远于是勤奋努力，十八岁进士及第，历任淮南节度使幕职，居唐十六年后回国，被韩国学界尊为"汉诗学宗师"，他用汉文所著《桂苑笔耕集》流传至今。新罗商人频繁与唐朝进行贸易，山东等东部沿海地区聚居有不少新罗人，他们的聚居地被称为"新罗坊"。

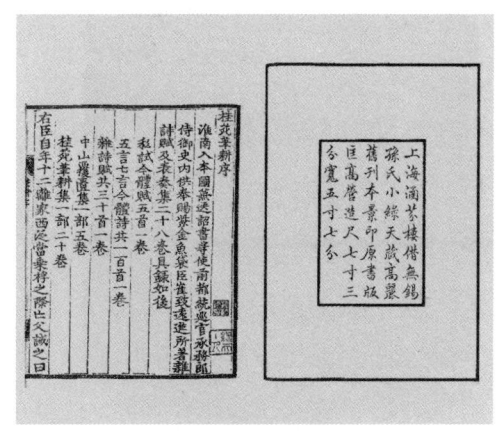

《桂苑笔耕集》书影

新罗来唐的僧人很多，仅有法号可考者就有一百三十余人。玄宗时来唐的新罗王族释地藏长期在池州九华山修行，后来甚至被认为是地藏菩萨的化身，九华山也最终成为中国佛教四大道场之一。

更有象征意味的是道教传入新罗。道教是中国传统宗教，唐代尊老子为祖先，故道教受到极大尊崇，在某种意义上具有国教色彩。从唐初开始，道教也被传入到朝鲜半岛。据《旧唐书·东夷传》记载，唐高祖派刑部尚书沈叔安去册封高丽王时，还带着道士与天尊像同行，并为高句丽人讲《老子》。此事在朝鲜古代文献如金富轼编《三国史记》、僧一然编《三国遗事》中都有记载。

西安大唐西市博物馆收藏有一方唐代墓志，志主是长安玄真观的观主皇甫奉諴，据墓志记载："天宝初，祥符发于尹真人故宅，声教遐布。有诏以童诵，随三洞法主秘希一传经新罗。"也就是说，在唐玄宗天宝初年时，这位皇甫尊师还是个小道童，就跟随其师秘希一去新罗传授道经。这则材料是此前从未见过的新资料，从中我们可以看到新罗受到唐代文化影响之深。

《皇甫奉諴墓志》盖

日本古称倭国，唐朝始改称日本。隋炀帝时，日本派小野妹子为大使出使隋朝。唐高宗龙朔三年（663年）九月，唐朝水军在朝鲜半岛中部的白江口与救援百济旧部的日本水军遭遇，爆发了大规模海战，结果日本惨败而归。战败的日本亲身体会到唐朝的强大，也开始认识到唐朝制度、文化的巨大优越性，于是开始全面效法唐朝制度。这种情形，类似于明治维新与第二次世界大战之后日本大规模学习西方文明的过程。一批批遣唐使被派往唐朝，与他们一起来唐的，还有留学生、学问僧、各类技术人员，他们在唐朝居留、游历、学习，将先进的唐朝文化带回日本。因此，日本在社会制度、城市建设、科学技术、工艺美术、文学语言、宗教思想等各方面都受到唐朝的深刻影响。

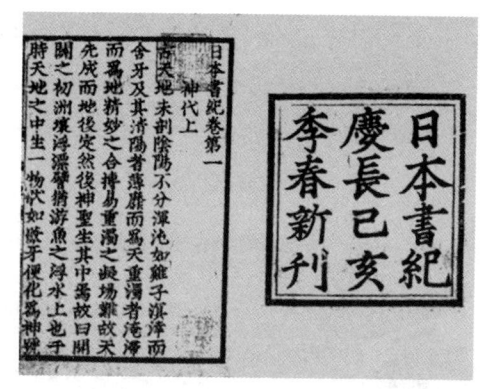

《日本书纪》书影

　　律令是唐代国家的法律与政治制度的基础，日本则在学习唐代律令的基础上，建立了自己的政治与法律体系。唐太宗贞观十九年（645年），孝德天皇宣布模仿中国建立年号，定年号为"大化"。第二年正月初一，孝德天皇颁布《改新之诏》，正式开始改革。史称"大化改新"。革新派以唐朝律令制度为蓝本，参酌日本旧习，从经济到政治方面进行了改革。如参照唐制，建立了班田收授法与租庸调制。大化改新部分解放了生产力，初步建立了中央集权的封建国家体制，奠定了日本的国家发展方向。在白江口之战后，学习唐朝制度进入了一个新的阶段。701年，日本公布了《大宝律令》，757年，公布了《养老律令》，这是以唐朝永徽、开元律令为蓝本而制定的。

正仓院

有趣的是，今天在日本，唐律已散佚，但《养老令》则几乎完整留存；而在中国，唐令早已散亡，唐律则完整保存下来。将二者结合起来，我们就可以对日本律令制与唐代的关系有具体而深入的认识。比如，我们可以知道哪些唐令的条文被日本完整继承，哪些因不合日本国情而被废弃，哪些又进行了某些改变。我们还可以借助日本《养老令》及其注释书，来复原唐令的条文。

坐落在日本奈良若草山下的皇家寺院东大寺，全称为"金光明四天王护国之寺"，它始建于745年，正值唐朝的开天盛世。在东大寺的西北方，有一所另外辟出的院落，是名闻天下的宝库

"正仓院",里面保存着数以千计的珍贵文物,其中一大部分都是来自唐朝。

正仓院保存的珍贵文物,属于日本第四十五代天皇即724—749年在位的圣武天皇,他所处的奈良时代,正是盛唐文化全面传播于日本的高峰时期。在圣武天皇去世后,光明皇后不忍再睹其遗物,遂将天皇生前常用的物品分五批捐赠给他们夫妻合力营建的东大寺,这就是正仓院宝库的来历。

今天,每到秋高气爽的金秋时节,日本宫内厅都会从正仓院中取出一二百件各类文物展览,在短短的二十天内,来自日本各地乃至世界各地的人们会蜂拥而至,争相一睹这些难得的宝物。正仓院中的文物类型很多,有佛教法器、书画艺术品,还有日常用品如丝织品、瓷器、家具、乐器、兵器等。

例如,正仓院保存着四十叠屏风,其中最有名的一组"鸟毛立女屏风"中,仕女图像与唐代大画家周昉《簪花仕女图》的服饰、构图如出一辙,而树下美人图的艺术构思,则是唐代常见的图像模式。1995年,陕西富平县南陵村发掘的节愍太子墓中,就绘有六扇树下美人屏风,与正仓院所藏的实物非常接近。据研究,正仓院的这件屏风是日本的作品,是对唐代仕女图的模拟。

琵琶是唐代流行的乐器,唐代的琵琶今天已不可见。但在正仓院中,却仍保存着几把精妙绝伦的唐代琵琶,四弦、五弦均有,且在正仓院所藏文书中,还发现了《天平琵琶谱》,纯用唐

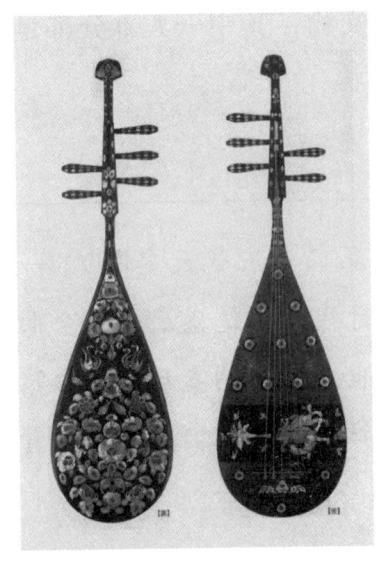

正仓院藏琵琶

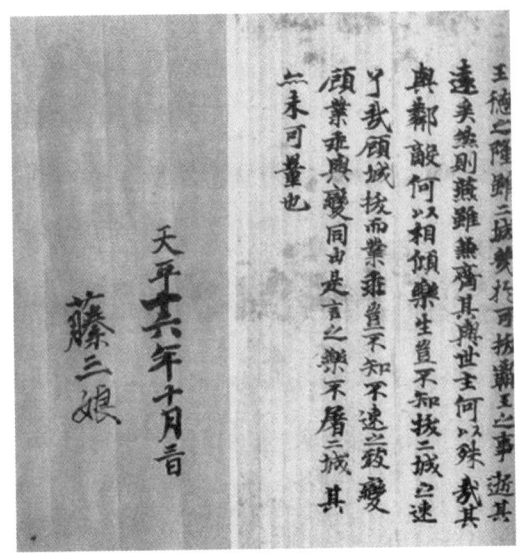

正仓院藏744年光明皇后书《乐毅论》

法。除了乐器，在正仓院中还保存着大量伎乐道具，仅假面具就多达一百七十一面，包括力士面、金刚面、婆罗门面、醉胡王面、吴女面、昆仑面等，这无疑是唐代长安乐舞文化的一个缩影。今天，如果我们要研究唐代的音舞，正仓院是一个必须拜访的地方。

唐代书法在中国书法史上占有重要地位，也成为日本上层社会学习的对象。在正仓院宝物中，就有圣武天皇与光明皇后留下的墨宝，前者是抄录与佛教相关的中国古诗文的《杂集》，后者则是临摹王羲之的《乐毅论》。这两幅作品非常精美，显示了他们对唐代书法文化的深入了解。最有意思的是，光明皇后娘家本姓"藤原"，为模仿唐人的单姓，她特意在卷末落款时，署上了"藤三娘"之名。

正仓院中的宝物，是由历次遣唐使带回日本的，其中不少直接来自唐朝皇帝的赏赐，故等级极高。当然，遣唐使带回的，不仅是这些物品，他们还带回了在唐朝所学习的多种文化。

旅唐日人中最知名的有三人：吉备真备在中国留学十七年，回国后官至右大臣，极力推广唐朝文化与政治制度。阿倍仲麻吕在唐朝名晁衡，他曾在唐任官，结识了许多诗人朋友。玄宗时一度误传他死于归国途中，李白写下了动人的悼念诗作《哭晁卿衡》："日本晁卿辞帝都，征帆一片绕蓬壶。明月不归沉碧海，白云愁色满苍梧。"可见二人感情之深。学问僧空海回日本后，大力弘扬佛教密宗，创造日本字母，对日本文化有巨大影响。

日本《东征绘传》中鉴真东渡的情景

唐朝对外文化交流

唐朝僧人和商人也有不少渡海赴日，其中最著名的当属扬州龙兴寺高僧鉴真（688—763年）。

鉴真，俗姓淳于，扬州人，唐代律宗高僧。应日本政府与佛教界之邀，从天宝元年（742年）到天宝七载（748年），他先后五次试图东渡日本弘法，均因为各种原因而失败，在第五次航行的过程中，他还双目失明，受到沉重打击。天宝十二载（753年），遣唐使藤原清河在阿倍仲麻吕的陪同下，在扬州拜访了鉴真。六十六岁高龄的鉴真踏上了第六次东渡之旅，最终于十二月二十日踏上了日本国土，完成了十二年的心愿。在日本，鉴真为圣武天皇及其他许多贵族、僧人授戒，并校正佛经，传授戒律，弘扬医术，做出了许多贡献。763年，鉴真去世。779年，在他去世十六年之后，日本贵族、曾受学于鉴真的著名文学家淡海三船（即真人元开）写下了《唐大和上东征传》，来宣传鉴真的事迹。

鉴真在日本享有极高地位，被尊称为"过海大师"，是日本律宗的开山祖师。今天，他甚至被学者称为"天平之甍"，意为他的成就足以代表天平时代文化的高峰。一个最直观的例子是，鉴真与弟子们建立的奈良唐招提寺采用了当时唐代最先进的建筑方法与工艺，其主体建筑群至今仍存，体现着盛唐艺术的特色与魅力。

1980年2月，在日中友好团体的努力下，日本奈良唐招提寺鉴真夹纻干漆像回到故乡，在北京与扬州展出。在当时，有超过三十万的扬州人争睹鉴真像,盛况空前。这尊夹纻造像是鉴真的弟子在其去世之前制作的,栩栩如生地表现了鉴真大师坚毅慈悲的性格,在日本被视作国宝。在中日邦交正常化建立之初,在历史上为中日文化交流做出过杰出贡献的鉴真大师的造像回国接受供奉,这是具有象征意义的重要事件。

在鉴真圆寂七十多年后,他的一位三传弟子随最后一次遣唐使团踏上了大唐的土地,他们的第一站就是鉴真的故乡扬州。这位来唐的"请益僧"法名圆仁,从开成四年(839年)七月到大中元年(847年)九月的八年多时间里,他走遍了半个中国,其足迹遍及今天的江苏、山东、河北、山西、陕西、河南、安徽七省。在巡历的过程中,他还用日记体记下了十年的经历,这就是著名的《入唐求法巡礼行记》。

圆仁白描像

这本日记是用汉文写成的,共有四卷,按日分则,共有六百零一则。它从一个外国人的视角,记录了他所观察的中唐时代的地理人情、风俗制度、政治形态及百姓生活,无疑是极为珍贵的材料。在此书之后四百五十年左右,出现了《马可·波罗游记》,但后者只是由别人整理作者的口述回忆录而成,与圆仁这部由作者亲撰且以汉文记录的日记，完全不可同日而语。

圆仁先在扬州住了半年多，然后开始巡礼。他先来到登州，在赤山法华院住了九个多月，随后向五台山进发，在瞻礼五台山五十多天之后，他又来到长安。圆仁在长安学习生活了四年十个月，目睹乃至经历了长安发生的许多重要事件，特别是遇到唐武宗会昌灭佛，他也受波及，最后只好以假还俗为代价，踏上回国之旅。

唐代的贸易大通道——繁荣的海上丝绸之路。作为当时世界上最强大的国家，唐王朝不仅仅是东亚文化圈的核心，通过海上丝绸之路，它也与东南亚乃至西亚、北非地区有了密切的贸易往来。

当鉴真和尚于天宝九载（750年）自扬州开始第四次赴日的

罗马金币

波斯银币

尝试时，他的船遭遇逆风而被迫漂流到海南岛，他随后来到了唐朝当时最大的海外贸易港口广州。在这里，他看到江中"有婆罗门、波斯、昆仑等舶，不知其数，并载香药、珍宝，积载如山，舶深六七丈"，他还发现，来自斯里兰卡、伊斯兰世界及东南亚的许多不同族裔的人都在这里访问或定居，"种类极多"。

从开元前后开始，唐王朝在广州设置了市舶使，专门管理海外贸易事务。市舶使起初由宦官担任，晚唐时则由节度使兼任。当外国商船入港之后，市舶使先登记货物，征收舶脚商税，并先行收购官府所需之物，然后就任其自由贸易。大历七年（772年）时，有记载说，这类大型外国商船每年到达广州的有四千多艘，而李肇则在宝历元年（825年）写就的《唐国史补》中，用类似的语句描绘了抵达广州的外国船只，他特别强调："师子国舶最大，梯而上下数丈，皆集宝货。"到了乾符六年（879年），当黄巢大军攻陷广州时，他屠杀了大量居住在那里的外国商人。

在阿拉伯文献中，说被黄巢屠杀的外国商人有十二万之多，其中包括了伊斯兰教、犹太教、基督教及摩尼教徒。这个数字无疑有些过于夸张，但仍然显示了在遭此沉重打击之前的广州，是一个多么繁荣的国际通商口岸。

1998年，发生在印度尼西亚勿里洞海域附近的一次沉船打捞活动震惊了世界。这次打捞的主人公是德国一家水泥厂的老板蒂尔曼·沃特法，就在两年前，他厂里的几位印尼工人告诉他，在苏门答腊南端的加斯帕海峡水下埋藏着大量古代沉船的珍宝。这引发了沃特法从事海洋探险、打捞宝物的激情。于是，他来到加斯帕海峡的勿里洞岛（Belitung Island）海域进行打捞作业，果然于1997年在该岛东面海域发现了10世纪的中国沉船"印坦号"。种种迹象表明，这艘船是从广州出发的，许多珍贵文物如九十七枚五代南汉政权生产的银锭被打捞出水。1998年上半年，他又在同一海域发现15世纪的中国沉船"马热尼号"，并打捞出许多明代瓷器。

这两次探宝收获使沃特法信心倍增。不久，他在离勿里洞岛西面海岸二海里处，潜水至十七米深的海底时，发现在黑色的大礁岩下有一艘沉船残骸和若干器物，他将此沉船命名为"Batu Hitam"，中文意为"黑石号"，并全权委托澳大利亚海洋考古学家麦克弗列克主持打捞沉船和水下考古的活动。从1998年9月至1999年6月，历时九个月，终于将"黑石号"及其宝物全部打捞出水。

黑石号船体保存基本完整，采用绳索缝合捆扎船体，从结构看是一艘印度或阿拉伯造的单桅缝合帆船。这种船体结构是典型的阿拉伯缝合船，制作船体时不使用铁钉。从陶瓷的器类组合，并结合当时的航运路线分析，学者们普遍认为黑石号可能是从扬州解缆出港，目的地是波斯湾。

黑石号上的文物一经公诸世间，立即引起了学术界与收藏界

黑石号上的"江心镜"　　　　　　　　　黑石号上的外销瓷

的极大震动。在这艘船上，满载着经由东南亚运往西亚、北非的中国货物，仅瓷器就有六万七千多件，其中以湖南长沙窑出产的碗、执壶等瓷器最多，共约五万六千五百件。此外，还包括浙江越窑青瓷二百件、河北邢窑青瓷三百五十件和广东地方窑的普通青瓷七百多件。而三件完好无损的唐代青花瓷盘尤为引人注目，被称为迄今为止发现的中国最早、最完整的青花瓷。

除了瓷器之外，黑石号上还载有十件金器、二十四件银器、十八枚银铤和三十件铜镜。金器之精美可媲美1970年西安何家村唐代窖藏出土金银器，其中的八棱胡人伎乐金杯高十厘米，比何家村出土的两件八棱胡人金杯尺寸还略大些。

在一方铜镜上，有这样一圈铭文："唐乾元元年戊戌十一月廿九日于扬州扬子江心百炼造成"，可见此镜758年铸于扬州，它正是唐代文献传说中的"江心镜"。另外，在一件长沙窑瓷碗上，还有唐敬宗宝历二年（826年）铭文。结合其他器物考证，可以将黑石号沉船的年代确认为9世纪上半叶。在长沙窑的瓷器中，许多图案与纹饰都带有明显的阿拉伯风格，如飞鸟、摩羯鱼等，这表明唐代长沙窑烧制了大量外销瓷，为了适应西亚的市场需求，调整了自己的产品特色。黑石号当年乘载的宝藏为海上丝绸之路保留了珍贵的实物，提供了最直接的证据，证实唐朝时期中国和印度洋西边的中东诸国已存在海运贸易，而且规模巨大。可以说，黑石号宝藏对于唐代的对外关系史乃至当时国际贸易史的研究都具有极高价值，无论怎么赞美它都不为过。

从2002年开始，中国国内的扬州博物馆、上海博物馆、湖南博物馆等文博单位都曾提出购买意向，但最终未能如愿。2005年，新加坡圣淘沙集团（Sentosa Leisure）成功购买了文物的多年展览权，后来又筹资三千二百万美元买下这批具有重大意义的唐朝宝藏。如今，这批宝藏被命名为"唐朝沉船宝物：新加坡海事珍藏"（Tang Shipwreck Treasure：Singapore's Maritime Collection）。虽然它们未能被中国国内购藏，但最终落户于华人文化圈的新加坡，亦属幸事。

在新加坡，黑石号文物在进行长期修复与研究工作，从未正式在大型展览上亮相过，只有一些专家有缘一睹其神采。从2012年开始，它们中的一部分精品将在亚洲、美洲、欧洲与大洋洲等各个博物馆进行为期五年的巡展。

与黑石号这样的阿拉伯船相比，唐朝的海船体积更为巨大，且构造坚固，故能经受波斯湾的惊涛骇浪。当时，中国与南洋和波斯湾地区间有一条著名航线，称为"广州通海夷道"，从广州起航，越南海、印度洋、波斯湾、东非和欧州，途经一百多个国家和地区，全长共一万四千公里，是当时世界上最长的国际航线，它联结了东亚、印度与伊斯兰文化圈。

西行求法的高僧大德。咸亨二年（671年），唐朝高僧义净（635—713年）从广州出发，乘船取海路前往印度求法。咸亨四年（673年）二月，义净到达东印度耽摩立底国，后在印度周游佛教圣迹，并在那烂陀寺学习十年。垂拱元年（685年），他仍取道海路东归，在南海一带又滞留近十年，最终于证圣元年（695年）五月回到洛阳。在返途停留在南海时，写下了两部名著，一部是《大唐西域求法高僧传》，记述了从贞观十五年（641年）到武则天天授二年（691年）共五十年间，五十七位僧人到南海、印度游历、求法的事迹。另一部则是《南海寄归内法传》，主要

《大唐西域求法高僧传》书影

《南海寄归内法传》书影

记述印度与南海地区的佛教、社会经济生活及文化发展状况。这两部书,都有极高的史料价值。

在现存宋代以前记述海外交通与印度、东南亚情况的著作中,义净的著作具有独特的价值。由于文化传统的不同,古代印度没有这方面的专门著作,而东南亚除了近代发现的一些碑铭可供间接参考之外,也没有留下什么成文的资料。在这种背景下,义净留下的他亲自观察到的第一手资料,就显得弥足珍贵。

义净是从海路前往印度的,在他之前,另一位著名的高僧玄奘(602—664年)则是通过陆上丝绸之路去印度求法的。玄奘是中国佛教史上最重要的人物之一,他不仅是伟大的翻译家、旅行家,还是佛教唯识宗的开创者。贞观三年(629年),玄奘从京都长安出发,历经艰难抵达天竺,游学于天竺各地,贞观十九年(645年)回到长安,在大慈恩寺等寺院进行研究和翻译佛经直到圆寂。

玄奘在到达印度之后,先在那烂陀寺从戒贤法师学习瑜伽师地论等,又学显扬、婆沙、俱舍、顺正理、对法、因明、声明等论,钻研诸部,前后五年。随后遍游五天竺,历谒名贤,寻求梵本。在戒日王为其举办的曲女城大会上,五印度十八个国王、三千个大小乘佛教学者和外道两千人参加。当时玄奘讲论,任人问难，但无一人能予诘难。一时名震五印度，并被大乘尊为"大乘天"，被小乘尊为"解脱天"。玄奘佛学水平之高，于此可见。

不过，应唐太宗的要求，玄奘还写下了《大唐西域记》（玄奘口述，弟子辩机编成）一书，于贞观二十年（646年）七月进呈于太宗皇帝。此书是玄奘西行求法路上的见闻，记载了东起我国新疆，西尽伊朗，南到印度半岛南端，北到吉尔吉斯斯坦，东北到孟加拉国这一广阔地区的历史地理、风土人情，科学地概括了印度次大陆的地理概况、气候、湖泊、地形、土壤、林木、动物等。由于世界上流传至今的反映该地区中世纪状况的古

甘肃瓜州榆林窟西夏壁画《玄奘西行求法》

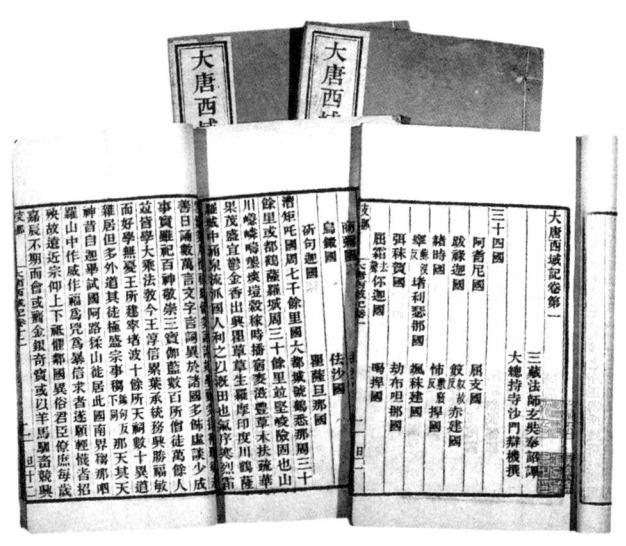

《大唐西域记》书影

文献极少，本书遂成为这一地区最为全面、系统而又综合的地理记述，是研究中世纪印度、尼泊尔、巴基斯坦、斯里兰卡、孟加拉国、阿富汗、乌兹别克、吉尔吉斯及我国新疆的最重要的历史地理文献。

在人类文化交流史上，玄奘无疑是一座难以逾越的高峰。今天，玄奘已经成为中印两个文明之间友好的化身。一位印度历史学家曾说："如果没有玄奘，重建印度史几乎是不可能的。"玄奘对此是当之无愧的。

在中国历史上，唐朝是一个真正意义上的"开放时代"。唐王朝不仅以博大的胸怀接纳来自西亚、中亚、印度等地的文化，也以积极的态度输出先进的文明给周边国家，如新罗、日本等，这既包括了物质文化的交流，也包括了精神文化的互动，在世界文明史上写下了光辉的一页。

唐代宗教

唐持剑天王造像

　　唐代是一个宗教盛行、多元并包的社会,佛教、道教及各种外来宗教都获得巨大发展,相互之间也在影响、交融。在这一时期,发生了玄奘西天取经,却又出现了会昌灭佛;道教取得了类似于国教的地位,却始终不及佛教深入人心。在相互竞争又相互渗透的各种宗教之上,则是笼罩一切的皇权。武则天利用佛教的经义为其登上皇位进行合法性的论证,而玄宗、武宗、宣宗则都接受了道教大师的授箓。至于那些居于儒家价值观高地的士大夫们,则一方面力图在公共领域对宗教加以限制,另一方面却在私人生活中与僧、道人士过从甚密。如果我们不了解唐代宗教,就不可能真正理解这个时代。

儒释道辩难。武德七年（624年）二月的一个清晨，唐都长安的国学里，一场隆重的释奠礼仪正在举行，唐高祖李渊亲自出席，陪同高祖前来听讲的，还有秦王李世民与满朝文武，气氛显得庄严肃穆。释奠本来是国家祭祀先圣孔子的大典，但这次仪式却显得与众不同，因为参加讲论的，不仅有一代大儒，还有来自佛教、道教的代表性人物。

代表儒家出场的，是国子博士徐文远与太学博士陆德明；代表佛教出场的，是长安圣光寺沙门慧乘（亦作惠乘）、普光寺沙门道岳；道教方面，则由清虚观道士刘进喜、李仲卿出马。这几位均为一时名流，为朝野夙所钦重者。比如，陆德明是著名的《经典释文》的作者，道岳则曾是玄奘西行求法之前的授业恩师。

孔庙大成殿

由于唐高祖以老子后裔自居,以道教为本宗,故辩论中的席次以道士居首,儒家居中,而以沙门殿后。刘进喜、徐文远、慧乘三人相继升座讲经,之后相互辩难,气氛极为热烈。不过,这次讲论本因儒家释奠礼仪而起,而代表儒家出讲的徐文远、陆德明皆一代儒宗,尤其是陆德明不仅学问渊博,且极富词辩,善说名理,对于三教经义,均能遍析其要,故特别受到高祖的赞赏。

在这次释奠之前发布的诏书中,高祖定下了"三教虽异,善归一揆"的原则与基调,这也是后来三教关系发展的主旋律。

三教讲论的目的,是使其相互观摩,商量意旨,而参与各方为了攻击对方,树立本教威望,莫不广引对方经典以资辩驳,这在客观上促进了三教之间的相互了解,许多人开始兼明三教,否则无从在论战中取胜。

唐代佛教的中国化。唐代是中国佛教发展史上的黄金时代,也是佛教中国化的定型时期,除了天台宗创立于隋代之外,其他如唯识宗、三论宗、华严宗、禅宗、律宗、净土宗、密宗等中国化佛教宗派,都是在唐代真正定型的。

唯识宗,又称法相宗、慈恩宗,是由玄奘法师及其弟子所创立的佛教宗派,在唐初盛极一时。玄奘在印度游学多年,在那烂陀寺的时间最久,其师戒贤法师正是唯识之学的宗师,玄奘从其学习《瑜伽师地论》,回国之后,他将此书译为中文,凡一百卷,成为唯识宗的根本经典。玄奘主张众生种性各别,改变了过去

玄奘像

说"皆有佛性"的见解,又用"唯识所现"来解释世界,即从"唯识无境、境无识亦无"的次第来作契会实相的观行。玄奘自己的主张只配合着他的翻译随时对他的门徒们讲说,并没有专篇著作。

玄奘门下弟子很多,最杰出的是窥基与圆测。窥基是唐初名将尉迟敬德之侄,而圆测则为来华的新罗王孙,他们二人天分极高,深得玄奘器重,对于新译的经论分别作注,特别是在《成唯识论》《因明入正理论》等重要典籍方面有极其详尽的解释,大大弘扬了玄奘译传的新说。

唯识宗在玄奘与窥基、圆测等弟子的努力之下,盛极一时。可惜的是,由于玄奘过于坚持印度传统,且唯识宗理论本身过于繁细,难以通俗,唐初之后,此宗逐渐归于衰落。

与唯识宗坚持印度佛教原汁原味的传统不同,禅宗则是中国化最为彻底的佛教宗派,在唐代尤其是中晚唐时期,具有举足轻重的影响。

禅宗自谓教外别传,据说灵山法会上,如来拈花,迦叶微笑,于是付法,迦叶成为印度禅宗初祖。到了二十七祖般若多罗传法于菩提达摩,后者于梁武帝时来华,是为中国禅宗初祖。他晚年传法的少林寺,因此被称为中国禅宗的祖庭。此后,达摩传慧可,慧可传僧璨,僧璨传道信,道信传弘忍,弘忍传神秀与慧能。慧能,世称禅宗六祖,与神秀分别为南北二宗,各传顿、渐之门。这是禅宗早期传法的谱系。

北宗的神秀深受武则天的尊崇,他九十岁时,被武则天召入长安,大弘禅法。神龙二年(706年),神秀去世,文坛领袖张说在其碑文中称他为"两京法主、三帝门师",其弟子普寂、义福继续弘扬其法,两京地区完全成为北宗的势力范围。

慧能则出生于岭南新州(今广东新兴),在获得弘忍衣钵之后,长期在南方传法。与神秀一系墨守成规、信奉《楞伽经》、主张渐悟相反,慧能提倡顿悟法门,推重《金刚经》,不专主坐禅。而且,南宗禅号称"见性成佛、直指人心",一扫当时佛教其他各宗强调的繁琐的章句之学,可谓振聋发聩,因而开始在南方民众中广泛传

明人绘《达摩面壁图》

弘忍大师

慧能大师

播开来。

慧能禅师入寂于先天元年（712年），春秋七十六。他生前的主要讲法，由弟子法海整理成书，也就是著名的《坛经》。在佛教史上，中土人的著述能被称为经的，唯慧能禅师一人。仅从这一点，就可看出他在中国佛教史上的崇高地位。

慧能在世时，他的禅法主要还是在南方流传，真正使南宗禅传入中原并成为禅门正统的，是他的弟子神会。

神会起初是神秀的弟子，十四岁那年，他来到岭南参拜慧能，成为六祖座下十大弟子之一。到了开元二十年（732年），四十五岁的神会在滑台（今河南滑县）大云寺召开无遮大会，极力攻击北宗禅法，为慧能争取六祖地位。虽然一度颇为成功，但也引发了北宗禅支持者的极大反弹，神会一度被逐出洛阳地区。

时局的突变，为神会提供了绝佳的机缘。天宝十四载（755年）十一月，安史之乱爆发，郭子仪率朔方军平叛，由于军费紧张，朝廷规定，百姓纳钱百缗即可得度，而神会则被推举为度僧的主持，为平叛大业做出了积极贡献。这使他在政治上取得了朝廷的支持，南宗禅从此获得广阔的发展前景。

神会晚年居住在洛阳荷泽寺，故他传下的禅法一系，被称为"荷泽宗"。不过，荷泽宗只是南宗众多禅法的一支，而且在神会去世后并不太盛，更为繁盛的是慧能的另外两大弟子南岳怀让、青原行思传下的法脉。到了晚唐，遂发展出临济、沩仰、曹洞、云门、法眼等五宗，而此时，其他许多佛教宗派都已衰微，只有禅宗一枝独秀，成为唐宋佛教史上最有影响的主流宗派。

慧能大师肉身像

禅宗作为一个中国化的佛教宗派，它是以"内在超越"为特征的。佛教本有其弘扬教义的经典、仪式、戒律和礼拜的对象，但慧能以后的中国禅宗把这一切都抛弃了，既不要念经，也不要举行仪式，更不要崇拜偶像，而认为要成佛达到涅槃境界，只能靠自己一心的觉悟，这深刻影响了宋明理学，特别是陆王心学的思想。

道教的极盛。与印度传来的佛教相比，中国本土发展起来的道教在唐代得到了朝廷更多的支持。这首先是因为，在大唐开国

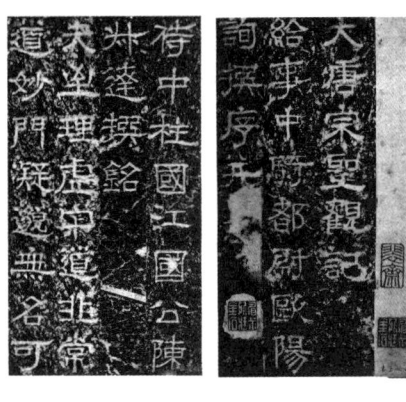

《大唐宗圣观记》拓本（局部）

的过程中，不断有道教徒附会李氏为老子后裔的神话，以强调李唐建国的合法性与正当性。对于李唐皇室而言，这的确是一种方便的宣传策略，以天命所归的神话，来争取更多民众的支持。对于道教而言，则带来了一个巨大的发展机遇。

高祖武德九年（626年）二月，长安城南终南山中的楼观台，一座皇家支持建立的石碑竖立起来，撰作碑文并亲自书写的，是初唐著名书法家欧阳询，铭文则是由宰相陈叔达完成的。这通碑文记载了楼观道团的领袖岐晖在李渊起兵之后，不仅以观内粮草资给李渊之女平阳公主，又派楼观道士前往蒲津关迎接唐军的事迹。当李渊取得天下之后，岐晖的政治投资取得了丰饶的回报，不仅获赐大量土地，连观名也由"楼观"改为"宗圣观"，这表明唐朝统治者已经正式将老子视为其家族的先祖了。

从南北朝末到隋唐初年，不仅是政治上走向南北统一的时期，在思想文化上也加快了相互交融的步伐，道教也不例外。到了唐代，此前各具传统的六朝道派如上清、灵宝、天师道等，开始整合成为一个有序的体系，各派的经书、戒律、符箓与不同等级的"法位"逐渐形成对应关系，这种发展，无疑与大一统帝国重建的政治局面是紧密相关的。

与此同时，道教的组织形式也发生了重大变化，六朝时期的"靖""治"等团体被宫观体系取代，道士本身也开始从在家向出

朝元阁老君像

家转变。在这个过程中,唐王朝在对道教给予极大支持的同时,对道团组织的控制也日渐增强。

高宗一朝是唐代宗教政策定型的重要时期。乾封元年(666年)正月,高宗在泰山举行了自东汉光武帝之后的第一次封禅大典,但这次大典却笼罩着一层淡淡的道教色彩。就在大典完成之后,高宗命令天下诸州置观、寺各一所。

这个政策对于道教方面,尤其意义非凡,因为这是历史上道教首次在全国范围内有了国家支持的宫观网络,而这种网络对于佛教而言,早在隋代就已经具备了。

从泰山上走下来的唐高宗特意来到了老子故里亳州,在此,他追号老子为"太上玄元皇帝",并创建祠庙,置官员进行日常管理。从此以后,道教正式获得了比较特殊的地位。

与佛教更多介入民众个人信仰生活不同,唐代道教却力图影响国家的礼仪制度。在唐玄宗时期,这种努力到达了顶峰。

开元十九年(731年)二月,深受玄宗尊崇的道门领袖司马承祯上言,说当今五岳神祠供奉的都只是山林血食之神,而实际上五岳都各有神仙洞府,有上清真人来担任仙官,负责山川风雨、阴阳气序。在他的建议下,几个月之后,玄宗下诏在五岳各置真君祠一所,而其中的神像,均由司马承祯按照道经的记载,进行设计。

随后,玄宗派两京著名宫观景龙观、大弘道观的道士们与宦官一起，前往五岳所在州县，与地方官共同完成真君祠的建设。与之同时的，是在庐山修建了九天使者庙，在青城山新置了青城丈人祠。其理论依据，则是六朝以来流行的《五岳真形图》。

司马承祯的提议，是直接标榜道教的仙真要高于国家祭祀的五岳神，这实际上是自南北朝以来道教积极参与国家五岳祭祀活动的延续。五岳真君祠的置立，是唐代五岳祭祀道教化的顶峰，也是道教参与乃至改造国家祭祀的一个表征。

从隋文帝开始，在位的皇帝经常把自己的图像（包括金铜铸像与画像）安放在佛寺与道观之中。唐玄宗则对此进行了制度化推进，他下诏全国的开元寺、观都安放自己的铸像，这一方面显示了国家对佛、道教的支持，另一方面也是对皇帝本人的神化。

最有意蕴的，当属长安太清宫。它置立于开元二十九年（741年），起初名为"玄元皇帝庙"，后改名为"太上玄元皇帝宫"，最终定名为"太清宫"。太清宫供奉的主尊正是老子，而其性质则是道教宫观与皇家宗庙的结合。虽然其日常管理由道士负责，但其祭祀则列入国家的祀典体系，而太清宫使通常更由宰相兼领。从唐玄宗到唐末，太清宫成为国家祭祀中举足轻重的一个内容，这也是道教与国家礼仪制度结合的产物。

太清宫中的神像备受关注，天宝元年（742年），太上老君的塑像就被安放其中，他的身边，则是玄宗的汉白玉雕像。四年之后，宰相李林甫、陈希烈的雕像也出现在他的身边。到了天宝八

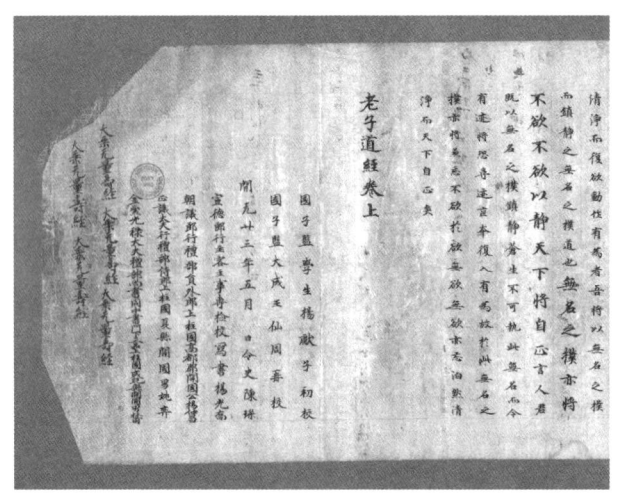

敦煌文书P.3725唐玄宗御注《道德经》

年（749年），甚至连文宣王孔子的雕像也被竖立在老君像前，这具有强烈的象征意义。

唐玄宗时，道教经典也成为科举考试的内容，这就是有名的"道举"。玄宗在长安设立了崇玄学，置博士、助教各一人，学生一百人。《老子》自不必说，《庄子》《文子》《列子》等也相继改名，成为"明四子科"的科目。代宗时权倾一时的宰相元载，就是在玄宗时通过道举而进入仕途的。

不过，唐玄宗虽然是位狂热崇道的皇帝，但作为一位掌握帝国命运的统治者，他还是希望得到更多人的支持，面对当时各种宗教与意识形态，他还是采取了平衡的手段。

唐玄宗遍注三教。开元二十三年（735年），唐玄宗御制《道德经注》，颁行天下，令诸州大道观刻石，今存邢州、易州碑刻本。法国国家图书馆藏敦煌文书P.3725正是这样一件由国子监学生抄写的官方文本。

就在同一年,唐玄宗还御注了佛教的《金刚经》。《金刚经》是印度大乘佛教的早期经典——般若类佛经的一种,先后曾有六次翻译,最早的当属后秦鸠摩罗什的译本。虽然入唐之后还有玄奘、义净的新译本,但仍以鸠摩罗什的译本最为流行,在敦煌两千多件《金刚经》卷子中,绝大多数是这个译本。《金刚经》在唐代受到佛教各宗派的普遍崇奉,特别是对于六祖慧能之后的禅宗而言,《金刚经》更有着特殊的意义。与此同时,此经在民众佛教信仰世界中亦占据着重要地位,因此出现了许多讲述其灵验的故事集,如萧瑀《金刚般若经灵验记》、郎余令《冥报拾遗》、孟宪忠《金刚般若经集验记》等。目前所知现存最早的雕版印刷品是咸通九年(868年)的《金刚经》,亦从一个侧面显示了其在唐代佛教信仰中的重要地位。在玄宗御注《金刚经》颁行之后,很快就出现了不少专门宣讲玄宗御注的书籍,如敦煌文书S.588《御注金刚般若波罗蜜经宣演》等。

还不止于此,早在开元十年(722年)六月二日,唐玄宗就将御注的《孝经》颁于天下。到了天宝二年(743年)五月,他

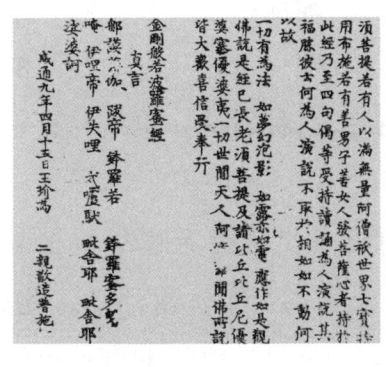

《金刚经》

唐玄宗御注《石台孝经》

再一次御注《孝经》。《孝经》是中国古代儒家的伦理学著作,有人说是孔子自作,但实际上可能成书于秦汉之际。《孝经》有云:"在家以孝事亲,出则以忠事君。"这就是所谓"移孝作忠",因此受到历代统治者的重视。玄宗御注《孝经》,还要求天下百姓每家都必须藏一本《孝经》,勤加研习,这不仅反映了他对儒家伦理道德规范的重视,更显示了他希望能利用《孝经》来巩固尊卑长幼各安其位的社会秩序。

《孝经》《金刚经》《道德经》,这三部经典篇幅都不大,但对于儒、释、道三教而言,却都是根本性的经典。唐玄宗遍注三教,具有非常重要的象征意义。这说明,他的宗教政策是尊儒、崇道、不抑佛。在某种程度上,我们可以说是一种三教齐一的政策。

在唐玄宗三教齐一的政策下,开元、天宝时期的三教讲论更多呈现出一种调和、融合的意味。例如,开元二十三年(735年)八月初五,是纪念唐玄宗生日的千秋节,为此特举行了一次三教讲论活动。在这次讲论中,玄宗明确提出了"会三归一"的主张,当时的宰相张九龄也提出了"万殊一贯,三教同归"的说法,恰好是玄宗"会三归一"的注脚。这种看法,也是与玄宗遍注三教的做法是一致的。

安史之乱爆发后,戎马倥偬的肃、代二帝无暇举行三教讲论,直到德宗贞元十二年(796年),才举行了一次活动。此后,文宗、宣宗等亦曾举行过类似的活动,只是,讲论的气氛已经发生了巨大变化,思想的交锋与融合并不是主要目的。到了懿宗时期,三教讲论甚至成为君臣戏谑的一种表演,这与唐初那种相对严肃、充满思辨精神的热烈辩论形成了鲜明对比。

唐玄宗对于儒、释、道三教的态度,其实也是大多数唐代皇帝的态度,虽然有些皇帝会有所偏重。比如,武则天时期,就因为佛教在其改唐为周的革命中发挥了重要的舆论宣传作用,而对佛教极为重视。一些道士为了讨好武则天,甚至主动要求改信佛教,洛阳著名的大弘道观的观主杜乂就出家为僧,并著《甄正论》来攻击道教。然而,我们也可以看到,即使在这种大背景下,仍有不少道士积极活动,为武则天改朝换代的行为呐喊助威。

唐人绘《六尊者像》(局部)

会昌灭佛。当然，也有极端的情形发生，晚唐时期武宗对佛教采取的严厉政策就是这样一个极端的例子。

会昌元年（841年）六月十一日是武宗诞辰，按照惯例，在宫中举行了佛道的论辩。然而，当辩论结束时，武宗却没有依照代宗以来的惯例赐给参与其事的僧人紫方袍，紫方袍仅仅赐给了两位道士，这无疑是对佛教蓄意的侮辱，它预示着更大规模的对佛教的打击很快就会到来。

在武宗皇帝在位的六年里，一道接着一道的反佛诏令从宫中发出。会昌二年（842年）三月，武宗要求各寺院开始驱赶那些没有度牒的僧人，并禁止寺院剃度沙弥。十月，开始沙汰僧尼，并没收一些寺院的财产。随后，开始限制各寺院拥有的奴婢人数。会昌四年（844年），武宗下令禁止长安各寺院供养佛牙，禁止信徒前往五台山、终南山及泗州普光王寺等佛教圣地巡礼，拆除民间的小规模的山房、兰若、佛堂等。

到了会昌五年（845年），灭佛进入了高潮。七月，武宗下令省并天下佛寺，规定两京的左右街各留寺四所，僧徒各三十人；诸州各留寺一所，上寺二十人，中寺十人，下寺五人。其余寺院全部拆毁，僧尼一律还俗。拆下的寺材被用来修理官廨驿站，铁像被熔铸为农器，铜像用来铸钱，其他奇珍异宝则被献给皇帝。为了确保灭佛法令的执行，武宗分遣御史巡行天下，严查抗命不遵的地方官员。

经过这次灭佛，全国共毁佛寺四千六百余所，招提、兰若等四万余所，没收寺院良田数千万亩，共有超过二十六万僧尼还俗，十五万奴婢成为国家纳税人口，使佛教势力受到极为沉重的打击。这也是中国历史上著名的"三武一宗灭佛"中的会昌灭佛。

会昌灭佛有着深刻的政治与经济原因,唐代佛教寺院经济极为兴盛,侵占了大量土地和劳动力,对唐王朝的财政收入造成巨大危害,这是灭佛最根本的原因。当然,在宫廷中,还有赵归真等一批道士在推波助澜,甚至声称正是这些缁衣僧尼的存在阻碍了武宗的成仙之道,因此,道教方面的鼓动成为武宗废佛的直接原因。

佛教的再起。会昌六年(846年)三月,武宗皇帝因病去世了,据说是因为服用了道士所炼的丹药所致。宦官拥立其叔父光王李忱即位,是为宣宗。在他的统治时期,开始复兴佛法,一些被废毁的寺院重新建立,一些被迫还俗的僧尼又重新获得出家修行的机会。

到了懿宗时期,对佛教的崇奉达到顶峰,咸通十四年(873年),他不顾朝臣的规劝,派遣一群僧人前往凤翔的法门寺,迎请释迦牟尼的佛指骨舍利入长安。这并不是唐朝皇帝第一次迎请舍利,但可能是最为隆重的一次。

当神圣的钟磬奏响,在禁军的护送之下,佛骨舍利进入长安城,并在城中举行了盛大的巡游,长安百姓观者如潮,如醉如痴,一些信徒甚至燃指以求功德。据说懿宗皇帝亲自来到安福门迎接,他拜伏于舍利之前,泪流满面。舍利在大明宫的内道场供养三天之后，又轮流供奉在长安各大寺院，供百姓礼拜。

八个月后，舍利被送回法门寺，当时懿宗却已经驾崩，其子僖宗在送还舍利之时，按照佛教密宗的仪轨，将佛指舍利及数千件稀世珍宝一同封入塔下地宫，用唐密曼荼罗结坛供养。从此，这些珍宝在地宫中封存了千年之久。

唐代民间的佛道关系。事实上，虽然朝廷的三教讲论曾带有相互竞争的意味，晚唐甚至发生了会昌灭佛这样极其严重的惨剧，但在民间社会，佛道二教却并没有那么严重的对抗。当我们将目光从宫廷中高僧大德间的佛道论衡转向民间社会，从各种经典之间的复杂因缘转向石刻造像，我们会发现隋唐时期的佛、道关系并不像我们以前想象的那样充满矛盾和斗争，而更普遍的情形则是和平共处、互相融合。

四川仁寿县牛角寨第69窟（佛道混合窟）

在石窟造像中开始出现佛道造像共一窟龛的现象，这种情形在中晚唐时期的四川地区尤为常见。例如，简阳县龙泉驿大佛岩第34号龛就是一处佛道混合龛，而仁寿县牛角寨的一百零一个龛窟中，九十五龛系佛教造像，六龛系道教造像，其中第47、69两窟都是佛道合一窟。一个最具代表性的例子是，咸通十四年（873年）二月八日，剑南资州的录事参军邓暗在北岩同时造立佛教的观音和道教的天尊像供养，此人在被诬陷而停官后，发愿为上司造佛、道二像，后得以复官。可见民间信仰中无论佛、道，只要能佑助自己，即加以崇奉，这种实用主义的倾向在造像记中体现得淋漓尽致。

在唐代，甚至在佛教圣地龙门石窟也出现了道教造像。例如在521号窟双窑北洞的外壁上有一则题记曰："弟子张敬琮母王婆敬造天尊一铺，开元五年（717年）三月日。"这是龙门石窟唯一的一处道教造像，可能反映了唐玄宗时期道教的昌盛。其实，在唐代佛寺中往往也有道教壁画或造像的存在，例如长安千福寺西塔院的西廊就有韩幹所画的《天师真》一幅。

近代的一些考古发现也可证明这一点。20世纪70年代初，在西安西郊桃园地区发现了一批鎏金铜造像，出土于距地面一米多深的一个坑里，其中包括佛坐像四件、佛立像一件、菩萨立像三件、天王像一件、弟子立像一件、单跪供养人像一件，值得重视的是，另外还有两件天尊立像和两件天尊坐像。据研究，这些造像出土的地点是在唐长安醴泉坊内的醴泉寺。这种情况或许正是唐代佛寺中道教造像的一个缩影。

隋唐时期，在一些道教造像上刻着佛教色彩浓厚的发愿文。

姚妙姿造天尊像

例如，隋文帝时，道民刘子达为死去的弟子造四面老君像一区，但题记却希望国王帝主、七世父母、法界众生"一时成佛"。在武则天时期，一位女道徒姚妙姿为死去的儿子、儿媳等人建造了一尊元始天尊造像，但在发愿文中，却希望他们能够早日托生于西方无量寿国土。

"七世父母"本来就是佛教的概念，而"西方无量寿国土"则是佛教净土信仰中的极乐世界。这些道教徒虽然建造的是道教的天尊或老君像，但却希望死者托生于佛教的极乐世界，甚至一时成佛，可见，对于这些在家的普通信众而言，佛、道二教的边界并不是那么森严的。

位于房山云居寺石经山的金仙公主塔，建于唐开元十八年（730年）。

位于北京南郊房山区云居寺的房山石经是天下佛教界的重要文物，其刻经事业是从隋代开始的，到了唐代获得巨大发展。然而，很少有人知道，盛唐时期房山石经之所以能取得巨大成就，其背后的推手却是一位女道士，她就是唐玄宗的胞妹金仙长公主。

开元十八年（730年），在金仙公主的请求下，唐玄宗不仅"赐大唐新旧译经四千余卷，充幽府范阳县为石经本"，还划拨了大片土地、田庄、果园等给云居寺,作为常住财产,为刻经事业提供了丰厚的物质基础。对于金仙公主的贡献,后来宪宗时期的幽州节度使刘济曾称赞说"有为之功,莫此而大"。

除了金仙公主之外,幽州本地的一些道士、女冠也曾积极参与了刻经事业,他们的名字出现在不少刻经的题记上。例如,在《大般若波罗蜜多经》上,就有天宝九载(750年)四月八日的题记:"蓟县会川乡白狼观女观(冠)上石经邑主祁妙行,合邑人等上经一条。"

这反映了一个特定地域中道教徒参与佛教刻经事业的情形,道士或女冠往往参加了刻经活动中的佛教社邑组织。在幽州这样一个具有浓厚的佛教色彩的地域中,道教徒们往往无法自外于这种深入人心的刻经事业,他们中的不少人也积极参与了这些活动,为石经的建设贡献心力。

在中古时期,宗教信仰往往与家族密切相关。然而,在唐代出现了一些新的现象,虽然一些大家族仍然具有传统的信仰,但在普通家庭里,却出现了各种宗教共存的多元场景。

在出土于宁夏固原的一方唐代墓志中,志主梁元珍葬于武则天圣历二年(699年)十月,从墓志中我们可以得知,他有四个儿子,其中两位入仕成为国家官员,另外两位则出家修行,一位是白鹤观道士灵芝,另一位则是福基寺僧智岸。

这样的家庭在唐代并不罕见,在元和十一年(816年)十一

《申屠晖光墓志》

月的一方墓志中,我们发现志主申屠晖光也有两个儿子分别为僧、道:"次子道义,气蕴清阳,心归仙府,名籍上党县龙兴观道士;次子法宣,学古讷言,范师成行,潞城县胜缘寺僧。"

当然,最具代表性的还是唐玄宗时青城山道士刘知古的家庭。他的兄长学儒家经典,弟弟则奉佛,出家于武担山静乱寺,法号履彻。据当时宰相张说的记载,刘知古曾在成都太清观的静思院画了老子、孔子与释迦牟尼,张说评论说:"三圣同在此堂,焕乎有意哉!达观之一致也。"

在唐代,同一家庭内部的不同成员可以分别信奉佛、道,这既是宗教信仰多元化的反映,也是唐宋之际三教合一的基础。

如果我们把宗教比作一个市场,那么皇帝与官府就是最大的买家。无论是佛教还是道教,都极力向皇家推销自己,希望更多介入国家政治。

在唐代社会,各种宗教多元并存,除了佛教、道教之外,其他宗教如景教(基督教的一支)、摩尼教和祆教也都获得了不同程度的传播。在相互辩论与竞争中,也相互了解与融合。从宫廷到乡村,从高高在上的帝王,到村舍小民,无不浸染在各种宗教的影响之下。对于民众而言，多种宗教的存在，慰藉了他们的心灵，使他们的生活更加丰富多彩。

当强调内在超越的禅宗在唐代"一花五叶"，成为中国佛教的主流，并深刻影响宋明理学的思想；当玄宗以九五之尊，遍注《孝经》《老子》与《金刚经》，并提出"会三归一"的宗旨时，唐代宗教就已经使得中国的社会思想从此不同。

五代十国

明人绘《孟蜀宫妓图》，讽喻蜀后主的糜烂生活。

907年，朱温灭唐，改国号为"梁"。唐朝灭亡后，中原地区相继出现了梁、唐、晋、汉、周五个朝代，史称"五代"。在江淮以南，与梁同时并存的有吴、吴越、前蜀、南汉、楚、闽、南平（荆南）七国，后唐时，前蜀被灭，后蜀代兴，后晋时，吴国被南唐取代，后周时，又有在太原立国的北汉，史称"十国"。

五代十国时期的政权分立，是唐朝中后期以来藩镇割据局面的继续。实际上，"五代"不过是五个自诩正统的地区性政权，其势力范围大体没有越过黄河流域。"十国"则是五代统御所不及的独立王国，除北汉偏于山西一隅之外，其他九国占据了东起江淮闽浙，南到两广，西至四川的广大区域。这一时期，军阀割据，战乱不断，政权更迭频繁。但在分裂和战乱的表象下，也酝酿着政治、经济和社会发展变革的积极因素，这些因素为后来宋朝的统一和发展提供了条件。

朱温灭唐，建立五代第一个中原政权——后梁。 当9世纪行将结束的时候，唐王朝事实上已经名存实亡了。898年八月，唐昭宗李晔在经历了近三年的颠沛流亡后重新回到长安，同时宣布改元"光化"，聊资庆贺。此时的昭宗早已失去了继位之初的"兴复"志向，只能在各股军阀势力的缝隙中求得苟延残喘。同时，宦官和朝臣之间的矛盾更加白热化，他们各结藩镇为援，互相倾轧，为心怀叵测的军阀干预朝政提供了方便之门，也埋下了唐朝灭亡的祸根。

光化三年（900年）十一月，宦官刘季述等人合谋废黜唐昭宗，将他囚禁在宫中的少阳院，并对政敌实施野蛮报复。宰相崔胤因为得到河南军阀朱温的支持，才幸免于难。他秘密致书朱温，请其出兵讨乱。这次事件，成为朱温染指关中、问鼎唐室的开端。

朱温像

朱温出生在宋州砀山（今属安徽）的一个乡儒之家，父、祖均以教书为业。他幼年丧父，家中贫困，随母亲王氏受雇寄食于萧县的一个大户人家。史书记载，早年的朱温"不事生业"，游手好闲，凶悍顽劣，以雄勇自负，是个喜欢惹是生非的人物，所以乡邻都很讨厌他。乾符四年（877年），二十五岁的朱温参加黄巢起义，并随军进入长安，不久又叛离黄巢，投归唐朝河中节度使王重荣。唐僖宗任命他为左金吾卫大将军、河中行营招讨副使，并赐名"全忠"。具有讽刺意味的是，正是这位"朱全忠"，日后成了大唐社稷的掘墓人。

毛泽东对朱温曾经有过这样的评价："朱温处四战之地，与曹操略同，而狡猾过之。"唐僖宗中和三年（883年），朱温被任命为汴州刺史、宣武军节度使时，还只不过是众多割据者中间的一个，宣武镇也并非强镇。凭着勇于作战又长于谋略，朱温逐渐从小到大、由弱变强，战胜各路劲敌，以汴梁（开封）为中心，控制了关东黄河流域的广大地区，成为势力最为煊赫的藩镇军阀。

刘季述等人作乱时，不仅对朱温投鼠忌器，而且派人前来通款，表示愿意送上唐家社稷。朱温召集幕僚商议，决定恢复唐昭宗的帝位，挟天子以令诸侯。在他的支持下，崔胤联合侍卫军将领诛杀了刘季述等人，迎唐昭宗复位。为了感激朱温的功劳，唐昭宗进封他为梁王。

唐天复元年（901年）十月，崔胤勾引梁兵入关，图谋杀尽长安城里的宦官。宦官韩全诲等人情急之下劫持了唐昭宗，投靠凤翔节度使李茂贞。朱温借"勤王"之名，趁机向关中扩充势力。唐天复三年（903年）正月，李茂贞被迫杀死韩全诲等人，与朱温和解，护送昭宗出城。随后，朱温在长安城大举灭阉，将七百多名宦官统统赶到内侍省杀掉了，同时解散神策军，完全控制了唐昭宗。

这时，朱温欲取唐室而代之的野心已经昭然若揭。天祐元年（904年），他杀了宰相崔胤，强迫昭宗迁往东都洛阳，一路上又杀死了昭宗的所有亲信侍从。同年八月，唐昭宗在洛阳被朱温的手下谋杀，他的第九个儿子、十三岁的李柷嗣位，即昭宣帝，又称哀帝。天祐四年（907年），朱温废黜了昭宣帝，用接受"禅让"的形式即皇帝位，改国号为"梁"，最终宣告了唐朝的灭亡。

李克用与十三太保的传奇。当朱温在中原地区迅速崛起的时候，唯一能与他抗衡的是沙陀族（西突厥的一部）军事首领李克用。李克用的父亲朱邪赤心因为勤王有功，被唐朝赐以国姓，并逐渐在代北地区发展起自己的势力。在收复长安、平定黄巢的军事行动中，李克用的功劳不在朱温之下。从唐中和三年（883年）担任河东节度使，到后梁开平二年（908年）去世，李克用以太原为中心，苦心经营二十五年，将代北集团进一步发展成"河东军事集团"，成为当时北方内战最活跃的参与者和政权的有力竞争者。这个集团不仅支撑了李克用的割据政权，也成为五代时期后唐、后晋、后汉及北汉诸政权赖以建立的基础。

李克用像

据说李克用有十三义子，称十三太保，他们个个武功非凡，皆一时雄杰豪武之士，帮助李克用立功名打天下。其中太保李存孝，称得上天下最骁勇的武将，在千军万马中往来冲杀，如履平地。

李克用与他的义子，有着极为亲密的关系，他们共同浴血奋战，不断取得重大战果。

北京师范大学历史学院教授 游彪

李克用的这些所谓义子，实际上就是他在军中培植的亲信。他是少数民族血统，"胡人"之中，养子之风素来盛行，他便将这些族属不一的义子组成"义儿军"，利用虚拟的父子关系加以笼络，使其为自己拼死效力。

李克用在与朱温的角逐中，常常以李唐宗室自居，以"勤王讨逆"为旗号。当朱温弑唐昭宗的噩耗传来，李克用便"南向恸哭，三军缟素"。朱温灭唐后，四川军阀王建派使者游说李克用"各王一方"，被李克用严词拒绝。

此后，他的继承者李存勖仍奉唐朝正朔，发誓要诛凶讨逆，恢复唐朝。这些姿态，既是出于斗争策略的考量，也在一定程度上反映了李氏父子的政治取向。因为唐朝的政权也是由边疆军事贵族的权力孕育而来的，其"龙兴之地"都在太原。这表明，在10世纪上半叶的权力角逐和政治秩序重建过程中，汉民族和各少数民族之间的相互融合与观念转变也发展到了一个新的历史阶段。

李存勖是李克用的长子，小名亚子。史书说他体貌雄伟，胆力过人，文武兼资，多才多艺。李克用临终时，交给李存勖三支箭，嘱咐他完成三件大事：一是讨伐忘恩负义的刘仁恭、刘守光父子，攻占幽州（今北京一带）；二是征讨背信弃义的契丹，解

《历代画像传》中的后唐庄宗李存勖

除北方边境的威胁;第三件大事就是要消灭世仇朱温。李存勖将三支箭供奉在家庙中,每临出征就派人取来,放在锦囊里,带着上阵,打了胜仗,又送回家庙,表示完成了任务。

后梁乾化元年(911年)的柏乡(今河北高邑)之战,李存勖几乎全歼了朱温的精锐主力,后梁从此一蹶不振。913年,李存勖攻陷幽州,俘获刘仁恭、刘守光父子,完全控制了河北地区。923年四月,李存勖称帝,改国号为"唐",史称"后唐"。同年十月,灭后梁。十二月,迁都洛阳。后唐同光三年(925年),又攻灭前蜀。

经过十多年的铁血征战,李存勖成了北方地区无可争辩的主人,并一度将势力扩展到了长江上游。与此同时,他还成功扼制了契丹的南犯,使其"不能深入为寇"。

然而,李存勖即位后的表现却与创业时判若两人。他自认为父仇已报,中原已定,不再进取,开始享乐。这位皇帝是个狂热的"戏剧爱好者",他沉溺于看戏、演戏,经常亲自粉墨登场;同时重用伶人、宦官,监视和诛杀功臣,把朝堂搞得乌烟瘴气。他任用酷吏,横征暴敛,使得民怨沸腾;又悭吝成性,有功不赏,以致将士离心,甚至强抢将士妻女入宫,终于激起兵变。李存勖称帝仅三年,便死于伶官出身的郭从谦之手。

欧阳修在《新五代史·伶官传》中评论说:"忧劳可以兴国,逸豫可以亡身,自然之理也。故方其盛也,举天下之豪杰莫能与之争;及其衰也,数十伶人困之,而身死国灭,为天下笑。"

李存勖死后,李克用的养子李嗣源当了皇帝,即后唐明宗。他比李存勖年长十八岁,凭着赫赫战功和宽厚仁慈的德性,在后唐军中享有极高的威信。因此,当他受命讨伐叛军时,手下的将士就策动哗变,与叛军兵合一处,拥戴他做了新的主子。

李嗣源是五代时期一位少有的开明君主。他即位后便着手改革弊政,杀宦官,诛酷吏,严惩贪腐,整肃吏治;废苛法,均田税,使饱受战乱之苦的中原民众获得了一定程度的休养生息。他本人也崇尚节俭,不事奢华,禁止中外诸臣进献珍奇玩物。后宫只保留老成宫女一百人,宦官三十人,御厨五十人,教坊一百人。宫廷供应机构如此简单,这在历史上是十分少见的。司马光在《资治通鉴》中对他的政绩有很高的评价:"在位年谷屡丰,兵革罕用,校于五代,粗为小康。"

但李嗣源疑心过重,使得群臣失据,父子猜忌。在他晚年患病时,终于发生肘腋之变,次子秦王李从荣率兵攻打宫门,妄图篡位,事败被杀。李嗣源本人也因惊悸悲恸、愧恨交加而很快死去。

石敬瑭割让燕云十六州。石敬瑭是后唐明宗李嗣源的女婿。

五代十国

后晋高祖石敬瑭像

明宗死后，养子李从珂在凤翔起兵，杀死闵帝李从厚（李嗣源第三子），自立为帝。李从珂对在太原拥兵自重的石敬瑭十分忌惮，于清泰三年（936年）迫令石敬瑭离开巢穴，移镇郓州（今山东东平），由此激起石敬瑭的反叛。石敬瑭一面部署抵抗，一面向契丹求援，并许诺奉契丹主耶律德光（即辽太宗）为父，事成之后割让燕云十六州，每年上贡绢帛三十万匹。耶律德光闻讯大喜，便派兵南下，帮助石敬瑭灭了后唐，做了皇帝，石敬瑭即后晋高祖。

"燕云十六州"包括：幽（今北京）、蓟（今天津蓟县）、瀛（今河北河间）、莫（今河北任丘）、涿（今河北涿州）、檀（今北京密云）、顺（今北京顺义）、新（今河北涿鹿）、妫（今河北怀来）、儒（今北京延庆）、武（今河北宣化）、蔚（今河北蔚县）、云（今山西大同）、应（今山西应县）、寰（今山西朔州东）、朔（今山西朔州）。东西绵延约六百公里，南北约二百公里，面积约十二万平方公里。历史上，这一地区不仅是中原农耕文明和草原游牧文明的自然分界线，也是中原政权抵御北方游牧民族入侵的军事分界线。万里长城横亘其间，胡汉长期互为出入。谁控制这一地区，谁就取得了战略上的主动权。

石敬瑭割让燕云十六州以后，中原地区失去了防御北方游牧民族的天然屏障，华北平原门户洞开，河东地区也失去了云、应、寰、朔四州的缓冲地带，仅存雁门关一处险要。与此同时，契丹获得这片地区后国力大增，加速了从单纯的游牧经济和行国体制向"复合型"政治经济体制转化的进程，在中原政权面前取得了攻守自如的有利地位。这种格局历经辽、金、元三朝，一直未曾改变。

石敬瑭的所作所为，就连他的"佐命功臣"刘知远也看不过去，认为："称臣可矣，以父事之太过。厚以金帛赂之，自足致其兵，不必许以土田，恐异日大为中国之患，悔之无及。"

后周世宗的神武雄略。石敬瑭死后，他的继承人石重贵受到朝中反契丹势力的影响，对契丹采取敌对态度，双方关系迅速恶化。从后晋开运元年（944年）到开运四年（947年），耶律德光先后三次大举南侵，最后攻陷开封，灭了后晋。

然而，入侵者的劫掠和暴行激起了中原民众的普遍反抗。契丹人在中原无法立足，被迫撤退。耶律德光也在北撤的途中病死，临终长叹道："想不到中原汉人这样难对付！"

契丹人北撤后，太原留守刘知远趁机发兵东下，占领洛阳、开封，收复河南、河北，建立了

后汉高祖刘知远像

五代十国

后周太祖郭威像

后周世宗柴荣像

后汉政权。但他在位仅一年就去世了。两年过后，大将郭威起兵攻入开封，隐帝刘承祐（刘知远之子）被杀，后汉灭亡。广顺元年（951年）正月，郭威即皇帝位，改国号为"周"，史称"后周"。

郭威和他的继任者后周世宗柴荣都是五代时期很有作为的皇帝。

郭威在位期间，对前朝弊政做了一系列的改革：免除正税以外的苛捐杂赋，禁止地方官员巧立名目增加百姓负担；放宽盐、酒、皮革等物品交易的垄断政策，允许民间正常买卖；鼓励垦荒，减免租税，提高农民生产的积极性；提倡节俭，反对奢靡；废除严刑峻法，严惩贪官污吏，禁止军队扰民；重视有才德的文臣，逐步改变军人专政的局面。通过这些措施，唐末以来混乱不堪的北方社会开始走向安定，政治、经济形势逐渐趋于好转。

柴荣是郭威的内侄和养子。刚继位时，柴荣就立下宏愿："以十年开拓天下，十年养百姓，十年致太平。"尽管他只做了五年的皇帝，却能够励精图治，锐意改革，使后周政治清明，百姓安居乐业，经济迅速恢复。

在此基础上，他积极对外开疆拓土。显德二年（955年），征伐后蜀，收取秦（今甘肃天水）、凤（今陕西凤县东）、成（今甘肃成县）、阶（今甘肃陇南武都区东）四州；此后又三次亲征南唐，夺取江北、淮南的十四个州。显德六年（959年），北伐辽国，占领瀛、莫二州和瓦桥、益津、淤口三关。正当他准备乘胜进取幽州、收复失地时，却不幸突患重病，被迫班师，并于当年六月去世，年仅三十九岁。

后周世宗在政治、经济和军事上的改革及成就，为以后北宋的统一奠定了基础。后人评价他"神武雄略，乃一代之英主"，并对他英年早逝、壮志未酬深感惋惜。

五代的削藩尝试。枭雄们乘乱渔利，一旦粉墨登场，往往会转而构建秩序、巩固局面，以免重蹈前人覆辙。这样，他们就由以前的混乱制造者转化成新的稳定性力量。

朱温称帝以后，在原有的禁军编制之外，另设在京马步军都指挥使，由他亲自掌握，作为自己的私兵。后唐明宗时，又设侍卫亲军，着手建立新的禁军体系。后晋时期，明确以侍卫亲军作为全体禁军的编制形式，这种做法被后汉、后周所继承。到后周世宗时，又组建了殿前军。从此，殿前、侍卫两司构成了中央禁军乃至全部武装力量的核心，成为捍卫朝廷的中坚力量，从根本上改变了唐朝末年外重内轻的局面。

五代十国是中国历史上的一段变乱时期，武夫拥立擅杀的事情时有发生。不但普通民众苦难深重，就连身处高位者也常有朝不保夕之感。

当然，如果我们不是囿于单纯的道德评判，而是以历史联系与发展的角度来考察，就可以发现，在攻伐杀掠、篡窃成风的表象下面，这半个多世纪的中国社会也正经历着若干积极的变化，新的秩序和因素也在酝酿之中，并为自己的发展开辟道路。

五代十国虽然仍是军阀专政的时代，但与唐朝末年相比，割据的状态趋于稳定，割据的势力趋于弱化，统一的迹象已经渐露端倪。中原各政权在加强中央权力、限制和削弱地方割据势力方面，已经积累了不少经验。

中原政权在强军固本的同时，也采取了种种方法削弱各地藩镇的力量。例如：将禁军与藩镇武装混合配置，共同行动，以收牵制和监督之效；检选地方骁勇精壮之士补充到禁军中来，有的则是直接从藩镇兵中抽调；逐渐将节度使的任免权收归中央，对节度使的任期和移调也做了更加严格的限制，以免他们结成死党、构成巢穴。此外，对节度使干预地方政务的权力加以不少限制，规定州刺史可以直接向朝廷奏事。通过这种种措施，到后周时期，地方藩镇势力在不同程度上都被朝廷控制乃至消灭。

五代的削藩过程，实际上就是在新的历史条件下专制君权重新酝酿的过程。在唐朝制度体系崩溃以后，五代时期的各割据政权先在自己统辖的范围内从事区域性、阶段性的秩序重建，为新的统一王朝的建立准备了条件。此后宋朝赖以巩固和统一的各种措施，就是吸收了五代时期的削藩经验而来的。

儒衣书服，盛于南唐。南方的割据政权在经历了初期短暂的纷争后，大多采取"保境安民"的政策，以现实的态度承认和尊重邻国的现状，彼此建立起较为和平友好的关系。这种政策使得南方各国战争较少，处于相对和平稳定的状态，客观上使一方生聚免于战乱之苦，为经济文化的发展创造了条件。

早在隋唐时期，随着东南地区的开发和漕运的兴盛，扬州已成为东南第一大都市。以扬州为中心的江淮一带，富强足以自立。

唐昭宗景福元年（892 年），合肥人杨行密任淮南节度使，据有扬州，成为当时势力最大的藩镇之一。唐昭宗希望他从南方牵

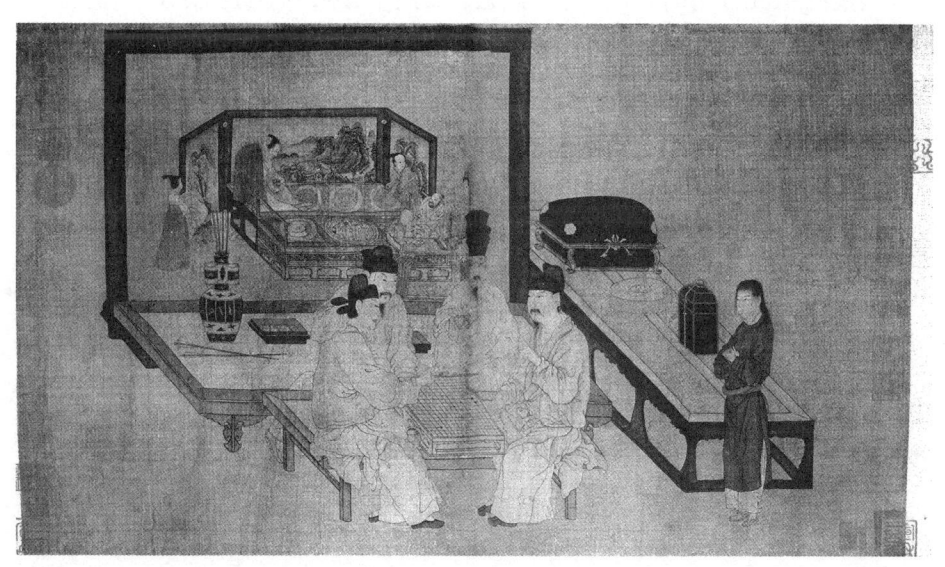

五代周文矩绘《重屏会棋图》。图中南唐中主李璟与其弟在对弈。

五代十国 | 275

制朱温，于天复二年（902年）封他为吴王。此后吴国迅速强大，阻断了中原战火向淮南的蔓延，使南方经济得以免遭战争破坏。

937年，吴国的权臣徐知诰代吴自立，改名李昇，自称是唐朝的后裔，为了附会已经灭亡的唐朝，他将国号改为大唐，史称南唐。南唐定都金陵（今南京），经先主李昇、中主李璟和后主李煜三朝，历时共三十九年。国力最盛时，地跨江西全境及安徽、江苏、福建、湖北、湖南各一部，人口约五百万，是南方最强大的地区政权。

南唐立国后，以保境安民、息兵安民为基本国策。对外休兵罢战、敦睦邻国，同时结好契丹以牵制中原政权，使江南地区保持了较长时期的和平稳定。对内则轻徭薄赋，大兴水利，劝课农桑，鼓励商业。农业开发的力度超过了南北各政权，多种经营取得了长足的进步。

南唐手工业和商业十分繁盛。纺织印染、制盐制茶、金银陶瓷、矿冶、造船、造纸以及文具制造等，均有突出成就。不仅产量高，而且工艺精细，涌现出许多名产上品。像李廷圭的徽墨、李少微的歙砚和李煜的澄心堂纸，都是千百年来冠绝天下的艺苑瑰宝。

同时，南唐也是一个艺术的王朝，在文学、绘画、书法、音乐诸方面都取得了卓越的成就。统治者设太学，兴科举，广建书院、画院，激励斯文，使南唐成为饱经战乱沧桑的文人士大夫理想的栖身之所。《南唐书》中说："五代之乱也，礼乐崩坏，文献俱亡，而儒衣书服，盛于南唐"，"江左三十年间，文物有元和之风"。这种盛况，在五代十国乃至中国历史上所有的割据政权中，都是绝无仅有的。

钱镠治理苏杭。南唐以东,是钱镠建立的吴越国。从9世纪末占据杭、越,到978年纳土归宋,钱氏政权历时近百年,是五代十国中享祚最久的割据政权。吴越国土狭小,实力不足,又与吴国(后为南唐)为邻,因而钱镠及其子孙都向中原王朝称臣纳贡,借以牵制强邻,求得自保。钱镠在位期间,奖励垦荒,发展农桑,兴修水利,治理湖海,奠定了杭嘉湖平原作为江南粮仓的地位,在混战割据的局势下,使吴越的富庶甲于东南。同时,他大力建设苏州、杭州,从此"上有天堂,下有苏杭"的民谚传流至今。

钱镠在杭州城外兴筑百里钱塘江海塘,减轻了潮患,扩大了平陆,发展了海运,对保障杭州的经济发展与人民生命财产安全起了积极的作用。钱氏捍海塘采用石头、竹木和细沙等材料筑成,属"竹笼石塘"结构,是中国筑塘技术的一大改进,并为后

五代南唐画家顾闳中绘《韩熙载夜宴图》

吴越王钱镠

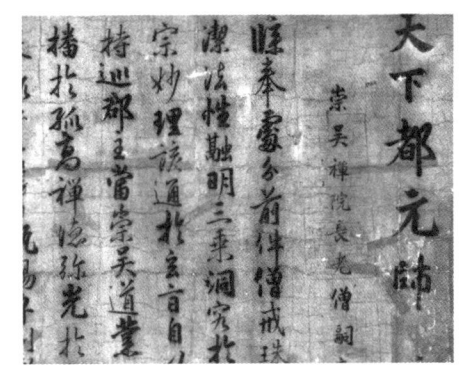
《钱镠钱俶批牍合卷》

代所沿用。直到元代,这种"竹笼石塘"法才被"木柜石塘"法所取代。

吴越奉佛教为国教,境内佛寺林立,佛塔巍峨。著名的有今天杭州的六和塔、保俶塔、雷峰塔和苏州虎丘的云岩寺塔,由此使得吴越国的高层建筑技术闻名宇内,在当时世界上也是一流水平。杭州人喻皓设计高层建筑匠心独运,时人誉为"造塔鲁班"。

此外,在杭州钱元瓘墓和钱俶生母吴汉月墓中发现的石刻星象图,均以写实手法绘制,并有基本坐标线,准确程度相当高,是中国已发现的最完整、最科学的古天文星象图。西湖烟霞洞的吴越时期十六罗汉造像,风格写实,雕刻技艺十分高超,仪态、形制类同真人,具有浓郁的人间气息,是这一时期雕刻艺术的精品。

王审知治闽。在吴越国的南方,由王潮、王审知建立的闽政权对福建地区的开发也做出了重要贡献。唐代福建地广人稀,黄巢入闽,"杀人如蚁",使人口进一步减少。从当时的人口比重来看，唐末福建的原住人口不过几万户而已。王氏入闽时带来大批族人，入闽的光（今河南固始）、寿（今安徽寿县）移民多达数万人。王审知也因此被福建移民尊为"开闽圣王"，至今享受香火。

王审知治闽期间，致力发展海上交通。他从治理福州对外交通的航道入手，下令凿去福州以北黄崎海道中阻碍舟楫的巨石，开辟了甘棠港（今为福安白马港），招徕海外

王审知像

商贾，扩大与朝鲜、日本和东南亚各国的海上贸易；沟通南方和北方的海上联系，与中原王朝保持友好关系，同时从事转口贸易，赚取利润。甘棠港自开辟后，一直长盛不衰。海外商船货品可直抵福州城下，闽国商人亦从这里扬帆出海，随波逐利。当时福州中外商贾云集，交易繁盛，一片繁华的景象。闽国统治者设立了榷货务，征榷海外产品，并将之源源不断地转运北方市场，从中赚得巨额利润。

同时，王审知还大力兴学办教，奖掖斯文，对后来福建形成文风鼎盛、人才辈出的局面，产生了深远影响。

偏安一隅的前后蜀。以成都为中心的蜀地，山川险固，沃野千里，为"天府之国"。自汉代以来，每逢中原丧乱，就有人据蜀自立。到了唐代，这里又多次成为皇帝流亡避难的场所。唐

昭宗大顺二年（891年），出身禁军都头的王建攻占成都，据有西川，后来又兼并了东川和汉中等地。天复三年（903年），昭宗封他为蜀王。此时，王建已是名副其实的川中霸主。所以，当朱温篡夺大唐社稷时，王建也自称皇帝，建国号"蜀"，史称前蜀。

四川博物院典藏部副主任 胡蔚

王建建立了前蜀王朝，时间虽然很短，从907年到925年，只有短短的十八年，但此时正值唐末，由于战乱，中原的很多官宦和士人纷纷来到前蜀避难，王建在他们的帮助下，模仿唐代的官职体制建立了一套很完善的政治制度，并且由于蜀地有很多天险，可以说是据险一方，在这样得天独厚的条件下，前蜀的经济得到了很大的发展。

从很多方面来看，王建的政权都应视为唐朝统治在一个地区基础上的延续。他得到了不少前来避难的唐朝官员和士人的帮助，以唐制为蓝本建立了一套正规的管理制度和仪式。同时在境内励精图治，发展国计民生。在10世纪初的动乱岁月里，前蜀堪称最稳定、最安宁的地区。不过，他的继承人王衍奢侈无度，残暴昏庸。后唐趁机伐蜀，成都沦陷，前蜀灭亡。

934年正月，西川节度使孟知祥趁后唐内部王位争夺之机，在成都即皇帝位，建国号"大蜀"，史称后蜀。但孟知祥只做了七个月皇帝就去世了，继位者是他的儿子孟昶。

当时蜀国境内很少发生战争，百姓生活比较安定，社会经济有所发展。后蜀与南唐同为五代时期经济文化较发达的区域。后蜀宰相毋昭裔与赵崇祚辑唐五代词五百首为《花间集》，对后世影响很大。毋昭裔还出私财百万营建学馆，发展教育，并奏请雕版刻印"九经"，"由是蜀中文学复盛"。孟昶还有一位知名度很高的宠妃，即花蕊夫人费氏。她出身歌妓，多才多艺，是五代十国时著名的女诗人，著有《花蕊夫人宫词》。相传她最爱芙蓉花和牡丹花，于是孟昶命官民在成都大量种植芙蓉、牡丹。成都"芙蓉城"的别称，即由此而来。

孟昶即位初年，还能勤劳国事，节俭朴素，与民休息。因此后蜀国势强盛，北线疆土一度扩张到长安。但他在位后期，贪图逸乐，沉湎酒色，不思国政，荒淫无度，连夜壶都用珍宝制成，号称"七宝溺器"，以致朝政十分腐败，国运日衰。相传孟昶对戏曲也很着迷，因为这个缘故，有些戏班至今奉他为守护神，谓之"孟郎君""郎君大仙"。

从某种意义上说，这一时期南方各国的发展，其重要性已经超越了单纯的政治统一。因为当时的中国尽管在政治上处于分裂的状态，但各地的经济联系和商贸往来始终没有隔断过。后世中国的许多特征，如长江中下游地区的经济繁荣、沿海地区对外贸易的空前兴盛、城市商业化倾向的迅速发展以及新的文人士绅阶层在东南地区的集中等等，都应追溯到这一时期南方各国持续半个多世纪的和平与稳定。

南楚——历史上唯一以湖南为中心的王朝。 在中南地区，马殷建立的楚政权采取"上奉天子、下抚士民"，内靖乱军、外御强藩的政策，使百姓获得了一个相对安定的环境。楚国利用湖南地处南方各政权中心的地理优势，大力发展与中原和周边的商业贸易，采取免收关税的政策，鼓励进出口贸易，以致"四方商旅闻风辐辏"。茶税成为当时楚国主要的税收来源，每年所得"凡百万计"。潭州（今湖南长沙）也成为南方最大的茶市，城市化水平有了较大的发展。就连偏居岭南的南汉政权，立国之初也能够兴办学校，提倡文教，推广科举制度，使昔日的蛮荒之地得到了一定程度的发展。

中国政法大学教授 李晓

五代十国的南方地区与北方地区相比，突出表现为两个特点：第一是相对比较安定，第二是社会经济有非常大的发展。为了在彼此竞争当中取得胜利，这些割据南方的地方政权，竞相采取了发展经济、保境安民的政策，这对当时社会经济的恢复有非常大的促进作用。

宋太祖

宋太祖像

　　五代开国之君,几乎全是前朝重将,他们靠政变和杀戮夺取皇位,很快又被别人赶下台而身死国灭。大小统治者在古老的中原大地上激烈角逐,兵荒马乱,生灵涂炭。这是黎明到来的前夜,民众急切盼望着一位能够结束乱世、救他们于水火的英雄出世。960年,后周禁军统帅、殿前都点检赵匡胤策动"陈桥兵变",建立大宋王朝,结束了唐末五代以来的分裂割据局面,开启了中华文明历史发展的又一个黄金时代。

宋太祖赵匡胤之母杜太后像

气度非凡的赵匡胤。宋朝的开国皇帝姓赵名匡胤,其尊号全称为太祖启运立极英武睿文神德圣功至明大孝皇帝,史称宋太祖。

赵匡胤的祖籍在今河北省保定市清苑县。有关赵匡胤家族的历史,五代以前已不甚了然。只知道他的祖辈都在涿州一带担任地方官,是该地区较有名望的家族。有关赵氏的比较确切的事迹,是从赵匡胤的父亲赵弘殷开始的。赵弘殷从年轻的时候起就因为武艺高强、骁勇善战而投身军营,后周时期参加了征讨南唐的战斗,最后病死在南征途中。

后唐天成二年(927年)二月十六日,赵匡胤出生在都城洛阳的夹马营。据称,当时后唐明宗每天晚上都要在宫中向上天祈祷:"我是个胡人,遭遇乱世,被众人拥戴做了皇帝,实属迫不得已。愿上天早生圣人,为天下百姓做主。"宋人以此作为"我太祖皇帝应期而生"的明证,但此说实出自宋人的捏造,不足为据。

年轻时的赵匡胤长得体格魁梧,擅长武术骑射,为人豁达大度,气概非凡。后汉初年,他离开父母,出外远游,希望能找到安身立命、施展抱负的处所。当时正逢担任后汉枢密使的郭威领兵讨伐李守贞的叛乱,赵匡胤就应募成了郭威帐下的一名士兵。

951年,郭威称帝,建立后周政权。赵匡胤结识了郭威的养子、时任开封府尹的柴荣,并受到柴荣的信任和器重。后周世宗显德元年(954年),郭威病逝,柴荣继位,史称周世宗。当时盘踞在太原的北汉政权利用后周权力交接、政局不稳之机，引契丹为援，率军大举南犯。后周世宗力排众议，御驾亲征，在高平（今山西高平）大败北汉军。在这场关系到后周生死存亡的大战中，赵匡胤因为功勋卓著而被世宗提升为殿前都虞候，领严州刺史，一跃成为禁军的高级将领。

中国政法大学教授 李晓

高平一战的作用，还不单纯表现在这一方面，更加重要的还是赵匡胤赢得了后周世宗柴荣对他的极大赏识，如果没有柴荣对他的信任和欣赏，也就不可能有后来赵匡胤的快速升迁。

高平之战后，世宗着手整顿禁军，大批裁撤老弱病残。同时，为了削弱地方军阀的势力，世宗决定把天下勇武之士招募到京城，从中再加以严格挑选，编成一支新军，称为"殿前诸班"，使之成为皇帝直接控制的最精锐的禁军部队。而负责这次选拔和组建工作的，正是赵匡胤。这次经历对赵匡胤来说具有决定性的意义：他不但在这支新军中培植了自己的势力，树立了自己的权威，同时也借此机会广结党羽，使许多禁军将领都成为他的亲信，为日后的"黄袍加身"埋下了伏笔。

千秋疑案陈桥驿，一著黄袍便罢兵。显德六年（959年），后周世宗在北伐契丹的途中身染重病，被迫返回大梁（今河南开封），半个月后就去世了，年仅三十九岁。后周世宗的英年早逝，不但使他收复失地、统一中原的"神武雄略"无法实现，而且也断送了建立才九年的后周政权。他的刚满六岁的儿子柴宗训继位，史称恭帝。后周顿时陷入"主少国疑"的动荡之中。

柴荣曾协助其养父郭威举兵灭亡后汉，建立后周。对于武将拥兵篡位，他是有所防范的。在北伐契丹途中，他偶然得到一块木牌，上面写着"点检做天子"的字样，顿时心生疑忌。"点检"是殿前都点检的简称，为殿前军的主帅，在禁军将领中地位最高。当时担任该职的是太祖郭威的女婿张永德，是周室的外戚，位高权重。世宗便把他当成了首要怀疑对象，在临死前罢免了他的点检之职，改由殿前都指挥使赵匡胤担任。

在世宗看来，赵匡胤是他一手提拔起来的高级将领，知遇之隆，世所罕见。同时，赵匡胤也是新近迅速提拔的将领，与后周王室和朝廷重臣没有什么渊源，且为人豁达仗义，由他担任禁军首席将领大概不会有什么危险。

然而，正是这个世宗认为可以信任的赵匡胤，此后仅仅半年，就依靠禁军的力量，发动兵变，轻而易举地夺取了皇帝宝座，建立了赵宋王朝。

这年十一月，从北方边境镇州（今河北正定）、定州（今河北定州）传来急报，说是北汉和契丹合兵向南进犯。后周宰相范质等人仓促之间莫辨真假，于次年（960年）正月初一派赵匡胤率领禁军前往御敌。第二天，殿前副都点检慕容延钊率前军先行出发。当时开封城内已经流言纷纷，说是"将以出军之日，册点检为天子"。正月初三，赵匡胤统率大军离开都城，并于当日夜晚抵达距开封城东北四十里的陈桥驿。

一到陈桥驿，军中将士就互相议论说："如今皇帝年幼，无法亲政。即便我等出生入死，为国破敌，又有谁知道呢？不如先拥立点检做天子，然后再行北征也为时不晚。"于是，赵匡胤的弟弟赵匡义和心腹赵普一面调度和部署要求兵变的将士，一面派人快马回京，向赵匡胤的亲信、殿前都指挥使石守信和殿前都虞候王审琦通报消息。

赵普像

第二天黎明，赵匡义、赵普领着兵变将士来见赵匡胤。赵匡胤一副酒醉未醒的样子，伸着懒腰，慢慢起床。此时将士们早已急不可耐，齐声高叫："诸将无主，愿策太尉为天子！"没等赵匡胤答话，便将一件事先准备好的黄袍披在他身上，并且下跪叩拜，齐呼"万岁"。事已至此，赵匡胤就对众将士说："你们自己贪图富贵，强行立我为皇帝，既然如此，你们就得听我的命令，否则，这个皇帝我就不当。"众将士表示愿意服从命令。于是赵匡胤当众宣布：回开封后，对后周的小皇帝和太后不得惊犯，对后周的公卿大臣也不得侵凌，严禁劫掠府库财物，服从命令者重赏，违反命令者诛灭满门。

正月初五，赵匡胤的队伍回到开封，果然军纪严整，秋毫无犯。当时早朝尚未结束，宰相范质闻讯，后悔不迭，死死抓住另一位宰相王溥的手说："仓猝遣将，都是我等的罪过呀！"王溥也惊得目瞪口呆。军士们逼着范质等人来到赵匡胤的殿前司公署。军校罗彦瓌仗剑厉声叫道："我辈无主，今日必得天子！"

陈桥驿

范质等人无可奈何,只得向赵匡胤跪拜称臣。

接着,在崇元殿举行了帝位禅让仪式,赵匡胤正式登上皇帝宝座,改封后周恭帝柴宗训为郑王。因为赵匡胤此前担任归德军节度使,归德军(又称宋州,今河南商丘)在春秋时代是宋国的国土,所以定国号为"宋",以开封为首都,史称北宋。

北宋灵鹫纹锦袍

宋代史书在记述"陈桥兵变"时,都极力强调赵匡胤是在禁军的突然策动下被迫做皇帝的,他本人并未参与策划此事。后代也有人认为此事是历史上的一大疑案,如清初诗人查慎行曾说:"千秋疑案陈桥驿,一著黄袍便罢兵。"事实上,疑案不疑,赵匡胤不但参与策划了此次兵变，而且是此次兵变的幕后总导演。

后周世宗柴荣的英年早逝以及随之出现的"主少国疑"的形势，为赵匡胤策动兵变、夺取帝位提供了千载难逢的绝好机会。在此以前，他对英明神武的世宗一直是心存敬畏的，并且也以自己的忠诚、勤勉和战功赢得了世宗的信任。可以说，没有世宗，就没有赵匡胤在军中的地位和声望。如果世宗不死，赵匡胤也许会满足于已经获得的地位和声望，不至于心生他念。但赵匡胤绝非凡夫俗子，他具有一般武人所缺乏的胸襟、城府和远见，懂得怎样创造机会、利用机会。一旦机会来临，他是绝不会与机会失之交臂的。

俗话说：乱世英雄起四方。生逢乱世，没有军队是成不了英雄的。赵匡胤的高明之处在于，他不但懂得军队的重要，更懂得人心的重要。因而在获取军权的同时，也处心积虑地笼络人心。

早在后周世宗大力整顿禁军时，赵匡胤就负责殿前诸班的组建工作，因而在殿前军中具有良好的"群众"基础。再加上他为人大度，遇事能为部下考虑，因而素得军心。等到他取代张永德担任殿前都点检时，便成为殿前军无可争议的统帅。

再看看兵变前禁军两司的其他高级将领：殿前副都点检慕容延钊，此人与赵匡胤素来友善，赵匡胤常以兄长之礼事之。殿前都指挥使石守信与殿前都虞候王审琦是赵匡胤的结拜兄弟，又同属殿前司系统，都是赵匡胤的心腹。侍卫亲军马步军都指挥使李重进是侍卫亲军司主帅，又是后周太祖郭威的外甥，位高权重，跟赵匡胤也没什么交情，但此人在世宗死后不久就被派往扬州，担任淮南节度使，其侍卫亲军司主帅一职已有名无实，难以遥控京城事态。侍卫亲军马步军副都指挥使韩通资历老，地位高，在李重进调往扬州后成为侍卫亲军司的实际主帅，但此人素无谋略，性情粗暴，常常任意残虐部属，因而得不到将士的拥护，被人讥骂为"韩瞠眼"。据说，他的儿子见赵匡胤的威望日增，曾劝他早做提防，却被他拒绝了，结果父子俩都在兵变中死于非命。侍卫亲军马步军都虞候韩令坤与赵匡胤素来关系亲密，当时正受命戍守外藩。侍卫亲军马军都指挥使高怀德为将家子弟，性格忠厚率直，兵变时随赵匡胤一起"北征"。赵匡胤当皇帝后，他还成了赵匡胤的妹夫，两人关系之密切可见一斑。侍卫亲军步军都指挥使张令铎为人仁厚，也不会对兵变掣肘。

由此可见，到兵变前夕，赵匡胤不但已经掌握了殿前军的指挥权，而且使禁军的不少主要将领归附到了他的门下。至于极少数可能构成威胁的将领，要么被远远地调离京城，要么就是头脑愚蠢的孤家寡人。这一切表明，当时已经没有什么力量可以阻挡他篡夺皇位了。

实际上，策动兵变的计划可能在后周世宗死后不久就开始了。

根据以往的经验，主帅拥兵在外，成功策动兵变的可能性最大。这是因为，以某项军事行动的名义可以造成兵力的最大集中，只要切实控制了强大的军队，就能确保兵变计划的顺利实施。同时，主帅也可借此对兵力配备和人事做出对自己最为有利的安排，以避免兵变实施过程中的掣肘和其他不确定因素。

为此，赵匡胤及其亲信效仿后周太祖郭威的故智，制造了北方敌人来犯的谎言——此次契丹和北汉"合兵入侵"，在辽朝史书中并无记载，陈桥兵变后也再无人提及，仅说敌兵自动逃遁，因而可视作子虚乌有之事，纯属赵匡胤及其亲信策动兵变的借口。

另外，兵变时机的选择也十分恰当。当时世宗新丧，恭帝幼弱，王纲不振，朝廷内外人心惶惑，正是枭雄逞其异志的最佳时机。不仅如此，赵匡胤及其亲信还趁机大造舆论，推波助澜。一时间，山雨欲来风满楼，黄口小儿也知大变将至。

种种迹象表明，在大军出发之前，赵匡胤已经对兵变做了周密部署：为了确保计划的万无一失，他先支开尚非死党的慕容延钊，让其率领前军提前一天出发；让侍卫亲军司的高怀德、张令铎随己出征，抽空京师侍卫亲军的兵力；将两位铁杆兄弟石守信、王审琦安排在开封城内，以便内外策应。此外，就连自己家属的安全问题，赵匡胤也仔细考虑到了：据司马光《涑水记闻》记载，出军之时，赵匡胤的家人都躲进了名叫定力院的寺庙内，以防不测。一切准备就绪，剩下的事只需让赵匡义、赵普等人出面张罗就行了，赵匡胤本人尽可放心"酒酣""醉卧"，直至荣登大宝。

当然，此次陈桥兵变也表现出跟以往兵变截然不同的特点。

五代时期的军将之所以乐于从事拥立的勾当，无外乎贪图富贵荣赏。清代史学家赵翼评论说："拥立藩镇，则主帅德之畏之，旬犒月宴，若奉骄子，虽有犯法，亦不敢问。""拥立天子，则将校皆得超迁，军士又得赏赐。"因而几乎每次兵变都伴随着肆无忌惮的烧杀抢掠，给老百姓尤其是京城士民造成巨大灾难。后唐明宗入主洛阳，京师大乱，烧抢不息；后周太祖策动兵变，许军士"旬日剽掠"，于是众皆踊跃，汴梁为之残破。

此次陈桥兵变，虽也出于将校士卒喜新厌旧、贪图富贵的惯性，但因为赵匡胤严申纪律，约束部属，因而没有出现以往兵变常有的大破坏、大劫掠。一回开封，他就下令军队各归兵营。禅位后，后周宗室也都受到优厚的待遇，范质、王溥等前朝大臣继续留用，就连企图反抗的韩通也被加官厚葬，政权移交的过程是在和平、稳定的状态下顺利完成的。所有这些，都被人们作为宋太祖的仁政而称颂不已，在一定程度上的确也营造出了民心所向、天命所归的祥和气氛。

先南后北的统一战略。宋太祖即位之初，中国分裂割据的局面仍在延续着。北宋从后周政权继承过来的地盘，只是黄河中下游地区以及淮河流域各地。

当年后周世宗以统一天下为己任。世宗领导的历次对外军事行动，赵匡胤都是亲身参与了的。因此，在牢牢控制住原先后周的统治区域后，他也想把世宗开始的统一事业继续进行下去。那么，该确定怎样的统一战略和部署呢？赵匡胤为此与大臣进行了反复的研究探讨。

有一则"太祖雪夜访赵普"的故事，说的是某天夜晚，太祖冒雪走访赵普。赵普见皇帝门外立雪，大吃一惊，问其所以。太祖答道："我睡不着。现在卧榻之外，都是别人的地盘，所以来找你商量商量。"赵普问他有何打算。太祖说："我打算先攻取太原（北汉）。"赵普听了，沉默良久，然后委婉答道："陛下欲攻太原，非臣下所能知。"太祖知道他不赞成，就让他发表自己的意见。赵普分析说："北汉位于北部边境，就算能够一鼓拿下，

《雪夜访普图》。赵匡胤雪中访问功臣赵普,边饮酒边商定统一天下大计。

那么北方契丹的强大军事威胁就要由我们独自承担了。不如先保留这个缓冲地带,等我们平定了南方诸国后,再来收拾这块弹丸之地。"太祖听后大喜道:"我的本意正是如此,只不过想试探你一下罢了。"于是,一个先南后北、统一全国的战略方针就这样确定了。

其实,先南后北、先易后难的统一方略并不是北宋初年才提出来的,更不是赵普的发明创造。早在显德二年(955年)夏,东平人王朴就向后周世宗献了一篇《平边策》,内中首先提出了"先易后难"的统一策略。他说:"攻取之道,从易者始。"主张先向南唐开刀,因为南唐与后周的边界线最长,易于实施骚扰,使对方疲于奔命、民困财竭,同时也可以侦察对方兵力的虚实、防备的强弱。等到对方疲敝已极,再趁机进攻,迅速夺取江北各州。占领江北后,攻取江南之地就易如反掌了。南唐既平,则南汉、后蜀可传檄而定。南方地区统一之后,燕云各州就会望风归顺。后周世宗对王朴的统一方略大为赞赏,不但将王朴倚为干城,而且在此后的军事行动中基本遵循了这一战略方针。

当然,后周世宗也没有完全实施王朴《平边策》中提出的战略方针。在征服了南唐的江北各州后,他没有继续向南方挺进,而是立刻转兵北上,希图用武力收复被契丹占领的燕云十六州。只是因为在进军途中染上重病,他才被迫停止进攻。

这件事引起了后人无限的感慨。人们一方面被后周世宗敢于向强敌挑战的气概和魄力所折服,另一方面也对他"出师未捷身先死"的悲壮结局深表同情和惋惜。

赵匡胤随世宗征战多年,有着相当丰富的军事和政治经验。

他得出"当今劲敌,唯在契丹"的结论,既是他个人的切身体会,也是唐末五代以来历史经验的总结。当时许多有识之士也都认为,在南方地区依然处于分裂割据、各自为政的情况下,单靠中原地区的力量去挑战北方强敌,是十分冒险的。作为刚刚诞生的北宋政权,如果不经过充分的准备就轻率北伐,不但难以收复失地、统一国家,恐怕自身也难免继梁、唐、晋、汉、周之后,成为第六个短命的朝代。

当时南方多为经济发达、物产丰饶之地,而各割据政权大都政治腐败,军力衰弛。因此,首先把征服的矛头指向它们,不但易于得手,而且可以极大地增强宋王朝的财力物力,为日后向北用兵、收复失地提供更充分的物质条件。

为此,宋太祖确定了在北部边境暂取守势,而集中力量先对南方诸国实施征服的战略方针。他还就实施这一方针的理由和具体步骤做过详细的说明:"自五代以来,中原兵连祸结,民力疲敝,府库空虚。因此,要统一天下,必须先取巴蜀,其次攻取广南、江南。这样,国家财富才会丰饶。北汉与辽接壤,如果先攻取北汉,则辽国之患就将由我独自承担,不如暂且让它苟延残喘,充当我们的屏障。等我们国力雄厚、财富丰饶后,再收拾它不迟。"

从乾德元年(963年)正月起,宋太祖开始了统一天下的大业:同年二、三月,先后消灭荆南、湖南;乾德三年(965年),削平后蜀;开宝四年(971年),征服南汉;开宝八年(975年),平定江南。用十三年的时间,基本结束了五代十国的分裂局面,基本实现了国家的统一。

在南方，残留的割据势力只剩下地处浙江的吴越和占据福建漳州、泉州的陈洪进。南唐灭亡后，这两个割据政权都已无法独立存在下去，最终归属宋朝只是时间问题。在北方，宋太祖三次征讨北汉，虽未能将其完全消灭，但对北汉政权已造成了沉重的打击，"虽巢穴尚存而危困已甚"，已无法对宋朝构成重大威胁。这一切都为继他而立的宋太宗最终完成统一大业奠定了基础，同时也证明他确定的"先南后北"方略是符合当时形势的，是正确的。

宋太宗太平兴国三年（978年），福建陈洪进和吴越钱俶相继纳土。第二年（979年），宋太宗北上亲征，最终消灭了北汉政权。至此，五代十国的分裂局面彻底终结。

杯酒释兵权与"强干弱枝"。从907年到959年这五十三年内，中原地区更换了五个朝代，前后八姓十三君。在这五个短命的朝代中，除后梁是被另一个长期对立争锋的军事实力集团（太原李氏集团）所推翻、后晋是被北方辽帝国所颠覆以外，其余都是被内部的军人所篡夺的。为了改变这种篡窃成风、兵战不息的局面，避免使北宋成为继五代之后第六个短命朝代，宋太祖赵匡胤相继采取了一系列军事、政治和财政措施。

赵匡胤凭借自己掌握的禁军大权，轻而易举地夺取了后周政权。他深知掌握禁军对自己统治的重要性，因而改革的首项措施就是针对禁军及其将领的。

在他即位时的禁军将帅中，既有慕容延钊、韩令坤这样的前朝元老，又有石守信、王审琦这样的结义兄弟。没有他们的支持,太祖难登大宝。而一旦龙飞在天后,太祖又担心他们骄横跋扈,以致变生肘腋。

为此,他与赵普导演了一出"杯酒释兵权"的好戏,解除了石守信、王审琦等人的兵权。根据司马光《涑水记闻》的记载:

某日,宋太祖设宴款待石守信、王审琦等禁军高级将领。酒过三巡,太祖故作愁眉不展状,开口说道:"我不是靠你们出力,到不了这个地步。但做皇帝也太难了,实在不如做节度使快活,我现在是整夜不敢安枕睡觉啊!"石守信等人忙问其故,宋太祖说:"这很清楚,谁不想做皇帝呢?"石守信等惊恐万状,纷纷表白:"陛下何出此言?如今天命已定,谁还敢有异心?"太祖说道:"你们虽无异心,可是如果你们的部下贪图富贵,一旦以黄袍加你之身,你虽然不想做皇帝,能办到吗?"众将一听,都吓得离席叩头,请求太祖指示一条"可生之途"。太祖这才表明了自己的真实意思:"人生如白驹过隙,求富贵者,不过想多积金钱,厚自娱乐,使子孙免遭贫乏而已。你们何不解除兵权,出守地方,多买良田美宅,为子孙置下永久的产业,同时多买些歌儿舞女,日夜饮酒相欢,以终天年。朕再与你们结为婚姻之家,君臣之间,两无猜疑,上下相安,这不很好吗?"众将明白了太祖的意思,一齐拜谢道:"陛下关怀臣等,真可谓生死而肉骨啊!"第二天,这些人便都称病辞职。太祖大喜。

中国政法大学教授 李晓

赵匡胤能够当皇帝靠的是陈桥兵变,他不是一个地方实力派，而是一个中央高级将领，他凭借这样一个殿前都点检的位置，成功地发动了一场政变，而他的成功之处也恰恰意味着最大的危险。所以杯酒释兵权解决的是中央禁军的高级将领新老交替问题。

除了用"和平收买"的方式解除功臣大将的兵权外，太祖还对禁军的人事和组织做了多项调整。例如用资历浅、才能平庸的人取代宿将，以收易制之效；殿前都副点检和侍卫亲军都副指挥使之类的禁军最高军职，后来都不再除授，从而降低禁军将领的地位和声望；侍卫亲军既无兼统之人，此后逐渐分为马军、步军二司，形成殿前司、侍卫马军司和侍卫步军司"三衙"鼎足而立、彼此牵制的局面。

宋太祖采纳赵普等人的建议，从政治、财政、军事、司法四个方面削除藩镇势力，加强中央集权，结束了唐朝安史之乱以来藩镇割据的纷乱局面。

五代时期，节度使通常兼任治所所在州的行政长官，而节度使手下的将领则担任节度使所辖其他州（称为"支郡"）的行政长官。此外，节度使还可以自行任命州县官吏。针对这种状况，宋太祖在着手进行统一战争时，也开始削夺节度使的行政大权。他在削平荆、湖割据势力后，即下令这些地区节度使驻地以外的各州直属中央，取消唐末五代时期节度使兼领支郡的制度。由中央派遣文官出任知州、知县等职，直接对中央负责。知州之外又设通判，与知州分掌地方权力，彼此相互牵制。此后，其他节镇所领的支郡也都陆续收归中央直接管辖。另外，宋太祖还利用节度使调任、致仕、入京朝见等机会解除他们的权力,将其投置闲散,使其再无可能威胁中央。

唐末五代的藩镇之所以能成为对抗中央的强大势力,就在于藩镇控制着自己所辖地区的财政大权,拥有强大的经济力量。这种情况在宋太祖即位之初仍然延续着。一些节度使依仗权势,在地方上巧立名目,盘剥百姓,聚敛财物,中饱私囊。针对这种情况,宋太祖改派文官去地方参与财政管理,防止藩镇垄断商税,增课民租。又命令各地每年的租赋和商税收入除留下少量应付日常需用以外,其余一律上交朝廷,不得私自存留。同时,又在各路设置转运使,掌管所辖地区的财政事务,负责将财赋收入转送京师。通过这些措施,地方上的大部分财政收入都集中到了朝廷,极大地削弱了藩镇的势力,使之再无力量豢养军队,有效遏制了他们对朝廷的威胁。

为了削夺藩镇的兵权,宋太祖借鉴后周世宗的经验,下令地方长官将本部兵员中的骁勇之士都选送到京城,补入禁军。又挑选强壮的士卒,定为"兵样",送往各地,以此为标准招募人员加以训练,然后送到京师充当禁军。这样,各地军队中的精华都被集中到京师,编入中央禁军,地方上再无精兵壮勇,只剩下老弱病残,"诸镇皆自知兵力精锐非京师之敌,莫敢有异心者"。

五代时期,藩镇诸侯专横跋扈,常常擅自任命部下将领担任地方司法机构的长官,总揽司法大权。而主持刑事审判的官员也多由武人担任,因此常有草菅人命、枉法杀人的事情发生,朝廷对此却无法过问。鉴于此种弊端,宋太祖下令各州的死刑案件都必须上报朝廷,由刑部复查审核,地方官不得擅自判处罪犯死刑。随后又令各州上报的案卷均由刑部与大理寺会同裁决，再将结果上报皇帝。开宝六年（973年），朝廷又委派经科举入仕的文官担任各州管理司法的官员，并恢复了各县县尉的设置，把原来通常由节度使的亲随镇将掌握的司法治安权收归朝廷。

通过对地方藩镇行政权、财权、兵权和司法权的全面削夺，宋太祖从根本上结束了唐末五代以来藩镇尾大不掉、割据自雄的混乱局面，彻底改变了外重内轻的格局，为宋王朝的长治久安奠定了基础。从此以后，藩镇虽仍然存在，但已不再有专制一方的权力。朝廷号令藩镇，如臂使指，从心所欲。即便是领兵在外的节度使，一旦皇帝有诏，必定立刻赴阙，绝无违令拖延的可能。

军事制度和官僚制度的改革。宋太祖在解决藩镇问题、加强中央集权的同时，也采取了一系列改革军事制度和官僚制度的措施，借以造成"上下相制""内外相维"的局面，重新确立了一切权力集中于皇帝的君主专制体制。

宋太祖通过对禁军人事和组织的多项调整，确立了由殿前司、侍卫马军司和侍卫步军司共同统领禁军的"三衙"体制。这个体制防止了由禁军将领个人统领各军的可能性，造成禁军将领之间的相互牵制，确保了全军统帅只可能是皇帝本人。

同时，"三衙"只负责禁军的训练管理等事项，却无调兵和发兵的权力。禁军的指挥调动，归枢密院负责。每有战事发生，枢密院秉承皇帝意旨调动军队，而统兵将领则临时委派其他官员担任。这样，就使得统兵权和调兵权彻底分离开来，有效杜绝了将领发动兵变的可能性。对此，北宋著名史学家范祖禹曾经评论说:"祖宗制兵之法,天下之兵,本于枢密,有发兵之权而无握兵之重;京师之兵,总于三帅,有握兵之重而无发兵之权,上下相维,此所以百三十余年无兵变也。"

宋初约有军队三十八万人,其中禁军约为二十二万人。宋太祖将禁军的一半部署在京师,其余一半分散到外地驻扎,使京师驻军足以制止外地可能发生的变乱,也使外地驻军合并起来能够制止京师可能发生的变乱。在这种兵力布局中,京师驻军多于外地任何一个地方,反映了太祖强固根本的意图,既可以内外相制,又可以强固根本,从中可见宋太祖用心之深。

此外,宋太祖还推行"更戍法",使禁军驻地经常变动。无论是驻屯京师的禁军,还是驻扎外地的禁军,都必须经常调动,轮流更换防地。同时,军队将领也经常更换,不得久任。有事出师,由皇帝临时指派将领;战事结束,则兵归宿卫,将归本镇。实行这些措施的目的,既是为了使士兵均劳逸、习山川、知艰难、识战斗,更重要的是造成"兵不识将,将不识兵""兵无常帅,帅无常师"的局面,防止将帅与士兵之间形成牢固的渊源关系,避免骄兵悍将犯上作乱。

在朝廷,形成了以中书门下掌行政、枢密院掌军政、三司掌财政的中枢分权格局。这种格局不但分散了宰相的事权,加强了君主专制,而且也与唐朝中后期以来财政制度广泛变动和财政事务日益繁剧的背景相适应。除此之外,宋朝还增设参知政事为副宰相,与宰相共同参决朝廷政务。中枢分权格局的要义,在于防止个人权力的过度膨胀,造成宰执群体内部的相互牵制和平衡。这种分权格局在宋朝的整个官僚体制中都有明确的反映。

募兵制与兵民分离。募兵制是以雇佣招募的方式组建职业军队的制度，大约起源于春秋时期吴起组建的"武卒"，盛行于东汉，唐朝中叶府兵制瓦解后又开始普遍实行。募兵制的产生不仅仅是为了适应边防和军事体制的需要，而且有深刻的社会经济背景。

唐朝前期实行的府兵制是一种以"寓兵于农"为原则的民兵制，其赖以存在的基础是均田制下的编户农民。由于社会经济和土地关系的不断变化，均田制日趋瓦解，而日益频繁的对外战争又使得对兵员的需求迅速扩大，为数有限且缺乏严格训练的府兵已无法满足需要。在此情况下，朝廷企图通过训练农民来保持一支有战斗力的军队的想法变得不切实际，军队雇佣化、职业化的趋势日益明显。

安史之乱以后，作为土地分配基础的户籍登记制度遭到毁灭性的破坏，使得政府完全不可能再在全国范围内推行均田制。尽管政府仍在口头上宣称"普天之下，莫非王土"，但实际上土地的自由买卖和流通业已兴起，地产的集中和租佃关系的发展成为社会经济生活中引人瞩目的内容。这些因素共同摧毁了府兵制赖以存在的基础，使募兵制成为朝廷和地方军阀们获取兵员、组建军队的唯一手段。这种状况历经唐末、五代一直延续到了宋朝。宋太祖对募兵制未做任何改动，而是全盘继承，照行不误，实际上是对唐朝中后期以来社会经济发展现实的一种承认。

不仅如此，宋太祖还赋予了募兵制以更深的意义。所谓"可以利百代者，唯养兵也。方凶年饥岁，有叛民而无叛兵；不幸乐岁而变生，则有叛兵而无叛民"。就是说，通过实行募兵制，可以将兵和民分离开来,既防止了荒年兵民结伙造反,又使得任何可能发生的兵变失去民众的支持。这表明,宋代的募兵制已不再是一项单纯的军事制度,而已被纳入社会政策的范畴。

重文抑武的基本国策。《宋史·文苑传》中说:"自古创业垂统之君,即其一时之好尚,而一代之规模,可以豫知矣。艺祖革命,首用文吏而夺武臣之权,宋之尚文,端本乎此。太宗、真宗其在藩邸,已有好学之名,作(及)其即位,弥文日增。自时厥后,子孙相承,上之为人君者,无不典学;下之为人臣者,自宰相以至令录,无不擢科,海内文士,彬彬辈出焉。"

这段文字,说明了宋代重文政策的本末由来及其深远影响。后人也常常因此而盛赞宋代的文治超过了汉、唐。

众所周知,唐末五代是中国历史上武人专横、文人式微的时期。后汉时一个名叫史弘肇的将领公然宣称:"安朝廷,定祸乱,直须长枪大剑。至如毛锥子,焉足用哉!"这种态度在当时是极为普遍的。就连被武将视作文臣而备受排挤的胥吏出身的官员,也对科举出身的文官极尽奚落之能事:"此等若与一把算子,未知颠倒,何益于事!"总之,那时文人的地位掉落到了最低谷。

宋太祖虽出身行伍,却颇好读书。即便是在军营中,也常常手不释卷。因而他较之五代时期的一般将领有更多的见识。他对那一时期武人专权乱政的种种弊端有切身的体会,因此在立国后即开始大力整顿,以求扭转这种局面。

为了压制武夫悍将,宋太祖提拔了一大批文臣官僚,将他们安排到重要的岗位,并一再提倡宰相须用读书人。为了培养崇文

《宋人科举考试图》

好学的风气,宋太祖不但率先垂范,而且时时督促手下文武大臣认真读书。

由于每个人的背景不同,其学习的内容也是多样的:对于通晓吏事、精明强干的大臣,太祖要求他们通过多读书来增广见闻,开拓器局;对于粗野的武将,则要求他们通过读书来提高文化素养;对于文学之臣,则要求他们重视法律、吏事的学习,以增加实际才干。在太祖的大力倡导下,好学之风愈来愈盛,与五代时期形成了鲜明的对照。

从宋太祖开始,宋朝对科举制度进行了多方面的改革和完善,以提高科举取士的公正性,完善考试制度的严格性,增强士人应举的积极性,同时也加强了皇帝对选士大权的控制,扭转了五代时期不重学问、读书人不愿入仕为官的局面,使新王朝的凝聚力和向心力得到进一步加强。

宋朝的"祖宗家法"。宋初创制立法的核心内容,大都奠定于宋太祖时期,又被宋太宗继承和发展。正因为如此,这些内容都被宋人统称为"祖宗家法",对宋朝三百余年的历史产生了极为深远的影响。

宋太宗在即位之初曾诏告天下说："先帝创业垂二十年，事为之防，曲为之制，纪律已定，物有其常，谨当遵承，不敢逾越。"这段话表明：赵匡胤作为大宋朝"启运立极"的缔造者和开创一代制度规模的伟大政治家，其崇高地位在宋初就已经确定了。文中提到的"事为之防，曲为之制"这八个字，确实反映了太祖在位十七年创法立制的基本精神和原则，同时也表达了太宗打算克绍箕裘、继体守文的态度。

"事为之防，曲为之制"的立法原则有其深刻的历史背景和鲜明的现实针对性。后代学者曾将这八个字概括为："以防弊之政，为立国之法。"这是十分精辟的。从上面列述的宋初各项重大制度调整和改革的内容来看，无不体现了这一精神。

所谓"弊"，是指唐末五代以来社会政治、军事、经济、文化等方面存在的弊端。宋太祖创制立法的目的，既要铲除已然之弊，又要防范未然之弊。其政策的重点，立足于一个"防"字。

从祖宗家法的实施结果来看，除弊和防弊的确都大见成效：一是彻底铲除了因武将拥有禁军大权而对皇权构成的最大威胁，去掉了"腹心之患"；二是彻底扭转了一百五十年来藩镇自立、外重内轻的政治局面，又辅之以现实而明确的统一策略，终于削平僭伪，重新建立起统一而巩固的中央集权；三是通过一系列分割事权的制度设计，确保皇帝能够大权独揽，使君主专制达到了一个新的高度；四是确立了重文抑武的基本国策，为文官治国奠定了基础，也为宋王朝的长治久安和各项事业的发展开辟了道路，提供了契机。后人也正是在这个意义上将"唐宗""宋祖"相提并论的。

但"祖宗家法"也埋下了诸多隐患，如在制度设计上过分重视制衡与防弊，从而导致效率的缺失和因循之风的盛行。这些隐患在以后的岁月中渐次展开、凸显，给宋朝的统治带来一系列难以克服的问题和危机，也是造成宋朝武功不振，而最终亡于外族的重要原因。

斧声烛影，千古之谜。 开宝九年（976年）十月二十日，开封城中风雪弥漫。赵匡胤心情很好。他派人将弟弟赵光义请来喝酒。兄弟俩喝到酒酣耳热之时，不知为何，赵匡胤将旁边侍候的太监宫女统统支走。

关于这场夜酒，史书记载，遥见烛影之下，赵光义时不时离开席座，看样子似乎有谦逊退避之状。禁漏三鼓之时，这场夜酒终于喝完了。这时，院子里的积雪已经下了数寸，宋太祖拿着一把玉斧在地上戳雪，一会儿回屋，解衣上床，鼻息如雷。

当晚，宋朝开国皇帝赵匡胤突然驾崩，时年仅五十岁。宋太宗赵光义继位。宋太祖时代宣告结束。

宋太祖之死，"烛影斧声"留给后人一个千古谜案。有人说赵匡胤死于谋杀，也有人说他死于常年饮酒过度或突发脑溢血。一千多年后的今天，考证这位宋朝开国皇帝的死因已显得不再重要，重要的是，赵匡胤有限的生命焕发出巨大的正能量，他用卓越的智慧与超人的胆识，终结了乱世，给天下百姓带来了久久期盼的和平，书写了自己传奇的一生。

澶渊之盟

澶渊旧址

从960年宋朝建立,到1125年辽朝被金所灭,宋辽之间的对峙局面持续了一百六十五年。10世纪末、11世纪初西北党项势力崛起以后,南北对峙的局面又演化为北宋、辽、西夏三足鼎立的格局。因此,宋太祖和宋太宗所完成的统一,只是局部统一。终北宋一朝,始终面临着来自北方和西北强邻的压力,这种压力对北宋政权的内外政策都产生了极为深刻的影响。

在整个中国历史的发展进程中,北宋和南宋都可视作又一个南北朝时期。这个时期最显著的特征,就是中原政权与北方和西北少数民族政权之间的长期对峙、相互影响、相互融合,以及各民族社会经济、政治和文化的共同发展,它们都为中华民族共同体的形成和发展做出了各自的贡献。

耶律阿保机统一契丹各部,登基称帝。早在北宋建立以前近半个世纪,由契丹人创建的辽帝国就已经雄踞于中国北方及草原地区。它日益频繁地介入中原事务,且发挥着举足轻重的影响。这一现象,用"华夷之辨"的旧史观是无法加以解释的。因为辽朝不但强大,而且持久(存在了二百余年),又在漫长的时间里以完全平等的姿态与中原王朝发生着广泛而深入的交往,表现出跟以往骤兴骤衰的"游牧帝国"迥然有别的特点。这对于以汉族定居人口为主体、自视为天下文明中心的中原王朝来说,无疑是一个新的课题。从某种意义上讲,我们甚至可以将其视作人类历史上地缘政治格局的先声。

契丹武士画像

在契丹的早期历史中,契丹诸部的命运主要取决于大国强邻之间的势力消长,先后依违于北魏、隋、突厥、唐、回鹘等强大的中原王朝或草原霸主,经过长时间的迁移分合,逐渐站稳脚跟并成长发展起来。9世纪中期,回鹘汗国的瓦解以及此后唐王朝的内乱,为契丹彻底摆脱羁绊、扩张势力并最终建立起强盛的政权提供了难得的机遇。这项事业有赖于杰出领袖的强有力的领导，而耶律阿保机的诞生，适逢其时。

阿保机出身于契丹迭剌部。从他的七世祖涅里开始，其祖先累世被选为迭剌部的首领，并多次担任过部落联盟的军事统帅。到9世纪末，迭剌部在契丹人中的地位仅次于可汗的家族遥辇氏。

在担任迭剌部首领和部盟军事统帅期间，阿保机多次北征室韦，南讨奚，东北进攻女真，牢牢控制了长城以北的地区。同时，他还把锋芒指向更强大的对手：唐天复二年（902年）利用晋王李克用全力对付朱温之机大举进攻河东，掳获人畜无数；唐天祐二年（905年）又与李克用会盟于云州（今山西大同），集中全力与卢龙节度使刘仁恭对抗；唐天祐四年（907年），阿保机被推举为契丹可汗。此后，他全力巩固自己在契丹内部的永久性权力，于辽神册元年（916年）举行了一次汉式登基仪式，正式建立了父传子继的世袭王朝。

阿保机在位期间征用汉人，建造城郭，发展农业，又创制契丹文字，大开盐铁之利，并着手建立契丹政权的双重行政管理体制，对境内的游牧部族和定居人口实行分治，完成了契丹从地区性的强大部落联盟向具有良好组织的政权的过渡。这些措施都为此后契丹帝国与中原王朝的持久抗衡奠定了基础。

后唐同光元年（923年），李存勖灭后梁，成为中原无可争议的主人，势力达到鼎盛。阿保机避其锋芒，以少量兵力牵制和骚扰后唐，同时在西部、北部和东北展开了规模空前的扩张战争：

辽天赞三年（924年）征服阻卜、党项、吐浑诸部，辽天显元年（926年）攻灭渤海国。至此，契丹帝国的疆域"东自海，西至于流沙，北绝大漠"，声威传播万里。同年初，李存勖被叛军所杀，阿保机挟新灭渤海的余威，向后唐使者提出领土要求。恰在此时，阿保机突然病亡。可以相信，如果天假以年，他显然是要对河北发动大规模进攻的。

辽国得到燕云十六州。 五代时期，中原地区每有叛乱，常引契丹为援。后唐清泰三年（936年），河东节度使石敬瑭与后唐末帝李从珂对抗时，向契丹主耶律德光（后称辽太宗）乞援，请求对方支持他夺取帝位。作为条件，石敬瑭答应将燕云十六州之地割让给契丹，称耶律德光为父，每年还进奉绢帛三十万匹。这十六州包括今天河北的北部和北京、内蒙古的一部以及山西雁门关以北。后代历史学家都认为石敬瑭出卖燕云十六州，使得华北平原无险可守，河东也仅存雁门关一处险要，从此北方少数民族（契丹、女真、蒙古）可以长驱南下，威胁和攻掠中原，使华夏文明之邦在长达四百多年的时间里蒙受羞辱，其流毒至深且广。

获取燕云十六州，在辽朝的历史上具有划时代的意义。这片南方新疆域不但为辽朝带来了前所未有的大量财富和成熟精细的农耕技术、手工业技术，而且成为契丹社会向封建制过渡的更具活力的推动因素。尽管它还不足以使整个帝国形成统一的经济基础，也没有与传统的草原牧区融为一体，但它带动了草原社会和契丹民族的进步。由于这一地区的加入，辽朝的国力空前提高，成为中国历史上第一个有别于以往游牧政权的具有多元社会经济

位于内蒙古赤峰市巴林右旗的辽庆州城遗址

形态的新型帝国。

辽朝对中原事务的干涉以947年辽太宗率军入大梁、灭后晋而达到顶点。但此次行动也导致汉族百姓的激烈反抗,使辽太宗不得不仓皇北撤,打消了久据中原的念头。这件事也表明辽朝尚无能力完全征服或统治整个中原地区,预示着南北双方长期对峙的局面即将到来。

高梁河之战——宋辽第一次正面对决。宋太祖即位之初,其全部精力均用于整顿内部和平定南方割据政权上,对辽朝则采取"来则备御、去则勿追"的方针,精心选择和任用边防将领,专任责成,以求边境安宁。而彼时辽朝正值穆、景二宗在位,内乱相继,国势稍衰,也无力大举南犯。这样,宋、辽双方基本处于相安无事的状态。

在宋太祖的统一战略中,并不包括以武力收复燕云十六州。但对于北汉割据政权的存在,他却始终耿耿于怀。这是因为,北汉尽管为"弹丸黑子"之地,却具有极为重要的战略意义,自其建立以来,即与辽朝结成联盟,对中原王朝抱持完全敌对的态度。对辽朝来说，北汉也是南北双方之间一个非常宝贵的缓冲地带和战略据点，它的存在可以有效地牵制中原王朝对辽朝的任何不利企图。因而就连昏聩的辽穆宗也深知北汉的重要性，在开宝年间两次帮助北汉击退宋军的进攻。可以确信，只要辽和北汉的军事同盟存在，中原政权的北部边境就难有安全保证。而且在宋太祖看来，北汉盘踞之地为中原故土，无论如何是要予以收复的。于是在976年，他又发动了一次大规模征讨北汉的行动。只是因为他当年突然死亡，这次行动才告终止。

对于被辽朝占据的燕云地区，宋太祖曾设想过用经济方式和平赎买，如不成功，再以武力解决。出于这种和平外交的策略，同时也为了设法争取契丹不再干涉收复北汉的计划，宋太祖于开宝七年（974年）接受了辽朝的建议，双方开始协商签订和约。第二年，宋、辽正式互派使节。

太平兴国四年（979年），宋太宗最终攻灭北汉。宋、辽双方遂在漫长的边界线上直接对峙。

在攻灭北汉的战争中，辽朝曾派大军南下增援，却在太原东北方向的石岭关被宋军打得大败，不得不退回幽州。这一仗肯定也助长了宋太宗夺取燕云失地的信心。于是，他在灭掉北汉后随即就向辽朝大举进攻。

事实证明，宋太宗这一决定是非常轻率的。当时宋军已持续对北汉作战数月，将士疲惫不堪。大战之余，人人都想休整待赏，此时攻辽，正所谓强弩之末。

在攻打幽州的关键性战役中，太宗又在军事部署上犯了严重错误，使宋军主力均云集坚城之下，没有做出可以相互应援的机动配置，对辽军可能大举来援完全缺乏准备。等到耶律休哥援军抵达，宋太宗又急调攻城部队迎战，使幽州城围顿解。在辽方援军和守军的猛烈夹击下，宋军在幽州城西的高梁河（今北京西直门外）惨遭败绩。太宗在激战中也受了箭伤，狼狈南逃。宋军群龙无首，一片混乱。辽兵乘势追击，大获全胜。

雍熙北伐。高梁河之战以后，辽军经常进犯北宋的镇州、雄州、雁门关等边境地区。在这些边境局部战争当中，双方互有胜负。例如太平兴国五年（980年）三月，辽军十万进犯雁门关等地，相继被宋军击败；同年十月，辽景宗亲率大军围攻瓦桥关，斩杀守将张师，又大败宋朝援军，一直追击到莫州。

太平兴国七年（982年）九月，辽景宗去世，立十二岁的儿子耶律隆绪为皇帝（即辽圣宗），由隆绪之母萧太后临朝执政。当时宋太宗一度想弭兵议和，却被辽方拒绝。而边将贺怀浦父子又趁机上言，说是"契丹主少，母后专政，宠幸用事"，此时正是攻取燕、蓟的好机会。于是宋太宗信以为然，决定再度起兵。

雍熙三年（986年），宋军分三路向北进发：东路由曹彬、米信率领主力出雄州，主攻目标是幽州；中路以田重进为主将，由定州出飞狐，直取蔚州；西路以潘美、杨业为正副将领，出雁门关，攻取云、朔、应等山后各州。然后三军会师，齐力攻打幽州。

起初，三路军进展都很顺利。田重进先后在飞狐南、北击败辽兵，占领了飞狐、灵丘、蔚州等地；西路军先后攻克寰、朔、应、云四州，且边地百姓纷起响应，应募参军；东路军也连败辽军，连续攻占了岐沟关、涿州、固安、新城等地。

然而形势很快逆转：宋军东路主力本应持重缓进，以吸引辽军注意力，等中、西两路得手后，再合围幽州。但他们却轻军冒进，占领涿州后，又因粮草不继而退回雄州。等听到中、西两路宋军节节胜利后，又急于争功，在准备不足的情况下匆匆向涿州进发，沿途屡遭辽军袭扰，再至涿州时已是人困马乏，饥渴交加。

相反，辽方主帅、南京留守耶律休哥却是一位深通兵略的名将，面对宋军攻势，他先是避免正面交锋，待宋军深入后又派轻骑夜袭，且设伏兵断绝宋军粮道，使宋军疲于应付，实力大耗。等辽圣宗和萧太后率领的应援大军一到，遂集中兵力发起攻击，终于在岐沟关大败宋军。

《绣像杨家将全传》中的杨业

东路军惨败后，宋太宗急令各军后撤。中路军迅速撤回定州。而西路军在后撤之际又接到太宗命令，要他们掩护云、朔、寰、应四州边民迁入内地。此时辽军已迅速集结，正寻机求歼西路宋军主力。在这种形势下，西路军副将杨业主张暂避敌锋，以偏师出寰州以东，配合云、朔守将，安全撤离两州军民。这个正确意见却遭到监军王侁、刘文裕的反对，他们坚持要杨业率军迎击寰州正面之敌，并指责杨业畏敌怯战、心怀他志。作为主帅的潘美竟也默认了他们的错误主张。杨业无奈，只得出战，临行前与潘美等人约定，请他们在陈家谷布阵接应。杨业出战后遭到辽将耶律斜轸的重兵伏击，且战且退，等转战到陈家谷，却发现潘美、王侁等人早已率军退逃了。杨业悲愤交加，率领部下与辽军拼死力战，遂致全军覆没。杨业本人受伤被擒，绝食而死。杨业素以骁勇著称，号为"杨无敌"，就连辽兵也畏其威名。他的死对宋军无疑是极沉重的打击，守卫云、朔等地的宋军将领纷纷弃城溃逃，遂使山后各州重新落入辽军之手。

此次雍熙北征的惨败，使得宋军元气大伤，太宗本人也锐气尽失，再也不谈收复燕云之事。而辽朝却乘胜利之威，屡屡兴兵南犯，抢掠州县，重新掌握了战略的主动权。

澶渊之战，两军对峙。至道三年（997年），宋太宗去世，其子赵恒即位，是为宋真宗。真宗即位之初，曾通过边境官员向辽朝表达了愿意和好的意向，却受到辽朝的冷淡。因为当时宋朝不仅在辽朝面前失去了优势，而且正深受西北党项人的困扰。辽朝统治者看透了宋朝的软弱和所处的困境，因而决定加强攻势。

咸平二年（999年）十月，辽军大举侵入河北。起初，辽军先在保州附近受挫于宋军田绍斌、石普和杨嗣等部，

宋真宗像

继而又在遂城受挫于宋军杨延昭（杨业之子，人称"杨六郎"）部。于是，辽军改变战术，撤开宋军重兵把守的城镇，纵兵深入河北内地，肆意践踏掳掠，并在瀛州西南大败宋军，宋将康保裔被俘。在此情况下，宋真宗决定率军亲征，车驾至大名府，并撤换了前方主帅傅潜，却未能与辽军交锋。次年正月，辽军北撤。宋真宗自以为亲征大功告成，得意地题了两首《喜捷诗》，然后班师回京。

北京大学历史文化研究所所长 张希清

《宋史·杨业传》等记载，杨业有七个儿子，但是最著名的有两个，一个是杨延玉，在雍熙北伐时，随杨业战死在陈家谷口，另一个就是非常有名的杨延昭。杨业对杨延昭非常器重，曾经说："这个儿子像我。"杨业在攻打瀛州、朔州的时候，杨延昭都是先锋，在乱箭射穿手臂的情况下，他仍然奋战不止。

咸平四年（1001年）十月，辽军再次入侵，宋将王显在遂城击败辽军，辽军进至满城后即行撤退。咸平六年（1003年）四月，辽将耶律奴瓜、萧挞凛又率军进攻定州望都。宋将王超、桑赞临阵畏缩而退，王继忠力战不支，被俘投降。这两次季节性的攻势，都是辽朝更大规模进攻之前的试探性行动。

到景德元年（1004年）八月，辽军在辽圣宗和萧太后的亲自指挥下，以收复"关南之地"（指后周世宗北伐时夺得的瀛州、莫州以及瓦桥关、益津关、淤口关一线以南的地区）为名，再次大举南侵。此次辽军来势极猛，一路攻占遂城、望都、冀州等城，并越过宋军坚守的许多州县，迅速深入北宋腹地，于十一月间进逼黄河北岸的重镇澶州（今河南濮阳）。

寇准像

澶州又称澶渊，距离北宋首都开封不过一百公里。当时形势极为严峻，前方急报一夕数至，宋廷上下一片震恐。朝中大臣在如何对付辽朝进攻的问题上，产生了迁都逃跑和坚决抵抗两种截然对立的意见。参知政事王钦若主张迁都金陵，签书枢密院事陈尧叟主张逃往成都。宰相寇准力排众议，坚持要求真宗即刻御驾亲征，以鼓舞士气，安定人心，击退辽军。他认为如果抛弃宗庙社稷，窜往楚、蜀，必然会使敌军长驱深入，宋朝的江山就难保了。另一位宰相毕士安也支持亲征的意见，但主张不要匆忙，应做好充分准备。经过一番激烈争论，主战的意见终于占了上风，宋真宗决定北上亲征。

宋真宗从开封出发，一路上顾望不前，行动迟缓，只是在宰相寇准和殿前都指挥使高琼的一再敦促下，才由韦城继续向澶州进发。当时，澶州横跨黄河，分为南、北二城，中间以船排列组成浮桥，作为两城之间的通道。十一月二十六日，宋真宗终于到达澶州南城。

十一月二十四日，辽军对澶州北城展开三面围攻。辽军主帅萧挞凛身先士卒，向宋军发起进攻，却被宋军的强弩射中额角，于当晚死去。

这一意外，使辽军士气大挫。而宋朝君臣对这个情况一无所知，仍在为真宗要不要渡河进入北城而争论不休。许多人认为辽军势盛，真宗不能渡河。这次又是寇准和高琼力排众议，坚持要求真宗过河以鼓舞士气、激励人心。高琼甚至用马鞭抽打给真宗抬轿的卫士，促令前进。于是，宋真宗登上北城城楼，打起龙旗，张开黄伞，澶州内外的宋军官兵顿时高呼万岁，士气大振。相形之下，辽军士气则更加低落。

萧挞凛一死，辽军已经陷入进退维谷的境地；宋真宗登临澶州北城，更是让辽军骑虎难下。

澶渊之盟——开启宋辽一百二十年的和平。 两军对峙之下，辽朝统治者感到要在澶州击败宋军已不可能，而辽军南下又系冒险深入，沿途州县大多仍控制在宋军手里，随时可能被截断退路。因此，双方在澶州相持的时间越长，对辽军越不利。于是，辽朝统治者决定尽快同宋朝议和，以摆脱危险尴尬的境地。

事实上，在这次入侵的进军过程中，宋、辽双方已经开始了试探性的和平接触。辽方的关键性人物，是一年前刚被辽军俘获的王继忠。王继忠与毕士安都是宋真宗的藩邸旧人，深得真宗信任。入辽后又受到萧太后的赏识，被任命为户部使，曾向辽圣宗和萧太后建议南北和好。当时萧太后未置可否，但亲征时即令王继忠随军行动，可见辽方已有两手准备。就在南进途中，王继忠在萧太后的同意下，通过宋朝的莫州官员向宋真宗递交了一份国书，宣称辽方希望恢复友好关系。宋真宗起先将信将疑，但还是回复说愿意议和，并委派鄜延路走马承受公事曹利用为议和使者，出使辽营。

北京大学历史学系副教授 赵冬梅

宋真宗想要谈判是有道理的。虽然宋军在当时战场上略占优势,但是以宋朝的国力,第一,彻底消灭契丹,没这个力量;第二,拿回幽云十六州,恐怕也费劲;第三,退一步说,拿回长城防线也困难。宋真宗不算勇敢,但也不能算太怯懦,可以说他是一个非常务实的人,所以他会采纳比较现实的议和策略。

临行前,宋真宗已经确定了只可给钱、不许割地的谈判底线。据说寇准曾经把曹利用叫过去,对他说:"尽管皇上已答应议和,但如果你许诺的钱财超过三十万,我一定杀你的头!"

谈判过程中,辽方希望宋朝割让关南之地以换取和平。曹利用坚决拒绝了辽方的所有领土要求,提出以每年交纳绢银作为交换条件,并警告说,如果辽朝坚持要求割让土地,那么双方只能继续打下去。经过讨价还价,双方最终签订和约并互相交换盟书。这个盟约就是历史上有名的"澶渊之盟"。

澶渊之盟的具体内容有:

1. 宋朝每年给辽朝绢二十万匹和银十万两,以为"助军旅之资"。

2. 双方沿边州县各守境界,严格制止对对方边界的非法侵入。

3. 双方均不得接受对方逃亡人员,对逃入对方境内的人必须遣返。

4. 双方交界处的城池和边防设施可依旧保存修葺,但不得增修针对对方的军事设施。

5. 双方于边境设置榷场,开展互市贸易。

此外,双方还就外交礼仪和彼此名分地位作了约定:双方约为"兄弟之国",辽圣宗称宋真宗为兄,宋真宗称辽主为弟,并称萧太后为叔母。彼此以"南朝"和"北朝"称呼对方。这种虚构的亲属关系实际体现了双方的平等地位。

和议达成后,两军班师。宋真宗如释重负,不胜欣喜,便赋诗一首,以志其事:"我为忧民切,戎车暂省方。旌旗明夏日,利器莹秋霜。锐旅怀忠节,群凶窜北荒。坚冰消巨浪,轻吹集嘉祥。继好安边境,和同乐小康。上天垂助顺,回旆跃龙骧。"并将这首诗镌刻于石,命名为"回銮碑",又称"契丹出境碑",立

内蒙古赤峰市宝山 2 号辽墓壁画《仕女出游图》

在宋真宗用过的御井旁。

澶渊之盟是宋、辽双方力量相对均衡条件下互相妥协的产物。

对辽朝来说，虽常以进取的姿态介入中原事务，每每以武力威胁南方，但似乎并未认真打算过要彻底地征服和统治整个中原地区。其期望值最多也止于索取失于后周世宗的关南之地，同时保有自辽太宗以来业已从中原攫取的好处。其武力南下的行动虽能渔利，但同样也会招致南方的打击报复。兵连祸结的后果，只能是两败俱伤。

辽代交颈鸿雁玉佩，内蒙古通辽市奈曼旗陈国公主墓出土，内蒙古考古研究所藏。

辽代"万岁台"金花银砚盒，内蒙古赤峰市阿鲁克尔沁旗耶律羽之墓出土，内蒙古考古研究所藏。

反视北宋王朝，虽自宋太宗北征屡败以来，"畏辽"心理日益弥漫，战略上渐居守势，且在地理形势、后勤补给、军事战术诸方面常陷于被动，但其强大的经济力量和庞大的军备仍令对方忌惮。具体到这次盟约的签订，如果不是宋军主力业已集结，并且在战争过程中表现出相当的战斗力和打击力，那么仅凭宋朝单方面的退让求和，也是难以实现的。

尽管澶渊之盟常给人以"城下之盟"的印象，但基本内容还是平等的，北宋并没有丢太大的面子。从经济角度来看，每年三十万匹两的"岁币"对北宋并不构成沉重负担，且和平实现以后，北宋还能从双方贸易中获得大量盈余，辽朝亦可借此获得其必需物品，因而对双方都是划算的。

澶渊之盟也是宋辽双方务实态度的一大成果：宋朝以有限的代价获得了持久的和平；辽朝也获得了稳定的额外收入来源，且在一定程度上减轻了其南方边境的防卫负担。双方在此后一百二十年的时间里基本保持了和平往来、密切交流的状态，史载，"生育蕃息，牛羊被野，戴白之人，不识干戈"。这种新型的地缘政治平衡在中国历史上也是前所未有的。

穆桂英挂帅

民初山东平度年画《穆桂英点将》

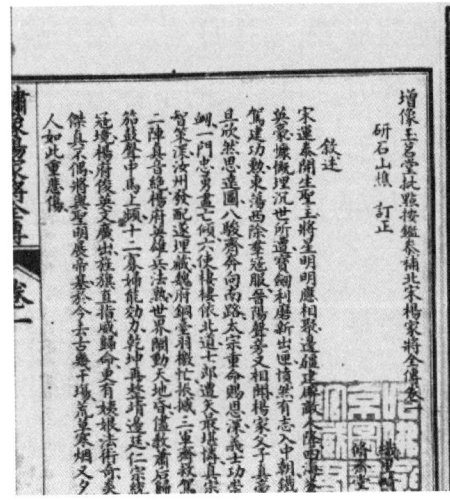

《绣像杨家将全传》

澶渊之盟虽换来了辽宋一百多年的和平，但也带来了消极影响。它使宋朝君臣从此忘战去兵，羞言武备，奢谈太平，对外常常屈己讲和。后来在与金国议和时，甚至不惜丧失民族尊严，这是后人必须警惕的。

　　澶渊之盟后，杨延昭又驻守边疆近十年，维护着边境的安全与和平，最后马革裹尸。从此，杨家将的历史与传说交相辉映，在不断的丰富和演绎中，原本只有浴血沙场的铁血男儿，后又融入了不让须眉的杨门女将。历史创造了英雄，后人又用传说来缅怀英雄那段气壮山河可歌可泣的峥嵘岁月。

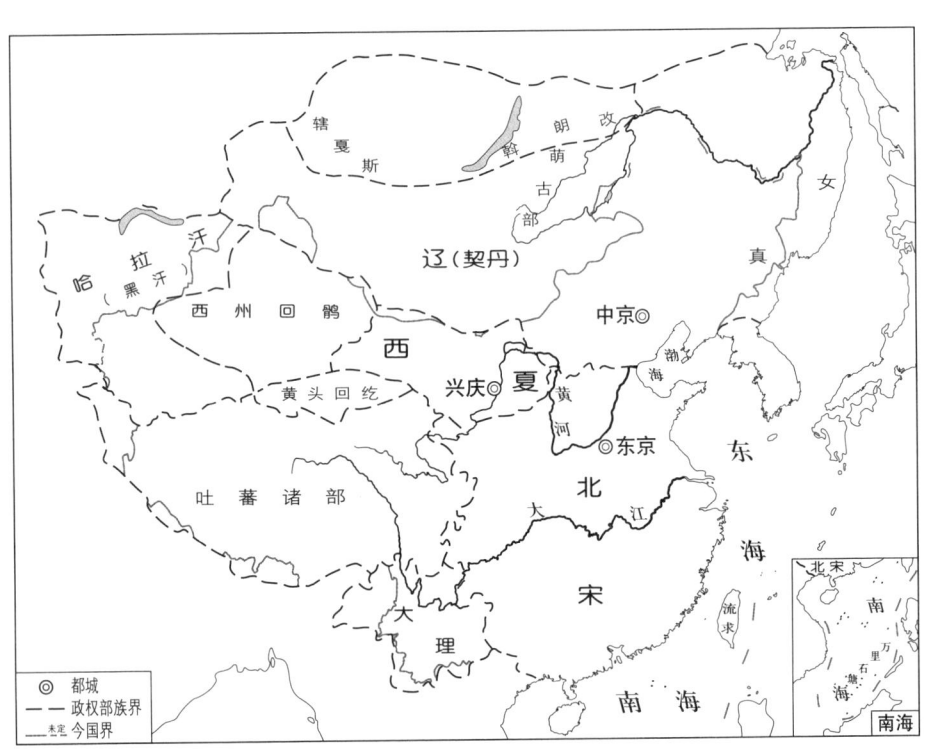

宋辽西夏形势图（1111年）

与士大夫共治天下

清代年画中的包文正上任

从唐末五代到宋仁宗时期的一百五十多年里,中国的政治舞台经历了一个由武人专政转向恢复文官体制、重建士大夫政治传统的演变过程。相传,宋太祖赵匡胤曾在太庙里立下誓碑,令后继子孙当皇帝的,不得滥杀士大夫和言事之官。有关誓碑的记载虽然不足,但其中体现的治国理念确实被宋太祖的继承者们所遵循,宋朝也因此成为士大夫政治的黄金时代。随着士大夫自我意识的重新崛起,中国传统政治所特有的"朋党现象"也日渐发展,并产生了一些新的特点,极大地影响了宋朝政治的走向,成为宋朝政治中最引人注目的内容。

北人与南人之争。宋太祖虽然出身职业军人,但作为一个王朝的奠基者,他具有自信、开拓的政治家胸怀。他深知"上马得天下、下马治天下"的道理,所以他推行的"右文"政策,不重形式,只求精神。不杀士大夫与言事之臣,足以垂范后世,成为宋朝三百年文治鼎盛的开端。

宋太宗因为得位不正,自信不足,而且生性多疑猜忌,将宋太祖防微杜渐的制度设计推向极端,事必躬亲,大权独揽,官僚队伍的因循之风初步形成。当时虽然大力提倡文治,广揽科举之士,但形式多于实效。士大夫的政治地位虽有很大的提高,但士大夫的精神意志却并没有随之高涨。顺守服从,唯皇帝马首是瞻,已成为政坛普遍的风气。

宋代的朋党问题,在太宗年间已初露端倪。当时发生了太平兴国三年(978年)"戊寅科"进士胡旦等人利用同年关系结为党羽、进行政治投机的事情。他们纠合在一起,以清议自命,抨击时政,臧否大臣,野心勃勃。但他们遭到了元老重臣的迎头痛击,被统统贬出京城。加在他们头上的罪名,正是"朋党比周"之类。就连一贯正直磊落、不党不群而被视为"天下正人"的田锡,也因为跟胡旦等人的同年关系而受到牵累,仕途很不顺当。

宋真宗时,内外局势相对稳定,政治上谨遵祖宗成宪,而辅之以黄老清静之术。宋真宗虽不像太宗那样刚愎独断、猜疑成性,遇事也愿意谋于朝中重臣,但缺乏主见,在大政方针上常常表现出患得患失、游移不定的弱点。而且他的虚荣心比起宋太宗有过之而无不及,在位的大部分时间里沉溺于种种迷信、造神活动而不知返,以至朝廷上下跟得了疯病似的,不但浪费钱财无数，也为奸佞之人干乱朝政开了方便之门。当时虽有皇帝与元老重臣共治之名，却没能将政局向好的方向引导，也没能因应客观形势的变化对"祖宗家法"作必要的调整。

真宗晚年多病，使得权力争斗更加炽烈，统治集团内部也发生分化。这场争斗虽具有君子与小人之争的性质，但同时也隐含了南、北士人之争的意味。权力、道义、地域三者互相交错，构成了当时朝廷政争的核心内容。

被骂作朝中"五鬼"的王钦若、丁谓、陈彭年、林特和刘承珪都是南方人，因为积极参与制造"天书封禅"的闹剧，受到宋真宗的特别信任。他们相互勾结，为追逐权力，不遗余力地排斥朝中正士，把朝政搞得乌烟瘴气。

"五鬼"之中，尤以王钦若和丁谓最为活跃。王钦若相貌矮小丑陋，但却智数过人，善于揣测皇帝的心意，是制造"天书封禅"闹剧的关键人物。丁谓文采出众，多才多艺，办事能力又强，但却有才无德。他不但极力迎合宋真宗，屡奏"祥瑞"，而且以其出色的理财能力从容调度、尽心督办，充当迷信活动的后勤总管，受到了宋真宗的信任和重用。

这些南方人心术不正，逢君之恶，进一步坐实了当时人们对南方人轻儇奸诈、有才无德的观感。在"北方正人君子"的心目中，南方士人几乎成了"小人"的同义语。在反对"南方小人"的态度上，北方士人是高度一致的。

宰相王旦以识人善任著称，不敢过分露骨地排斥南方人士。寇准则公开以北人自居，排斥南人，肆无忌惮。著名词人晏殊是江西抚州人，七岁以神童被荐。宋真宗召他与进士千余人一起考试，晏殊神情自若，援笔立成。真宗十分高兴，赐他同进士出身。这却惹恼了寇准，说晏殊是南方人，不该得到如此恩宠。这种态度，就连真宗也觉得不像话，反驳说："张九龄不也是南方人吗？"新喻（今江西新余）人萧贯参加殿试，寇准又说："南方下国人不宜冠多士。"结果山东人蔡齐夺魁。为此，寇准兴高采烈地对同僚说："又为中原夺得一状元。"

这种北人轻视甚至歧视南人的现象并非偶然。

唐宋之际，南方社会经济与文化迅速发展，造成了中国社会经济地理与文化地理的根本改观，给南北政治力量的对比带来了深刻变化，也使得当时统治集团内部的矛盾冲突表现出鲜明的南北分野的特色。五代以前，由于南方比较落后，基本上是南方接受北方的影响。五代以后，由于南方的发展，这一趋势出现了逆转，南方对北方的影响开始扩大，北方的传统优势地位逐渐弱化。这种变化，绝不可能被北方统治集团轻易接受。在当时，大多数北方人士对南方势力的崛起采取了抵制和敌视的态度。就连有"圣相"之称的李沆也一贯主张求治之道，最关紧要的是"不用浮薄新进喜事之人"，矛头直指梅询、曾致尧（曾巩的祖父）等南方士人。

在北宋前期，北方人对南方人的鄙薄还带有一种传统意义上的优越感。随着南方士人队伍的不断壮大以及在统治集团中政治地位的日益攀升，双方的斗争便趋于白热化，其势头之猛烈，目标之明确，前所未有，构成了宋朝党争的重要内容。

"元老"和"新进"之争。宋仁宗被视为继体守文之君的典型。他将兴科举、重文教的政策推向新的高度，在位期间，朝廷人才济济，文官群体享有崇高的政治地位，出现了后人津津乐道的"皇帝与士大夫共治天下"的局面。但当时士大夫集团中，又有"元老"与"新进"的区别。

所谓"元老"，主要指前朝旧臣，是一群被皇帝视作"有大臣体"的人物。他们虽然也是由科举入仕，但多半谨慎持重，驯顺服从，"知进退"，"不生事"。他们一般具有如下共同特点：年纪大，资格老；注重稳定，安于现状；清静循默，标榜慎独，厌恶"好事躁进"之人；人情练达，圆滑世故，很少外露，也从不轻易表达自己的观点；善于揣摩皇帝的意思，皇帝"圣明"独断则顺从遵守，人主软弱摇摆则以镇静扶持。由于这些人身居高位，他们的个人特点难免会对官场风气产生影响，比如：稳重有余而活力不足，注重经验而缺乏创新，练达而流于世故，主静而陷于麻木，遵守成宪而失之因循，等等。总之，他们多半只有在坦途上规行矩步的本事，只有攫取和维护其既得利益的洞察力和应变力，常常沉浸在自我比较、自我满足的心境之中；对新人新事新风尚，则通常抱有近乎本能的隔膜和敌意。一旦朝廷面临重大危机，他们往往一筹莫展，缺乏应付挑战的勇气和魄力。从这个意义上讲，他们只是士大夫中守旧势力的代表，是宋初以来不断加强的君主专制体制的产物，并不是士大夫主体意识和精神的体现者。

所谓"新进",是指宋仁宗即位以后科举入仕的青年才俊,尤其以天圣二年(1024年)、天圣五年(1027年)和天圣八年(1030年)的三科进士为主体。这三届科考为仁宗亲政做了人才储备,所得进士基本构成了官僚队伍的中坚力量。其中的韩琦、文彦博、包拯、欧阳修、曾公亮、宋祁、余靖、蔡襄等,都成为宋朝历史上的一代名臣。他们的领袖人物范仲淹虽然是真宗时期的进士,但在宋朝政坛上却是一位开风气之先的人物,史书说他"每感激论天下事,奋不顾身,一时士大夫矫厉尚风节,自仲淹倡之"。他在《岳阳楼记》中的名句"先天下之忧而忧,后天下之乐而乐"震烁古今,也是他投身政治的宣言。

与老一辈官僚政客相比,这批年轻人风华正茂,锐气十足,在学问渊源、文章风格、秉性气质和从政作风等方面都表现出新的特点:因为初出茅庐,他们在政治上较少顾忌;又因多供职于台谏、馆阁,所以每每自视清流,自诩为朝廷正气的表率,形成了遇事敢言、奋不顾身的行为特征。他们在政治立场上带有浓厚的人伦道德色彩,提倡正统,崇尚名节,具有强烈的使命感,敢

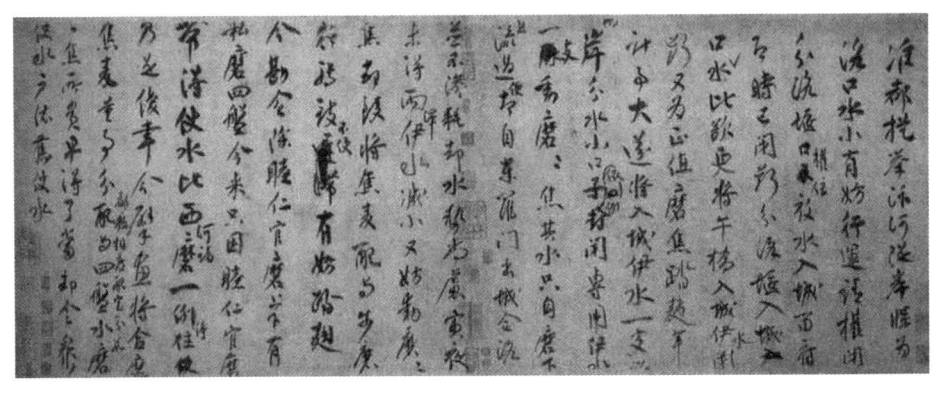

文彦博《三帖卷》

于对现实发表批评意见,不但矛头直指因循墨守的老人政客,而且在皇帝面前也敢于表达自己的意见,以捍卫儒家政治道德和伦理规范为最高原则。当内忧外患严重的时候,他们当中的优秀分子就自然成为果敢的政治改革

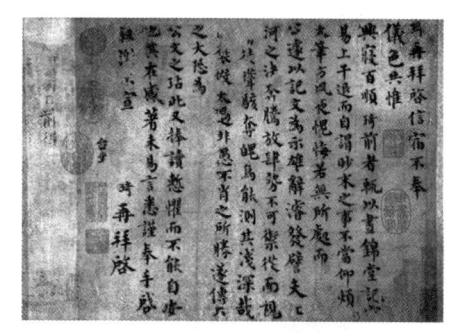

韩琦《信宿帖》

者,成为体现士大夫政治传统和道德理念的中流砥柱。

这批人登上政治舞台,成为宋朝政局发展的一个转折点,是士大夫力量重新崛起、士大夫主体意识再度觉醒的一个标志。

以这批人在各个领域的活动为开端,宋朝始终一贯的右文政策和重建士大夫政治传统的努力才有了实质性的意义:士大夫作为饱受人文教育而有志于仕途的阶层,是体现文化统一性的决定性人物。他们既是王朝统治合法性和合理性的解释者,又是辅佐皇帝施行合乎道德、礼法统治的实践者。在周边强邻环伺的宋朝,士大夫政治的高度发展具有更为现实的意义,它有助于增强中原王朝的正统性和文化的凝聚力,以利用文化传统的优越地位来跟强邻作持久的抗衡。宋真宗时期自我夸耀式的封禅活动已表现出了这种冲动,自仁宗以后则转化为士大夫更为热诚的对古典传统的复兴工作,它对宋代政治和思想文化的影响都是极为深远的。

但是这批新进之士也在政坛上暴露出自身难以克服的弱点,例如:言论强于行动,目标重于手段,意气多于理智;自负固执,我行我素,无形中得罪了同僚;同声相应,同气相求,易于

宋仁宗像

结党，不避嫌疑，结果授人以柄，也招来皇帝的猜忌；开始以朋党自任，最终以朋党相争，是非混淆，敌我不分，尽管一心想铲除小人，却最容易被小人所误。由于这种种弱点，他们虽立志以天下为己任，却为自己的仕宦之途设下了重重障碍。

宋仁宗是一位性格仁恕而软弱的皇帝。他从太后刘氏和元老重臣的卵翼下走向自立，起初也曾有过君臣一心、和衷共济、共致太平的良好愿望和热情。这种态度，使"皇帝与士大夫共治天下"的局面成为可能。随着老人政治的破产和内忧外患的不断加深，他转而倚重以范仲淹、韩琦、富弼为代表的士大夫新兴力量，试图改革弊政，有所作为，"庆历新政"是这种尝试的高潮。但他缺乏将一场改革深入持久地进行下去的决断力和意志力，同时，形势的发展又与他的期望背道而驰：统治集团中不但新、老势力之间矛盾重重，就连新派势力内部也是内讧不断、争斗不休，这似乎更加印证了老臣吕夷简等人对"朋党"问题的先见之明。由此，宋仁宗不但对"新政"心灰意懒，对"新人"也逐渐厌弃，转而回归到因循守旧的老路，念念不忘防范朋党，致使晚年军政日衰，局势积重难返。

景祐党争。 天圣七年（1029年）冬至，朝廷举行郊祀大典，宋仁宗打算率领百官先为刘太后祝寿，然后再到天安殿受朝。时任秘阁校理的范仲淹极力反对，认为仁宗侍奉母后，只需行家人之礼，如今却要与百官同列，行北拜之仪，是"亏君体，损主威，不可为后世法"。不仅如此，他还公然要求太后还政。这样的胆量在当时也只有素称刚正的宰相王曾能与之相比，足见范仲淹恪守儒家礼法、维护皇帝权威、反对女主干政的坚强信念和勇气，也预示着

范仲淹像

他在以后政治生涯中的基本风范。因为这件事，范仲淹得罪了刘太后，被贬出朝廷。

明道二年（1033年），刘太后驾崩，宋仁宗亲政。范仲淹被召回京城，担任谏官之职。当时有不少人都在趁机说刘太后的坏话，范仲淹对此十分忧虑和反感，便规劝仁宗说：太后受先帝遗命，保佑您十多年了，应该感念她老人家的大德，不要纠缠于她那些小的过失。宋仁宗接受了他的劝告，诏令内外不得对太后当政时期的事情再说三道四，从而避免了一场政治纷争。

同年十二月，仁宗在宰相吕夷简的支持和怂恿下，废了皇后郭氏。消息传出，舆论大哗。自北宋立国以来，废后之事还从未有过。范仲淹和御史中丞孔道辅等人认为，废黜皇后历来是昏君所为，仁宗此举无异于自毁圣明，便率领台谏官一起伏阁进谏。老谋深算的吕夷简让他们第二天上殿时直接向皇帝进言，自己却随即上奏说：御史、谏官伏阁请对，不是太平盛世应有之事，应当将他们贬逐。次日清晨，没等范仲淹、孔道辅上朝，内侍就传

与士大夫共治天下 | 333

来圣旨：范仲淹等人统统贬为外官，即刻押送出京赴任。与此同时，朝廷还下令禁止台谏官聚众请对。

这一事件是年轻的台谏官们围绕朝廷大政而与元老重臣发生的首次激烈冲突，虽无朋党之名，实则是仁宗年间朋党之争的开端。因为进对言事是台谏官的职责，所以宰臣不便以朋党的罪名厚诬他们，而是用极不正当的手段挫败了他们的行动。经过这件事，范仲淹和吕夷简走上了公开对立的道路。

中国人民大学历史系教授 包伟民

朋党是个贬义词，这毫无疑问。那么朋党问题在古代为什么如此敏感？在宋代也一样，为什么如此敏感？因为它损害了皇权。在皇帝的视野之下，所有的官员都不能组成小团体，因为一旦组成小团体，就会有小团体的利益了，就不会全心为皇帝服务了。

景祐二年（1035年）三月，范仲淹被任命为礼部员外郎、天章阁待制，重回京师供职。此时吕夷简已为相多年，一向"以姑息为安，以避谤为智"。这种看法未必公正，但至少可以反映出此人工于心计、遇事求稳的基本特征。朝中官员有不少出自他的门下，因而吕夷简难免有招权纳贿的嫌疑。在范仲淹看来，此类行径纯系奸臣所为。联想到吕夷简在刘太后当政时虽位居参政，却一味顺从，从未对太后的专权逾制提出过任何异议；等到仁宗亲政以后，他为了巩固自己的相位而逢君之恶，又充当仁宗废后的帮凶，这就更能证明吕夷简是个十足的小人。

基于这种看法，范仲淹回京后总想找机会再对吕氏发起攻击。

次年五月，范仲淹向仁宗献上了一份《百官图》，详细指明在这份官员升迁图中，哪些是正常迁转，哪些包含了宰相的私意。进而向仁宗建议说：任命大臣官员的权力应该掌握在皇帝手里，不能全交给宰相。吕夷简知道此事后，

吕夷简像

十分不悦，便在仁宗面前讥讽范氏为人迂阔、务名无实。范仲淹马上以牙还牙，写了一篇奏疏上达仁宗，其中多为针砭时政的内容，并且以汉成帝时期败坏朝纲的权臣张禹影射吕夷简。吕氏大怒，指斥范仲淹离间君臣、越职言事、引用朋党。于是范仲淹再度被贬，出知饶州。随后又有人迎合吕夷简的意旨，请求在朝堂上树立朋党榜，以儆戒百官越职言事。

范仲淹的再度被贬，激起了不少士大夫的义愤，一些与范仲淹同样供职馆阁的官员上书为他喊冤，结果都受到处分。而职司监察的台谏官们却慑于吕夷简的威势，又害怕招来朋党之议，多对此事缄默不语。当时许多官员都不敢为范仲淹送行，只有天章阁待制李纮、集贤校理王质不避嫌疑，到郊外为其饯行。王质甚至还公开宣称："希文贤者，得为朋党幸矣。"西京留守推官蔡襄还专门写了一首名为《四贤一不肖》的诗，来赞扬范仲淹、余靖、尹洙、欧阳修这些清流，讥讽谏官高若讷。这首诗一时间传

遍京城，就连契丹使者也特意将刊有此诗的纸张买回去，张贴在幽州驿馆，可见其影响之大。

北京大学历史学系副教授 赵冬梅

范仲淹是新型士大夫当中的佼佼者，他是非常具有代表性的人物。对官僚的责任这一方面，他看得极重。范仲淹喊出的那一句"先天下之忧而忧，后天下之乐而乐"，非常典型地代表了北宋中期士大夫那种有担当的意识。他们认为自己是这个国家的主体，这种主体意识，即主人翁的意识，是非常强烈的。

在这场政治风波中，以范仲淹为首的清流们虽然博得了若干舆论的同情，但其政治实力和经验还远不足以与以吕夷简为代表的元老重臣相抗衡。作为初登政坛的新秀，他们的力量和火候都还远远不够，还需要经受更多的磨难和历练。而吕夷简一方不但势力雄厚，盘根错节，而且手段老辣，招招致命。吕夷简加在范仲淹等人头上的罪名如下：

一是离间君臣。众所周知，在朝廷各派势力斗争当中，皇帝本人的立场和态度具有举足轻重的作用。从宋仁宗亲政初期宰相执政的成员构成来看，他所依赖的政治力量主要仍是一群前朝老臣。宋仁宗信任他们、倚重他们，甚至把他们视作自己治国理政的引路人和导师。吕夷简既是这群元老大臣中的佼佼者，又曾力主厚葬仁宗生母李宸妃，并帮助仁宗力排众议，废了郭皇后，因而在仁宗心目中更具有特殊的地位。在这种情况下，仁宗不可能容忍新进后生们离间他跟老臣的亲密关系。当新、老两派闹得不可开交时，他自然会舍范而保吕。

二是越职言事。自宋初以来，统治者立法施政处处强调预防弊端和平衡牵制，要求朝廷大臣们谨遵祖宗成宪，不可妄生事端，官场中已经养成了稳重守法、循规蹈矩的风气。范仲淹们身居侍臣馆阁之职，口舌之任非其所司，却肆意议论朝政，抨击大臣。虽本意不坏，勇气可嘉，但毕竟与朝廷体制不符。吕夷简攻击他们越职言事，在道理上是说得过去的。

三是引用朋党。自古以来，朋党为祸的事例比比皆是。宋仁宗在亲政之初，最怕大臣们结党营私，危害朝廷。前番台谏聚众请对，已让他感到头痛；此次范仲淹等人又越职言事，众口嚣嚣，肯定让他更加恼火。吕夷简对皇帝的心思了如指掌，因此不但能够让台谏系统的官员乖乖闭嘴，而且也能够以朋党的恶名令范仲淹之流轻易落马。手段虽不够光彩，但却绝对有效。

经过这场风波，宋仁宗更加念念不忘防范朋党，一再申明严禁百官越职言事。这与他亲政之初表现出来的开明姿态相比，无疑是一种倒退。

罢免吕夷简，重新起用范仲淹。新进势力虽然暂时被弹压下去，可老年政客的表现也越来越不能令宋仁宗满意。宰执中也分成以吕夷简为一方，以王曾为另一方的两派，动辄争吵不休。宋仁宗一怒之下，于景祐四年（1037年）将他们全部罢免，改由王随、陈尧佐等人组成新一届老人政府。这届政府的老朽昏庸和无所作为是北宋开国以来绝无仅有的。

王随拜相时已过花甲之年。早在真宗朝知应天府时，宰相王旦就说他办事糊涂，不能服众。仁宗亲政后，他凭借资格老，出任参知政事。吕夷简暂时罢相，即推荐他代替自己，成为这届政府的首相。他刚上任就病体难支，当了一年的宰相，什么业绩也没有。不但没有业绩，身为首相，他丝毫不能发挥协调和平衡政府成员的作用，每次议事都跟陈尧佐、韩亿、石中立等人吵得一塌糊涂。除了生病、骂人、拜佛外，他似乎什么正经事也没干过。

陈尧佐更以七十五岁高龄而登相位。此人的资格比老相李迪、王曾等人还要老。陈氏三兄弟（兄尧叟，弟尧咨，尧佐居中）都很有文采，陈尧佐尤其擅长诗词、书法，自号"知余子"。临死前曾自夸：我这辈子活到八十二岁高寿，官至一品，荣华富贵，总算对得起祖宗了。他是一个有福气的人，但绝不是一个有作为的政治家。

其他如参知政事韩亿、石中立、知枢密院事盛度等，也都是六七十岁的老者。这批人把持着政府，使得朝廷上下充斥着一股衰朽之气。有人甚至把此时的政事堂讥讽为"养病坊"，说这帮老朽光吃饭，不干事，而且个个揣着私心，只想着少生事端，全身而退，没有人关心朝廷政务。

可巧这一年倒霉的事情接连不断：先是宋仁宗好不容易得了一个儿子，却在出生当天就夭折了；七月，开封府上空出现了流星雨的奇异天象；到年底，河东又发生了罕见的大地震，庐舍人畜损失惨重，且波及京师地区。

根据古代天人感应的观念，如此频繁的灾异全是人间统治者失政的反映，是上天盛怒之下给予人间统治者的警告和惩罚。在这种情况下，宋仁宗不得不做出表示，诏令臣僚直言时弊。一时间奏章迭至，议论纷起。人们列举出宋仁宗亲政以来国家政务的种种弊端，将上天降祸的原因归结为政府的腐败无能，甚至把攻击的矛头直接指向宋仁宗。

在群臣的一致劝谏下，仁宗不得不于宝元元年（1038年）三月同时罢免了王随、陈尧佐、韩亿、石中立四人，重新调整了政府的人员组成。但这次调整仍然是换汤不换药，继任宰相的张士逊和章得象都是老臣，暮气已深，除了顺从皇帝的意旨之外，别无所长。面对日益严重的内忧外患，他们照旧"无所建明"，一筹莫展。中枢大臣既已如此，其他官员的因循墨守更可想而知。朝廷在这批人的把持下变得更加缺乏进取心，呈现出政事散漫、风气浮华的局面。

随着内忧外患的日益严重，宋仁宗痛感朝廷人才匮乏，也终于意识到老臣们并不中用。与此同时，那些因朋党的罪名而被贬黜的官员，特别是范仲淹本人，不但没有就此灰头土脸，反而在士大夫中间声誉更隆。在这种情况下，仁宗似乎对"朋党即小人"的观点产生了某种怀疑，在对待"朋党"的政策上也不得不作出相应的调整。迫于内外形势的压力，宋仁宗觉得有必要向新进士大夫们作出一定的让步。

1040年，仁宗宣布改元"康定"，重新起用范仲淹，让他到西北地区负责防务，为国效力。同时废除了不准越职言事的禁令，允许内外官员上书讨论朝廷政治得失。此后，一大批新进士大夫获得重用，终于能在政治舞台上大显身手。他们的代表人物范仲淹、韩琦、富弼等，又在安定西北局势、解决边境冲突中发挥了举足轻重的作用，成为仁宗皇帝不可或缺的股肱之臣。

相比之下，老相吕夷简已经日薄西山，衰朽不堪。内外官员对他的攻击也一浪高过一浪，认为他应该对当时朝政的种种弊端负全部责任。面对朝臣们不断施加的压力，宋仁宗只好忍痛割爱，罢免了吕夷简的宰相职务。一代权相，终于彻底退出历史舞台。

罢免吕夷简的同时，宋仁宗又对政府做了一系列的改组，将那些意气风发、敢于发声、勇于任事的年轻才俊吸收到重要岗位上来。经过这番改组，朝廷呈现出一派崭新的气象，庆历新政也由此开始实行。

庆历新政。庆历三年（1043年）的政府改组，使范仲淹、韩琦、富弼等一批主张改革的政治新星进入执政的行列，这在仁宗即位以来还是第一次，表明了仁宗皇帝决心兴利除弊、锐意革新的政治态度。

同年九月，仁宗在天章阁召见中书、枢密院官员，向他们询问当世要务和治国方略，又下手诏给范仲淹、富弼等人，让他们就国是发表意见。随后，范仲淹、韩琦、富弼等分别上书，向仁宗陈述了自己的改革建议。

从这三人的改革建议来看，共同的核心内容，就是整顿吏治，提拔贤能，罢黜那些不合格甚至有罪过的官员。此外，范仲淹还从加强法制建设、改革选举制度等更为长远的方面提出了改革吏治的途径和方法。

庆历新政涉及的范围虽然有限，但其矛头却是直指官僚体制的各项弊端，因而势必会损害官僚队伍中不少人的既得利益，所遇到的阻力也就可想而知了。

韩琦在提出自己的改革方案时，已经预感到改革一旦推行，流言蜚语必然随之而来。所以他特别希望宋仁宗用人不疑，认为只有这样，才能重振纲纪，实现太平。范仲淹早就被守旧官僚们讥为"迂阔"，此番主持新政，更成为这些人攻击的靶子。他们故技重演，仍以"朋党"之名攻击改革派，诋毁新政，最终导致新政流产。

就在守旧派向新政官员施放明枪暗箭时，又发生了若干意想不到的事件。这些事件不但暴露了新进士大夫自身的弱点，授人以柄，而且也造成了改革派内部的矛盾冲突和分裂。凡此种种又被守旧官员利用，致使朋党之议甚嚣尘上，再次触动了宋仁宗敏感而脆弱的神经，由怀疑新政人士进而怀疑到新政本身。

首先是台谏的分裂。

新政期间，欧阳修也是一位十分重要的人物。他不但文章名冠天下，而且一向以风节自励，遇事敢言，是公认的清流领袖，也是范仲淹最坚定的支持者。庆历三年（1043年），宋仁宗调整谏官人选，以天下名士为之，欧阳修位列首选，被任命为知谏院。上任伊始，他就表现得十分活跃：遇事必奏，言辞切直，举劾官吏，无所顾忌。而他在新政之初攻击得最多的，竟然是同样以弹劾官员为主要职责的御史台。

当时御史台的长官是王拱辰，他与欧阳修不但是天圣八年（1030年）的同年进士（王拱辰为状元，欧阳修为省元），而且还是连襟（二人同为前参知政事薛奎之婿）。按照常理，这种同年加亲戚的关系，最能结成天然的朋党。可是他们却在新政期间成了死对头。这也许是二人都极端自负、互相攀比、谁也不服谁的缘故。

台谏之间分裂和对抗的后果是十分严重的。自此以后，御史台成为新政人士的公开敌人，成为阻碍新政实施的一股重要力量。

二是滕子京事件。

滕子京，名宗谅，字子京，与范仲淹是同年进士，为人尚气节，以倜傥自任，一派名士风度。滕、范二人是一对志趣相投、患难与共的兄弟。早年间，滕子京也做过谏官，跟范仲淹一样敢言，因为多次上书批评宋仁宗沉溺女色而触犯龙颜，被贬出京城。后来范仲淹调离西北，力荐滕子京接任。然而没过多久，监察御史梁坚就弹劾滕子京滥用公使钱，数额达十六万贯之巨，其中除少量是按例犒赏西北蕃部之外，其余绝大部分都被滕氏做了人情，揣入私囊。不仅如此，御史还控告滕子京在听说朝廷要派人前来按察后，竟擅自焚毁了账本。仁宗大怒，令御史台全力追究此事。

这件事很快就演变成参知政事范仲淹与御史中丞王拱辰之间的直接冲突。范仲淹慷慨陈词，长篇大论，坚称滕氏是清白的，甚至不惜以辞去参政之职力保自己的老朋友。王拱辰则坚持认为滕子京贪赃枉法，证据确凿，应予重惩，并且也以辞职相要挟。御史台其他官员当然站在自己的长官一边，争相论奏。

在范、王之争中，宋仁宗最终站在了王拱辰一边：庆历四年（1044年）二月，滕子京被再贬为岳州知州。在仁宗看来，即便御史台反映的情况有点夸大其词，但官员涉嫌贪污总是不能容忍的。不仅如此，范仲淹身为执政，跟被告的关系又非同一般，不但不知回避，反而在朝堂上吵吵闹闹，实在有失大臣之体，难免有朋党的嫌疑。所以，仁宗此举未始不是敲山震虎、暗寓警告。

三是范仲淹和韩琦之间出现裂痕。

就在滕子京一案闹得不可开交时，围绕修筑水洛城（今甘肃庄浪）一事，范仲淹、韩琦这两大新政领袖之间又产生了矛盾。

在经略西北的政策方面，范、韩二人早就有过矛盾：范仲淹主守，韩琦主攻。

范仲淹离开陕西后，知永兴军的郑戬出任陕西四路都总管兼经略安抚招讨使，主持西北防务。郑戬是天圣二年（1024年）的进士，与范仲淹是连襟，两人关系密切。他在主持边务之后，继续实行范仲淹修固城堡、稳健防守的策略，支持边将刘沪修建水洛城，以便秦州、渭州的军队可以互相应援。不久，郑戬调离，城尚未修好。时任陕西宣抚使的韩琦和知渭州的尹洙都反对修筑该城，命令刘沪停止修建。刘沪不听，照修不误。尹洙大怒，派狄青逮捕了刘沪和协助修城的董士廉。

范、韩双方发生了激烈的冲突。韩琦支持尹洙，一再上言修城的弊病。范仲淹则极力为郑戬、刘沪等人辩护，并要求把尹洙调回京师。谏官余靖、欧阳修等人都站在范仲淹一边，认为修建水洛城有利无害。为了平息事端，仁宗只好将尹洙调离渭州，同时继续修建水洛城。

范仲淹、韩琦同为新进士大夫的领袖，尹洙也是蔡襄歌颂的"四贤"之一，曾被守旧官僚视作范仲淹的同党。此次他们却在修城事件上互相对立，不仅削弱了改革派阵营的力量，而且也进一步加重了宋仁宗对朋党问题的忧虑。

此时西北地区的形势已基本稳定，国内的动乱也暂时平息。宋仁宗似乎觉得可以舒口气了，一年前的改革热情已开始降温，转而更加关注朋党问题。

庆历四年四月，宋仁宗对辅臣说：自古以来都是小人结为朋党，也有君子结党的吗？范仲淹回答：君子、小人各有其党。如果结成朋党做好事，对国家有什么坏处呢？

范仲淹的回答显然无法消除宋仁宗的疑虑。在仁宗看来，既是朋党，总难免有小人之嫌。要想辨明君子、小人，也不是一件容易的事情。就算范仲淹他们是君子结党，这些君子们的自负、偏激、狂妄、强辩等习气也是令人难以容忍的。

同月，欧阳修写成《朋党论》一文，试图为朋党正名。可是这篇文章产生的实际效果却适得其反。首先，欧阳修不但自认是朋党，而且把朋党作为君子的专利。这就说明，以前人们对朋党的议论，并非空穴来风。进而使人们得出结论：凡主张改革、拥护新政的人，全是朋党。其次，圣人早就说过"君子不党"，历代朋党为祸的事实也为人们所熟知，统治者更是以防范臣下结党营私作为维护皇权的首要任务。面对如此强大的传统观念，欧阳修为朋党翻案的论点显然是缺乏说服力的，就连真正的正人君子也不会苟同。最后，也是最重要的，欧阳修明白无误地把官员分为君子和小人，凡赞成其观点者即为君子，反对者则是小人，并且要求宋仁宗按此标准"进贤退不肖"。这无疑是在公开制造分裂和紧张气氛，不但使守旧派对新政人士抱有更深的敌意，也使不少中间人士感到不安，产生动摇，从而给新政带来了更大的阻力。

庆历四年六月，前朝旧臣夏竦以阴谋手段构陷新政人士，迫使范仲淹、富弼离开了京师。

夏竦博学多才，曾经当过宋仁宗幼年的老师。然而此人一向心术不正，喜欢玩弄权术。宋夏战争期间，他担任陕西经略安抚招讨使，主持西北防务。在任期间表现平平，实际支撑西北局面的是范仲淹和韩琦。不仅如此，他还贪恋京师生活，不能忍受西北地区的艰苦，因而一再请求内调，引起了朝臣们的不满。庆历三年（1043年）政府改组时，宋仁宗曾打算任命他为枢密使，却招来台谏官的一致反对。在台谏官的极力阻止下，宋仁宗不得不撤销这项任命，已经启程的夏竦只好悻悻返回去。

这件事使得另一位名士石介欢欣鼓舞，他在兴奋之余写了一首《庆历圣德诗》，对范仲淹、韩琦、富弼、欧阳修等新政官员大肆吹捧，而把夏竦斥为大奸之人，使得夏竦怀恨在心。而且这首诗语气狂妄，荒诞不经，所以刚一出炉就引起了名士们的忧虑。石介的老师孙复说："石介的灾祸从此开始了。"

后来，夏竦唆使自己的婢女偷偷模仿石介的笔迹，伪造了一份废立皇帝的诏书草稿，并散布谣言，说是石介为富弼、范仲淹起草了诏书，妄图废黜当今圣上，另立新主，以便推行新政。

这一招既狠且毒，就算宋仁宗不信真有此事，也足以让范仲淹、富弼等人惶惶不可终日。庆历四年六月，范仲淹以防秋之名，出为陕西、河东宣抚使；八月，富弼出为河北宣抚使。

范仲淹、富弼出朝后，反对派对新政的攻击愈发猛烈。宋仁宗立刻下诏，罢免范仲淹、富弼、杜衍、韩琦的宰执职务，正式将他们贬出京城。新政首脑转眼之间罢黜殆尽。与此同时，新政的各项措施也相继被取消，庆历新政推行仅仅一年就夭折了。

"朋党"问题虽然不始于宋代，却是宋代政治史上挥之不去的阴影。这个问题在仁宗时期上升到了十分突出的位置，不但与士大夫政治有着天然的密切关系，而且左右了这一时期改革运动的走向和结局。

在历史上，"朋党"从来就不是一个好词。它起初是指同类之人为了自私的目的而互相勾结，后来引申为官员各树党羽、互相倾轧。在人们心目中，朋党是围绕私利而组成的集团，本无道义可言。同党之人为遂其私欲而不择手段，肆意诬陷非党之人，以致臧否失实，真伪相杂，污染官场风气，扰乱统治秩序。朋党现象对于最高统治者来说绝对是不祥之物，朋党兴则国衰亡，朋党亡则国兴盛。

由于这种观念已经深入人心，无论何人，一旦被指为朋党，不仅意味着政治生命的完结，而且也会在道义上背上恶名。因此，以"朋党"之名攻击政敌，历来是官僚政治集团斗争的一件可怕武器。

在士大夫主体意识觉醒的背景下，宋朝的朋党之争具有了新的内容和意义：它不但表现为新进士大夫为自身利益和抱负而与权臣之间展开的斗争，后来又演化成新党内部的分裂和相互攻讦。与以往的党争相比，宋仁宗时期被视作朋党的人更注重道义之争，并试图扭转传统观念，为朋党正名，指出了"君子之党"

与"小人之党"的分别。因而他们在斗争中不知避讳,甚至以朋党为荣,把朋党作为君子的专利品。这种新的模式对宋朝后来的历次政争都产生了影响。

宋仁宗永昭陵

尽管宋仁宗时期的朋党之争在一定程度上超越了单纯意义上的权力之争,并且经常被人们视为宋朝士大夫自我意识在政治领域中的实践和运用,但就其实际结果来看,并未能开辟出一个全新的政治局面。相反,由于新进士大夫自身素质及认识上的局限,还对政坛风气和社会风气造成负面的影响,严重干扰国家政务的正常运行和政治革新的顺利推进,成为北宋中后期党派倾轧和恶斗的先声,也成为宋朝政治史上令人诟病的痼疾。

王安石变法

王安石像

　　王安石不仅擅长写诗作文,而且是个学问家,对儒家经典和诸子百家的学说均广泛涉猎,造诣颇深。他不是一个死读书的人,喜欢独立思考,"断以己意",辩才无碍,"议论高奇"。这个特点使他有别于一般的文士和俗儒:既不以文才出众而沾沾自喜,也从不以拘守前人旧说为满足。这种近乎不可动摇的自信,也影响到王安石立身处世、为官从政的态度。在他看来,君子当以道德立身,以学问涵养,以济世为念,既要有施仁布惠的情怀,又要有经邦致用的才干。他不但自负于自己的经学造诣,而且十分强调经术与治国理政的密切关系,认为:"经术正所以经世务,但后世所谓儒者,大抵皆庸人,故世俗皆以为经术不可施于世务尔。"这种思想在他步入政坛时已初露端倪,以后在其主持变法的过程中更显得十分突出。

宋神宗最终选择了王安石。嘉祐八年(1063年)三月,在位长达四十二年的宋仁宗病逝。仁宗没有子嗣,由其养子赵曙继承皇位,是为宋英宗。英宗即位不久又重病缠身,且与曹太后失和,到治平四年(1067年)正月便撒手人寰了。由于当时财政极度困难,朝廷甚至不得不削减英宗的丧葬费用。

英宗死后,他的长子赵顼即位,是为宋神宗。

赵顼是英宗诸子中最出色的一位,勤奋好学,天性孝友。除了学习正统儒家经典,他对法家学说也表现出浓厚的兴趣,曾亲手抄录《韩非子》全书,令府僚校对。这种知识积累和思想旨趣对他以后临朝主政产生了影响。

自嘉祐末年以来,士大夫要求改革积弊的呼声持续不断。宋

宋神宗像

司马光像

神宗即位后,对臣僚推诚加礼,征询他们对于国家政事的见解,并在这种交流对话中对列位大臣留意考察,盼望能从他们中间选出一位可资依赖的股肱之臣,帮助他实现政治抱负。

当时前朝名臣大多健在,宋神宗对他们礼敬有加,然而他们就国是发表的见解却很难让这位锐意有为的年轻皇帝满意。以富弼为例:此人自仁宗至和二年(1055年)拜相以来,已变得十分老于世故,跟庆历年间那位勇于革新的"富相公"完全判若两人。当神宗向他请教边防事宜时,他给神宗泼了一瓢冷水,说什么"陛下临御未久,当布德行惠,愿二十年口不言兵"。从这次对话中,宋神宗意识到,尽管这些元老大臣德高望重,但已经暮气沉沉、思想僵化,想依靠他们进行改革大业是完全不可能的。

另一位重要人物是司马光。此人一向以正直敢言著称,道德学问为世人推重。宋神宗一开始对他寄予厚望,可他却在给皇帝的上书中大谈修心之要,让务实的宋神宗不得要领。在边防问题上,司马光的态度跟富弼如出一辙,要求皇帝清静持重,不可生事。因此,在宋神宗眼里,司马光也不是辅助他治国理政的合适人选。

在不断的观察和比较中,宋神宗最终选择了王安石。这是一项意义深远的历史性选择。

王安石字介甫,抚州临川(今江西抚州)人。他天资聪颖,读书过目不忘,为文动笔如飞,人皆服其精妙。庆历二年(1042

年），王安石高中进士第四名，随即被派往扬州，担任签书淮南节度判官厅公事，从此开始仕宦生涯。

当时王安石的文名已著于天下，就连文坛宗师欧阳修也对他称誉备至。他本可以凭借自己的文学才能踏上仕途捷径，但却一再婉拒好友和前辈的推荐，拒绝到朝廷"清要之地"做官。这种做派在当时朝野引人瞩目，许多人都把他看作是士大夫的典范。

从王安石的早年诗作中可以看出，他是一个极端自负且志向远大的人物。地方吏治跟老百姓的生活息息相关，所以王安石从政伊始即抱有"为官一任，造福一方"的想法。他在基层一干就是十六年，史书说他知明州鄞县时，"起堤堰，决陂塘，为水陆之利；贷谷于民，立息以偿，俾新陈相易；兴学校，严保伍，邑人便之"。此后又历任舒州通判、常州知府、江南东路提点刑狱，每到一地都留意民事，兴利除弊，干得有声有色。

在地方任职的实践中，王安石对社会问题的思考日益深入，逐渐形成了比较系统的改革思想。嘉祐三年（1058年）十月，王安石回京担任三司度支判官，向宋仁宗上了一篇洋洋万言的《言事书》，被视为后来实施变法的纲领性文件。

在这篇万言书中，王安石打出了"法先王"的旗号，试图通过"托古改制"的策略手段，用上古先王之法抗衡宋朝的祖宗家法，为变法扫清障碍。他认为，改革弊政的当务之急是解决吏治腐败、人才匮乏的问题，强调用人唯贤，用人唯才，循名责实，久任责成。针对朝廷财政拮据、"三冗"（冗官、冗兵、冗费）成灾的局面，王安石既赞成厉行节约，更重视开辟财源，主张因时因地制宜，通过改革现行各项财政制度来增加政府收入，从根本上解决"用度不足"的问题，也就是他后来经常说的"民不加赋而国用足"的理财思想。

宋神宗做皇子时，对王安石的大名早有耳闻，对这位文才卓绝、学识渊博、特立独行、富有创新精神的著名人物产生了浓厚的兴趣。当时，韩绛、韩维兄弟既是王安石的好友，又是王安石变法主张的热心支持者和鼓吹者。韩维是神宗的藩邸亲信，经常在神宗面前提起王安石及其变法主张，使宋神宗对王安石其人及其思想有了更深入的了解。尽管君臣二人尚未谋面，但年轻的宋神宗已经对王安石充满敬意，把他看作是能够辅佐自己实现富国强兵夙愿的重要人选。

熙宁元年（1068年）四月，王安石入朝。宋神宗特许他"越次入对"，以便随时与他讨论时政和治国之道。王安石一再鼓励宋神宗以尧、舜为法，以恢复先王圣政的气魄来破除因循守旧的习惯势力，改革祖宗家法中业已存在的弊端，实现富国强兵。这些观点引起了宋神宗的强烈共鸣，在他眼里，王安石的人品、学识、文才和吏能都是出类拔萃的，更重要的是，王安石意志坚强，有担当意识，对改革弊政有坚定的信心和系统的设想，用他来辅佐自己是再合适不过的了。熙宁二年（1069年）二月，宋神宗任命王安石为参知政事，"熙宁变法"由此开始。

宋神宗任命王安石为参知政事时，实际已赋予了他主持变法的全权。从此，君臣二人的命运就牢牢地联系在一起。宰相曾公亮说："上与介甫如一人，此乃天也。"

为了推行变法，朝廷设立了制置三司条例司。该机构由王安石和知枢密院事陈升之共同主持，实际负责者是吕惠卿，王安石事无大小必与之谋。此外，王安石又引章惇为编修三司条例官，曾布为检正中书五房公事。这三人都成为王安石推行新法的得力干将。

熙宁三年（1070年）十二月，宋神宗任命王安石为宰相，全面主持新法。与王安石同时拜相的，还有他的好友韩绛。与此同时，那些反对王安石变法的官员也相继被贬离职。为了全力支持王安石，宋神宗几乎提供了他所能给予的一切。

对于宋神宗来说，实行变法的最大目的是富国强兵。因此，王安石等人的改革方案也大都是围绕这一目的而设计和推行的。

均输法。北宋建都开封，其官民所需及庞大军队的物资供应，仰赖东南财赋重地。发运使司则是京师财货物资供应的枢纽，在北宋财政系统中有特殊的地位。在变法以前，发运使司只是根据朝廷硬性规定的数量和品种向东南诸路摊派物资，以供京师之需，供需脱节的问题十分严重。发运使司付出了巨额的运输费用，所运物资往往数量过剩或不合需要。一旦朝廷有所急需，则又临期仓促应办，致使地方不胜扰攘，富商大贾趁机操纵物价，非法牟利，于官于民均为不利。

朝廷首先选择这一跟京师财货供应直接相关的领域，作为财政制度改革的突破口。熙宁二年（1069年）七月，"六路均输法"正式颁行。在颁布新法的同时，宋神宗任命"尤善商财，计算无遗策"的原陕西转运使薛向为江、浙、荆、淮发运使，主持均输法的实施；并从国库中拨出钱五百万贯、米三百万石作为发运使司的"籴本"，以供周转之用。

均输法作为官方介入商品流通领域的初步尝试，所获致的效果是比较明显的。首先，改善了京师的物资供应状况，供需脱节的问题有所扭转，浪费大大减少。其次，官方平准物价的措施以及在赋税征收方面的若干变通，确实给农民带来了部分方便。再次，大大限制了富商大贾对市场和物价的操控，使"轻重散敛之权"重归公上。总的来说，均输法的实施基本上达到了预期目的。

均输法得以比较顺利地推行，原因之一是该法为"熙宁变法"的第一仗，上至皇帝、下至改革派人物都极为重视，颇有"慎重初战，务求必胜"的架势。原因之二是用人恰当，薛向在理财方面的突出能力在其主持均输法的过程中得到充分发挥。原因之三是实行均输法后的利益受损者范围有限，主要是一部分富商大贾，他们在强有力的政府干预面前反应微弱，不足以对新法造成重大阻碍。

青苗法。北宋仿效前代之制，在各路州县设置义仓，太宗时改为常平仓。设置常平仓的目的，在于调节粮食价格，以防丰年谷贱伤农和灾年富商大贾对农民进行高利贷盘剥，本来是一项维护农民利益的举措。然而随着时间的推移，这项举措在实行过程中产生了许多弊端：不少地方官不能按年景好坏进行籴粜，甚至与富商大贾相互勾结，借收籴和出粜之机共同渔利。还有一些贪官污吏竟敢私吞常平仓存粮，或擅自挪作他用。到仁宗年间，因边患频仍，朝廷每每挪用常平仓储粮以充军需，以致"蓄藏几尽"。在此情况下，常平仓已是有名无实。青苗法正是为了改革旧有的常平仓法而颁行的。

王安石在担任鄞县知县时，曾采取过"贷谷与民，立息以偿"的办法，以解决青黄不接时农民的缺粮问题，收到了较好的效果。

熙宁二年九月，青苗法颁行天下。主要内容包括：将常平仓、广惠仓所存钱谷作为本钱，在每年青黄不接时贷给民户。借贷者结成户保，根据自愿原则和偿还能力，贷取额度不等的青苗钱。借贷者随夏、秋两税归还所借青苗钱，归还时，须在所借钱数外加纳二分至三分的利息。

北京大学历史文化研究所教授 范国强

王安石在担任地方官的时候，地域小，行政层次简单，对信息的了解和分析也非常充分和符合实际情况，而且监督和管理成本也相对较低，使得这一个农业贷款系统可以有效运行。另外，没有上级政府的考核压力，而且王安石本人也不会利用职权搞腐败。但是，青苗法在全国推行的过程当中，情况就大不相同，青苗法的推行要经过官府，一旦经过官府，就很麻烦，里边肯定会有人钻政策的空子，因为这里面是有利益可图的。

从青苗法实施的实际情况看，官府获得了大量的利息收入。但因自愿原则受到破坏，利益受损的不仅是富商大贾和兼并之家，许多地区的民户也因官府强迫贷款、收取息钱而颇有怨言，在推行过程中有蜕变为政府敛财手段的明显趋势。青苗法也成为各项新法中争议最大、受到反对最多的一项内容。

农田水利法。熙宁二年四月，朝廷派员分路考察各地农田、水利和赋役等方面的情况，根据调查结果，拟定和颁布了"农田水利法"。

在朝廷的大力催办下，农田水利工作搞得热热闹闹、轰轰烈烈。从熙宁三年（1070年）到九年（1076年），各地兴修水利一万多处，受益民田、官田三十六万多顷，特别是多年荒废、户口极少的京西唐、邓、襄、汝等州的田土得到了大规模的开发。

在兴修农田水利的过程中，"淤田"成为改善土地质量、提高农业产量的一项重要措施。北方各地纷纷决放河水，将河水中的淤泥放入农田，使贫瘠之地变成沃壤，从前每年亩产仅五六斗的田地，现在增加到二至三石。

此外，朝廷还对治理黄河给予了极大关注。朝廷特设"疏浚黄河司"，负责治理黄河。但因工程浩大、技术困难，最终难有大的成效。熙宁十年（1077年）五月，发生了黄河曹村大决口。此后，黄河分为两路：一路与泗水会合，自徐、邳至淮阴而入于淮水；一路与济水会合，经东阿、历城等地，在利津入海。北宋政府根除黄河水患的愿望化为泡影。

免役法。宋初以来实行按户等轮差各种职役的制度，将民户按财产多少分成九等，规定下五等户一律免役，上四等户则根据其户等高下承担各类职役（又称差役）。因为九等中的下五个等级通常被视作一个等级（即第五等户），所以又称为五等户制。

职役分为以下几种：一是衙前，负责运送上供官物，管理府库，兼理官厨、馆驿、河渡等事；二是里正、户长、乡书手，主要负责催督赋税；三是承符、散从、人力、手力之类，供州县衙门驱使，奔走公事；四是耆长、弓手、壮丁之类，负责捕捉盗贼，维持地方治安。

差役制度在一定程度上体现了地主阶级的政治权力。对乡村上户而言，通过承担职役，他们不但把持着农村基层政权，而且占据了州县官府的部分吏职，但同时也意味着他们要对封建政权承担更多更重的义务。随着时间的推移，差役制的弊病也日益暴露出来。

在各色差役之中，负担最重的是衙前。轮充衙前的乡村上户，如果损耗了官物或府库财物，必须照数赔偿；外州的衙前押送官物至京师，又每每受到官吏的刁难和勒索，以致长期不得归还。从仁宗朝起，轮充衙前者往往倾家荡产，乡村上户普遍视衙前役为畏途，想方设法逃避。轮差里正的乡村上户，催督赋税如有缺额，都要先期垫付甚至代为缴纳，负担十分沉重。里正役满后，还要充任衙前，更使这类乡村上户雪上加霜，苦不堪言。

从仁宗时期开始，围绕衙前役的局部改革已经开始，让轮充衙前的民户出钱、由官府募人充役的情况，已非少见。熙宁二年（1069年）十二月，王安石等人确定了以募役代替差役的改革原则，熙宁四年（1071年）十月又在全国正式推行免役法。

免役法的主要内容是：前此轮差职役的民户不再服役，改为按土地、家产多少缴纳免役钱。前此无差役负担的官户、僧道户、女户、单丁户、未成丁户以及上五等的坊郭户，一律按其户等减半出钱，谓之助役钱。各路州县可预计所辖境内一年所需的雇役费用，按户等摊派，免役钱和助役钱随夏、秋二税同时缴纳。在通常所需的役钱之外，还要加收百分之二十，以备水旱灾荒年份之用，称为免役宽剩钱。

根据新法规定，原先享有免役特权的官绅形势之家也须缴纳助役钱。在实施过程中，某些地方向豪强大户征收助役钱唯恐不多。这些举措的确体现了抑兼并的意图，在一定程度上限制和打击了官僚地主阶层的既得利益，也成为免役法招来激烈反对的主要原因。

在历史上，差役法是封建劳役制度的一种形式，不但给民户造成沉重负担，也会妨碍正常的农业生产。王安石免役法改行纳钱募役，使民户在一定程度上摆脱了沉重的劳役负担，是有进步意义的。同时，纳钱募役的普遍推行，对于刺激商品经济的发展也有帮助。由于大量征收免役钱、助役钱和免役宽剩钱，使北宋政府获得了一个新的稳定财源，财政状况大大改观。

但免役法在本质上仍是朝廷的敛财手段，从财政体制改革的角度看，并无多少新意。新法推行过程中户等失实、负担不均的现象十分严重。官府大量敛财，致使民间出现钱荒。通过增加地方吏员俸禄来改善吏治的效果也不明显。

市易法。市易法是一种政府垄断商业的政策，也是王安石

"民不加赋而国用足"理财思想的具体体现。

熙宁五年（1072年）三月，自称"草泽"的魏继宗上书朝廷，建言实行市易法。王安石等人对他的建议深为赞赏，便以中书的名义向宋神宗建议在开封设市易务，专主其事。

市易务成立后，神宗任命吕嘉问为提举官，并拨内藏库钱一百万贯和京东路八十七万贯作为市易务的本钱。自此以后，各地也相继设立了市易务。熙宁六年（1073年）冬，开封市易务改为都提举市易司，统辖各地市易务。

市易务垄断经营的商品范围极其广泛，大到茶、米之类的主要消费品，小到果蔬、芝麻之类的零碎商品，可谓无所不有，以致人们惊呼市易务欲"尽收天下之货，自作经营"。

封建王朝推行商业垄断政策，目的无非两个：一是抑制富商大贾，平衡物价；二是增加政府的收入。而后者又往往是最直接、最主要的目的。

市易法的推行不仅限制和打击了富商大贾的利益，也损害了中小商人的利益。主持市易务的官员专欲敛财，对稳定市场秩序、促进商业繁荣等事却不十分用心。为了多取利息，市易务在统购统销各类商品的同时，还以官钱直接向民间放贷。此外，政府还在原有商税的基础上，向商人加摊所谓"市例钱"，即在商税正额之外加收百分之十的附加税，充作市易务吏员的"膳食之费"。所以，市易法虽然在增加政府收入方面成效显著，但由此而引起的争论和斗争也是相当激烈的。

方田均税法。随着土地私有制的高度发展,宋代"田制不立"的状况已成定局,政府对土地所有权及其转移不再过多干涉。在田产转移不定、买卖频繁的情况下,民间财产占有状况与赋役负担之间不平衡的现象极为突出。官绅豪强占田无限,又享受着免税免役的特权,成为土地兼并愈演愈烈的总根源,也是侵蚀政府财税基础的主要因素。作为田赋和差役主要承担者的中小地主和自耕农民,压力更为沉重。为了逃避压力,他们往往托庇于官绅形势与豪强大户,伪立契券,诡称佃户,向保护者缴纳一定数额的租课,以求不入官府税籍;或分家析产以求降低户等,隐瞒年龄以逃避身丁。这些"诡名户"日渐增多,越来越影响政府的赋税收入,到北宋中期遂酿成十分严重的财政危机。

在熙宁变法以前,已经有人要求改变这种状况。宋仁宗康定年间,郭谘在洺州肥乡县(今河北肥乡)创设"千步方田法",成为熙宁年间方田均税法的先声。

随着免役法的推行,政府在核定田产、户等方面已经积累了初步的经验。在此基础上,朝廷于熙宁五年(1072年)八月颁布了方田均税条例,首先在开封及京东路施行,以后又推广到河北、河东、陕西等路。

由于丈量田地需要大量的人力物力,政府又无专项拨款,因而推行起来相当吃力。同时,丈量工作也存在不少技术方面的困难,如平原易测而山地难量、土地成色等级缺乏精确的衡量标准等。此外,丈量过程中纠纷不断,常有反复。凡此种种,使得此法的实施进度十分缓慢,且范围始终没有超出上述诸路。

免行法。在王安石变法以前,京师开封的各行商贩及手工业者除须缴纳税钱之外,还要承担内外官司在物品和人工方面的种种摊派。这些强行摊派和科配,成为工商户的一大负担。

熙宁六年(1073年),朝廷成立"详定行户利害条贯所",讨论和拟定相关政策。同年七月,免行法正式实行。各行根据利润的厚薄多寡,按月或按季缴纳免行钱,可以免除行户祗应,或者由官方为其雇人代役。由于市易务直接参与了免行法的制定,且免行钱又是由市易务负责征收,因此有人将此法视作市易法的补充和发展。

免行法与免役法也有相似之处。后者主要是为了解除乡村民户的差役负担,前者则是为了缓解工商行户的科配负担。这两项法令在客观上有利于各行业的人员专务本业、发展生产。但在免行法的推行过程中,也出现了免行钱征收过重或分摊不均的问题,使得不少行户宁愿忍受科配,而不愿缴纳免行钱,甚至出现了既纳免行钱而又不免科配的现象,使行户承受了双重负担。

裁减冗兵,整顿编制。熙宁变法的另一主要目的是强兵,希图扭转北宋王朝长期以来的"积弱"局面。这一时期在军事方面的改革举措包括以下几个方面:一是裁减冗兵,整顿编制;二是实施将兵法,加强军事训练;三是推行保甲法,强化地方治安,并寻求恢复征兵制的途径与方法;四是军备物资方面的改革,如设置军器监,推行保马法等;五是设置武学,重视军事人才的培养。

仁宗末年宋军员额冗滥，素质低下。神宗即位之初，全国兵额仍保持在一百一十六万二千人，其中禁军员额为六十六万三千人。将校们吃空额、中饱私囊的现象也相当严重，以致编制虚浮不实。这种状况若不加以扭转，富国强兵只能是一句空话。有鉴于此，神宗在位期间始终致力于整顿军制，以求裁减冗滥，提高军队的战斗力。

在王安石担任参知政事的前一年，即熙宁元年（1068年），宋神宗就颁布诏书，令"诸路监司察州兵拣不如法者，按之。不任禁军者降厢军，不任厢军者免为民"。同年七月，又对各路的"半分"禁兵（又称"小分"：北宋拣汰禁兵，凡不任征战者，减充小分，供军中杂役，因其只领半饷，故谓之"半分"）作了厘整和汰减。

熙宁二年（1069年），又诏令裁并各处禁军编制，确定每营兵额。这件事先从聚兵最多的陕西路开始实行，此后扩展到其他各处。在大约不到两年的时间里，全国各地的禁军人数都做了重新裁定，一部分禁兵、厢兵的番号被撤销。

通过裁减冗员和整顿编制，到熙宁末年，禁军人数为五十六万八千有余。厢军到元丰（1078—1085年）末年整编为八百四十指挥，计二十二万七千余人。大体说来，神宗时期禁、厢军的总人数不超过九十万，比英宗治平年间减少了约三十万，还是很见成效的。

将兵法。变法以前，北宋禁军实行更戍法，造成兵不知将、

文彦博像

将不知兵的局面，军队缺乏训练，战斗力低下，其弊端在历次对外战争中已经暴露无遗。针对这种状况，神宗年间大力推行将兵法，代替更戍法，希图通过这一措施来加强军事训练，提高禁军素质。

将兵法最早可追溯到仁宗庆历（1041—1048年）年间。文彦博曾言："庆历初，陕西四路之兵，逐路始分数将，每将马步不下三二千人，各自训练，务要精熟。兼得兵将相谙，使唤之际，尽知人人所能，则鲜败事。"范仲淹"首分鄜延路兵以为六将，将各三千余人。选路分都监及驻泊都监等六人，各监教一将兵马。又选使臣、指挥使十二人，分隶六将，专掌教阅"。但这类措施都是为应付西北危局而临时采取的，对朝廷军制并未造成多大影响。

熙宁年间，蔡挺首先在他管辖的泾原路推行新制，训练禁军。在加强训练的同时，实际已改变了禁军原有的编制，采取了伍、队、阵、将的新编制单位。即五人为一伍；五伍为一队；五队为一阵；"每将皆马、步军各十阵"，共计二千五百人。在训练上，每天教阅一阵。这种编制形式更有利于训练和实战，对北宋后期的禁军编制产生了很大影响。

蔡挺不但注重禁军的训练和改造，而且也十分重视对当地义勇军的训练，使之"与正兵相参战守"。这样既节省了兵费，又巩固了边防。这些措施引起了宋神宗的极大兴趣。

熙宁五年（1072年），神宗召蔡挺入京，任命他为枢密副使，负责推行将兵法。次年夏，此法初行于河北四路。熙宁七年（1074年），王安石一度罢相，但将兵法的实施工作并未停止，而是由北及南，次第推行。元丰四年（1081年），东南各路也都设置了将官。至此，将兵法已在全国普及。将兵法实行后，虽也存在着新、旧编制（系将禁军与不系将禁军）并存相混等问题，但对于加强军事训练、提高禁军素质还是有帮助的，因此反对者较少。

保甲法。王安石推行保甲法，不仅是为防范盗贼、加强地方治安，更重要的目的，是力图恢复征兵制，以取代募兵制，消除雇佣兵"无赖奸猾""骄纵恣肆"的积习，裁减因实行募兵制而造成的巨大兵费开支。

募兵制在仁宗时期已经弊端丛生，由招募而来的正规军，其战斗力之孱弱，已成为外敌口中的笑柄。裁汰冗兵、招刺义勇之类的议论也由来已久。但因为募兵制是"祖宗家法"中一项极重要的内容，加之推行既久，改造起来也有很大的难度。所以要求改革的呼声虽高，但朝廷始终未能采取任何实质性的措施。

最先提出实行保甲法的，是管勾开封府界常平广惠仓农田水利差役事赵子

持骨朵武士，四川泸县宋墓石刻

畿。在赵子畿上疏建言的基础上，司农寺制订了《畿县保甲条例》，以朝廷的名义颁布实施。

乡村民户以十户为一保，五保为一大保，十大保为一都保，选主户中最有财力和才干者分任保长、大保长和都副保正。民户不分主、客，凡有两丁以上，即选一人充当保丁。单丁、老幼、病患、女户之类，令就近附保，不编充保丁。除官府禁止使用的兵器外，其余如弓箭等并许从便自置，以便习学武艺。

每一大保逐夜轮差五人，在所保范围内往来巡逻。遇有盗贼，即击鼓报警，由大保长率同保人户追捕。若盗贼窜入别保，则击鼓呼应，协助捉拿。捕贼有功者，均有奖赏。同保人户互相监督，如发现有重大犯罪行为，必须举报，否则连坐处罚。本保内有外来行止不明之人，并须觉察，收捕送官。各保所辖人户及保丁，都要置牌记录，以备官府审查。保内如有人逃亡、迁移或死绝，须申报县衙。外来人户入保居住的，也要向官府申请，收入保甲。

从这些条文来看，推行保甲法的最初目的是要在乡村建立起严密的治安系统，以防止民户作奸犯科，强化封建统治秩序。

保甲法颁布后，先在开封、祥符二县试行，又扩展到开封府界所属其他各县。接着在京东、京西、河北、河东、陕西五路实行，最后普及推广到全国各地。

就军种类型而言，保甲属于"乡兵"。为了达到"与募兵相参"以及最终取代募兵的目的，宋朝采取了保甲上番（值勤）和教阅（训练）两项主要措施，以提高保丁的军事化、正规化程度。

由于朝廷推行保甲上番与教阅的制度，使民户重新担负起兵役的任务，引起了极大的纷扰。与此同时，教阅保甲也没有达到预期的效果。在元丰年间对西夏的战争中，义勇保甲仅仅充当守城、转运、杂役之类的辅助性工作，并未作为正规军使用。正因为如此，保甲法在推行过程中遭到激烈的反对，也就很自然了。

到元丰年间，宋神宗对通过推行保甲法来革除兵制之弊的方案已丧失信心，重新恢复了对募兵制的正面评价。当时，保甲教阅虽仍在进行，但大体已流于形式。宋神宗更倾向于把保甲法的功能定位在维持治安方面，不再试图以保丁取代募兵。

保马法。自中唐以来，因河西之地尽失，唐朝失去了最重要的军马来源，被迫以大量金银绢帛与西北诸蕃交换马匹，而唐军也逐渐转变为以步兵为主。这种情况一直延续到北宋时期，宋军马源多仰赖于跟西北少数民族之间的边境贸易。因战马匮乏，北宋禁军以步兵为主，骑兵为辅。因缺马而导致的战术劣势，使宋军在对外战争中常处于十分被动的地位。

与此同时，北宋马政的腐败也由来已久。具体表现为管理废弛、马种低劣、成本昂贵、马匹死亡率高等。在这种情况下，改革马政也被提上了议事日程。

熙宁六年（1073年）八月，朝廷颁布保马法，先在开封府界实行，随后推广到京东、京西、河北、河东、陕西五路，由各路监司、经略使及州县负责其事。

保马法推行后，牧监的养马费用和马匹的死亡率均有明显下降。但光靠这一项措施，并不足以扭转北宋马源匮乏、骑兵落后的局面。保甲养马名为自愿，实际上摊派现象普遍存在，官府只是把养马的负担转嫁到了民户身上。

军器监。熙宁六年（1073年）六月，宋神宗接受王安石之子王雱的建议，设置军器监，总内外军器之政，将原属三司胄案的事务全部移交军器监。并且规定：在出产兵器材料的各州设置都作院，负责地方军械之政，由军器监颁发兵器样本，作为法式。

神宗对军器监事务非常重视，经常亲自过问兵器制作的情况，还亲自汇集各类兵器的制造法式、样式及改进之法，撰成了一部百余卷的专著，可惜其书已佚。

经过十多年的努力，军器监的工作颇见成效，所造兵器数量大增，足够几十年征战之用，且制作工艺明显改善。由布衣李宏研制发明的"神臂弓"，射程达二百四十余步（约合三百七十余米），可穿透榆木，箭身深入半截，劲利无比。熙、丰年间，这种利器开始装备宋军，到南宋初期仍是令金军生畏的武器。

振兴武学。在边疆形势日益紧张的情况下，北宋政府曾费尽心力试图解决军事人才匮乏的问题，宋神宗兴置武学，就是这种努力的具体体现。

武学初置于仁宗庆历年间，但随即招来众多非议。在重文轻武的风气下，官僚士大夫认为没有必要单独设立武学，让读书人讲习武事。建学以后，报考者也寥寥无几。因此创置仅三个月，即遭废罢。

宋神宗熙宁五年（1072年），复置武学。学生以一百人为额，选文武官知兵者为教授，并在武学中推行三舍考选法。武学生在校学习诸家兵法（元丰中，以《孙子》《吴子》《六韬》《三略》《尉缭子》《司马法》和《李卫公问对》颁下武学，作为教材，合称"武经七书"），同时由教授官讲授历代用兵成败事迹，并接受忠义气节方面的教育。此外，还要学习阵法、武艺。

武学之设在中国古代教育史上尚属首次，在当时虽未能完全达到培养和造就大批军事人才的目的，但其意义是不容忽视的。

改革科举，振兴教育。自庆历新政以来，士大夫中主张改革的人每每以士风萎靡、吏治腐败、人才不足为患，王安石也持同样的观点。早在嘉祐年间（1056—1062年）的"万言书"中，他就认为革除弊政的当务之急，是解决人才匮乏、吏治腐败的问题，并就人才的培养、选拔、任用等方面提出了系统的改革设想，主张改革科举制度，振兴学校教育，统一思想道德，培养和选拔拥护改革政策、具有真才实学的社会政治人才。当他在熙宁年间执掌朝政之后，便把这些观点和设想付诸实施，对科举选士制度和官学教育进行了一系列的改革，史称"熙宁兴学"。

宋仁宗时期的"庆历兴学"为时很短，由于师资、经费不足，缺乏必要的考选升补制度，加之守旧官僚的反对，很快就停止了。到仁宗末年，科举考试脱离实际的问题更加严重。神宗即位之初，新、旧党中不少著名人士对于改革科举和振兴学校都持有基本相同甚至完全一致的观点。旧党人士程颢、吕公著提出了"一道德以同俗",渐罢科举,使人才的培养和选拔悉由学校的主张。司马光也建议废罢帖经墨义,改试经史论策,并要求参加科考的士人必须经由政府官员推荐,以便考察其行为品德。这也都是"熙宁兴学"试图实现的目标。

熙宁四年（1071年）,朝廷正式颁布兴学诏令。"熙宁兴学"的内容主要包括：

对科举考试内容及科目进行改革和调整。由于进士科长期以来在各项科目中占有特殊重要的地位,因而自然成了改革的重点。改革者希望通过罢试诗赋声律和帖经墨义,改试经义论策,使进士科的考试内容更加切合实际,以此来扭转科场浮华不实的毛病。科举士人及选人、门荫子弟并试断案和律令大义,以督促他们留意政事,敦本实学。

科举考试和学校教育的内容有了更加统一的标准,即以王安石的《三经新义》作为出题的依据和衡量的标准,并取消了《春秋》的儒经地位。此举的本意是为了摒除异端杂学,以达到统一思想和道德的目的,为推行变法服务。王安石在经学方面造诣精湛,久为时人所推崇,又是变法的领袖人物,所以宋神宗认为只有他才有资格撰为经说,以为天下取法。但这样做的结果,又使得天下士子趋"新学"若鹜,非王氏不学,思想重新受到束缚,以致旧弊尚未铲除,新弊又已萌生,这大概是王安石等人始料未及的,也成为反对派攻击新学的主要理由。

振兴学校教育的工作比庆历年间更加深入。除了进一步发展地方官学外,最重要的政策举措,就是在太学中严格实行三舍考选法，建立了比较完善的学生考选升补制度。即使在王安石罢相之后，三舍法也一直沿用不辍。三舍法是北宋官学教育不断发展的产物，在中国古代教育史上有重要的地位。这项制度的特点，一方面表现为对在校学生学业和行为考察的连续性和严密性，另一方面则体现在官学的考察课试制度直接与科举取士制度结合起来。在实行三舍法的情况下，太学已取得了部分取士权，使得人才的培养和选拔逐渐连成一体，因而对读书人产生了较大的吸引力。

神宗时期，学校教育全面发展。除太学之外，其他专科类学校也取得了长足的进步。武学已如前述，律学也创置于这一时期，医学更趋完善。凡此种种，也从一个侧面反映了改革派人士求真务实、敦本实学的精神，值得人们重视。

新法遭遇的非难。熙宁变法是在极端困难的情况下进行的。新法推行伊始，即招来众多的非议和阻挠。随着新法的全面实施，反对之声也日益高涨，官僚集团中形成变法派和反对派（即新、旧两派）两个相互对立的阵营。两派之间的纷争，有观念之争、政见之争、利益之争，也不乏意气之争，呈现出错综复杂的状态。由于新法所涉及的领域相当广泛，更由于社会发展中所出现的若干新变化，即便是矛盾对立的双方也都难以超越传统认知的局限，去体会和理解问题的症结所在，从而使这种论争最终陷入"义利之争""君子小人之争"的思维窠臼，既无助于实现兴利除弊、挽救危机的目标，更使得统治集团内部自此陷入无休止的恩恩怨怨、分裂争斗之中，对北宋后期政局的影响，至深且巨。

反对派加在王安石和变法派头上的罪名集中体现在三个方面：一是变乱祖宗家法，二是与民争利，三是用"王氏新学"钳制天下士人，实行文化思想专制。

反对派非议新法，原因之一，就是认为"祖宗之法不可变"。在宋朝，祖宗家法有一种被神化的趋势。其理由是很显然的：经过太祖、太宗创制立法的努力，北宋政权避免了成为继五代之后第六个短命王朝的厄运，初步实现了国家的统一，到神宗继位之时已保持了一百多年的太平稳定。这样的祖宗法度，难道是可以随意变更的么？

在他们看来，祖宗法度虽有弊端，但还没有到可以被彻底否定的程度。如司马光曾说："治天下譬如居室，敝则修之，非大坏不更造也。"许多在仁宗末年呼吁改革的人士（包括司马光在内），到熙宁年间都成为新法的反对者。究其原因，都跟他们对当时形势的基本判断有关。在他们当中，许多人只是对仁宗末年的种种积弊表示不满，而对于此类积弊跟祖宗家法有何关系，却似乎没有或者不愿意有清醒深刻的认识。

反对派非议新法，原因之二，是认为圣主治国，当以道义为本，仁政为先，"富国强兵"只是细枝末节，绝非正道。与这种观念相联系的，是认为君子不当言利，人主不当与民争利。

熙宁变法所要追求的目标，就是实现富国强兵。强兵的前提，则是富国，因而新法中的大多数内容，都跟理财有关，这就很容易招致传统观念根深蒂固的士大夫们的反对。新法实施后，来自反对派的批评就更加尖锐了。知谏院范纯仁一再上书，攻击新法，把主持和推行新法的人士一概斥为嗜利小人，极力主张罢免王安石，废除新法。

除了传统观念和守旧势力的巨大阻碍，新法在推行过程中所出现的种种问题和弊病也成为反对派人士指斥新法、攻击变法派的重要口实。他们攻击最力的，是青苗、免役、市易等法。

反对派指责青苗法有以下弊端：一、名为济困乏，抑兼并，实为官府敛财取息的手段，"是别为一赋以敝海内"。二、名为自愿，实为强行摊派，这在富户身上体现得尤为突出。三、既损害了富户的利益，也无助于贫户渡过难关。四、青苗息钱并不比高利贷轻。按法令规定，每半年（分夏、秋两期）取息二分，一年就是四分利息。实施过程中还要多于此数，每每高达六分。此外，偿还时必须一体纳钱，不得以他物充代，致使钱重物轻，无形中又加重了民户负担。五、官府散尽常平本钱以行青苗法，极易造成官钱流失，使朝廷丧失应付紧急局面的能力。六、由于贫户往往无力偿还青苗本息，其经济地位更加岌岌可危，实际上又为兼并开了方便之门。

应该说，反对派的这些指责大都是有事实依据的。他们不但一再上书表态，反对青苗法，而且不少人还在自己的辖区内拒绝推行此法，上至德高望重的韩琦、富弼，下至仅为一县父母官的陈舜俞，都有"不奉令""持不行"之类情形。

反对青苗法的呼声如此之高，以致几乎中断了整个新法的进程。

宋神宗看到老臣韩琦的奏疏后十分忧虑，对人们反映的青苗法的弊端感到不安，甚至对新法的立意也开始有所怀疑。王安石虽多方辩驳，仍不足以使宋神宗释虑。王安石见说服不了宋神宗，干脆称疾不出，上章请求解除职务。

此时宋神宗还需要依靠王安石主持变法，实现富国强兵的宏愿。经过一番权衡之后，他终于又站到变法派一边，令吕惠卿谕旨，请王安石继续执政。

从仁宗晚期开始，改革役法已逐渐成为朝野许多人士的共识，一些地方官员在各自所辖区域都进行了改差役为雇役的尝试。嘉祐七年（1062年），司马光也在其理财名著《论财利疏》中提出对衙前役进行改革。他在该疏中还重点提出了让坊郭上户承担衙前役的观点，理由是坊郭上户脑子灵活，擅于经营，比乡村上户更能胜任"部送纲运，典领仓库"的职责。

然而从熙宁三年（1070年）底免役法开始推行，该法很快就成为反对派诟病的焦点，其激烈程度不亚于对青苗法的责难。

王安石曾说，改革差役法的根本目的，在于"去其疾苦，抑兼并，便趣农"。可是在变法派制定政策和推行政策的过程中，免役法的不少内容却与王安石所表达的改革意向颇有出入，这是该法引起众多非议的主要原因。

熙宁三年十一月，司马光上疏，对免役法提出全面批评。司马光之所以改变初衷，对免役法大加责难，是因为变法派所设计的新法内容跟他原先所设想的役法改革大相径庭。首先，改革已不仅限于衙前役，而是全面废除差役法。原先乡村上户轮流差役，犹有休息之期，如今岁岁纳钱，实际负担加重。原先乡村下户及单丁、女户之类的贫困户可免差役负担，如今却要一概出钱助役，这纯属官府的公然盘剥。受雇应募者多为浮浪不根之人，因缘为奸、玩忽职守的情况在所难免。若受雇之人不足以应付公家之事，势必还要轮差民户，遂使"免役"流于虚文。

对于新法给贫困民户所造成的危害，王安石是承认的。然而，当宋神宗也担心剥削太重会招致民怨时，王安石却说："祁寒暑雨，民犹怨咨者，岂是顾也！"这就未免强词夺理了，与其"去民疾苦"的改革初衷大相径庭。另外，不少官吏对新法奉行过当，在确定户等时经常上下其手、非法升等，致使民户负担进一步加重。

新法实行后所征收的免役钱、助役钱以及免役宽剩钱，并非全用于雇人服役。按照苏辙的说法，雇役"所费止用所入三分之一"。除去雇役所花费用外，朝廷每年都从征取的役钱中获得大量盈余，这也进一步凸显了免役法为朝廷敛财的实质目的。

市易法也受到反对派众口一词的指责，并且集中体现了新、旧两派在理财观念上的激烈冲突。老臣文彦博的观点在当时极具代表性，其核心内容即是反对官府垄断商业，与民争利，认为这是一桩有失体统、可羞可耻的事情。在这种观念影响之下，宋神宗对于市易法也是始终抱有疑虑的。他曾经向王安石追问："市易务卖果实，审有之，即太繁细，令罢之如何？"王安石虽一再辩解，但理由却苍白无力。只是因为该法在开辟财源方面更加直截了当，所以才未遭废罢。

在熙宁年间的各项新法中，如果说青苗、免役、市易诸法是为了开辟财源，那么保甲法则是为了节省朝廷开支，改革兵制，增强军力，但这个目的并未达到。

元丰八年（1085年）宋神宗去世后，反对派对保甲法提出了全方位的批评和责难，综合起来有这么几条：一是立法与执法者不恤民情，不识时宜，立法草率，执法苛严，使乡村民户产生强烈的抵触情绪。二是保甲上番、教阅耽误农时，影响民户生计。三是强迫保丁自办各类教阅器械和设施，加重民户负担。四是保正、保长及各级官吏以权谋私，缘法作奸，残酷迫害和敲诈乡村贫户，致使官民矛盾、阶级矛盾激化。五是因矛盾激化而导致保丁反抗，使保甲法走向其反面。六是保丁接受训练并非自愿，素质和战斗力并无多大提高，很难达到强兵的目的。七是保甲法跟免役法的部分内容有冲突，致使执行过程中抵牾混乱颇多，令人莫知适从。这些问题和弊端，都是变法过程中实际存在的。

在实行募兵制的条件下，兵民分离、百姓不知兵事的状况由来已久，变法派试图通过推行保甲法来恢复兵民合一的制度，纷扰可想而知。且不说这种想法是否现实可行，即便可行，也绝非一朝一夕所能办到的。加上各级官吏奉行过当，督责太严，势必引起户民强烈的抵触情绪。当时开封府界的各县乡民，为了逃避新役，甚至发生了自毁肢体的事情。

站在今天的角度看，如果当时变法派不是热衷于得不偿失的恢复民兵制的努力，而是侧重于对现行募兵制及其他军制进行改革和整顿，并根据内外形势的变化适时调整"守内虚外"的传统战略方针，致力于提高国防力量的主体——禁军的素质和战斗力，则其遭受的阻力可能会小一些，改革的成效也可能会更大一些。

至于科举与学校改革方面，也存在着激烈的斗争。反对派攻击最力的，是认为不应该以王安石一家的学说作为取士标准。反对派特别是理学的代表人物攻击"王氏新学"，也带有争夺意识形态主导权的意味。客观而言，"一道德"是政治斗争的工具，对学术思想的自由发展有害无益。无论是北宋中后期占主导地位的"新学"还是后来的理学，一旦定于一尊，学术思想的生命力也就枯竭了。

变法派阵营的矛盾和分裂。作为主持变法的核心人物，王安石有着明显的性格弱点。《宋史·王安石传》说："安石性强忮，遇事无可否，自信所见，执意不回。"这种看法，大体是符合实际的。司马光说王安石"贤而愎"，可谓一语中的。就连王安石早年的好友曾巩也批评他"勇于有为，吝于改过"。这种性格特点，对于一个文人学者来说也许并无大碍，但对于一个执掌朝政的政治家来说，却是严重的缺憾。

王安石的文才、学问和人品超出侪辈，这一点，就连他的政敌也难以否认。但自视过高，势必会走向反面。譬如他崇尚经术，品格高古，言必称"二帝三王"，虽含有为推行变法而制造舆论的深意，却也每每给人留下议论迂阔、不切实际的印象。他鄙视流俗，特立独行，不屑于交结士林以为党助，却也在无形之中使自己陷于孤立的地位。他果断自信，个性坚强，却失之于偏执、急躁和武断，尤其是在遇到不同意见时，不但不懂得求同存异，反而经常使矛盾更加激化。他率性质朴，却不善于洞察人性之恶，乐于用人之长，却不能制人之短，遂使不少投机分子混入变法队伍，既给他本人造成被动，也给变法大业造成了危害。

对那些反对新法的人士，王安石不加区别，不作分析，一概斥之为"流俗"，致使许多昔日的好友甚至恩人都成了他的敌人。熙宁初年，御史、谏官的原班人马，也因为政见不合而被相继贬逐。在阻力巨大、树敌过多的情况下，王安石不得不对年轻新进的官员更加信任和依赖，凡表态支持新法者均可受到重用。就连他的弟弟王安国也对乃兄的用人政策不以为然，批评他知人不明。后来王安石承认自己"智不足以知人，而险诐常出于交游之厚"，这的确是痛定思痛后的结论。

在王安石重用的"轻儇小人"中，唐坰大概是他尝到的第一颗"苦果"。此人以父荫得官，十足的"二杆子"脾气。熙宁初曾上书声言："青苗法不行，宜斩大臣异议如韩琦者数人。"为此大得王安石青睐。后来王安石对他的为人渐有了解，对他有所压抑。这令唐坰十分恼怒，于是疯劲大发，一连上了二十道奏疏，攻击时政。最后又孤注一掷，在朝会之时公然弹劾王安石，乃至诋毁王安石为李林甫、卢杞一类的奸臣，并给王安石罗列了洋洋六十条罪状，着实让王安石下不来台。这件事震动朝野，也使王安石的声誉受到了莫大的损伤。

在变法派阵营中，吕惠卿和曾布是两位关键性人物，他们对新法的支持最为坚定，出力也最多，堪称王安石的左膀右臂。然而此二人从变法伊始就关系不佳，王安石虽爱其才，却不能居中协调，致令吕、曾二人之间的裂痕日益扩大。

熙宁七年（1074年）三月，围绕着对市易法的调整和对吕嘉问的处理，吕惠卿和曾布之间发生了公开而严重的冲突。在这场冲突中，王安石完全支持和偏袒吕惠卿、吕嘉问，导致曾布去位，魏继宗被罚。这件事还使得宋神宗和王安石之间分歧增大，严重扰乱了变法派的阵脚。

当时正值北方大旱，反对派利用天灾，对新法发起了更为猛烈的攻击。其中首先对宋神宗产生巨大触动的，竟是一个名叫郑侠的小官。

郑侠曾经是王安石非常赏识的后生，后来却对变法持否定态度，从此自外于王安石。不仅如此，郑侠还把天灾造成的恶果归罪于新法，并绘制了一幅《流民图》，上奏神宗皇帝。神宗观此图后，一度下诏暂罢新法。事有凑巧，郑侠上书三天后，果然天降大雨。这对变法派来说，无疑是不祥之兆。

不久，司马光就写了《应诏言朝政阙失事》，全面指斥新法，要求罢免王安石等变法派人士。两宫太后也在神宗面前泣诉"王安石变乱天下"。在这种情况下，王安石感到难以继续执政，只好恳请辞职。熙宁七年四月中旬，王安石罢相，出知江宁府。

自王安石第一次罢相后，变法派阵营内部的裂痕越来越大，集中体现为王安石和吕惠卿之间矛盾的白热化。

吕惠卿才华出众，但却是典型的有才无德之人，胸襟狭窄，功利心和嫉妒心极强。早在熙宁初年，司马光就竭力反对重用吕惠卿，还写信规劝王安石："谄谀之士，于公今日诚有顺适之快，一旦失势，将必卖公自售矣。"后来的事实证明，这些话都不幸而言中了。

吕惠卿自视对新法贡献最多，不但看不起其他新法人士，就是对王安石本人，也渐渐生出"彼可取而代之"的念头。这种野心在王安石第一次罢相期间完全暴露出来。

王安石辞相之际，为了使新法能够继续推行下去，向神宗推荐韩绛接替自己的位置，又力荐吕惠卿为参知政事。可吕惠卿却有自己的打算，史书说"惠卿既得势，恐安石复入，遂欲逆闭其途"。为了达到排挤王安石的目的，吕惠卿先是对郑侠"擅发马递"一案穷加鞫治，构陷王安石的弟弟王安国，王安国"坐夺官，放归田里"。王安石得知消息，竟至"对使者泣下"，却又无可奈何。当时发生了宗室赵世居谋反的案件，其事牵连到一位名叫李士宁的术士，而王安石又曾与李士宁关系密切。吕惠卿遂借机"起士宁狱以倾安石"，毁坏王安石的名声。

宰相韩绛看出了吕惠卿的野心，却又无力制止，遂向神宗皇帝建议，复相王安石。熙宁八年（1075年）二月，宋神宗重新起用王安石为相。

王安石接到任命后，立即赴京任职。他还从继续推进变法的大局出发，对吕惠卿在其罢相期间的工作给予了充分肯定。

然而吕惠卿却对王安石的复职十分不满，虽然不便公开反对，却时常发牢骚，在神宗面前说王安石的坏话。宋神宗对吕惠卿这种消极怠工、牢骚满腹的态度十分失望，觉得吕惠卿"忌能，好胜，不公"，且"自许太过"，因而多次提醒王安石："惠卿不济事，非助卿者也。"

这时，朝中一些见风使舵的小人又开始改变立场，转而向吕惠卿发起攻击，致使变法派阵营内讧不断，最终公开分裂。这其中，以御史中丞邓绾的表现最为恶劣，起的作用也最坏。

邓绾，成都双流人，举进士，为礼部第一，也算得上是一位才子。可他却是个精于谄媚、趋炎附势、品行不端的小人。他有一句名言："笑骂从汝，好官须我为之。"足见其无耻的程度。王安石、吕惠卿交恶后，邓绾的小人嘴脸充分显露出来。"安石去位，绾颇附吕惠卿"，助吕攻王；"及安石复相，绾欲弥前迹，乃发惠卿置田华亭事"，致使吕惠卿被罢去参知政事的职务，出知陈州。反水的同时，他又揭发另一位新法要员、三司使章惇与吕惠卿勾结，顺便把章惇也赶出了京城。

变法派的分裂不但使王安石心灰意冷，饱受刺激，也让神宗皇帝不胜厌烦。他一方面对吕惠卿的拆台十分恼怒，另一方面也对王安石的身体和精神状态深感失望。尽管他对王安石仍非常尊重，体恤有加，却也对王安石的判断力（特别是对人的判断力）和继续主持变法大业的能力产生了怀疑。与此同时，人们对新法的种种非议也一直困扰着宋神宗，促使他对许多问题进行冷静独立的思考，对王安石也不再像变法初期那样言听计从了，二人之间的分歧越来越大。王安石对此也感受颇深，以至不无抱怨地慨叹道："只从得五分时也得也！"

熙宁九年（1076年）六月，又发生了吕惠卿上书反击王安石的事件，使变法派内部的倾轧纷争达到了极致。这件事是由王安石之子王雱直接引起的。

王雱是王安石唯一的爱子，天资过人，才华横溢。然其性格自负孤傲，睥睨一世，较乃父有过之而无不及。他素来鄙薄吕惠卿的为人，又因修经义之事与吕惠卿矛盾重重。大概是出于"为父除恶"的念头，他在吕惠卿出知陈州后仍不肯罢休，要痛打落水狗。于是，他背着王安石，授意邓绾等人继续搜罗吕惠卿奸邪不法的罪证，必欲将其法办而后已。

吕惠卿得知消息后，认为这一切都是王安石幕后指使，便奋起还击。他在给宋神宗的上书中不仅对王安石极尽丑诋诬蔑之能事，还揭发王安石以前写给他的私人书信中有"无使上知"等大逆不道之语。

吕惠卿此举的确非同小可，当宋神宗将其上书给王安石看时，王安石大为震惊，随即回去盘问王雱，王雱不得不以实情相告。王安石大怒，对王雱痛加斥责。王雱本来就体弱多病，闯下大祸后更是忧郁愤懑，没过几天就发背疽死了，年仅三十三岁。

王安石痛失爱子后哀伤过度，一蹶不振。十月，他第二次罢相，出判江宁府。以此为标志，王安石与宋神宗共同主持变法的阶段宣告结束。

北宋中叶凸显出来的各项弊端是长期以来积渐而成的，要想从根本上革除这些弊端，绝非一朝一夕之事。宋神宗、王安石求治心切，企图在很短的时间内一举扭转积贫积弱的局面，实现富国强兵的目标。从熙宁二年（1069年）七月推行均输法起，短短四年里，各项新法次第颁行。酝酿准备的工作既已不足，推行的过程又督责太严，求效过速，各级官吏对新法的内容和实质未能深切领会，或奉行过当，发生各种偏差也就在所难免了。许多反对派人士指责变法派"生事""扰攘天下"，原因盖出于此。

新法中有关财政经济改革的一些理念（如"民不加赋而国用足"）具有某种"前瞻性"，却远远超出了当时社会所能接受的限度，也缺乏必要的技术手段支撑，最终新、旧党之间还是陷入了传统意义的义利之争和君子小人之争，无法探索出一条发展经济、改善财政的新的路径。

新法实施的结果，"富国"有余，"强兵"不足，而财政收入的增加主要仍是以聚敛和与民争利的手段达成的。"同风俗，一道德"既有合理的成分，又具有文化专制主义的倾向，不利于学术思想的发展进步。王安石的性格缺陷和新党内部的分裂，也是导致变法失败的重要原因。

靖康之难

宋徽宗、宋钦宗像

自王安石变法以后,北宋官僚集团的党派倾轧日甚一日,政治风气严重恶化。门户之争、权力之争完全取代了政见之争,造成是非不分、黑白混淆的恶劣局面。宋徽宗继位纯属偶然,他既无力驾驭错综复杂的政治局势,其轻佻、浮华、软弱的天性又为奸佞所利用。君臣沆瀣一气,朝政国事日非。宋江、方腊起义是当时社会矛盾的集中反映。最后,面对北方女真的兴起,北宋统治者判断失误,举措失当,终于开门揖盗,自取灭亡。

宋徽宗与蔡京。元符三年(1100年)正月初八,宋哲宗去世,年仅二十五岁。宋哲宗没有留下子嗣,也没有留下遗嘱,皇位的继承者无疑仍应从宋神宗的儿子中选择。宋神宗共生了十四个儿子,这时在世的只有五人,按年龄顺序分别是申王赵佖、端王赵佶、莘王赵俣、简王赵似、睦王赵偲。

国不可一日无君。宋哲宗去世当天,向太后(宋神宗皇后)就延见宰执大臣,哭诉道:家国不幸,大行皇帝无子,天下事须早定。

有嫡立嫡,无嫡立长,是历代择君的传统原则。宰相章惇说:依礼、律,当立大行皇帝同母胞弟简王似。向太后说:老身亦无子,诸王皆神宗庶子,不必如此分别。章惇又说:若论长幼,则申王佖当立。向太后说:申王眼睛有疾,不便为君,依次则端王当立。章惇坚决反对,说:端王轻佻,不可以君天下!

此时,与章惇素来不和的枢密院长官曾布站了出来,认为皇太后圣谕极当。其实,曾布未必认为赵佶就是最合适的人选,他只是习惯于跟章惇作对,并且善于曲从上意而已。其他大臣也相继附和说:听皇太后的!向太后又说:先帝生前曾说过端王有福寿,且性情仁孝。意思是立赵佶正符合宋哲宗的意愿。

事已至此,章惇势单力孤,无法再争。于是向太后宣旨,召赵佶进宫,在宋哲宗灵柩前即位,是为宋徽宗。

宋徽宗是在十分偶然的情况下当了皇帝的,既无思想准备,也未经过必要的历练。还在藩邸时,他就对亲王宗室的主要功课儒家经典、史籍不很爱好,倒是对笔墨丹青、蹴鞠骑射等怀有浓厚兴趣，斗鸡走狗，无所不通。驸马王诜的听差高俅，也因蹴鞠功夫超群而成了赵佶的亲信家奴。宋徽宗在书画方面有卓越的天赋，书法自成一格，号"瘦金书"，笔势劲逸，顿挫有节，锋芒外露，挺拔秀丽，风流飘洒。他还亲自主持翰林图画院，广揽人才，促进了宋代书画艺术的繁荣。

热爱艺术和体育本是好事，就怕玩物丧志。广泛的爱好并未使赵佶陶冶出高尚情操，反而给他带来了轻浮薄幸的名声。他在艺术方面不愧是少有的天才与全才，但作为国家的最高统治者，他是完全不合格的。

向太后之所以坚持拥立赵佶，除了赵佶在她面前乖巧心细、礼数周全外，也跟她的政治倾向有关。绍圣年间新党人士对宣仁高太后（宋神宗母后）和旧党人士的反攻倒算，给了向太后强烈的刺激，使她对宋哲宗特别是以章惇为首的臣僚产生了极端的不信任感，并使她对"仁孝"与否产生了切肤之痛。所以，明知赵佶不是当皇帝的料，却让他上了台，这在很大程度上是北宋后期政争的必然恶果。

宋徽宗继位之初，为了取得各种政治派别的支持，稳固自己的地位，采取了调和新旧两派的政策，以示大公至正。为了改变自己轻佻浮浪的形象，他在生活方面也做了些尚俭戒奢的姿态，比如退还百姓献的玉器，又应谏官之请放生了内苑豢养的珍禽异兽。

宋徽宗《草书千字文》

然而，随着新旧党争早已超越要不要改革及如何改革的政见分歧，蜕变为你死我活、不共戴天的官场较量，非此即彼的门户偏见已经成了许多人根深蒂固的思维定势。这个现实注定了调和政策的破产，也迫使宋徽宗必须在新、旧之间做出选择。

新党人物祭起孝悌的大旗，要求徽宗像哲宗亲政时期那样"子承父志"。建中靖国元年（1101年）正月，向太后去世，宋徽宗的政治取向随即发生了变化。十一月，诏令明年改元"崇宁"，即崇尚熙宁之意，正式打出了绍述的招牌。在这个背景下，宋徽宗和蔡京走到了一起，翻开了北宋历史上最腐朽、最黑暗的一页。

蔡京是个典型的有才无德之人，擅长官场投机。他起家于熙宁年间，因弟弟蔡卞是王安石的女婿，与变法派关系密切，元丰时就爬上了知开封府的高位。宋神宗去世后，他摇身一变，在开封府坚决执行司马光的命令尽废免役法，成为司马光表彰的废法模范。绍圣初，蔡京担任户部尚书，宰相章惇谋划恢复免役法，正在未决之际，蔡京建议："一切照搬熙宁成法就是了，何必研究？"解决了章惇的难题。同样一个免役法，司马光要废除，章惇要恢复，蔡京都参与其间，翻云覆雨，还博得了两人的赞许。

宋徽宗即位之初，蔡京受曾布排挤，一度贬居杭州。他巴结来杭州为宋徽宗访求书画奇珍的宦官童贯，让他在皇帝面前为自己美言。加上蔡京本人也有极高的书画造诣，时号天下无双。宋徽宗对蔡京的作品早就非常喜欢，在藩邸时，曾不惜花二万钱买过蔡京书写的团扇。蔡京便使出浑身解数，创作了一批又一批作品，经童贯进献上去。

当时韩忠彦虽为左相，却生性懦弱，斗不过强势的右相曾布,见宋徽宗欣赏蔡京,就援引蔡京入朝,企图让他与曾布鹬蚌相争,自己坐收渔人之利。谁知不久韩忠彦就被扣上了变乱神宗法度的罪名,被罢相逐出朝廷。此后曾布与蔡京斗法也败下阵来,蔡京如愿以偿地当上了宰相。

宋徽宗年间的腐朽统治。北宋王朝经过一百六十年的稳定发展,到宋徽宗时进入了一个繁荣富庶的"太平盛世",人口首次超过了一亿,开封则是当时世界上最大、最繁华的都市。然而,这样一个花团锦簇的大好河山,却被宋徽宗和蔡京之流断送了。

首先,宋徽宗、蔡京掀起了北宋历史上规模最大的政治迫害运动,对"元祐党人"的打击迫害达到了登峰造极的地步。按照宋徽宗的御笔指令,蔡京等制定了一份"元祐奸党"的名单。文彦博、司马光、吕公著、范纯仁、苏轼、苏辙等尽在其中,总计一百一十七人,由徽宗御笔书写,刻成石碑,立于端礼门上,昭示天下。后来,这份名单又扩大到三百零九人,颁布州县,刻石示众,以便让所谓"奸党"遗臭万年,永世不得翻身。不仅真正的旧党人士在劫难逃,一些原本属于新党的人也被打入了元祐党籍。

宋徽宗、蔡京打着继承新法的旗号,恣意改作。名为遵用熙、丰之典,其实未有一事合熙、丰者。例如,财经领域的许多新法就蜕变

元祐党籍碑,宋代摩崖石刻

成了搜刮敛钱的工具。蔡京推行方田新法，竟然出现了豪强地主土地越量越少、贫民下户土地越量越多的怪现象，赋役大量被转嫁到贫民下户身上。地方官吏为多收役钱获取奖赏，又额外增收，有的地方比元丰年间增加了上百倍。盐法和钱法的"改革"蜕变成掠夺民财的提款机，财政体制的变更使"天下常赋多为禁中私财"，不仅增强了宋徽宗对国家财政的控制力度，而且为他穷奢极侈提供了便利。

历史上，宋徽宗常被作为昏君的代表。昏君通常是指昏聩、无能的君主，实际上，宋徽宗昏则昏矣，却谈不上"庸"。尽管他宠信了许多奸臣佞幸，放纵他们胡作非为，但最高权力却始终牢牢控制在自己手中，并未出现大权旁落的情况。就连皇宫大内的细务他也要亲自过问，经常像太祖皇帝一样骑马到各司务巡视。在管理朝政方面，他每每以"御笔手诏"发号施令，并通过一系列制度确立了至高无上的权威。宋代有不少记载说"御笔"的横行出自蔡京的点子，是蔡京为了减少其变乱旧制的阻力、揽权谋私而狐假虎威、挟天子以令诸侯的结果。这只说对了一半，宋徽宗之所以不辞辛劳地亲笔书写诏令，既不是勤政，也不是为了炫耀他的书法，而是为了不受限制地体现和贯彻他的个人意志。在这方面，君臣二人实属沆瀣一气，狼狈为奸。

徽宗在位的二十六年间，蔡京先后四次任相，累计达十七年之久，位极人臣，气焰熏天，纵横捭阖，作威作福。为了培植自己的势力，他排斥异己，子孙亲戚、门生故吏充斥内外，阴相倚重，盘根错节，牢不可破。"一人得道，鸡犬升天"成为官场的常态。除蔡京外，王黼、朱勔、李彦、童贯、梁师成等人也在朝堂内外呼朋引类，排斥异己，蠹国害民，无恶不作，合称"六贼"。这些人之所以能够为非作歹，无非是因为宋徽宗给了他们这样那样的权力。宋徽宗之所以肯把权力给他们，也无非是因为这些人能刻意逢迎，能最大限度地满足皇帝个人的私欲。

宋徽宗不仅"轻佻"，而且好大喜功，穷奢极欲。对于宋徽宗的骄奢淫逸，蔡京等人千方百计地予以满足，提出了"丰亨豫大"的口号。"丰"和"豫"都是《易经》中的卦名，"丰"的意思是富饶，"豫"的意思是安乐，古人常用来形容富足昌隆的盛世景象。蔡京却嫌"丰""豫"还不够，又根据《易经》中"丰亨，王假之""有大而能谦，必豫"等说法，拼凑成一个新词，意思是皇帝应当在富足繁荣的太平盛世及时享乐，不应效法前朝惜财省费的陋举，为宋徽宗的奢靡挥霍张目。蔡京的长子蔡攸更向宋徽宗鼓吹：所谓人主，当以四海为家，太平为娱。岁月能几何，岂可徒自劳苦！其寡廉鲜耻较之乃父有过之而无不及。

徽宗喜欢奇花异石，蔡京就令其亲信、大商人朱冲在江浙一带搜求进献，还在苏州专门设立了应奉局，由朱冲之子朱勔担任提举，打着供奉御前的旗号，堂而皇之地搜刮民财。凡百姓家有一石一木稍堪玩赏，立刻派人闯入其家，贴上黄封就算充公。这些花木奇石通过汴河运往开封，十艘船编为一纲，谓之"花石纲"，络绎不绝，昼夜不停。所经之地，还要士兵押护，官员迎送。朱勔曾搞到一块巨型太湖石，高达四丈，载以特制大船，用

河南开封龙亭内的宋宫遗石,是宋徽宗年间花石纲的见证。

纤夫几千人,历经数月才运到开封。一路上拆水门、毁桥梁、凿城垣以便通过,仅此一项就不知花费了多少钱财。不少人批评花石纲骚扰郡县,对百姓榨取过甚,蔡京却说:陛下无声色犬马之奉,所好者不过是一些人之所弃的山林草木罢了,何扰之有?

其他地方官员也不甘落后,竞相效尤。福建的荔枝、橄榄、龙眼,海南的椰子,登、莱二州的文石,湖湘地区的文竹,四川的果木,无不越江渡海,纷至沓来。

为了让宋徽宗玩得舒服,蔡京又让童贯、杨戬等宦官主持兴建新的宫苑。这些人各显神通,争以侈丽高广相夸尚,建起了规模超过大内的新延福宫、景龙江等园囿。又调集上万士兵、工匠,历时六载,耗资不可胜计,在京城东北部堆起了方圆十多里、高八九十步的"艮岳"。尽管其美妙胜景如今已荡然无存,但读一读宋徽宗的《御制艮岳记》仍不禁使人大兴观止之叹。

蔡京一再说:"今泉币所积赢五千万,和足以广乐,富足以备礼。"于是，大量的民脂民膏被用来歌功颂德、粉饰太平。宋徽宗迷信道教，在位期间大肆崇道，自称是上帝的长子神霄玉清王长生大帝君下凡，让群臣上表册立自己为"教主道君皇帝"。各地都建起了规模宏大的道观，凡道士都享受俸禄，宫观的主持享有与地方官同等的地位。蔡京、童贯等大臣也都兼任了道教官职。朝野上下，几乎成了道士的世界。

宋徽宗不满足于在后宫纵情声色，为寻求刺激，竟动辄微服潜至花街柳巷狎妓嫖娼，名妓李师师家是他经常光顾的所在，而他的主要陪同者就是王黼。君臣荒唐到这等地步，在历史上也是罕见的。

在宋徽宗及其一伙奸佞之臣的把持下，宋朝政治黑暗到了极点。单就用人制度而言，官僚队伍鱼龙混杂，急剧膨胀，"朱紫纷乱，不胜其滥"，卖官鬻爵之风也极为猖獗。王黼当国时，公

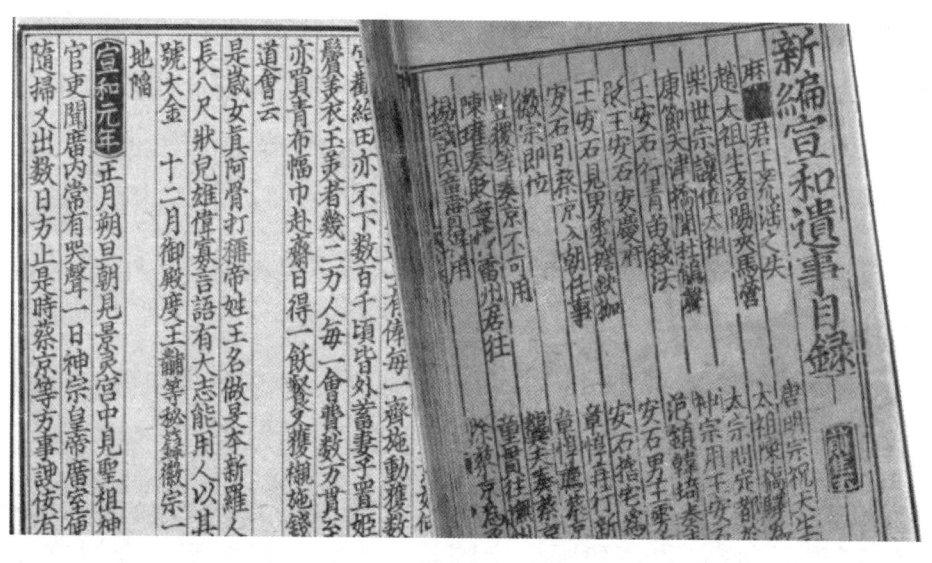

《新编宣和遗事》书影

然收受贿赂，卖官鬻爵，明码标价，当时有"三千索，直秘阁；五百贯，擢通判"的说法。

政治上的腐败又不可避免地造成经济危机，宋徽宗君臣的穷奢极欲和好大喜功，不仅使国家的财政状况日趋恶化，也必然加重了对百姓的横征暴敛，社会矛盾积累到了极端尖锐的地步，老百姓喊出了"打破筒（童贯），泼了菜（蔡京），便是人间好世界"的呼声。宣和二、三年间（1120—1121 年），两浙、黄淮等地爆发的方腊、宋江起义就是这种社会矛盾的反映。

海上盟约。宋徽宗和他手下的奸佞之臣不仅把江山社稷蠹蚀得千疮百孔、风雨飘摇，还不自量力，异想天开地妄图借金灭辽，终于招致了土崩瓦解的覆亡命运。

从 11 世纪中叶辽兴宗耶律宗真在位时起，辽朝这个雄踞漠北的强大王朝，就走上了由盛转衰的下坡路。统治集团的糜烂生活和骄惰习气严重腐蚀了国家肌体，朝政开始败坏，内乱不断。辽朝的末代皇帝天祚帝与宋徽宗同一年即位，其昏聩程度也不亚于宋徽宗。他拒谏饰非，穷奢极侈，耽于游猎，信用谗谄，使得纲纪废弛，人情怨怒，社会矛盾和民族矛盾空前激化，各族民众的反抗斗争此起彼伏，而其中对辽朝统治威胁最大的就是女真族。

北宋政和三年、辽天庆三年（1113 年），女真族领袖完颜阿骨打继任完颜部首领。经过秣马厉兵的准备，第二年就发动了反辽战争，并连战皆捷，很快占领了辽朝东北部的大片地区。1115 年，阿骨打称帝建国，定国号为大金，以会宁（今黑龙江阿城南）为都城。天祚帝闻知，慌忙率领号称七十万的大军御驾亲征。结果被打得大败溃逃，辽军精锐在这一仗中几乎丧失殆尽。此后形势急转直下，金军攻势更加凌厉，辽朝内部更加分崩离析。

就在这个时候，一位名叫李良嗣的辽朝官员投奔宋朝，并献计联金攻辽，收取燕云故地。宋神宗时曾确立了先征服西夏、再北伐辽国的战略目标，宋徽宗打着绍述的旗号，也以继续实施这个战略目标为标榜，因此在对西夏的战争取得一些胜利后，很自然就把关注重点转向了辽朝。宋徽宗对李良嗣的计策十分欣赏，赐他姓赵，授予官职。李良嗣此后就成了赵良嗣。

重和元年（1118年），宋徽宗派马政等人从登州渡海前往金国，商议夹攻辽朝的具体事宜。几经往返后，宣和二年（1120年）又遣赵良嗣等为正式使节，携带宋徽宗的御笔，与金太祖阿骨打商定：宋、金双方均不得单独与辽讲和；金军攻取辽中京大定府（今内蒙古宁城），宋军攻取辽南京析津府（今北京）、西京大同府（今山西大同）；灭辽后，宋将输辽的岁币转输于金，金将燕云地区归还于宋。这就是历史上的宋、金"海上盟约"，又称"海上之盟"。

对于联金灭辽，宋朝很多人表示反对，认为朝廷不能遵守与辽朝在澶渊之盟时达成的和约，轻启事端，绝非良策。就连高丽国王也对前来治病的宋朝御医说："闻天子将与女真图契丹。苟存契丹，犹足为中国捍边；女真虎狼，不可交也。宜早为之备。"这些意见，宋徽宗一概听不进去。

其实，联金灭辽的根本症结并不在于背叛与辽的盟约，也不在于辽灭亡后宋会有唇亡齿寒之忧，因为无论宋是否联金攻辽，辽的灭亡都无可挽回。从宋朝的战略利益着眼，在当时辽朝内外交困的形势下做出联金攻辽的决策不是没有道理的。问题在于，宋朝的政治腐败和军事无能，最终弄巧成拙，使联金灭辽变成了玩火自焚。

先是朝廷在外交方面出尔反尔。宣和二年（1120年）方腊起义爆发，宋徽宗慌忙命童贯率原先准备攻辽的军队南下镇压。又听说辽朝已知道宋金海上盟约之事，宋徽宗害怕辽朝报复，一度后悔与金交往，想单方面撕毁约定。次年二月，金使前来催促宋朝如约进兵，宋徽宗有意拖延，直到八月才写了封含混模棱的国书，把金使打发回去，致使金人以为宋朝已经悔约，为双方以后的争端埋下了祸根。

宣和四年（1122年）初，金军接连攻下辽中京和西京，天祚帝逃往夹山（今内蒙古武川西南），辽朝的灭亡已成定局，宋徽宗于是决意用兵。这年四月和七月，童贯、蔡攸两次率领宋军向燕京进发，发动攻辽战役，均遭败绩，熙宁、元丰以来在河北边境蓄积的粮草军需也丧失殆尽。

宋朝的腐朽无能被金人看得一清二楚。宣和四年底，金兵占领了燕京。事情的结果既然不同于当初的约定，金人自然不肯轻易履行原约。几经交涉，才让宋朝收回燕京及其所属的六州之地，条件是：宋朝不但要把给辽的五十万两、匹岁币如数交给金，还得每年加纳一百万贯的"燕京代税钱"。金兵撤退时，把燕京的人口、财富席卷而去，宋朝付出巨额代价买回的只是几座空城。

宋朝君臣不但没有从中吸取教训，反而在虚幻的胜利气氛中弹冠相庆，以为天下从此可以高枕无忧了。

靖康之难。宣和五年（1123年），已经降金的辽将张觉在平州起兵反金。利令智昏的宋徽宗企图通过招诱张觉，捞回平州地区。这是违背宋金协议的勾当，必定会遭到金朝反对。宋徽宗未做好援助张觉并防备金兵的准备，致使张觉很快就被金兵打败，逃到燕山府，宋徽宗亲笔写给他的委任状也被金军缴获。金来要人，宋朝起初还想抵赖，后来被逼无奈，只得杀死张觉，将其首级连同他的两个儿子交给了金朝。宋徽宗的愚蠢行为让金朝抓住了短处，成为其日后南侵的借口。

宣和五年八月，金太祖完颜阿骨打去世，其弟完颜吴乞买继位，是为金太宗。宣和七年（1125年）二月，金兵俘虏天祚帝，辽朝的残余势力基本肃清。战争中掠夺的大量人口、财富刺激了新兴女真贵族的扩张欲望，他们很快就把矛头转向了既繁荣富庶又腐败无能的宋朝。

宣和七年十月，金兵分两路大举南侵。西路由大同出发进攻太原，东路由平州出发攻打燕山，两军计划在汴京会合。金朝同时还派出了勒索宋朝的使者。一边出兵，一边出使，成了此后金朝对付宋朝的一贯手法。

金兵推进异常迅速。东路金兵不战而入燕山，在宋朝降将郭药师的引导下，长驱直入。西路金兵出发不几天就打到太原城下，开始围攻城池。与此同时，金使来到汴京，盛气凌人地要求宋朝割地称臣。

宋徽宗心惊胆战，不得已颁布"罪己诏"，并产生了逃跑避祸的念头。为便于逃跑，宋徽宗任命皇太子赵桓为开封牧，企图让儿子以"监国"的名义替他挡住金兵，随后又在李纲等人的劝说下，诏命传位于太子赵桓，自己退位，称"道君教主太上皇帝"。

继位的赵桓即宋钦宗，他虽然俭约朴素，也算得上勤勉，但却优柔寡断，多疑多变，既无勇气和定力，更无深谋远虑。他在主战、主和之间朝三暮四，一天数变，终于变出了一幕亡国的悲剧。

靖康元年（1126年）正月初六，宋钦宗在李纲的极力劝谏下，暂时打消了出逃的念头，登上宣德楼，晓谕各军，表示要固守到底，任命李纲为亲征行营使，全面负责守城事宜。将士们感泣流泪，山呼万岁。

李纲布置得稍有头绪，金军就兵临城下了。金军虽然攻势凌厉，但进展并不顺利。此时宋朝的西北边军和各地驻军正纷纷来援，金兵长途奔袭，孤军深入，又顿于坚城之下，犯了兵家之大忌。在这种情况下，只要宋朝君臣戮力同心，同仇敌忾，守住汴京、重创敌军的可能性是存在的。

然而，宋钦宗内心依旧畏敌如虎，根本不相信宋朝军民能够挽救危亡。因此，汴京保卫战刚刚开始，宋钦宗就接连派使者向金兵乞和，对李纲唇焦舌烂的战况分析，只是敷衍搪塞而已。

金方提出了极其苛刻的议和条件：索要金五百万两、银五千万两、绢彩各一千万匹，马驼驴骡各以万计；尊其国主为伯父；凡燕云之人在汉者必须全部归还；割让太原、中山、河间三镇之地（史称河朔三镇）；以亲王宰相做人质。金人的胃口实在太大了，所要金帛之数即使竭宋朝天下之财亦难凑足。三镇是宋朝立国的屏藩，赵家的祖坟也在此地。尽管条件如此苛刻，宋钦宗为求苟安无事，还是全部答应下来，下令搜括汴京诸色人等的金银，好容易括得金二十万两，银四百万两，民间积蓄已空。同时，康王赵构和少宰张邦昌也被作为人质送到了金营。

正当宋钦宗因金帛不够而大伤脑筋时，正月二十日，种师道、姚平仲率泾原、秦凤路边防军开到了京城，其他勤王兵也陆续赶到，云集城外的宋军已达二十余万。种师道是德高望重的宿将，西北边防军又是宋军中最英勇善战的精锐之师，他们的到来使宋军士气大振。宋钦宗一时又倒向了主战方。不仅如此，他还极力支持姚平仲速战速决的主张，令姚平仲出兵偷袭金营。结果事机不密，金兵早有防备，设伏击破宋军，姚平仲惧罪不敢回城，只身亡命而去。种师道提出将计就计，当晚再派奇兵劫营，即使不胜也每夜出兵骚扰，令敌人疲惫而遁。但宋钦宗吓破了胆，再也不敢言战。

这时，主和的投降派李邦彦、白时中趁机造谣说西北勤王之师已全军覆没，宋钦宗惊上加惊，生怕金人前来问罪，急忙解除种师道的兵权，又将李纲革职，解散亲征行营使司，甚至还想把李纲绑了交给金使。

投降派的倒行逆施激起了汴京人民的强烈义愤。以陈东为首的数百名太学生伏阙上书，指斥李邦彦、白时中、张邦昌等奸臣投降误国，要求坚持抗战，恢复李纲、种师道的官职。汴京居民声援之声震天动地，宋钦宗无奈之下，只好复了李纲、种师道之职，抗金形势重新高涨起来。金兵见汴京军民同仇敌忾，勤王之兵日益增多，深感局势不妙，不等金帛数足，取了割让三镇的诏书，又以肃王赵枢代替康王赵构为人质，匆匆退兵。种师道请求趁金兵渡过黄河时发起猛攻，遭到宋钦宗拒绝，结果金兵安然满载而归。

危机暂时解除，宋朝文恬武嬉，故态复萌，不是认真整军备战，却忙于控制太学。朝廷明令：严禁士庶以伏阙上书为名，聚众作乱，违者以军法从事，有司可先斩后奏。当然，这期间宋钦宗也在舆论推动下做了一些顺应人心的好事，清算了以"六贼"为代表的一批奸臣。宋徽宗被接回汴京后，宋钦宗进一步限制了他对政治的干预，将他置于严密的控制之下，北宋末年的这股腐朽政治势力终于灰飞烟灭。

对于性格耿直、敢于任事的李纲，宋钦宗早已反感，甚至斥责李纲作威作福，专权骄横，便派李纲出任河北宣抚使，将他逐出朝廷。后来，李纲又被扣上"专主战议，丧师费财"的罪名，几度被贬。

金军一面答应讲和以麻痹宋朝君臣，一面照旧攻城夺地，并利用战场上的胜利逐步提高议和条件，诱使宋朝步步屈服。靖康元年八月，金兵再度南犯。九月初三，太原陷落。十月初五，真定陷落。闰十一月初二，东、西两路金兵会师汴京城下。

汴京第二次被围，形势比第一次更加险恶。城内守军已不足七万，各地勤王之师在主和派耿南仲、唐恪"不得妄动"的命令下，都留在原地裹足不前。宋钦宗虽然接连派使者诏诸路勤王之兵速来救驾，但为时已晚，使者也大多被金兵截获。有个名叫郭京的骗子自称能用"六甲神兵"击破金军，生擒金军统帅斡离不、粘罕。宋钦宗听信了他的鬼话，派他带领所谓"神兵"出战，结果大败溃散，东京城被攻破。宋钦宗亲自到金营议降，答应称臣，割让河北、河东地区。

靖康二年（1127年）正月，金军先后将宋徽宗、宋钦宗扣押在金营。二月六日，金朝皇帝下诏废宋徽宗、宋钦宗为庶人，立张邦昌为伪楚皇帝。三月底四月初，粘罕、斡离不分别押着宋徽宗、宋钦宗和后妃、宗室、臣僚共三千余人，以及掠夺的大批金银财宝、仪仗法物、图书典籍、百工技艺人等，北归金朝。北宋就此灭亡。

南宋李公麟《迎銮图》（局部）。宋高宗时，大臣曹勋奉旨到金朝迎接客死他乡的宋徽宗及其皇后的灵柩以及高宗生母韦太后南归。

宋金和战

河南商丘拱阳门。在商丘古城的地底下，叠压着历史上的六座都城，其中就包括北宋的南京城，当时叫应天府，南宋的第一位君主宋高宗赵构就是在这登上皇位的。

北宋亡于金兵之手，是其腐朽政治的必然结果。但金兵的残暴杀掠，也使当时社会的矛盾焦点发生了重大转变：以汉族为代表的先进生产关系反抗女真贵族野蛮侵略的民族斗争成为主要矛盾，宋朝统治者与广大人民群众的矛盾斗争退居次要地位。

北宋以重文抑武、分散事权为特点的政治体制虽有很多弊端，却也有效防止了在皇室之外形成其他权力核心，赵姓皇帝仍有无可替代的凝聚力和号召力。北宋末年的统治虽然黑暗，却没有发生全国规模的农民起义，社会还没有发展到"人心厌宋"的程度。民心士气尚存，为南宋的复国奠定了最为深厚的基础。

宋高宗像

宋室南迁。宋高宗赵构在位的最初十几年，是南宋历史的关键时期。一方面，南宋爱国军民不屈不挠，浴血奋战，击败了金兵一次又一次的猛攻，粉碎了其灭亡南宋的企图，宋、金双方总体上出现了实力均衡的局面，南宋朝廷保住了半壁江山。另一方面，宋高宗先后与黄潜善、汪伯彦、秦桧等权奸相互勾结，迫害忠臣良将，与金朝订立了屈辱的"绍兴和议"，为腐败苟且、萎靡不振的偏安局面定下了基调。

赵构是宋徽宗第九个儿子，关于他早年的记载不多，只知他除了博闻强记，读书能日诵千言之外，还体格健壮，孔武有力。赵构给人留下深刻印象的另一件事是"好色如父"，据说有不少侍婢被他蹂躏而死。如果不是"靖康之变"，他无论如何是当不上皇帝的。

靖康元年（1126年）春，金兵第一次包围开封时，赵构曾以亲王的身份在金营中短期为人质。当年冬，金兵再次南侵，他奉命出使金营求和，在磁州（今河北磁县）被守臣宗泽劝阻留下，得以免遭金兵俘虏。不久，围城中的宋钦宗派人命赵构为河北兵马大元帅，要他火速救援京城。然而，赵构却只图自保，为了躲避敌锋,向东转移到大名府(今河北大名),不久又跑到了济州(今山东巨野)。

靖康二年(1127年)四月初,金兵押着宋徽宗、宋钦宗北撤,傀儡皇帝张邦昌失去了靠山,只得将早年被废居于民间的宋哲宗皇后孟氏迎进宫中,尊称宋太后,垂帘听政。孟氏得知皇室宗亲只剩下康王赵构这棵独苗,连忙派人联络,并下手书让赵构继承大统。五月一日,赵构在南京应天府(今河南商丘)即皇帝位,也就是后来的宋高宗。高宗重建的宋朝,史称"南宋",是北宋政权的直接延续。

南宋政权初建,宋高宗迫于形势,起用抗战派李纲为宰相。李纲殚精竭虑,精心谋划,举荐张所和傅亮经略河北、河东,又举荐宗泽为开封府尹兼东京留守。同时切实整顿军制,恢复战斗力。这些措施,很快收到了明显效果。河北、河东的抗金义兵纷纷聚集到招抚司和经制司麾下,宋军力量迅速增强,不断有捷报传到朝廷。各地趁乱劫掠的散兵游勇,也被李纲派兵讨平。后来朱熹评论说:"方南京建国时,全无纲纪。自李公人来,整顿一番,方略成个朝廷模样。"

可是宋高宗却觉得中原离金朝太近,太不安全,便紧锣密鼓地与黄潜善、汪伯彦策划南逃。为了达到逃跑的目的,他们竟然公开捣鬼,破坏河北、河东的抗金事业,对李纲所提的各项建议也置若罔闻,最后干脆把李纲贬出了朝廷。李纲任相总计只有七十五天,虽忧国忧君,矢忠矢诚,却反而成了宋高宗、黄潜善、汪伯彦之流的眼中钉、肉中刺,壮志未酬,黯然下课,也预示着抗金大业前路多艰。

宋金和战

福建邵武的李纲塑像

李纲一走，宋高宗从应天府轻舟快马逃到了扬州。年届古稀的宗泽连上二十四份奏疏，徒劳地请求高宗还都、北伐，最后忧愤而死。临终时，他连呼三声"过河！"开封百姓为之号恸，如丧考妣，三日吊祭，往哭不绝。

建炎二年（1128年）七月，金兵为了摧毁新生的南宋政权，再度南犯。大名府、相州、濮州等重镇相继陷落，济南知府刘豫杀害抗金将领关胜，举城投降。而宋高宗却将军国大事一概交付黄潜善、汪伯彦，自己专心致志、夜以继日地在扬州行宫里恣意寻欢享受。

次年年初，粘罕在占领徐州后，派五千骑兵，奔袭扬州。正月三十日，这股金兵攻陷泗州，南宋举朝震惊，宋高宗这才意识到情况不妙，打算渡江南逃。黄潜善、汪伯彦却说不足为虑，等到消息证实后再渡江不迟。

二月三日，金兵攻占天长军（今安徽天长），离扬州不到一百五十里，五百骑兵马不停蹄地向扬州袭来。中午时分，宋高宗正与宫女鬼混，内侍突然闯进报急，高宗吓得屁滚尿流，提上裤子就跨马狂奔。这一吓非同小可，竟使他得了阳痿的毛病，从此丧失生育能力。他一路窜至瓜洲渡口，御营司都统制王渊曾夸口江边早已准备下大批船只，实际上这些船全被他用来搬运自己和内侍的家财了。高宗只好靠一条小船逃过江去，一直逃到杭州才收住脚。

宋高宗逃窜后，黄潜善、汪伯彦也慌忙夺马南逃，扬州军民争相避敌，倾城而出，践踏而死者不计其数。次日，金兵进入扬州，纵火屠掠，又追杀到江边。十余万人或葬身水底，或丧命刀下，侥幸未死者全成了俘虏，朝廷的大量财宝、器物、文书等也被金兵缴获。

扬州的溃散，是投降主义的必然恶果。宋高宗也因为险些丧命而对黄潜善、汪伯彦二人颇有怨恨，遂将二人同时罢黜。朝野有识之士都希望再用李纲，收拾残局。宋高宗却说："士大夫间有言李纲可用者，朕以其人心虽忠义，但志大才疏，用之必亡人之国，故不复用。"不仅如此，他还让对扬州溃败负有直接责任的王渊掌管枢密院。

这项乖谬措置终于酿成了宋朝历史上一次绝无仅有的兵变，史称"苗刘之变"。

三月五日，将官苗傅、刘正彦见张俊、韩世忠、刘光世等大将都领兵在外，杭州城内兵少将寡，就利用军民的不满情绪，打着为民除害的旗号，策动兵变。他们杀了遇敌不战、率先逃窜的王渊，又杀了恃宠骄横、为非作歹的宦官康履等人，逼迫赵构将皇位禅让给三岁的皇太子赵旉，由孟太后垂帘听政，改元

"明受"。

消息传出后,各地将领纷纷采取勤王平乱的立场,出兵镇压。苗傅和刘正彦见大势已去,只好又奉赵构复辟,最后两人被擒,在建康闹市被处决。

中国人民大学历史学院教授 包伟民

苗刘兵变其实是个内争。赵构一下子由亲王当了皇帝,他当然不太可能有太强的管理能力,所以他任用的人必然是自己身边关系特别亲密的人,比如宦官,或者是给他当警卫的人。康履和王渊就是赵构特别信任的两个人。但这两个人其实不是好人,所以就引起公愤。苗傅、刘正彦就利用军民的不满情绪,杀了这两个人,逼迫赵构禅位。按宋代的政治环境,如果是平时,苗刘二人也没有这么大的胆子干这种事,但当时是战乱环境,武人的地位相对要高一点,这就促使他们干脆来一个硬逼,逼迫皇帝。

这次兵变打击了主张和支持皇帝南逃的投降派势力,表明妥协逃跑不得人心。兵变平息后,宋高宗对人事和制度做了一些必要的调整:拜平叛有功的吕颐浩为右相,张浚知枢密院事;重定赏罚标准,缓和军队内部矛盾;限制宦官的权力;停止迫害"元祐党人";减轻人民经济负担,缓和阶级矛盾;调整、合并了部分机构,以适应战争需要。这些调整在一定程度上是有利于抗金大业的。

但由于宋高宗投降路线的倒行逆施,这时南宋的国力已虚弱到了极点。吕颐浩和张浚虽然都倾向于抗金,但一个"练事而粗暴",一个"喜事而疏浅",无论政治才干,还是品德威望,都无法跟李纲相比,因此也就拿不出什么挽回颓势的奇谋良策。

岳飞精忠报国。建炎三年(1129年)七月,金朝调整军事部署,兵分四路南侵。其中,完颜兀术(金兀术)一路的目标是打过长江,消灭南宋。十一月,完颜兀术突破长江天险,相继攻陷建康、杭州、明州(今浙江宁波)等地,尾随宋高宗穷追猛打。宋高宗被迫乘船飘摇海上,一直逃到了温州。

惯于策马驰骋的金兵不适应江南河湖纵横的地形,残暴的杀掠也激起了南宋军民的奋力反抗。次年二月,兀术不得不逐步北撤。到达镇江时,韩世忠率水军八千余人拦截,将十万金兵困在黄天荡,双方相持四十余日,金兵屡战屡败,几乎陷入绝境,最后靠火攻才冲出重围。南宋朝廷命张俊收复建康,张俊胆怯不敢

岳飞像

进。部将岳飞不等张俊命令，主动发起进攻，转战半月，杀敌数千，乘胜收复了建康。金兵深切体会到了南宋水战的厉害，此后虽然每年秋冬都发动南侵攻势，但未敢再涉足江南。

岳飞，字鹏举，出身于相州汤阴（今属河南）的雇农之家，自幼习武，膂力超群，不到二十岁时，就能挽弓三百斤，开腰弩八石。岳飞还喜读《左氏春秋》和三国故事，崇拜关羽、张飞。靖康元年（1126年），金兵南犯，岳飞目睹其残暴，义愤填膺，带着母亲姚氏在他背上刺的"尽忠报国"四字，毅然告别母亲、妻儿，投身到了如火如荼的抗金斗争中。

岳飞相继隶属刘浩、宗泽，屡立战功。宋高宗即位之初，岳飞不顾位卑言轻，上书反对逃跑避敌，要求抗战，被扣上"小臣越职，非所宜言"的罪名，革去官职，开除军籍。后投奔河北招抚使张所，被破格任命为统制。河北招抚司撤销后，岳飞先归王彦领导的"八字军"，再投宗泽，继随杜充撤到长江一线，成了张俊的部下。收复建康的战斗，显示了岳飞的报国热忱和军事才能。他到越州（今浙江绍兴）向朝廷献俘，受到宋高宗嘉奖，不久被升为通泰镇抚使兼知泰州，从此脱颖而出，成长为独当一面的主将。

金军全面进攻未能达到灭亡南宋的预期目的，还付出了不小的代价，女真统治者于是改而采取"以和议佐攻战，以僭逆诱叛党"的策略，将全面进攻改为东守西攻。在东面，册立刘豫为儿皇帝，建立伪齐政权，接管淮东、淮西和京西地区，建立同南宋之间的缓冲地域，企图"以汉治汉"。在西面，集中力量进攻川陕，企图控制长江上游，为迂回包围南宋创造条件。

由于主持西北战区的张浚昧于军事，轻敌冒进，南宋川陕五路大军在富平之战中被金兵打得大败，只得退守和尚原（今陕西宝鸡西南）等地，据险设防。幸赖吴玠在和尚原、仙人关（今甘肃徽县东南）两败金军，才使南宋川陕防务趋于稳固，也减轻了东南方向面临的军事压力。

金军进犯川陕的同时，伪齐军队也在金兵的配合下占领了襄阳（今湖北襄樊）等地。襄阳各郡扼长江中游，溯江而上可以进川，顺流而下可逼江浙，北控关中，东抚中原。此地一失，仿佛在南宋的软腹部插进了一把利刃，将半壁江山断为两截，对南宋构成了严重威胁。因而，宋高宗也意识到此地不可不争。

绍兴四年（1134年）春，已任江南西路舒蕲州制置使兼黄复州汉阳军德安府制置使的岳飞上书朝廷："襄阳六郡，地为险要，恢复中原，此为基本。"朝廷采纳岳飞建策，命他出兵，收复襄阳。宋高宗的本意是以战求和，并不打算反攻中原，因此在给岳

湖北襄阳的岳飞像

飞的手诏中，反复强调只准收复六郡，不得越界用兵，也不准以"北伐"为号召，否则"虽立奇功，必加尔罚"。

四月，岳飞自鄂州出兵，连战皆捷，不到三个月就相继收复郢州（今湖北钟祥）、襄阳、随州（今湖北随州）、邓州（今河南邓州）、唐州（今河南唐河）、信阳（今属河南）等地。

岳飞收复襄阳六郡的胜利，震动了朝廷。高宗接到捷报后说："朕虽素闻岳飞行军极有纪律，未知能破敌如此。"这也是南宋首次收复大片失地，岳飞因此被封为清远军节度使。在南宋诸大将中，岳飞是继刘光世、韩世忠、张俊、吴玠之后第五位封节度使的将领，这时他年仅三十二岁。这一仗也充分显示出岳飞领导的军队纪律严明，英勇善战，因而赢得了"岳家军"的美称。岳家军从此接管了宋金之间的中部战场，成为抗金的中流砥柱。

同年九月，完颜兀术与伪齐军联合向两淮地区发动攻势，遭到韩世忠、岳飞军的坚决抗击，后因金太宗病危，金军渡淮北撤。绍兴六年（1136年），岳飞率军北伐伪齐，收复今豫西、陕南大片失地。继而宋军又在藕塘（今安徽定远东南）大败伪齐军。由于伪齐军不堪一击，日益成为金朝的累赘，使得金人"以汉治汉"的阴谋归于破产。南宋绍兴七年、金天会十五年（1137年），金熙宗废除伪齐傀儡政权，在汴京设立行尚书台，由金人直接统治河南、陕西地区。

通过南宋军民的浴血奋战，宋、金之间的对峙格局逐步形成。宋军从不战自溃到愈战愈勇的变化，使金兵付出了愈益沉重的代价。以岳飞、韩世忠、吴玠等人为杰出代表的抗金将领在战场上的表现，有力地证明金朝统治者根本不可能将南宋置于死地。

在此背景下，金朝对南宋的政策也出现了从消灭到议和的重大转变。绍兴八年（1138年）底，宋金议和。双方以黄河为界，南宋向金称臣，每年进贡银二十五万两、绢二十五万匹。金方同意"赐还"原伪齐所辖的河南、陕西等地，并归还宋徽宗和郑皇后的梓宫以及宋高宗的生母韦氏。因为这一年是金熙宗天眷元年，所以史上又称"天眷议和"。宋、金双方取得暂时和平。

宋高宗、秦桧卖国求荣。建炎四年（1130年）十月，秦桧偕妻子王氏从金营逃回南宋。这件事对后来的宋金和战及南宋政局产生了极大的影响。

秦桧，字会之，江宁（今江苏南京）人。其妻王氏是神宗朝宰相王珪的孙女，她的亲姑父又是徽宗朝的宰相郑居中。这样的出身门第，养成了王氏凶悍的性情，使秦桧终生惧内。但攀着妻子的裙带，秦桧入仕后得以步步高升。

秦桧初登政坛时，还不是一副丑恶的嘴脸。靖康元年（1126年），宋钦宗召集百官商议是否割让河朔三镇，多数官员主张割让，主张不割者只有三十六人，其中之一就是时任太学正的秦桧。金兵攻破开封后，准备废黜赵宋，另立张邦昌。士大夫群起反对，监察御史马伸起草了一份抗议文书，号召同僚签名，时任御史中丞的秦桧也签了名。随后他又另写了一份措辞委婉的状子，请求金人保存赵氏。这些举动，都成了秦桧后来的政治资本。

然而，当他们夫妇沦为金兵的俘虏，受到更严峻的考验时，软骨头的原形就暴露无遗，很快就变节投降了。在金朝，秦桧不但未受苦楚，反而得到元帅左监军完颜挞懒的欣赏和任用。当他从金营南归时,已经有人怀疑他是挞懒派回来的奸细。后来他又成为南宋方面最大的投降派,是典型的"挟虏以自重"的汉奸。从他当权期间的所作所为看,他与金朝统治者是有相当默契的,这是不容否认的事实。

对于这么一位来路可疑的旧臣,宋高宗却一见如故。当时宋高宗被金兵追打得屁滚尿流,三番五次地遣使乞和。秦桧对此了如指掌,所以他一见宋高宗就提出了"如欲天下无事,南自南,北自北"的主张。意思是南北两方各守其土,互不相犯,等于正式承认金朝和伪齐对华北、中原和关陇等地的占领,以放弃故土、停战议和来换取金朝对南宋偏安的认可。而这正是宋高宗梦寐以求的。所以,在秦桧归来伊始,宋高宗就任命他为礼部尚书。绍兴元年(1131年)二月又拜他为参知政事,同年八月又拜为右相。秦桧就这样轻易地在南宋站稳了脚跟。

宋高宗重用秦桧,无非是期望他能在与金议和上有所作为。但在当时金朝统治者还没有放弃灭亡南宋的大背景下,秦桧虽多次向金示好,却收效甚微,金人不仅连一点回音都没有,而且继续发动对川陕地区的大规模进攻,支持伪齐南侵,这不能不使宋高宗大失所望。在有心乞和而不可得的情况下,怵于抗战派士大夫和全国军民的舆论形势,宋高宗也不敢全然放弃抗金的旗帜。加之秦桧第一次出任宰相就与担任左相的吕颐浩陷于激烈的政争之中,其阴险倾侧的用心,拉帮结派的伎俩,也引起了人们的警惕。绍兴二年(1132年)八月,秦桧罢相。宋高宗甚至宣谕朝廷,立榜朝堂,表示对秦桧"终不复用"。秦桧被黜,只得忍受暂时的挫折,静观政治风云的变幻,伺机谋划东山再起。

绍兴五年（1135年），金熙宗继位。两年后粘罕死，主张和议的挞懒得势。绍兴八年（1138年），宋高宗诏令定都临安，向金人显示要偏安东南，放弃恢复旧疆。同时又用秦桧为右相，专一主持投降议和活动。《宋史·秦桧传》说："始，朝廷虽数遣使，但且守且和，而专与金人解仇议和，实自桧始。"这是符合事实的。同年底，宋、金双方第一次达成和议（即"天眷议和"）。"天眷议和"后，宋高宗宣布大赦天下，尽撤淮南守备，以为从此可以安享太平。

这时，金朝内部的权力斗争又出现了新的格局。粘罕死后，完颜宗磐与完颜宗隽、挞懒等结成一伙，操纵军政大权，飞扬跋扈，与金熙宗等形成尖锐矛盾。金熙宗便在完颜兀术的支持下，转而联合原属粘罕一党的完颜宗尹等，以谋反的罪名诛杀了完颜宗磐、完颜宗隽和挞懒等人。完颜兀术反对把归还河南、陕西作为与宋议和的条件，为了夺回河南、陕西，强迫南宋接受更加苛刻的议和条件，绍兴十年（1140年）五月，金朝悍然撕毁墨迹未干的和议，兵分四路，大举攻宋。

金人毁约南侵的警报，给了宋高宗、秦桧当头一棒，再次以铁的事实证明一味屈膝求和并不能带来真正的和平。幸赖广大军民为挽救大宋的危亡而浴血奋战，完颜兀术所率金军主力在顺昌（今安徽阜阳）被宋将刘锜所率八字军击败，退回东京。岳飞乘势反击，屡败金军，取得郾城（今属河南）、颖昌（今河南许昌）大捷，收复了京西广大地区，并命部将梁兴等人潜渡黄河，深入金军后方，联络两河义军，形成东西并进、南北夹击东京金军的有利态势。

正当岳飞准备举兵收复中原,"直捣黄龙府,与诸君痛饮"之时,宋廷为了向金朝乞和,竟强令岳飞退兵,所复失地又沦入金军之手,一代抗金名将岳飞也以"莫须有"的罪名被处死。

绍兴十一年(1141年)十一月,完颜兀术表示同意议和,并对和议条款做了具体规定。宋高宗全盘接受,议和正式达成。主要内容有:(1)南宋"世世子孙,谨守臣节";(2)确定宋、金边界为东起淮河中流、西至大散关;(3)南宋每年向金进贡银、绢各二十五万两、匹。这就是南宋历史上极为屈辱的"绍兴和议"。

岳飞的死因。 岳飞二十岁从军,三十九岁被害,一生戎马倥偬,始终战斗在抗金最前线,念念不忘以恢复中原为己任。"岳

杭州西湖边的岳墓

家军"纪律严明,骁勇善战,以至金人惊呼"撼山易,撼岳家军难"。岳飞爱兵如子弟,爱民如父母,不蓄姬妾,不营私财,每言"文臣不爱钱,武臣不惜死,则天下太平"。其廉洁正派在古代官场中极为罕见。一代抗金名将未能马革裹尸,战死疆场,却死在自己所捍卫的朝廷之手,其强烈的悲剧色彩,千百年来一直撞击着中国人的心灵,令后世之人对他生出无尽的痛惜和由衷的敬仰。

"莫须有",语出秦桧之口。《宋史·岳飞传》记载:"狱之将上也,韩世忠不平,诣桧诘其实。桧曰:'飞子云与张宪书虽不明,其事体莫须有。'世忠曰:'莫须有三字何以服天下?'"

有人认为"莫须有"的意思是"或许有"。秦桧以此模棱糊弄之词打发韩世忠,韩氏自然不满、不服。《辞源》亦作此解。温州瑞安一带的方言中保留了大量唐宋遗留的古汉语发音,"莫须"为其一例,意思是"估摸着有"。

清人俞正燮的《癸巳存稿》以为:"莫须有"应断为"莫,须有"。"莫"表示秦桧迟疑,"须有"就是必须有。更有人(如徐乾学、毕沅等)认为"莫须有"是"必须有"的误写。但"莫须有"一词在宋人文献中并不少见,如此臆断古文,难免有先入为主之嫌。

宋史泰斗邓广铭先生著《岳飞传》,虽未直接解释"莫须有",但也强调秦桧的态度蛮不讲理。王曾瑜先生在校注岳珂《鄂国金佗稡编》时博极史料,精加考究,谓"莫须有"乃宋代常用语汇,意即"岂不须有",相当于"难道没有吗""难道不是确凿无疑的吗"。据此,秦桧强词夺理、蛮横嚣张的形象跃然纸上。

近来又有人指出,南宋时的官话是江淮方言,江淮话里的"莫须有"(念"嘛需有")就是不需有的意思。秦桧的潜台词是:这件事皇帝老子已经定了,不需要什么理由,案情是否清楚、证据是否确凿,都无所谓。

总之,"莫须有"不是罪名本身,而是形容罪名的荒谬不实以及罗织罪名的方式阴险毒辣、卑鄙无耻,并进一步演化成冤狱和冤案的代名词。

宋太祖赵匡胤是通过陈桥兵变从后周的孤儿寡母手里夺取政权的,其行径与郭威篡夺后汉江山如出一辙。为了根除唐末以来

南宋《中兴四将图》。图中依次为岳飞、张俊、韩世忠、刘光世。

武人专横、篡窃成风的局面，宋太祖确立了重文抑武、强干弱枝的基本国策。此后，防范武将尾大不掉一直是宋朝历代皇帝恪守不渝的"祖宗家法"。南宋初年，面对金人的攻势，为了维系朝廷的生存，宋高宗不得不提高武将的权力和地位，但这只是权宜之计。

通过南宋军民的浴血奋战，宋金对峙的格局逐步形成。绍兴十年（1140年），宋军在与金军主力较量中取得几次大捷，更表明宋金军事力量的对比，初步实现了强弱易位。但此时宋高宗念兹在兹的不是复仇雪耻，而是害怕武将势力的强大。在此形势下，宋高宗重用秦桧，一方面加快屈己求和的步伐，另一方面加紧策划削夺前方大将的兵权。

俗话说："枪打出头鸟。"岳飞在南宋"中兴四将"里出身最低，资历最浅，但功劳最大，崛起最快。他不但力主抗战、恢复中原，而且在他的调教下，"岳家军"成为金人最忌惮的劲敌。金兀术在给秦桧的信中明确要求："必杀岳飞，而后和可成！"于是，岳飞成了金朝和南宋当权者共同的眼中钉、肉中刺。

同时，岳飞自身的性格特点和行为方式的某些"疏漏"也加深了宋高宗等人对他的忌恨，最终招来杀身之祸。朱熹说他"恃才而不自晦"，刚强固执，不知韬晦；《宋史》说他"忠愤激烈，议论持正，不挫于人"。

当时将领几乎人人皆贪，岳飞却洁身自好，"凡有颁犒，均给军吏，秋毫不私"，还训令部属"冻死不拆屋，饿死不掳掠"，并一再声称："敌未灭，何以家为？"昔日范增说刘邦"财物无所取，妇女无所幸，此其志不在小"，岳飞则有过之而无不及。

宋朝皇帝最忌讳文武勾结，岳飞却留意笔翰，"好贤礼士，览经史，雅歌投壶，恂恂如书生"，一副儒将派头，岂非"沽名钓誉"？

岳飞原是张俊部曲，早年"张帅"对他有举荐之恩，但岳飞却一直鄙薄张俊的人品。官阶相等后，岳飞见面只是拱手而已，并不尊他为老长官。在讲究资历出身、强调知恩图报的军界，岳飞的行为无异于离经叛道。张俊为泄私愤，最终与赵构、秦桧沆瀣一气，加入到阴谋陷害岳飞的行列。

绍兴七年（1137年），宋高宗本已慨允岳飞指挥原属刘光世的淮西军，随后又出尔反尔，岳飞一怒之下抛开部队，上庐山为亡母守孝。高宗对岳飞撂挑子极为震怒，但因金人威胁还在，不得不好言抚慰，促其下山，但也对他发出了"犯吾法者，唯有剑耳"的警告。次年，岳飞又以防区过大为由，要求扩编，宋高宗答以"宁与减地分，不可添兵"，并再次告诫他"末大必折，尾大不掉，古人所戒"。

绍兴十一年（1141年）正月，金兀术入侵淮西，企图以战迫和。南宋派张俊、杨沂中、刘锜率军迎敌，并命岳飞领兵东援。岳飞尚未赶到，宋军已在柘皋（今安徽巢湖东北）大败金军。张俊想独吞柘皋之战的功劳，打发刘锜还军，岂料金军又在撤退途中攻陷濠州（今安徽凤阳临淮镇），并重创前来救援的杨沂中军。岳飞闻讯驰援，金军已经安然渡淮北上。岳飞两次增援都慢了半拍，理由是他本人感冒、军队乏粮。岳家军素以"战备不懈、行军神速"著称，这样的理由岂能令人信服。史书说"飞念前此每胜，复被诏还，壮心已阑，且轧于和议，辞以乏粮。及濠梁已破，方以兵来援"。看起来，岳飞对高宗屡次阻挠他北伐已经伤心透了。

最要命的是，岳飞竟然不知避讳，对皇位继承问题妄发议论。绍兴七年（1137年）秋，岳飞出于忠心，建议高宗立储。这年高宗三十岁，他唯一的儿子赵旉已在八年前惊悸而死，他自己也在扬州溃退时受惊，造成性功能障碍，再也无法生育。岳飞的立储建议既触痛宋高宗的难言之隐，又触犯了武将不得干预朝政的"祖宗家法"。赵构当即警告他："卿言虽忠，然握重兵于外，此事非卿所当预也。"

以上种种，使岳飞终于难逃一死。

绍兴十一年四月，高宗、秦桧先用明升官爵、暗夺兵权的方法，将张俊、韩世忠和岳飞召到临安，任命张俊、韩世忠为枢密使，岳飞为枢密副使，把他们原先统率的淮东、淮西和京湖三宣抚司军队都划归三省、枢密院统一指挥调动。

三大将中，张俊已与高宗、秦桧同流合污；韩世忠本来也是被构陷的目标，但他看清了朝中的凶险，及时向宋高宗表明心迹，并从此醉心佛、老，"杜门谢客，绝口不言兵。时跨驴携酒，从一二奚奴，纵游西湖以自乐，平时将佐罕得见其面"。高宗念他过去勤王救驾有功，终于保全了他。

这样，目标就瞄准了岳飞，给岳飞罗织的罪名是违抗军令、指斥乘舆、密谋造反。绍兴十一年十二月二十九日，赵构亲自下旨，将岳飞赐死于临安大理寺（杭州小车桥北）狱中，其子岳云和部将张宪被斩于临安闹市（杭州众安桥）。

谁是害死岳飞的真凶？ 这本来不成为一个问题，但由于古人为尊者讳的传统和今人构思过度的缘故，此事一直难成定论。其实，杀岳飞者，秦桧和宋高宗是也。

朱熹说："秦桧之罪所以上通于天，万死而不足以赎买，正以其始则唱邪谋以误国，中则挟虏势以要君，……而末流之弊，遗君后亲，至于如此之极也。"秦桧因力主和议获得宋高宗的信任，也极力要通过促成和议来巩固权位，主战的岳飞自然是他必欲除之而后快的对象。

风波亭

宋高宗在靖康之难时曾在金营充当人质，早早就落下了"恐金"的病根。当金人一心要殄灭他的小朝廷时，他不得不任用武将，与金对抗。等到形势有所好转，他就急于跟金人和谈，只要承认他儿皇帝的地位，怎样屈辱的条件都可以接受，所谓"恢复中原，迎回二帝"，只不过是他驱使南宋军民为他效力的空洞口号。

同时，高宗虽然怯懦，但并不愚蠢。一旦议和成为可能，他的注意力便立刻转到整顿内部，巩固皇权。祖宗的"圣训"，言犹在耳；武将的跋扈，他也是亲身领教过的（如"苗刘兵变"）。为了削夺武将兵权，铲除一切可能对皇权构成威胁的势力，他不惜杀害岳飞，自毁长城。

宋理宗时，徐集孙有《岳鄂王墓》诗，内中有云："班师似出高宗意，逢恶徒成秦相奸。"就连金朝人也说："威略震主者身危，功盖天下者不赏，自古如此，非止于今。飞之威名战功暴于南北，一旦见忌，遂被叁夷之诛，可不畏哉！"

直到秦桧死时，宋高宗还不止一次地告诫文武臣僚说：对金媾和，是出于他本人的决策，不允许任何人趁秦桧之死而对此事再提异议，动摇既定国策。

王夫之曾一语道破宋高宗和秦桧之间互相利用、狼狈为奸的关系："高宗之为计也，以解兵权而急于和；而桧之为计也，则以欲坚和议而必解诸将之兵，交相用而曲相成。"

偏安东南

杭州西湖

"绍兴和议"后,宋、金双方虽互有攻战,但基本保持了对峙并存的局面。南宋政权虽得以继续存在,但也只是维持偏安的格局,其军政设施和举措已全无统一王朝的气象。士大夫也不再具有积极进取、建功立业的雄心抱负,士风柔靡内向,官场因循苟且,文恬武嬉,呈现出江河日下的局面。"山外青山楼外楼,西湖歌舞几时休?暖风熏得游人醉,直把杭州作汴州。"南宋诗人林升的这首《题临安邸》生动而辛辣地揭示了南宋统治者苟且偷安、不思进取的精神状态。从13世纪开始,随着蒙古帝国的兴起和金朝的衰亡,南宋面临更为强大的蒙元军队的威胁。在漫长的抗击外敌入侵的过程中，南宋朝廷的决断能力近乎歇绝，动员能力捉襟见肘，始终被动挨打，最终难逃覆灭的厄运。但南宋军民的英勇抗争却可圈可点、可歌可泣，创造了世界战争史上的奇迹。

秦桧专权。"绍兴和议"之后，秦桧在宋高宗的支持和纵容下总揽朝政，达十余年。据南宋人记载，宋高宗向金人乞和时，金人提出了一项极其霸道无理的要求，就是"不许以无罪去首相"。当时，秦桧是宋金和议的象征，若罢免他，就意味着宋方撕毁和议，这是宋高宗万万不敢也不愿的。挟金人以自重，是秦桧得以长期专权的关键。

秦桧外恃金人撑腰，基本掌控了南宋的朝政，上至执政大臣的去留，下至地方州级长官的任免，主要取决于秦桧，以及与秦桧内外勾结的王继先、张去为等佞幸之人。

秦桧在杀害岳飞、排斥韩世忠后，又迫使协助他构陷岳飞的帮凶、枢密使张俊辞职，使朝中再无可与他抗衡的大臣。其他执政大臣都是秦桧提拔的"柔佞易制者"，"既共政，则拱默而已"。即使如此顺从，这些人也很少能够长期在职，往往"或一阅月，或半年即罢去"，以免影响到秦桧在朝中的地位。

秦氏更是一门富贵，秦桧的养子秦熺及孙辈俱任高官，亲党故旧无不夤缘高升，权势煊赫较蔡京有过之而无不及。朱熹甚至说："举朝无非秦之人，高宗更动不得。"

同时，秦桧还任用亲信，控制台谏，用高压手段打击异己。史书说当时"权臣所用台谏，必其私人。约言已坚，而后出命。

其所弹击，悉承风旨"。

秦桧大权在握，除了迫害异己、钳制舆论，就是把精力花在贪污搜刮上，公然"开门受赂，富敌于国，外国珍宝，死犹及门"，"喜赃吏，恶廉士"，"故赃吏恣横，百姓愈困"。当时南宋国库空虚，财政拮据，而秦桧通过各种方式聚敛来的家财，竟比南宋主要国库"左藏库"还要多好几倍。

老百姓对此深恶痛绝，以至绍兴二十五年（1155年）秦桧死后，"天下酌酒相庆，不约而同，下至田夫野老，莫不以手加额"。

秦桧死后，宋高宗仍继续实行苟安求和的国策，所任用的宰臣如沈该、万俟卨、汤思退之流都是秦桧的党羽。如时人吕中在《大事记》中所说："一桧虽死，百桧尚存。"朝政萎靡、吏治腐败的状况并未改观。

宋孝宗革新吏治的努力与"隆兴和议"。 宋高宗年仅二十二岁就丧失了生育能力，渐渐地朝野上下都知道了皇帝的生理缺陷，有人便上书请求从太祖的后代中选择继承人。之所以把选择范围限在太祖一系，是因为自从宋太宗登极后，社会上就流传着"太祖之后，当再有天下"的预言。北宋在太宗一系的手上灭亡，人们更认为太祖开创了大宋基业而其子孙却无缘享受帝祚，所以上天要示以惩戒，于是更希望太祖的后代能重掌皇权，复兴社稷。

对宋高宗而言，反正都不是自己的骨肉，太祖、太宗并无分别，于是决定从太祖一系的宗室中挑选比宋高宗低一辈的孩子，收养宫中，一个叫赵伯琮，另一个叫赵伯玖。绍兴五年（1135年），宋高宗诏令封已改名赵瑗的赵伯琮为建国公，入资善堂就学。绍兴九年（1139年），又将改名赵璩的赵伯玖也封为国公。虽然宋高宗收养了这两个孩子，但他内心深处却对自己恢复生育能力存有幻想，所以一直迟迟不给这两个孩子正式的皇子名分。

但多年的事实最终使宋高宗盼望亲子的幻想破灭了。在秦桧和从金国归来的母后韦氏相继死后，宋高宗不得不把立储提上议程。但在赵瑗和赵璩之间究竟立谁，他迟迟拿不定主意，思虑再三，便想出了美人计，给两人各赐宫女十名。赵瑗的老师史浩看出了皇帝的用心，告诫赵瑗持重自爱。几天后，宋高宗召这二十名宫女体检，分给赵瑗的十个全是处女，赵瑗以不近女色的好名声，赢得了最后胜利。绍兴三十年（1160年），宋高宗正式下诏，立赵瑗为皇子，封为建王，改名为玮。这时赵玮已经三十四岁了。

宋高宗在这个时候立皇子，还有一个非常重要的背景，就是金朝皇帝完颜亮即将燃起侵宋的战火。

完颜亮，女真名迪古乃，因为他是杀死金熙宗自立为帝，后来又在政变中被杀，所以在历史上没有庙号，只称海陵王。他曾与亲信高怀贞谈论自己的志向，说："吾志有三：国家大事皆自我出，一也；帅师伐国，执其君长问罪于前，二也；得天下绝色而妻之，三也。"江南锦绣繁华之地，早已令他垂涎三尺。同时，完颜亮还深受汉族文化思想影响，有着强烈的正统观念，认为只有实现南北统一，金朝才称得上是正统。因此他当皇帝后就把武力统一作为自己的最大目标。

绍兴三十一年（1161年）九月，完颜亮南侵。十一月八日，到采石（今安徽马鞍山市西南）犒军的虞允文，见局势危急，毅然负起抗击金兵渡江的责任。他将溃散的士兵组织起来，鼓舞士气，沿江布防，终于力挽狂澜，大败金军。

宋孝宗像

这时，金太祖的孙子、担任东京留守的完颜雍，趁完颜亮后方空虚之机，在辽阳自立为帝。消息传来，金军将士人心动摇。完颜亮不但不就此回头平定内乱，反而把前途命运都押在了渡江灭宋上，遂移师扬州，企图再行强渡。他孤注一掷，下令金军三天内全部渡江，否则处死，终于激起了内部矛盾的总爆发。十一月下旬，完颜亮被部下所杀，金兵北撤。

宋高宗在一次次乞和又一次次失败的现实面前进退两难，身心俱疲，便萌生了推避责任的念头。次年，他传位于宋孝宗赵昚（即赵玮），自称太上皇，退居德寿宫享清福去了。

宋孝宗被认为是南宋历史上最有作为的皇帝。他主观上不甘屈辱、愿意抗金，即位之初就宣布为岳飞父子平反昭雪，驱逐朝中的秦桧党人。朝野上下也纷纷要求乘金朝内部不稳的良机，大举进军，恢复中原。当时朝中重臣，张浚进取有余而持重不足，史浩保守有余而进取不足。吴璘在陕西退守的失利使宋孝宗倾向于张浚的速战，隆兴元年（1163年）四月，他径自绕过三省与枢密院，直接向张浚和诸将下达了北伐的诏令。

但符离一战，宋军败绩，动摇了孝宗恢复故土的决心。退居德寿宫的宋高宗更一再向宋孝宗施加压力，宋孝宗不得不重新起用秦桧的党羽汤思退为相，与金人议和。即位不久的金世宗也吸取了完颜亮覆亡的教训，致力于稳定自己内部的统治，便见好就收，略微作了些让步，与南宋达成新的和议，史称"隆兴和议"。双方约定：南宋皇帝对金不再称臣，改双方的君臣关系为叔侄关系；双方疆界回到完颜亮南侵前的局面，以淮河和大散关为界；南宋给金朝的"岁贡"改称"岁币"，数量由银、绢各二十五万两、匹，减为各二十万两、匹。此后四十年，宋、金未再发生大规模战争。

宋孝宗在内政方面也进行了一些改革。他汲取秦桧擅权的教训，十分注意用人，尤其重视选择宰相，严防朋党。在位期间，注重吏治，慎选官员，惩治腐败的力度有所加大，官场风气有所好转。宋孝宗本人来自民间，一生自奉简朴，被誉为"勤俭过于古帝王"。同时关注民生，轻徭薄赋，兴修水利，稳定币制，推动学术自由，促成了南宋时期的经济文化繁荣。

但孝宗为了防止大臣擅权，往往事必躬亲，大权独揽。在用人方面也矫枉过正，对执政大臣猜忌很重，任用时相当苛严，一些佞幸小人如曾觌、龙大渊等反而受到重用，致使官僚体制的正常职能遭到削弱，加剧了政治腐朽。

南宋后期的政治腐败。南宋后期，腐败之风已是积弊难返。周必大曾经说：当世官员"循良者十无二三，贪残昏谬者常居六七"。

宋光宗即位初年，尚能勤于政事，重视吏治，对招权纳贿的藩邸旧臣也能加以惩处。但他的皇后李氏生性妒悍，又喜揽权，时时离间孝宗、光宗的父子关系，致使朝政日非，光宗也因此精神病发作。绍熙五年（1194年），宋孝宗病逝。同年，光宗在宗室赵汝愚和外戚韩侂胄等人的逼迫下退位，由其子赵扩继位，是为宋宁宗。

宋光宗像

宁宗在位三十年，虽个人生活俭朴，但天生弱智，缺乏主见和政治才能。前期韩侂胄专擅朝政，推行党禁，打击政敌，指斥道学（即程朱理学），压服舆论，引用亲信无耻之人，致使贿赂公行，贪污成风。史称，"自侂胄用事，贿赂盛行，四方馈遗公至宰执台谏之门，人亦不以为讶"。

韩侂胄为了巩固自己的权位，还于开禧二年（1206年）仓促发动了对金战争，史称"开禧北伐"。虽然也取得了一些局部的进展，但未能挽救全局的失利。开禧三年（1207年）四月以后，双方开始议和。同年十一月，韩侂胄被史弥远杀死，首级献给金人。南宋在史弥远的主持下与金签订了"嘉定和议"，全部满足金人提出的要求，岁币增至银、绢各三十万两、匹，另加犒军钱三百万贯。从此，朝政落到史弥远手中。

史弥远掌权后，对韩侂胄的北伐政策全盘否定，恢复了秦桧的王爵和谥号，大规模裁撤北伐需要的军事部署，遣散军队，在对金政策上完全继承了秦桧的投降路线。

在内政方面，史弥远选用易制之人，台谏专任循默之士，压制异论，使得朝野以言为讳，习以成风。史弥远是明州（今浙江宁波，境内有四明山）人，他所重用的官员非亲即故，时人讥讽为："满朝朱紫贵，尽是四明人。"

嘉定十七年（1224年），宋宁宗病死，史弥远矫诏立宋理宗。理宗即位后，史弥远更以"定策之功"而权倾朝野，"贪吏靡不得志，廉士动招怨尤"，朝政更加腐败。一方面"馈赂公行，熏染成风"，另一方面国家财政更加困难，理财部门"专以铲刷为能，有一孔之利者，无不攫取"，"民间受害，尤难缕数"。社会矛盾日益尖锐，百姓生活十分痛苦，由此引发了绍定年间的一系列农民起义。

绍定六年（1233年），史弥远病死，宋理宗亲政。宋理宗除了尊崇理学外，在治国理政方面并无什么作为。在蒙古大军压境的形势下，不认真处理急政要务，唯知享乐宴安，贪鄙好色，挥霍无度。而阎贵妃、董宋臣、丁大全、马天骥、贾似道之流窃弄威福，相与始终。时人已将当时的局面与宋徽宗末年相提并论。

宋理宗赵昀像

宋理宗赵昀楷书联句

当时官吏"贪浊成风,椎剥滋甚",几乎到了无官不贪的地步。魏了翁说,当时财用不足的一大原因,就是"贿赂公行,牧守监司敛百献十",中饱私囊,全然置国家命运于不顾。

吏治腐败的又一个重要表现就是冗官严重。据洪迈统计,绍熙二年(1191年),全国有京朝官和选人一万七千零二十八人,大、小使臣一万六千四百八十八人,合计三万三千五百一十六人,大大超过了北宋治平四年(1067年)的二万四千人。宋理宗虽也采取了若干措施,如取消堂除,减少内降恩泽,减少权摄官和科举取士员额,严格升迁之制等。但各路监司要么敷衍塞责,要么消极抵抗,基本上都无法落实。到理宗后期,随着宦官、外戚专权,"官以贿成",一切良法美意都成了虚设。

政治腐败又导致法制败坏。宁宗、理宗时"刑狱滋滥","天下之狱不胜其酷"。地方官往往借狱讼之事上下其手、索取贿赂,擅置狱具、非法残民的事情屡见不鲜。

由于军政不修,武将、边帅的贪腐与文官一样严重,克扣军饷,虚报军额,经商渔利,假公济私,无所不为。贾似道曾经实行"打算法",审查将领的军费开支,希图整治军队中贪污腐败的现象,减少军费开支,同时在军中立威、排斥异己,却受到军队将领的抵制,造成诸多恶果。

终理宗之世,吏治如江河日下。到度宗时期,已是病入膏肓,不可救药了。

联蒙灭金与宋蒙战争的开端。 1206年，铁木真统一蒙古各部，在斡难河（今蒙古鄂嫩河）源头召开忽里台大会，即蒙古大汗位，号"成吉思汗"，国号"大蒙古国"，蒙古草原结束了长期混战的局面。

嘉定四年（1211年），成吉思汗誓师伐金，在野狐岭（今河北万全县）大败金兵。嘉定六年（1213年），蒙古军几乎踏遍了黄河以北的所有金朝领土，围困金中都燕京（今北京）。金帝卫绍王被臣下所杀，金宣宗即位，随即献公主、金帛、马匹求和。成吉思汗许和退兵。嘉定七年（1214年），金宣宗被迫迁都汴京（今河南开封）。成吉思汗认为金朝迁都是缺乏和好的诚意，再次围困中都，翌年将之攻陷。此后，蒙古军主力西征，金朝暂时得以在黄河以南苟延残喘。

金朝在强大的蒙古军面前不堪一击，却不把南宋放在眼里，幻想着打败南宋，向南拓展地盘，以弥补沦丧的大片河山，躲避蒙古军的锋芒。自嘉定十年（1217年）起，接连发动了数次南侵战争。但宋军的抵抗，一次又一次粉碎了金朝的幻想。战争打到嘉定十六年（1223年），金朝徒然消耗了大量军力、物力，却一无所得。当年年底，金宣宗去世，金哀宗完颜守绪即位，不得不正视现实，放弃了南侵。

宝庆三年（1227年），成吉思汗亲率大军进攻西夏，遭遇了罕见的顽强抵抗。七月，成吉思汗病死于军中。临死前，他留下"假道伐金"的遗命，即从南宋借路，采取迂回包抄的战术消灭金朝。窝阔台汗几次遣使到南宋，提议联合灭金。但南宋君臣惧怕金人，议而未决。

绍定五年（1232年）春，蒙古军在钧州（今河南禹县）三峰山围歼金骑兵二十万、步兵十五万。这是一场决定性的战役，金朝精兵良将损失殆尽。这时，南宋终于看清金朝灭亡在即，匆忙遣使回访蒙古，答应共同出兵灭金。

南宋派孟珙率军自襄阳向东进发，一路攻城略地，杀到了蔡州（今河南汝南）。端平元年（1234年）正月，困守蔡州的金哀宗见大势已去，传帝位给宗室完颜承麟。完颜承麟的即位典礼还在进行，城南已飘扬起宋军的战旗。与此同时，蒙古军也自西面攻入城内，展开巷战。金哀宗自缢而死，完颜承麟被乱兵所杀。立国一百二十年的金朝灭亡。南宋以缴获的金哀宗遗骨祭告太庙，又遣官至洛阳祭扫北宋陵寝，举国上下为终于报了百年之仇、雪了靖康之耻而欢欣鼓舞。

然而，南宋此时面临的局势，几乎就是金灭辽后北宋所面对的局势的翻版。监察御史洪咨夔就说："今残金虽灭，邻国方强，益严守备犹恐不逮，岂可动色相贺，涣然解体，以重方来之忧？"但无论宋理宗还是主战的将帅，都求功心切，在各方面都未进行认真准备的情况下，就匆忙开始了武力收复中原的行动。

宋军利用蒙古军主力撤走的时机，几乎兵不血刃，收复了汴、洛故都，史称"端平入洛"。但同时，宋军也陷入了困境。由于蒙古军掘开黄河阻挡宋军，黄淮之间，一片汪洋，粮食军需无法随军运输。沿途城乡残破至极，根本筹不到军粮。进入洛阳的宋军第二天就无粮可食，只好采野菜充饥。蒙古军趁机反击，洛阳宋军拼死抵抗。一仗下来，十丧八九。在开封等候粮草的宋朝军队闻讯也掉头南撤，武力收复中原的行动就此结束。

端平二年（1235年）春，蒙古军分三路南侵，长达四十余年的宋蒙（元）战争正式拉开了序幕。

蒙古军的第一轮进攻，就占领鄂北重镇襄阳，把战场推进到长江沿线，足见其攻势凌厉。襄阳的战略地位极为重要，不仅将西面的大散关与东面的淮河连成一线，而且是长江中游重镇江陵的屏障。襄阳失则江陵危，江陵危则长江之险不足恃。嘉熙二年（1238年）九月，南宋朝廷任命孟珙为京西、湖北路制置使，奉诏收复襄阳。孟珙稳扎稳打，连续收复郢州（今湖北钟祥）、荆门军（今湖北当阳）等地，于次年六月胜利收复襄阳。此后，襄阳成为南宋抵抗蒙古的重要枢纽。

淳祐元年（1241年）十一月，蒙古窝阔台汗死，直至淳祐十一年（1251年）蒙哥汗即位，蒙古政局一直动荡，稍稍放缓了对南宋的攻势。孟珙、余玠等南宋将领抓住这个机会，加强了荆襄和四川地区的防御力量。

可是，孟珙、余玠等人的进取与努力却受到南宋朝廷的种种掣肘。孟珙主持荆襄防务九年，屡败蒙军，威名赫赫。他不满足于被动防御，还千方百计开展敌后工作，抚慰中原人心，既可了解敌情，又可攻防结合。但猜忌武将的朝廷却不仅不支持，还对他久典重兵不太放心。这使孟珙心情极不愉快，抑郁成疾，于淳祐六年（1246年）九月去世。余玠主持四川军政颇有成

窝阔台像

效，却受到朝中宰相谢方叔等人的恶意中伤，宋理宗听信谗言，诏余玠入朝。余玠壮志难酬，急火攻心，于宝祐元年（1253年）七月猝然病逝。孟珙、余玠的抑郁而终，是南宋抗蒙力量的重大损失。

贾似道专权和南宋灭亡。 淳祐十一年（1251年），蒙哥就任蒙古可汗，结束了长达十年之久的内部权力纷争，再次掀起进攻南宋的高潮。开庆元年（1259年）九月，忽必烈率蒙古军包围了长江重镇鄂州（今湖北武汉），朝野大震，临安城内人心惶惶。宋理宗也吓破了胆，急调贾似道移镇汉阳，救援鄂州，不久即于军中拜贾似道为右丞相兼枢密使，使其军政大权集于一身。

贾似道，字师宪，祖上都是平民百姓，直到祖父时才中进士做官。其父贾涉是位慷慨有大志的豪杰之士，在抗金战场上屡建战功，官至淮东制置使。贾似道是贾涉侧室胡氏所生，因贾涉常年征戍外地，正妻史氏又不喜欢贾似道，缺少父母管教的贾似道游荡于市井，饮酒赌博，不务正业，成了一个十足的地痞无赖。

贾似道这样的身世，难免被人瞧不起，若无特殊机缘，他一辈子顶多当个小官吏。但理宗朝的腐败政治恰好给他提供了这样的机缘。绍定四年（1231年），贾似道同父异母的姐姐被选入宫，深受理宗宠爱，册为贵妃，贾似道开始时来运转。

贾似道虽品行不端，却也有些才干。他仗着后宫有人撑腰，胆子很大，无事不敢管，无人不敢惹，俨然成了耀眼的政坛新星，不仅官职急剧上升，而且声誉鹊起，赢得了不少人的欣赏。孟珙去世时，即遗表推荐贾似道接替自己，贾似道便成了先后主持长江中下游军政事务的最高长官。

当时，由蒙哥汗亲率的西路军在四川合州钓鱼城（今重庆市合川东）下受挫，蒙哥本人也被炮石击成重伤，不久丧命。忽必烈虽然接到蒙哥战死的消息，却不愿无功而返，对鄂州展开多次攻击，形势十分危急。贾似道私下遣使向忽必烈求和，此时蒙军也因为水土不服、粮食紧缺，到了支撑不下去的地步，且忽必烈的妻子察必派急使来告阿里不哥图谋继承汗位，要忽必烈立即赶回。双方谈判刚开始，尚未议定具体条款，忽必烈就率军解围北归。贾似道向朝廷报告："鄂围始解，江面肃清，宗社危而复安，实万世无疆之休！"却隐瞒了议和之事。

宋理宗暂时解除了亡国之忧，越发骄奢淫逸，把朝政完全交给了贾似道。贾似道则以鄂州"大捷"为资本，飞扬跋扈，不可一世。景定五年（1264年），宋理宗死，他的侄子赵禥即位，是为宋度宗。

度宗即位后，贾似道以策立之功被尊为"师相"，权势较理宗末年还要煊赫。他将大小朝政交付给馆客廖莹中、堂吏翁应龙，自己则在西湖葛岭过着醉生梦死的生活，以玩美色、斗蟋蟀为"军国重事"。而面对危如累卵

宋度宗像

的边境形势，贾似道却一筹莫展，既无心也无法组织起有效的抵抗。

忽必烈在夺得汗位、巩固权力之后，又发起了新一轮灭宋战争。他接受南宋降将刘整的建议，把襄阳和樊城作为主攻目标，于咸淳三年（1267年）开始围攻。南宋军民进行了顽强的抵抗，后来蒙古军控制了汉水，切断了襄樊的后勤补给通道，宋军多次增援解围均未成功。至咸淳九年（1273年）正月，樊城被元军攻破。二月，襄阳守将吕文焕力竭降元。襄樊保卫战失败后，南宋大势已去。元朝君臣已经发出"四海混同，可计日而待"的豪言，灭亡南宋的信心更加坚定了。

咸淳十年（1274年），宋度宗病死，其子恭帝继位，太皇太后谢氏垂帘。同年底，鄂州陷落，元军统帅伯颜亲率主力，以降将吕文焕为先导，顺江东下。南宋沿江诸将，多为吕氏旧部，所以元兵一来，都望风归降。

朝臣、太学生纷纷要求贾似道亲自出战。德祐元年（1275年）二月，贾似道实在躲不过去，只好集中各路兵马出发。到了芜湖江边，贾似道又故技重施，以称臣纳贡为条件，向伯颜求和，但被断然拒绝。贾似道只好硬起头皮应战，命孙虎臣率步兵七万驻扎在丁家洲（今安徽铜陵东北），命夏贵率战舰二千五百艘布列江面，自己率后军驻于鲁港（今安徽芜湖南）。元军水陆并进，步骑夹岸而行，用巨炮轰击孙虎臣军，孙军溃败，夏贵也弃军而逃，军械尽为元军所获。贾似道见势不妙，急乘小船逃往扬州。元军乘势攻击，宋军仅存的主力几乎全部丧失。

丁家洲之战失败后，南宋沿江诸州相继被元军占领，朝中高官也纷纷出逃。谢太后迫于压力，宣布罢免贾似道，将他贬往外地。贾似道名声太臭，贬所之地的百姓都拒绝他入境，后来在福建漳州的木棉庵被负责押送的郑虎臣处死。

贾似道死了，南宋朝廷的丧钟也敲响了。

谢太后诏令"天下勤王"，李庭芝、张世杰等将领率余部入卫京师，将防线收缩到江浙地区。赣州知州文天祥组织"勤王军"，也辗转赶到临安。

文天祥，字宋瑞，吉州庐陵（今江西吉安）人，从小追慕乡贤欧阳修、杨邦乂、胡铨等人，立志向他们学习，发奋苦读，宝祐四年（1256年）中状元。接到朝廷的勤王诏令后，他毁家纾难，以自己的积蓄招募了万余民兵。

文天祥像

德祐元年（1275年）十月，伯颜指挥元军自建康出发，兵分三路，向南宋发起了最后总攻。

文天祥与张世杰认为，此时两淮、闽广等地仍在南宋手中，其他地方也有坚守不降者，如果能在临安决一死战，杀败敌军，再令两淮宋军断其归路，国事尚有可为。但宰相陈宜中和谢太后主张求和，不准文天祥、张世杰等部署决战，并派出好几批求和使者，但都被元方拒绝。

德祐二年（1276年）正月，三路元军在临安城北会合。文天祥急忙建议让度宗的另两个儿子赵昰、赵昺分别出守闽、广。当时，宰相陈宜中已逃往温州老家，张世杰、陆秀夫等也率军出城向东转移。谢太后任命文天祥为右丞相兼枢密使，让他主持接洽议和。文天祥到元军营中谈判，企图说服伯颜保留宋朝，被扣押。

二月，元军进入临安。三月，掳恭帝及皇亲、官员数千人北上，南宋实际已经灭亡。

崖山海战。从临安逃出来的张世杰、陆秀夫等人护着赵昺、赵昰，经温州转移到了福州。五月一日，立赵昰为帝，史称宋端宗。

文天祥被扣押后，拒绝投降，在被押解北上的途中寻机逃脱，历尽艰险赶到了福州，仍任右丞相。他回到故乡江西募兵，以汀州为根据地，队伍一时声势浩大，但不久就被元军打败。后来文天祥又转战于广东等地，坚持抗元，于祥兴元年（1278年）底被元军俘虏。

临安陷落后，李庭芝、姜才等仍坚守扬州，打败元军多次进攻，拒绝元军多次劝降。后奉福州小朝廷之命向南转移，途中被元军所败，李庭芝、姜才被俘，誓死不降，被残酷杀害。

不久，元军攻入福建，福州等地相继陷落。张世杰等人只得把小朝廷搬上船，漂流海上，一路转战到雷州沿海。陈宜中见大势已去,诡称到占城(今越南南部)联系安顿朝廷,一去不返,后来死在了今泰国一带。

景炎三年(1278年)四月,十一岁的宋端宗病死。南宋诸臣又拥立八岁的卫王赵昺为帝,改元祥兴,将小朝廷转移到崖山(今广东新会南)。

祥兴二年(1279年)正月,元军尾随而至,占据海口,切断了宋军的淡水补给通道。宋军将士渴到极点,就饮海水。海水又苦又涩,饮即呕吐,士兵疲乏无力,战斗力严重下降。即使这样,仍连日大战,顽强抵抗,毫不退缩。

二月初六,元军分南北两路向崖山发起总攻,宋军大败。张世杰率十余艘战船保护宋端宗之母杨太后突围而出。皇帝的坐船却过于庞大,动弹不得。陆秀夫见势不妙,先令妻子投海自尽,然后背起幼帝赵昺毅然跳进了波涛汹涌的大海之中。南宋最后一位皇帝和最后一任宰相壮烈殉国。

杨太后闻知皇帝已死,抚膺大恸,也投海自尽。张世杰率残余部众继续抵抗,不幸遇上飓风,船沉牺牲。

文天祥被俘后,元将张弘范将他押到崖山,让他给张世杰写劝降书。文天祥拿出了自己刚写成的《过零丁洋》诗:"辛苦遭逢起一经,干戈寥落四周星。山河破碎风飘絮,身世浮沉雨打萍。惶恐滩头说惶恐,零丁洋里叹零丁。人生自古谁无死,留取丹心照汗青!"张弘范看了,也不禁由衷赞叹:"好人!好诗!"

文天祥后来被押解到大都，囚禁了三年又两个月。元朝对他百般利诱威逼，希望他投降，他始终坚贞不屈，并在狱中写下著名的《正气歌》以明心志。至元十九年十二月初九（1283年1月9日），文天祥英勇就义。其妻欧阳氏为他收尸，在衣带中发现了他的绝笔《自赞》："孔曰成仁，孟曰取义；惟其义尽，所以仁至。读圣贤书，所学何事？而今而后，庶几无愧！"

蒙古崛起后，铁骑横扫亚欧大陆，所向披靡。它灭亡西夏只用了二十二年，灭金用了二十三年。这些政权都以军事立国，曾经威震天下。所以，蒙古刚开始发动侵宋战争时，根本没有把南宋放在眼里。耶律楚材就曾对南宋来使傲慢地说：你们只恃着大江，我朝马蹄所至，天上天上去，海里海里去！

然而，他们没有料到，灭掉南宋，整整花了四十五年。在蒙元军队的所有对手当中，南宋抵抗时间最久，给蒙古军造成的损失最大，就连蒙哥汗也毙命于南宋的炮火之下。以至于国外的一些学者认为，南宋军队其实并不软弱，更非无能，而是当时世界上除蒙古军之外最厉害的军队。

南宋的生命力如此顽强，原因是多方面的。仅就军事而言，蒙古军以骑兵为主，擅长平原旷野作战，拙于山地川泽周旋，南宋正好具备有利的地形条件。而且，宋军长期与辽、夏、金对峙，虽然攻势作战非其所长，但是积累了丰富和行之有效的防御战经验。宋人发明的火药也在实战中发挥了不小的威力。这些因素，使得南宋与蒙古（元朝）的战争长期陷于胶着的状态。

在政治方面，南宋朝政虽然萎靡腐败，皇帝也多昏庸懦弱，官员平时文恬武嬉，但崇尚宽仁和文治的国策也在广大士民中间播下了忠君爱国、重视名节的种子,一旦国家处于危急存亡之秋,慷慨赴死之士往往能自觉起来为国效命,虽无法挽救最后的灭亡,但坚强的抵抗意志也让入侵者付出了沉重的代价。如清朝学者赵翼所说:"及有事之秋,犹多慷慨报国,绍兴之支撑半壁,德祐之毕命疆场,历代以来,捐躯殉国者,惟宋末独多,虽无救于败亡,要不可谓非养士之报也。"

东京梦华

开封龙亭

经过北宋九帝一百六十八年的营建,开封终于在11世纪至12世纪初成为中国同时也是世界上最大、最繁华的都市,人口超过百万,"比汉唐京邑民庶,十倍其人矣"。商业贸易极度繁荣、人气一路攀升的开封,也吸引了当时全世界关注的目光,出现了"八荒争凑,万国咸通"的盛况。高丽、印度、越南、日本等地的留学生,源源不断地来到开封。还有上百名犹太人迁徙而来,融入东京汴梁的城市生活。犹太人是流浪的,也是最难同化的,他们能在此地停留下来,并长期地定居下去,宋都开封的吸引力可见一斑。

东京的繁华。汴京郊外,疏林薄雾,掩映着几家茅舍,一队驮炭的毛驴由远而至。柳林初绿,阡陌纵横,透出大地回春的消息,一支踏青扫墓的队伍迤逦归来,点出清明时节特有的风俗。

汴河之上,船只相连。有的满载货物、溯河而上,有的泊岸卸货,有的空船待归,一派繁忙景象。一座宛如飞虹的拱桥横跨汴河,桥上车水马龙,熙熙攘攘,热闹非凡。

进入高大巍峨的城楼,街市屋宇鳞次栉比,茶坊、酒肆、脚店、肉铺、庙观、公廨,令人目不暇接。罗锦匹帛、沉檀楝香、香火纸马、医药门诊、看相算命、修面整容,各行各业,生意兴隆。行人摩肩接踵,往来络绎不绝。士绅、官吏、商贾、小贩、行脚僧人、听书小儿、贵家子弟、行乞老人……男女老幼,三教九流,无所不备。轿子、驼队、牛马车、人力车,各色交通运载工具样样俱全。

《清明上河图》(局部)

外乡人初入此城，乱花迷眼，寻人问路，答者遥指远处，画面戛然而止，留给人们无尽的想象……

这是北宋末年宫廷画家张择端的不朽杰作《清明上河图》中描绘的景致。作者以手卷的形式，用"散点透视"的方法，如随摄影机镜头移动，步移景异，把北宋都城的繁华热闹淋漓尽致地表现出来。欣赏此画，我们不难想象"宋家汴都全盛时，万方玉帛梯航随"的盛况，也不免发出"兴废相寻何代无""至今荒草遍长衢"的慨叹。

历史上的开封有"汴京富丽天下无"的美誉，金代诗人李汾的《汴梁杂诗》称之为"琪树明霞五凤楼，夷门自古帝王州"。

开封铁塔

这座北宋都城位于华北大平原的南端，周围一马平川，地势坦荡，无险可守，从军事角度来看犯了兵家大忌，是不适宜作为一个王朝的首都的。

五代以前，中原王朝的首都主要在长安和洛阳之间摆动，长安和洛阳以山为塞，以河为池，形势险固，易守难攻，具有建都的天然优势。自南朝历经隋、唐，中国南方经济一直呈上升的态势。隋炀帝开凿大运河以后，通济渠成为南北水路交通的总干线，公家漕运、私家商旅都依靠此渠，唐朝廷的主要收入也来自江、淮地区。唐朝建都关中，漕运有三门砥柱的险阻，从洛阳运米到长安，漕船在三门峡多有覆没，一石能送到八斗，就算是最好的成绩。如果改走陆路,运送两石粮食要花费千文左右。民间苦于漕运,因而有"斗钱运斗米"的谣谚。唐高宗以后,朝廷每每想开凿砥柱、畅通河道,都未能成功。五代时期,除后唐定都洛阳以显示自己跟唐王朝的特殊渊源之外,其余各朝均定都开封,此后也不再有建都关中的朝代。究其原因,漕运不畅,当属首要,也是北方愈益依赖南方的明证。

经过梁、晋、汉、周四个政权的悉心经营,特别是后周世宗时期修筑开封外城,令王朴经营规划城内,拓宽道路,疏浚河道,又许临街开店,取消坊市分离制度,促进了商业的繁荣。至宋取代后周前夕,开封已经初步具备了帝都的风范。而洛阳则因战火频仍,面目已非往日。

宋太宗赵光义像

宋朝取代后周时,赵匡胤再三告诫兵将不得擅劫府库,一改以往兵变恶习,同时又采取了一系列稳定民心的政策,不仅稳定了政局和社会生活,而且对开封的发展也起了有益的作用。所以后来当赵匡胤一度想西迁洛阳时,晋王赵光义敢于提出"在德不在险"的定都方略。同时,那些追随赵宋起家的将相也多为后周旧臣,不少人已在开封安家多年,安土重迁的意识很浓,定都开封更符合他们的群体利益,容易得到他们的支持。

唐宋时期都城选址的东迁，反映了对经济因素的考量已超越于军事。在开封建都虽然有较大的缺憾，而且也并非宋太祖本意，但却是当时社会经济政治等因素积累的必然选择。

北宋东京有皇城、内城、外城三重城墙，皇城居于城市中心，内城围绕皇城四周。最外围是外城，也叫罗城，周长约二十九公里。罗城东、西、南三面均有三门，北面有四门，此外还有专供河流通过的水门十座。

水路河道是东京经济和社会生活的命脉，当时有"四水贯都"的说法。四水指汴河、蔡河、五丈河和金水河。城墙外又各有护城河一道，四水通过护城河相互沟通，交通运输非常方便，可将各地粮食和物资源源输入城内。其中尤以汴河最为重要，据《宋史·河渠志》记载："（汴河）岁漕江、淮、湖、浙米数百万，及东南之产，百物众宝，不可胜计。又下西山之薪炭，以输京师之粟，以振河北之急，内外仰给焉。故于诸水，莫此为重。"汴河不但是当时南北交通的大动脉，而且还是国家安全的纽带，是赵宋王朝的生命线。宋太宗说："东京养甲兵数十万，居人百万家，天下转漕仰给，在此一渠水。"

与唐朝长安相比，东京的城市格局和内部管理已完成由坊市制到厢坊制的转变，具备了近代开放型城市的基本特征，这与城市商业经济的繁荣是相辅相成的。

在宋代以前，都市实行"坊市制度"，商业区（市）被局限在固定区域内，面积很小，管理严格。随着商业贸易的迅速发展和人口的不断增加，宋代政府逐渐放宽了对商业的干预，商业活动不但突破了区域的限制,而且也突破了时间的限制,坊市制度、宵禁制度开始崩溃。孟元老的《东京梦华录》可以证明,东京城内店铺林立,显然已无商业区与非商业区的界限,亦无时间和区域的限制。城市重要的街道出现了不少的商业街,这是唐代以前所未有的。《清明上河图》真实地反映了这种情形。

北宋东京因袭后周,从开始即没有封闭的里坊。以坊巷为骨架的城市面貌颇具特色。一是主要街道成为繁华商业街,皇城正南的御路两旁有御廊,允许商人交易,州桥以东、以西和御街店铺林立,潘楼街也是繁华街区。二是住宅与商店分段布置,如州桥以北为住宅,州桥以南为店铺。三是街道、住宅与商店混杂。四是集中的市与商业街并存,如大相国寺,"中庭、两庑可容万人","每一交易,动计千万"。五是一些街区夜市活跃,如马行街"夜市直至三更尽,才五更又复开张"。许多餐饮、娱乐场所通宵营业,"大抵诸酒肆瓦市,不以风雨寒暑,白昼通夜,骈阗如此"。

当时的东京居民五方杂处,面街而居,将工商经营扩大到全城各个角落。京城之内还出现了一批富商大贾,"资产百万者居多,十万而上比比皆是"。官僚、贵族也纷纷开店,过去官场以商为耻的思想,被冲荡得干干净净。

靖康之难,大批臣民纷纷南渡,在颠沛流离之间,曾长年定居东京的孟元老,常忆京城之繁华,于是撰成《东京梦华录》,他在序中记述:"太平日久,人物繁阜。垂髫之童,但习鼓舞,斑白之老，不识干戈。时节相次，各有观赏：灯宵月夕，雪际花时，乞巧登高，教池游苑。举目则青楼画阁，绣户珠帘。雕车竞驻于天街，宝马争驰于御路，金翠耀目，罗绮飘香……"

商品经济的繁荣，催生了富裕繁华的城市，也极大地丰富了城市的文化生活。从产业角度来看，唐代以前城市的文娱活动通常是特权者的享受，很少作为市场交易行为。商业性的休闲娱乐活动虽然自中晚唐时开始出现，但当时并不普遍。宋代坊市制度崩坏后，不仅商品交易日趋活跃，娱乐活动也迅速成为城市社会生活的中心内容之一。东京汴梁首次出现了专门的娱乐休闲场所——"瓦舍"（又称"瓦肆""瓦市""瓦子"）。据南宋吴自牧的《梦粱录》记载："瓦舍者，谓其来时瓦合，去时瓦解之义，易聚易散也。"每个瓦舍内设有数量不等的专供表演的"看棚"（又称"勾栏"），内设戏台、后台、观众席等。瓦舍、勾栏的演出内容有说书、小唱、杂剧、皮影、散乐、舞蹈、角抵、杂技等。据《东京梦华录》记载，东京东角楼一带是瓦舍、勾栏最集中的地方，"街南桑家瓦子，近北则中瓦，次里瓦。其中大小勾栏五十余座。内中瓦子莲花棚、牡丹棚，里瓦子夜叉棚、象棚最大，可容数千人"。这些场所既是娱乐中心，又是商业中心。艺人的表演都是以赚钱为目的，娱乐业已经发展成东京的一项支柱性产业。瓦市中还同时经营各种小型买卖，如《东京梦华录》中载："瓦中多有货药、卖卦、喝故衣、探搏、饮食、剃剪、纸画、令曲之类。"商业气息极为浓厚。

《汴京宣德楼前演象图》。宣德楼是北宋皇宫的南门，前面即御街，北宋皇宫每年都要在楼前举行隆重的驯象活动，烘托歌舞升平气氛。图中一丝不苟地描绘出七头大象的形貌、饰物和整个活动场面。此图疑为清人所作。

《蚕织图卷》（局部），反映了宋代"男耕女织"的情景。

西湖繁盛。南宋只剩半壁江山，尽管朝廷上下不乏岳飞、辛弃疾、陆游这样的爱国志士，念念不忘收复河山，统一疆土，但朝廷决策者的苟且偏安，使志士们每每空怀悲切，壮志难酬。"山外青山楼外楼，西湖歌舞几时休？暖风熏得游人醉，直把杭州作汴州。"林升这首脍炙人口的诗作成为南宋社会耽于安逸、不思进取的写照。不过，这些年来，随着研究工作的不断深入，人们发现南宋在中国历史上并非一无是处，其在偏安局势下所获得的经济发展和文化繁荣，日益为世人瞩目。

五代十国时期，南方经济已获得较大的发展，南方日益成为全国经济的先进地区。南宋以后，南方经济领先于北方的格局完全奠定，南方最发达的江浙地区也长期稳定地成为全国的经济重心。

由于复种制度的推广、新耕地的开辟和农业生产效率的提高，江淮、两浙、福建、四川等地区一年亩产可达二至三石。太湖地区稻米产量居全国之首，有"苏湖熟，天下足"（指苏州和湖州）之称。农业经济作物种植面积扩大，棉花盛行种植于闽、广地区，茶叶遍及苏、浙、皖、闽、赣、鄂、湘、川等地，种桑养蚕和种麻的地区也在增加。甘蔗种植遍布苏、浙、闽、广等省，糖也已经被广泛食用。

农业、手工业生产的商品化程度日益提高。在两浙路的太湖流域、四川成都平原和福建沿海地区，专业茶农、果农、蔗农、菜农大批涌现，他们与独立手工业者一起，开始向小商品生产者转化。北宋时，各路由家庭成员充当劳力、专以纺织为生的"机户"约有十万，数量可观。两浙和川蜀地区成为全国的丝织业中心，朝廷在这些地区设立了织锦院。从事"收丝放贷""机户赊账"等业务的包买商也遍布江西、两浙、四川等地。南宋时，广东雷州半岛和广南西路又发展成棉纺织业的中心。

从宋朝开始，东南沿海港口成为新的贸易中心。唐朝时全国仅广州一地设有市舶司，负责外贸事务。宋朝有二十多个对外贸易港口，设有广州、泉州、明州、杭州、密州五个市舶司，市舶司下有的还设有市舶务、市舶场等下属机构。宋神宗元丰三年（1080年），颁行"广州市舶条法"，委官推行，并适用于各市舶司。北宋中期以后，海外贸易的收入一直占宋朝全年收入的15%左右。对此，宋高宗感叹道："市舶之利最厚，若措置得宜，所得动以百万计，岂不胜取之于民？朕所以留意于此，庶几可以少宽民力尔。"各个外贸港口还在城市设立"蕃市"，专卖外国商品，"蕃坊"供外国人居住，"蕃学"供外商子女接受教育。南宋晚期，泉州更一跃成为世界第一大港和海上丝绸之路的起点，出现了"涨海声中万国商"的盛况。现在广州、泉州城内仍然有许多蕃客墓,是当时海外贸易繁荣的佐证。

宋室南渡后,定都杭州,升杭州为临安府,杭州成了全国的政治、经济、文化中心,为新都市的发展提供了许多有利条件和机遇。

在南迁的过程中,北方大批人口流寓杭州。这些北方移民中,除了皇室贵族、官宦富绅外,还有大批从事农业、手工业、商业、饮食服务等各种行业的能工巧匠,他们定居杭州,大大促进了杭州商业形态的发展。

南宋统治者倾全国之力,精心从事临安的城市建设,使杭州进入有史以来最辉煌的时期。据耐得翁《都城纪胜》记载:"自高宗皇帝驻跸于杭,而杭山水明秀,民物康阜,视京师其过十倍矣。虽市肆与京师相侔,然中兴已百余年,列圣相承,太平日久,前后经营至矣,辐辏集矣,其与中兴时又过十数倍也。"

临安城南倚凤凰山,西临西湖,北部、东部为平原,自然条件得天独厚。城市呈南北狭长的不规则长方形,宫殿独占南部凤凰山,整座城市街区在北,形成了"南宫北市"的格局。整座城市与优美的园林风景区巧妙结合,充满独特而诱人的魅力。

自宫殿北门向北延伸的御街贯穿全城,是最繁华的区域。御街全长约十里,从和宁门外至景宁宫前,一路店肆林立,商铺栉比。御街南段为衙署区,紧邻皇宫,是朝廷中枢机关所在地和皇亲国戚、文武重臣集中居住的区域。因而这段街上商铺多以经营高端商品为主,《都城纪胜》说:"珠宝珍异及花果时新、海鲜野味、奇器,天下所无者,悉集于此。"中段为中心综合商业区,同时还有若干行业市街。此处早在唐末五代及北宋已是杭城唯一的市场。南宋定都之后,诸行百市,大小店铺,样样齐全。"处处各有茶坊、酒肆、面店、果子、彩帛、绒线、香烛、油酱、食米、下饭鱼肉、鲞腊等铺",凡衣食住行与日常生活所需,在这里都能得到满足。据《梦粱录》记载,这里名店、老店云集,有名可查的多达一百二十多家。北段是商贸与文化娱乐相结合的特色街段。临安最大的娱乐中心——北瓦就在此地,内有勾栏十三座,日夜表演杂剧、傀儡戏、杂技、影戏、说书等多种戏艺,每日有数千市民在北瓦游乐与休闲。从《梦粱录》《都城纪胜》《西湖老人繁胜录》《武林旧事》等书的记载来看,南宋的休闲娱乐已经蔚然成风,上自宫廷、士大夫阶层,下至一般文人和市井民众,其休闲活动与方式之丰富,为历代所不及。朝廷礼部的贡院也在此附近,是举行科举考试的中心场所。每逢科考,成千上万的举子在此云集,参加考试。受其影响,棚桥一带形成了临安最大的书市,刻版作坊也在棚桥附近,四周充斥着酒楼饭馆和茶肆,夜市十分热闹。

御街之外,还有四条与御街走向相似的南北向道路和四条东西向干道。全城因地制宜,形成大小不一的网格,并以"坊"命名。城内河道有四条,其中盐桥河为主要运输河道,沿河两岸多为闹市,"客贩往来,旁午于道,曾无虚日"。城外有多条河流,与大运河相连。这些纵横相交的河湖构成了一张发达的水运网,维系着临安的繁荣。

随着商业和手工业的发展，行业细分，种类大增，"不以物之大小，皆置为团行"。商业性质的谓之团、行、市，手工业类或称"作分"，或也称"行"（"行当"之意），仅《西湖老人繁胜录》中粗略所举，就有四百一十四行。《梦粱录》也说："行都之处，万物所聚，诸行百市，自和宁门权子外至观桥下，无一家不买卖者，行分最多。"其货品种类之齐全，工艺之精良，都远胜前代。其中，官营手工业作坊多集中在城北武林坊、招贤坊一带。瓷器官窑在城南凤凰山下，称内窑。私营手工业则遍布全城，前店后作、亦工亦商的经营模式普遍盛行。

经过一百多年的发展，南宋经济、文化达到了空前的繁荣，临安也成为12至13世纪最为繁华的世界大都会，被意大利著名旅行家马可·波罗赞为"世界上最美丽华贵之城"。据《咸淳临安志》记载，宋度宗年间，临安府的人口已达一百二十四万多人。临安不但出现了吴越文化与中原文化、中华文化与海外文化的大交流，形成了多元文化和谐交融的局面，而且这种文化深深融入临安人的生活之中，使杭州一向以农业生产精耕细作、工艺产品精美绝伦、饮食菜肴细腻味美、园林建筑巧夺天工而著称于世。今日杭州之所以能成为"人间天堂"，成为中国历史文化名城，很大程度上得益于南宋定都临安和南宋经济文化的高度繁荣。

宋代的"经济革命"。宋朝虽然以农业立国，但在高度发达的农业经济基础上，已经生长出城市、商业、货币、信用、海外贸易等诸多工商业文明因子，雇佣劳动、包买商惯例、商业信用、集资合伙等新生事物均有踪迹可觅。国外的汉学家常把宋代经济出现的巨大进步称为"宋代经济革命",并归纳为农业革命、货币和信贷革命、市场结构与城市化的革命等方面。历史学家漆侠也认为:"社会生产力在唐宋特别是两宋时期高度发展……正是这个高度发展把宋代中国推进到当时世界经济文化发展的最前列。"而宋代经济的商业化,是其最重要的发展动力。

宋代封建生产关系的变化,是唐末五代以来封建土地私有制进一步发展的结果。唐中期以后,随着均田制的废弛、两税法的实行,土地私有制迅速发展起来。当时不仅官僚富豪在大量积聚土地,就连非身份性的庶族地主也在急速地扩展田产。宋朝适应土地制度的发展变化和商品经济发展的需要,立国之初就实行"不立田制""不抑兼并"的土地政策,放任土地的兼并和自由买卖,从而进一步加速了土地转移的频率,形成了"贫富无定势,田宅无定主,有钱则买,无钱则卖"的局面。土地私有制不但得到国家的承认,而且呈现出不断增强和深化的趋势。

与土地制度的变化相适应,租佃关系兴盛起来,并成为主要的剥削方式。在租佃制下,地主与客户的关系,主要是租佃契约关系,佃户按照契约规定的方式、品种和数量向地主缴纳地租,契约期满后有退佃起移的权利,并受到政府的法律保护。按照宋朝的户籍制度,客户成为国家的正式编户,不再是地主的"私属",人身依附关系大为减弱。有的客户在农闲时还兼营商贩。

同时,在宋代官私手工业中也普遍实行了有利于提高手工业者生产积极性的雇值制度。原来带有强制性的指派和劳役制被招募制取代,工匠主和工匠的关系是雇佣与被雇佣的关系,工匠的报酬(即雇值)按照生产的产品数量和质量来计算,工匠所受的人身束缚已经大大松弛。这种新的生产关系更有利于生产力的发展，使宋代经济尤其是商品经济得以在相对稳定的社会环境中迅速发展。

从政治方面看，宋朝相对开明，并且是中国历史上少有的鼓励经商的王朝。宋朝建立后，一反传统的重农抑商政策，确立了国家与商贾共利分利的经济运行模式。如马端临《文献通考》中所说的："古人之立法，恶商贾之趋末而欲抑之。后人之立法，妒商贾之获利而欲分之。"宋朝统治者自立国之初，便采取了一系列保护商业发展的惠商、恤商措施，如提高商人的政治地位，严禁非法滞留和搜查商人，严禁官吏对商贾横征暴敛，限制官府垄断经营等，尽量减少过去针对商业而设置的种种限制和障碍，"一切弛放，任令通商"。这些政策措施扩大了商品在全国的流通范围，对于维护市场公平竞争，保护商人尤其是中小商人的利益，推动商品经济的发展和繁荣，发挥了积极的作用。

宋代农业经济的突出特点是多种经营和商业化生产程度发达，专业化农业区域日益出现，农副产品进入商业渠道的数量、规模超过以前任何朝代，比西欧各国农业生产商品化要早二三百年。由于农业生产力的提高，农民可以有剩余时间参与手工业和商业。不少农民脱离农业生产，来到城市、矿山、茶园、盐场，或独立经营，或往来贩货于城乡之间。

宋朝实现了煤炭的规模开采和工业利用，北宋河东（今山西）、河北、陕西等路的煤炭采掘业相当发达。为了和原先的木炭（当时称"软炭"）相区别，宋代出现了"石炭""矿炭"等词来专指煤炭。在其推动下，包括冶金、陶瓷、井盐、纺织业等在内的手工业各部门呈现出繁荣发展的态势。除铸钱、军工等少数行业外，民营手工业的主导地位开始确立，并程度不同地拥有区域市场、区间市场甚至海外市场。行业内部还产生了带有近代色彩的雇佣关系和包买商惯例，这表明，宋代手工业已经进入了一个为近代工业的发生准备条件、为新的生产方式提供历史前提的时期，即所谓前近代化时期。

从城市发展来看，除了像东京、临安这样的大都市之外，其他城市的人口规模也迅速增大。北宋元丰年间十万户以上的城市有四十多个，崇宁年间上升到五十多个，而在唐代只有十余个。城市职能更多地向经济职能转变，日益增长的财富和商业促进了城市前所未有的发展，城市不再只是行政中心，同时也成为商业和社会生活的中心。苏州、扬州、成都、鄂州等一批城市因处在经济发达地区或位于交通孔道，逐步成长为区域经济中心。广州、泉州、明州还有北方的板桥镇等，则成为新型港口城市，泉州"以蕃舶为命"，"生齿无虑五十万"。

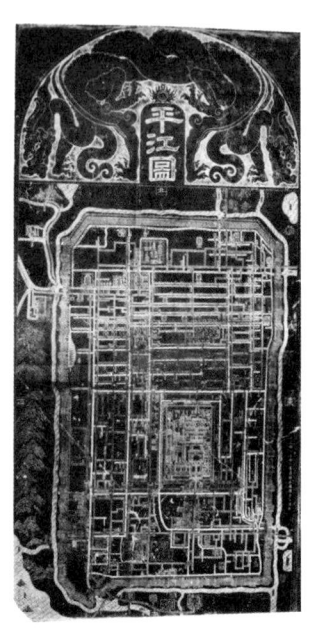

平江图碑。南宋李寿明主持刻绘，是中国现存最大最完整的古代城市碑刻地图。图中绘出宋代平江城（苏州）的平面轮廓和街巷布局，包括城墙、建筑、街道、城河、桥梁、寺观、园林等，展现了苏州城的繁荣景象和水乡风情。

同时，中小市镇及农村集市贸易也日渐繁盛。环绕着城市的近郊，规模可观的新型商业区"草市"纷纷涌现，其贸易兴盛程度不亚于内城。景德年间（1004—1007年），开封已是"十二市之环城，器然朝夕"。不少中小市镇的税收收入甚至超过了所属州县治所。即使在边远的广西地区，农村的集市也已经定期化、固定化，有的五天一圩，有的三天一圩，有的隔一天一圩。农村集市上的商品不仅在本地销售，还远销外地。在宋代，商业繁荣已经不是大城市的专利，高低大小搭配、由点及面的区域性市场网络已经开始形成。

随着城市人口的飙升和商业人口的比重增加，市民阶层初步形成。为了适应城市工商业的发展，宋代将城市中的非农业人口"坊郭户"单独作为法定户名列籍定等。《宋史·食货志》将"城郭之赋"与"民田之赋"并列，就是将城镇居民所缴纳的房地产税与乡村居民所缴纳的土地税区别开来，成为两税之外的特有税目。这当然都跟宋代城市经济发达、城市私有房屋产权的逐步确立相联系，标志着市民阶层已经成为重要的社会群体，登上历史舞台。

商税收入在宋代国家财政中的地位日趋重要，已成为重要的独立税收之一。商业的发展，从当时政府的商税收入也可以体现出来。宋代以前，国家政权一般仅对社会经济生活中影响较大的盐、铁生产和销售采取垄断经营，实行官产官销，完全排斥私商的参与。宋以前各代官方文献中也并无全国性商税收入的统计，说明商税收入在当时的国家财政中尚不占重要地位。唐玄宗时期，随着工商业的发展，开始对少地或无地的商人按户等高下征收地税。唐代宗大历年间的户税改制，对有邸店、行铺、炉冶者，进一步规定加等征收户税。到两税法时，又将商税与地税、户税区别开来。五代十国时期，各政权对征收商税都很重视。宋太祖颁布《商税则例》，表明宋朝从建立伊始就有了正式的商税法规。同时，政府的商业管理机构也日趋完善，对商税的征收进一步程序化和制度化，商税和田税截然分离，出现了完整意义上的商税制度。

宋代的工商业税，如过税（商品流通税）、住税（商品交易税）、力胜钱（水路流通税）以及矿冶收入等都有大幅度的上升。工商业税在国家财政收入中的地位日见重要，成为田税、禁榷收入之外对宋代财政影响巨大的税项之一。据《文献通考》记载，熙宁十年（1077年）以前，各州商税的岁额：四十万贯以上者三，二十万贯以上者五，十万贯以上者十九，五万贯以上者三十，五万贯以下者五十一，三万贯以下者九十五，一万贯以下者三十五，五千贯以下者七十三，共计三百一十一处。这还只是以州为单位，可见当时商业繁盛的情况。

从商税收入占国家财政总收入的比重来看，北宋时期，商税收入约占国家财政总收入的10%左右。南宋由于缺乏商税收入的全面统计，其在全国财政总收入中的比重难以确定，但无疑比北宋时期有所提高。

宋朝还建立和发展了极为严密而完备的专卖制度，不仅是盐、铁，连酒、茶、矾等也列入国家专卖，政府不仅严格控制专卖品的私售，对允许贩运的专卖品也实行严格管理，例如，商人贩盐必须持禁榷机构给发的交引，到指定的地点取货，对盐价也进行限制。专卖制度影响了私营工商业的正常发展，却给政府带来了丰厚的收入。宋朝来自禁榷和商税的收入远远超过了田税。

商业的巨大进步也导致了人们思想观念的转变。"民以食为天"不再是唯一的金科玉律，重视商业、主张提高商人地位的思想得到发展。如李觏提倡富民思想，主张自由通商，自由经营，反对盐铁专卖政策，主张由私商经营，既可以使商人获利，也可以增加政府财政收入。苏轼说"商贾之事，曲折难行，其买也先期而与钱，其卖也后期而取值，多方相济，委曲相通，倍称之息，由此而得"，为我们勾勒出一幅商人辛苦经营、勤劳致富的图画。苏辙进而认为："城郭人户虽号兼并，然而缓急之际，郡县所赖。饥馑之岁，将劝之分以助民；盗贼之岁，将借其力以捍敌。故财之在城郭者，与在官府无异也。"因此主张官府要对他们"稍加宽恕，使行休息"，否则，"非民之利也"。南宋思想家叶适更认为"抑末厚本，非正论也"，不仅主张从经济上重视商业，而且主张在政治上使工商业者得到参政的机会，让有才能的工商业者通过甄拔成为统治阶级的成员，将农商皆利的思想大大推进了一步。

所谓制度变迁，可以理解为一种更有效率的制度的产生过程。具体到仍处在农业社会的宋代，就是如何更好地配置土地资源和人力资源，让其发挥更大潜力的过程。

宋代继承唐代两税法"以资产为宗"的税收制度，从税制上较以前更明确地承认和界定了土地私人占有权，表明无论国家政府还是个人，都在私有产权的合法性方面达成了共识，从而激发了土地产权拥有者利用土地资源创造财富的积极性，对宋代农业乃至整个社会经济起到了巨大的促进作用。同时，按资产征税，对劳动者来说也意味着赋税的减轻与公平。宋代还从制度上规定了各类徭役都以产权多少来摊派，也在一定程度上减轻了劳动者的负担。王安石变法后实行以钱代役，使农民逐步摆脱了劳役的束缚，人身相对自由，这对于促进社会经济尤其是商品经济的发展都是十分有利的，具有一定的制度创新的特点。宋代赋役制度的变迁，提供了进一步发挥自然资源和人力资源潜力的激励机制。从这个意义上来说，宋代社会经济的繁荣与赋役制度变迁的激励作用是密切相连的。

根据著名经济史家全汉昇先生的研究，宋代的户数与人口，按《宋史·地理志》的记载，在大观四年（1110年）户约二千万，口约四千六百万。前一个数字没有多大问题，后一个数字很可能由于人民为逃避丁税的负担，而少申报口数，以致过分偏低。如果按"五口之家"计算，中国在12世纪初约有一亿多人口，应该是没有问题的。

北宋每年的财政收入也远较唐代为多：唐代最高的岁入总额（天宝八年，749年）不过五千二百三十余万，而北宋天禧五年（1021年）的岁入总额已增至一亿五千余万，约为唐代的三倍。尽管唐宋岁入数字中的物品种类和计算单位不一定相同，这种比较不见得准确，但大体来说，宋朝的岁入总额已远远超过了唐代。

北宋交子

宋朝经济的内在矛盾——从纸币说起。宋代经济的迅猛发展，使得货币流通量剧增，北宋中期之后每年的铸币量超过唐朝几十年的铸币量之和。宋太宗于端拱三年改元淳化，淳化元年（990年）五月改铸发行淳化元宝钱。宋太宗亲书隶、行、草三体钱文，成为皇帝亲书钱文之始，也是行、草入钱之始。两宋历时三百二十年，凡十八帝，改年号五十七次，铸年号宝文钱四十三种（不包括大小和书法等版别变化）之多。

宋朝的钱币主要有铜、铁两种。铁钱始于汉铸五铢钱，至两宋达到鼎盛。四川铜少铁多，历来铁钱铸量颇丰，陕西等地铜铁钱并用。行用时，一般小额交易用铁钱，大额交易用铜钱。

因钱币需求量巨大，而铜、铁钱笨重不便交易，宋朝出现了历史上最早的纸币——交子。在欧洲，瑞典是发行纸币最早的国家，至1661年才开始发行，在时间上要比中国晚六百多年。宋代纸币的种类有交子、钱引、会子等。

除铜、铁钱和纸币外，南宋还铸行铜、铅两类钱牌，铜牌面值分别为贰佰文、叁佰文、伍百文；铅牌面值为壹拾文、贰拾文、肆拾文。就其性质而言，仍是南宋地方政府发行的一种金属会子。

两宋货币，金银并提。宋太祖开宝四年（971年），诏伪作黄金者弃市，这是两汉以来政府第一次视黄金为法定货币。白银的货币地位也后来居上。宋代金银开采都具有一定规模，政府常以金银铸钱。此外，宋朝的盐钞、茶引及僧、道度牒等在一定程度上也行使货币职能。

宋代商品流通和大额交易的增加使得贱金属货币流通的局限性日益突出：一是钱币需求量巨大，而金属币材短缺；二是铜、铁钱值小量重，以此为交易（特别是大宗交易）媒介很不方便，需要更为轻便的货币；三是北宋前中期出现较为严重的钱荒，为了限制铜铁钱外流，行用纸币遂成为合理的选项。北宋开国前后，四川是铁钱专用区，大铁钱每千枚重二十五斤，小铁钱每十贯重六十五斤，商民以车辆装载铁钱进行大额交易殊感不便。四川的造纸业和印刷业发达，具有印制纸质货币的独特条件，所以纸币首先产生于四川。

北宋初年，四川成都出现了为不便携带巨款的商人经营现金保管业务的"交子铺户"。存款人把现金交付给铺户，铺户把存款数额填写在用楮纸制作的纸卷上，再交还存款人，并收取一定保管费。这种临时填写存款金额、代替钱铁流通的楮纸券称为交子。因为是私人发行，所以又称为私交子。

《宋史·食货志》说："会子、交子之法，盖有取于唐之飞钱。"交子起初只是一种存款和取款的信用票据，类似于唐代的飞钱和现代的汇票。经过逐步发展，交子逐渐具备了信用货币的特性，成为真正的纸币。宋真宗景德年间，益州知州张詠对交子铺户进行整顿，剔除不法之徒，专由十六户富商经营。至此，交子的发行始获得政府认可。

宋仁宗天圣元年（1023年），政府在成都设益州交子务，由官方主持交子发行，并"置抄纸院，以革伪造之弊"，严格其印制过程。这种官交子成为中国乃至世界上最早由政府正式发行的纸币。交子按界发行，每界三年（实足二年），界满兑换新交子。首界交子以四川的铁钱为钞本（准备金），发行1,256,340贯。后来因供应军需超额发行，交子严重贬值。

宋徽宗崇宁四年（1105年）停用交子，改发钱引，改交子务为钱引务。除四川、福建、浙江、湖广等地仍沿用交子外，其他诸路均改用钱引。后来四川也于大观元年（1107年）改交子为钱引。钱引的纸张、印刷、图画和印鉴都很精良，但因不置钞本，不许兑换，随意增发，所以纸券价值大跌，实质沦为政府的敛财工具。到南宋嘉定时期，每缗只值现钱一百文。

会子是两宋时期发行量最大的纸币，因主要行用于东南地区，又称"东南会子"。会子起源于民间的便钱会子。宋高宗绍兴三十年（1160年）二月，钱端礼任临安太守，将原由富户主持的便钱会子收归官办，"许于城内外与铜钱并行"。同年七月，钱端礼升为户部侍郎，会子也由户部接办，于次年二月设立行在会子务进行管理，后来又改名为行在会子库。会子起初不立兑界，不定界额，本钱才十万缗，很快就出现膨胀贬值的现象。宋孝宗乾道四年（1168年），规定发行会子以三年为一界，每界以一千万贯为额，随界造新换旧。经过这番整顿，会子之法始臻完备，与四川钱引法大同小异。

但由于财政困难，南宋君臣不久便破坏了自己制订的兑界和界额。到理宗淳祐七年（1247年），会子恶性膨胀，造新换旧已不可能，货币职能也难以保持。景定五年（1264年），贾似道当国，又曾经发行"见钱关子"，取代贬值过甚的会子。元兵南下后，会子与关子皆被钞所取代。

此外，还有湖广会子，仅限于湖北、京西路流通，为湖广总领所印发。理宗宝祐四年（1256年），又将四川钱引改为会子，岁额定为五百万贯。

从起源上看，宋朝最初的纸币只是一种替代性货币，后来很快向信用货币转化。但从其后期演变看，又有重新向替代性货币回归的倾向。

以东南会子为例，它是东南地区商品经济的发展与铜钱不便交换之矛盾的产物，直接来源于民间的便钱会子。由于铜钱缺乏，东南会子行用后，贬值严重。为了保证它的有效流通，南宋朝廷创立了"钱会中半"制度，规定百姓向官府缴纳税赋时，采用铜钱与会子搭配的办法，使会子的币值一度回升。这正是纸币信用低下，无法与铜钱抗衡时，必须以政治手段维系的见证。在纸币行用过程中，中央集权的专制政体将发行纸币作为榨取财富的工具，使纸币履行了过多的政治职能，必然导致滥发滥用，因而随时可能夭折。

宋朝一方面被盛赞为中国封建社会经济发展的巅峰，另一方面又被斥为"积贫、积弱"的朝代，如何理解这两种截然相反的评价呢？

宋朝把募兵制作为国家的主要兵制，改变了传统意义上寓兵于农、兵农合一的制度，军队走上职业化的发展道路，国家成为承担军需开支的主体。

军队职业化，使生产者免除了兵役负担，并化解了不少可能导致社会动荡的隐患，具有重大的进步意义。然而，由国家养兵并承担一切军需开支，必然要求社会经济达到足够高的发展水平，使国家的财政收入能够满足军事需要。尽管宋代社会经济有了高度发展，但因为以军费为主的各项开支庞大，政府一直摆脱不了财政上举步维艰的困境。

为了应付庞大的财政开支，宋朝政府采取了各种手段，不但在手工业、农业、商业等领域进行超经济的强制性盘剥，而且政府也将自身变成了一个大商人，通过商业手段来牟利，导致官营经济膨胀，最终危害经济的健康发展。军队也卷入商品经济浪潮，参与各种营利性经营活动，必然从各方面影响军队本身职责的履行，导致军纪败坏，军备废弛，战斗力下降。"积贫、积弱"也就成了当时的一大社会特征，与宋代经济和社会文明的高度发达相伴始终。二者看似矛盾，其实是统一的，体现了宋代社会经济和上层建筑的矛盾统一。

仍以纸币为例，纸币的创行使中国荣膺了世界最早行用纸币的国家的美誉，在当时也确曾给商品经济的发展带来了巨大便利，但宋朝纸币的大量发行是以政府应付日益严重的财政危机为背景的。特别是南宋，长期的战争使得国库空虚，财政窘迫，政府为了筹措军费，除了巧立名目、增加百姓税收外，进而采取通货膨胀的政策。

会子在形式上和当时多数人的观念上，仍是一种金属货币的代替者，却又跟近代严格意义上的本位币不同。发行之初，会价就与面额存在差异，而且在某些时间和地区差异更大，这表明会子在多数情况下并不是一种能依面额兑换的纸币。虽然政府也试图通过用金属钱币收兑贬值纸币的"称提之法"来稳定纸币信用和物价，但因为官方根本拿不出足够的准备金用于兑换，所以无法有效控制纸币的贬值。为了稳定会价，南宋君臣绞尽脑汁，想出了种种办法。除用钱币收兑外，还通过盐引、度牒等有价证券收兑跌价纸币，用新钞收换旧钞，在税收上实行铜钱、纸币的按成搭配，限制铜钱外流，以及其他纯行政措施，使会价和物价之间维持相对稳定。但这些举措都收效甚微，有的甚至又转化为新的盘剥之法。

这表明，宋代纸币的行用并不全是商品经济自然发展的结果，而是高度集权的财政体制和空前浩大的财政支出双重作用下货币税超前发展的结果，远远超过了货币经济的实际发展水平，不仅给纳税人造成沉重的负担，而且也制约了商品经济特别是私营经济的增长。

宋代新儒学

岳麓书院

岳麓山自古为文化名山，西晋以前为道教活动场所，晋武帝泰始（265—274年）年间，麓山寺创立，唐代大书法家李邕撰文并书《麓山寺碑》，至今仍完好保存。六朝以来，禅林香火趋于鼎盛。唐末五代，儒、佛渐有融合之势。彼时中原板荡，战火频仍，学校废歇，有两位钦慕儒风的僧人在此割地建屋，购书兴学，以居士类。

北宋开宝九年（976年），潭州太守朱洞在僧人办学的基础上，正式创立岳麓书院。此后迭经修葺扩建，经师儒生聚众讲学，岳麓书院成为著名的"四大书院"之一。南宋大儒张栻、朱熹在此开书院会讲之先河,此地又成为当时的理学重镇。"惟楚有才,于斯为盛。"历宋、元、明、清各朝,岳麓书院弦歌不绝,湖湘之学代代相传。近代以来,湖南遂能开风气之先,以铁肩担道为己任,以实事求是为旨归,上演了中国历史上一幕幕波澜壮阔的史诗活剧。

新儒学的兴起。 除岳麓书院以外,宋代著名的书院还有江西庐山五老峰下的白鹿洞书院、河南商丘的应天府书院、嵩山南麓太室山下的嵩阳书院、湖南衡阳石鼓山回雁峰下的石鼓书院等。

考察宋代学术的源流发展,可以发现处处有书院活动的影子。这些书院起初或为私人自建的讲学场所,或为佛教寺庙、道教宫观。当官方学校式微之时,书院成为儒学士子寄居读书之地,发挥了教育中心的作用。由于其非官方性质,往往能养成自由讲学的风气,有利于新思想的产生。又由于不少儒者与佛道僧众交往密切,也为儒、佛、道三家学说砥砺切磋、相互交融创造了条件,为理学的萌芽和奠基提供了机遇。

宋初统治者为了稳定新朝政局,政治上仍采取现实主义的态度,制度设计延续了五代以来防弊的惯性并达到曲尽其详、无微不至的程度。特别是宋太宗对外进取迭遭挫折之后,注意力全面转向了内部。他经常对臣僚宣讲:"国若无内患,必有外忧;若无外忧,必有内患。外忧不过边事,皆可预为之防。惟奸邪无状,若为内患,深可惧焉。帝王当合用心于此。"正是在这种"帝王用心"之下,官僚阶层弥漫着因循保守的气息,官员甚至把"不生事"作为处世当官的准则。

白鹿洞书院

嵩阳书院

应天书院

石鼓书院

反映在思想学术上，则宋基本未脱汉唐窠臼。宋初，占据统治地位的官方儒学仍是以章句训诂为主要特点的注疏之学。《五经正义》之类仍是官方法定的经学教材，讲学取士，一本于此，"士子皆谨守官书，莫敢异议"。真宗景德年间，有个叫贾边的人考进士，因在《当仁不让于师》的考题里解"师"为"众"，与注疏异说，便遭退黜。由于朝廷取士因袭唐制，"不以体用为本，而尚声律浮华之词"，以至士风偷薄，"圣学"不明。

但当时也有一项意义深远的举措，就是崇文抑武、作养士气的政策始终得到强调，并成为两宋时期的基本国策。《宋史·文苑传》说："自古创业垂统之君，即其一时之好尚，而一代之规

包拯像

模,可以豫知矣。艺祖革命,首用文吏而夺武臣之权,宋之尚文,端本乎此。太宗、真宗其在藩邸,已有好学之名,及其即位,弥文日增。自时厥后,子孙相承,上之为人君者,无不典学;下之为人臣者,自宰相以至令录,无不擢科,海内文士,彬彬辈出焉。"这段文字,说明了宋朝重文政策的本末由来及其深远影响。后人也常盛赞宋朝文治超越汉、唐,并对"尚文"政策的奠基者宋太祖、宋太宗给予很高的评价。

到了北宋中叶,这项政策终于开花结果,引起了政坛的变革和思想学术领域的一场革命。

宋仁宗在位期间,朝廷人才济济,文官群体享有崇高的政治地位,出现了后人津津乐道的"皇帝与士大夫共治天下"的局面。仁宗朝科举入仕的青年才俊如韩琦、富弼、欧阳修、包拯、王安石、司马光、苏轼、苏辙、曾巩等在中国历史长河中构成了一道闪亮的风景线。

范仲淹虽然是真宗大中祥符年间的进士,但其人生事业的主要经历也在仁宗时期,是北宋政坛和思想界一位开风气之先的人物。毛泽东在《讲堂录》里曾盛赞道:"五代纲维横决,风俗之坏极矣!……宋兴稍一振,然犹未也。逮范文正出,砥砺廉节,民黎始守纲常而戒于不轨。……天下风俗,比骎骎隆东汉焉。"

这些人在思想上提倡正统,崇尚名节,敢于对现实发表批评意见，以捍卫儒家政治道德和伦理规范为最高原则。其中的优秀分子不但成为果敢的政治改革者，而且也成为振兴儒家学说、光大圣人之道的中流砥柱。如南宋学者和诗人杨万里所说："仁祖之世，天下争相濯摩，以通经学古为高，以救时行道为贤，以犯颜敢谏为忠。此风一振，长育成就，至嘉祐之末，号称多士。其将相、侍从、台谏之才，犹足为子孙数世之用而不见其尽。"

历史上通常将始于这一时期的儒学复兴称为"新儒学"，也叫"宋学"。从经学的角度而言，称新儒学为"宋学"更为确切。它是作为对汉唐注疏之学的否定而产生的。

汉唐注疏之学是以章句训诂、名物考据为释经之具，以家学授受为传经之法。其末流至于弃经从传，支离繁琐，拘守师说，专主记诵而了无发明，致使儒学的生命力日益衰竭。

与汉唐注疏之学相比，北宋中期的新儒学具有几个主要特点：第一，不专守先儒旧注，强调追本溯源，注重阐发本经意旨，具有较强的疑古色彩；第二，不拘泥于章句训诂、名物考据的治经方法，强调义理之学，以发挥圣人的"微言大义"为己任，较之汉学更具有思辨色彩；第三，儒者治学不仅限于治经，更须重视修身，提倡正心诚意，通过自身的切实体悟、涵泳默会和笃实践履，以臻于圣贤之域；第四，提倡自由讲学和师友之间的切磋琢磨，以恢复师儒之道为光大圣学门户的必要前提；第五，拓宽学术视野，在排斥佛、老，突出儒家正统地位的同时，也注重吸收各家的思想精华，借以促进传统儒学变化气质、脱胎换骨。

这一时期的新儒学以"义理之学"为主要特征。与之相随的是士大夫政治的确立和士大夫自我意识的觉醒。儒者的使命，不仅限于关门治学，更在于明体达用、通经致用，以圣人之学为指导，服务于国家、社会。

振兴儒学的理念，可以追溯到唐朝中后期。韩愈痛感于儒学的衰弱，著《原道》一文，力排佛、老，主张重振儒家道统，恢复其原有的至高无上的正统地位。值得注意的是，韩愈一方面竭力排佛，另一方面又在自己的学说中糅进了不少佛学的成果，借鉴了佛教发展的经验，其"道统说"即是受到佛教定祖立统的启发而提出的。除韩愈以外，李翱、柳宗元等人也在致力寻求调和儒、释二家的途径，注意汲取佛教哲学的思辨成果来改造儒家学说。只是韩、柳诸人的思想，在当时并没有产生多大影响。

在宋代新儒学的开创过程中，首先应当提到的，是被称作"宋初三先生"的胡瑗、孙复和石介。

胡瑗，字翼之，世称"安定先生"，北宋杰出的学者、教育家。他在范仲淹、滕子京的推举下，先后主持苏、湖州学，致力于学术和教育活动。针对当时科举考试中严重脱离实际的弊端，他率先倡导"明体达用"之学。"体"是儒家历来所强调的宗法等级制度和伦理道德规范，"用"是能"润泽斯民"、经世致用的实际本领。他在学校中创立经义、治事二斋，根据学生的志趣与特点，分别讲授六经意旨和实用的专门技能，二十余年，成效卓著，弟子达数千人。他开创了"沉潜、笃实、醇厚、和易"的学风,被尊为一代宗师。

与胡瑗同时,孙复也在泰山大倡讲学之风。孙氏治《春秋》,不惑传注,专以己意断说经旨,开创了宋人治经不泥章句训诂、专重义理阐发的风尚。石介是孙复门下第一高足,曾以《易》教授于乡,世称"徂徕先生"。与孙、胡二人相比,他在教育方面的成就不如胡瑗,在经学方面的成就不如孙复,但他始终致力于排斥异端杂学,在为新儒学鸣锣开道方面做出了重要贡献。

欧阳修像

欧阳修不但是古文运动的领袖,对宋代经学新风尚的形成也产生了重要影响。南宋学者魏了翁曾言:"欧、苏(苏轼)以前,未曾有人骂古注。"可见他在对先儒传注抱持的态度方面,实开宋人风气之先。

以他对《周易》的研究为例,他是宋儒中最早对《易传》提出质疑的人。他认为:"何独《系辞》焉,《文言》《说卦》而下,皆非圣人之作,而众说淆乱,亦非一人之言也。昔之学《易》者,杂取以资其讲说,而说非一家,是以或同或异,或是或非,其择而不精,至使害经而惑世也。"欧阳修的这个观点,在当时具有振聋发聩的作用。

同时,欧阳修并没有因为《易传》诸篇非出自圣人之手就对其价值全盘否定。现在我们都知道,《易》学的发展史,是《易经》的形式(卦爻象数系统)和内容(卦名爻辞的意蕴)趋于分离的历史,也是卦爻辞的初始意义与说《易》方法逐渐分离的历

宋代新儒学 | 477

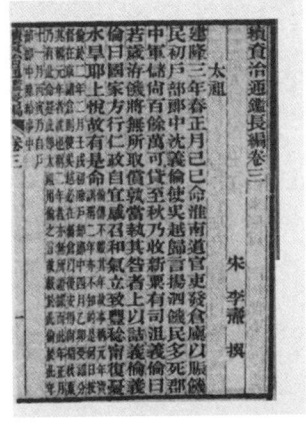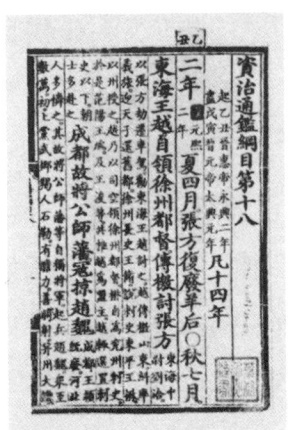

《资治通鉴纲目》《通鉴纪事本末》《续资治通鉴长编》书影

史。简言之，就是《易经》由卜筮之书走向哲理化的历史。欧阳修敏感地意识到《易经》解释系统不断走向抽象化、哲理化的过程，认为《易传》诸篇的陆续问世，既是这一过程的反映，也是《易》学的义理价值得以确立的依据，从而为当时和后来的宋儒们重构儒学宇宙观和天人体系开辟了新的路径。

宋朝是继唐末五代的乱世建立的王朝，为了总结历史经验，避免悲剧重演，同时也为了在强邻环伺的处境中凸显中原王朝的正统地位，宋人对修史工作和以"尊王攘夷"为主旨的儒家经典《春秋》给予极端重视。前者以欧阳修亲自撰修《新五代史》、司马光主持修纂《资治通鉴》为代表，后者以孙复、刘敞为开端。孙复专以己意断说《春秋》，其弊失之穿凿。刘敞能对各家传注的优劣抱持客观态度，进退诸说，依经立意，所以训释远过于孙复。同时，刘敞博通其他儒家经典，《礼》学造诣尤为精深，所著《七经小传》受到广泛推崇，对后来的学者影响很大。

王安石的"荆公新学"。王安石是一个具有多方面影响的历史人物,不仅是政治家、文学家,也是学问家、思想家。朱熹说他"以文章节行高一世,而尤以道德经济为己任",这是很符合事实的。他毕生重视经学研究,并用来指导自己的社会政治实践。由他创立的学术流派被称为"荆公新学",在新儒学的发展史上占有十分重要的地位。

讨论新儒学,总离不开"心性""性理"之类的名词,这是为什么呢?因为传统的儒学重伦理而轻本体,重文献而轻架构,重经验而轻思辨。内中可资构建体系的部分,厥惟其心性论和天道观。宋儒在疑传注、辨义理之余,转而浸淫于"心性""性理"和"天道"的讲求与探讨,既反映了宋儒形而上的思辨冲动,更体现了他们重构天人之际、捍卫儒家道统的强烈使命感。而这种风尚的形成,也是中国思想史上儒、释、道三家长期融合与激荡的必然结果。

在新儒学由"义理之学"向"性理之学"转变的过程中,产生了两大成果:一是荆公新学的流行,二是理学(当时称为"道学")的确立。就当时所具有的影响力而言,王安石的新学远远超过了理学。

王安石早年撰写了《淮南杂说》和《洪范传》,这两部著作奠定了他在宋代经学史上的地位,人们甚至把他比作当代的孟子。他的女婿蔡卞在论及荆公学术时曾讲:"宋兴,文物盛矣,

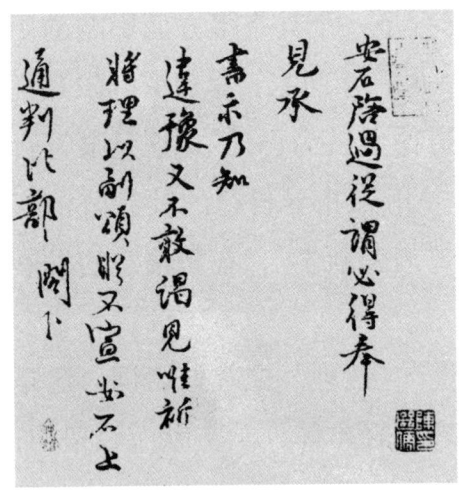

王安石真迹《致通判比部尺牍》

然不知道德性命之理。安石奋乎百世之下，追尧、舜、三代……初著《杂说》数万言，世谓其言与孟轲相上下，于是天下之士始原道德之意，窥性命之端云。"

这两部著作以阐发"道德性命之学"为主要内容，与理学之徒每有相通之处，而高明自得常常过之。侯外庐先生认为："道德性命之学，为宋道学家所侈谈者，在安石的学术思想里，开别树一帜的'先河'，也是事实。"贺麟先生更直截了当地说："王安石的哲学思想，以得自孟子、扬雄为最多，而与陆王的思想最为接近。"

王安石成名很早，且生性自负，曾有诗曰："不畏浮云遮望眼，自缘身在最高层。"足见其心气之高，志向之远。他一贯认为，研究经术的目的在于经世致用，主张用"先王之道"来打破当时迷信"祖宗家法"的风气，推行广泛的社会政治改革，实现富国强兵。

在王安石以前，范仲淹力倡精神风气，慨然以天下为己任，但学术成就有限。李觏依托先王之制阐述社会政治理想，设计富国强兵蓝图，但因仕途偃蹇，无从施展。唯有王安石集经学家、政治家于一身，遭遇神宗，千载一时，使其宏图抱负得以充分施展。这种人生经历，不但宋人无出其右，在中国历史上也很少有人能与他相比。

在王安石主持的各项改革中,最能体现"法先王"理想的,当属以"经术选士"为主旨的学校科举改革。王安石认为,圣人之学湮没千年,先王之政废歇不举,其根源在于人才凋敝,风俗败坏。要变风俗、立法度,必先本于讲学。学术既明,才可以施用于政事而不至被流俗沮格。因此,解决问题的根本方法,是尊师儒、兴学校、明经术、变科举,培养选拔精通圣人之学和先王之道的人才,从而革除时弊,移风易俗。

这种观点,也是新儒学兴起以来士林精英的共识。早在熙宁以前,欧阳修、孙复等人就对科场士子奉为准绳的汉唐注疏之学大加挞伐,要求朝廷重新注释儒家经书,以便学者取法。到了熙宁六年(1073年),朝廷设置经义局,由王安石负责,训释《诗》《书》《周礼》三经新义。熙宁八年(1075年),《三经新义》修成进御,由国子监雕印颁行,作为官方教材,让天下士人学习。王安石修撰《三经新义》的目的,就是为了"同风俗,一道德",以经术造士,培养支持变法的人才。这既是新儒学发展的自然产物,也是配合变法的政治产物。

王安石的"新学"究原于心性之际,推本道德性命,以《孟子》为宗,援《洪范》《周易》《论语》《中庸》诸篇立说,又以老、庄、扬雄各家参验,而归于高明自得之学。继而施用于礼乐刑政,尤其借重《周礼》立法创制、设官分职的遗意,为变法张目,可谓体用兼赅,本末毕具,既是义理之学的继承和发展,又是义理之学向心性之学、性理之学转进的重要一环。

从王安石开始,"原道德之意,窥性命之端"的治学理念蔚然成风，新儒学在诸多领域实现了对传统儒学的主题转换和学理更新。在这一历史进程中，王安石立足儒学，融合儒、道，创立了形而上的道德论、人性论及修养论，推动了儒学的复兴与发展。

在北宋后期，除了哲宗元祐年间以外，《三经新义》一直是官方法定的学校和科举教材，"荆公新学"也长期居于官方显学的地位，对当时的思想界、学术界产生了重大影响。但也因为如此，新学便带上了某种文化专制主义的色彩。天下士人虽然都必须唯新经是读，但因为利害所系，只不过是曲意附和，真正能够深究其旨并发扬光大者微乎其微。再加上政治斗争等复杂因素，"荆公新学"也与熙宁变法一样，成为历史上聚讼纷纭、莫衷一是的焦点。到南宋以后，在理学家不遗余力的挞伐下，王氏新学成了异端邪说，其影响力归于歇绝。

周敦颐——心传承孔孟，道学启程朱。从神宗时期开始，新儒学的发展进入了第二个阶段。与前一阶段相比，新儒学由博通转向精微，由主张文以载道、经世致用转而更重视纯理论的探讨和心性体悟，由庞杂丰富而转向规范定型，学术体系趋于完备和成熟，哲学思辨的水平明显提高，由此收获了宋朝历史上最重要的思想成果，即理学体系的基本确立。

《宋史·道学传》说："（孔、孟以后）千有余载，至宋中叶，周敦颐出于舂陵，乃得圣贤不传之学，作《太极图说》《通书》，推明阴阳五行之理，命于天而性于人者，了若指掌。张载作《西铭》，又极言理一分殊之旨，然后道之大原出于天者，灼然而无疑焉。仁宗明道初年，程颢及弟颐实生，及长，受业周氏，已乃

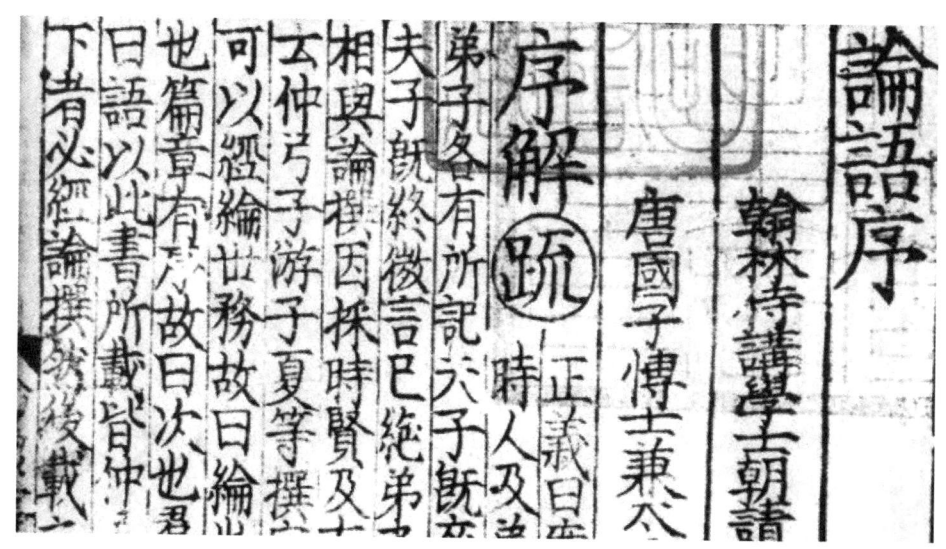

宋本《论语注疏》

扩大其所闻，表章《大学》《中庸》二篇，与《语》《孟》并行，于是上自帝王传心之奥，下至初学入德之门，融会贯通，无复余蕴。"正是由于新儒学完成了由"义理之学"向"心性之学""性理之学"的转变，宋代的学术与思想才具有了卓然有别于汉唐之学的全新气象。

  水陆草木之花，可爱者甚蕃。晋陶渊明独爱菊；自李唐来，世人盛爱牡丹；予独爱莲之出淤泥而不染，濯清涟而不妖，中通外直，不蔓不枝，香远益清，亭亭净植，可远观而不可亵玩焉。予谓菊，花之隐逸者也；牡丹，花之富贵者也；莲，花之君子者也。噫！菊之爱，陶后鲜有闻；莲之爱，同予者何人？牡丹之爱，宜乎众矣。

宋代新儒学

周敦颐像

这是周敦颐所写的《爱莲说》。此文托物言志，借物抒怀，高风亮节，清雅脱俗。文章虽短，却字字珠玑，历来为人们所传诵。

周敦颐，湖南道县人。五岁丧父，随母亲投靠衡阳的舅舅郑向。周敦颐自幼喜爱莲花，衡阳又是莲花之都，郑向就在自家宅前"构亭植莲"，让周敦颐负笈其间，读书悟道。可以说，周敦颐对于君子人格的界定，关于莲花与儒家品质的联想，就是从衡阳的一池莲花开始的。他不愿像陶渊明那样做个遗世独立、躲避现实的隐者，更不愿像普通人那样羡慕牡丹的富贵荣华，他要立足尘世，胸怀磊落，洁身自好，做一个"出淤泥而不染"的高尚君子。周敦颐晚年移知南康军，居于庐山莲花峰下，取幼时老家所居濂溪，将其书斋命名为濂溪书堂，因此后人又称他为"濂溪先生"。

周敦颐是宋代理学的开山之人，他精通《易》学，著有《太极图说》和《通书》（即《易通》）等。《太极图说》以儒家《易》学来解释道教的《太极图》，受老子影响非常严重，同时也杂糅了不少佛学的内容。周敦颐以"无极"作为宇宙的本源。"自无极而为太极"，太极动则生阳，静则生阴；阳变阴合而生五行，阴阳、五行变化而生万物；人得天地之"秀"，为万物之灵。五行各有其性，感于外物而动，由此而产生善、恶。这样，周敦颐便将宇宙生成论与人性论联系起来。同时，他又提出了"圣人主静"的说法，主张通过"主静"的修养工夫来去恶扬善，以臻于圣人的最高境界，从而将儒家学说大大推进了一步。周敦颐所提出的许多命题和范畴，都被后来的理学家反复探讨和发挥，为理学的形成开辟了道路。如《宋元学案》所说："孔、孟而后，汉儒止有传经之学，性道微言之绝久矣。……若论阐发心性义理之精微，端数元公（周敦颐的谥号）之破暗也。"

"心传承孔孟，道学启程朱。"周敦颐故里濂溪祠前的这副对联准确概括了他在中国思想史上的地位和贡献。

张载——"横渠四句"。"为天地立心，为生民立命，为往圣继绝学，为万世开太平。"这四句震烁古今的名言出自宋代思想家张载，又称"横渠四句"。原文为："为天地立志，为生民立道，为去圣继绝学，为万世开太平。"意思是要为社会建立正确的价值体系，为百姓奠定安身立命的根基，为往圣先哲接续思想传统和文化根脉，为千秋万代开拓太平盛世的伟业。

这四句话最能表达儒者的襟怀，最能彰显儒者的器识与宏愿，涉及精神价值、生命意义、学统传承、社会理想等多方面的内容，集中体现了宋朝士大夫自我意识的觉醒及其精神追求和社会担当。毛泽东曾盛赞这四句话是"大宗教家之心志事业也"。

张载，字子厚，祖籍大梁（今河南开封），徙家凤翔郿县（今陕西宝鸡眉县）横渠镇，人称横渠先生。他天资聪颖，少年

宋代新儒学

丧父，性格早熟。因当时西夏经常入境侵扰，他一度醉心兵事，想在疆场建功立业，二十一岁时曾向时任陕西经略安抚副使的范仲淹上《边议九条》，陈述自己的见解。范仲淹在延州（今陕西延安）军府召见了他，认为这位儒生志趣不凡，见识超群，可成大器，便劝他说："你是儒生，当以弘扬圣人名教为事业，何须研究军事！"与范仲淹的会面改变了张载一生的命运，宋朝少了一位可能的将军，却多了一位旷代大儒。

张载听从了范仲淹的劝导，回家苦读《中庸》。但他仍感不满足，又遍读佛、道之书，最后回到儒家学说。经过十多年的潜心钻研，他终于逐渐建立起自己的学说体系。

张载著有《正蒙》《横渠易说》《经学理窟》等。他的学说以《易》为宗，以《中庸》为体，以《礼》为用，以孔、孟为法，提出了虚气相即、体用不二的本体论思想以及"天地之性"与"气质之性"、"立天理，灭人欲"和"穷理尽性"等著名命题，实际上已基本建起了理学思想的框架，对二程的学说产生了重要影响。

同时，张载还特别重视学以致用和人格修养，他主张恪守儒家的道德规范，根据儒家的理想来施展抱负、建功立业。他认为要想真正完成理想的人格，不能单靠"内圣"的心性修养，还要参与到"外王"的事功致用，从而真正领悟到个人在现实社会中的人生位置。虽然他的学说体系中也渗透了不少佛、道思想的影响，但总的说来，是采取了推尊儒学、排斥佛道的立场。

张载的学说在关中地区影响极大，在当时形成了"关学"流派，堪与洛学媲美。他本人也大量招收门徒，通过讲学活动来扩大自己的影响,成为关中地区的一代宗师。其弟子中著名的有:吕大忠、吕大钧和吕大临三兄弟,苏昞、范育、游师雄、种师道、李复、张舜民和薛昌朝等。关学的兴盛对于淳化关中风俗、推动儒学的社会化发挥了重要作用。由吕氏兄弟制订和实施的《吕氏乡约》是中国历史上最早的"村规民约",其中心内容是"德业相劝、过失相规、礼俗相交、患难相恤",对后世的乡村治理模式产生了深远影响。

程颢、程颐——北宋理学的实际开创者。程颢、程颐二兄弟是理学的奠基人。因为他们是河南洛阳人,又长期在洛阳讲学,所以他们开创的学派被称为"洛学"。

程颢,字伯淳,人称明道先生。程颐,字正叔,人称伊川先生。二程少年时,父亲程珦通判南安军(今属江西赣州),当时周敦颐正在南安军担任管理刑狱事务的低级属员,还很年轻,也没什么名气。程珦慧眼识人,对周敦颐的人品、学问极为钦佩,

程颢、程颐像

与他结为好友。程珦还让两个儿子拜周敦颐为师,从此兄弟二人便"慨然有求道之志"。后来,他们还跟表叔张载相与论学,探讨《易》理。因此,二程的学说与周敦颐存在着一定的渊源关系,也受到过张载的影响。

程颢一生博览群书,"泛滥于诸家,出入于老、释者几十年,返求诸六经而后得之"。程颐也是"于书无不读。其学本于诚,以《大学》《语》《孟》《中庸》为标指,而达于六经"。他们吸取张载关于"天理"的理论,正式提出了以抽象的、观念性的"天理"作为最高范畴,并以此为核心构建了一个更加庞大而精致的思想体系。

程颢说:"吾学虽有所受,'天理'二字却是自家体贴出来。"程颐则将张载《西铭》(《正蒙·乾称篇》的一部分)中"民胞物与"、万物同属一气的观点概括和发挥成"理一分殊"的著名命题,重点探讨事物的统一性和多样性的问题,通过重新思考人伦道德和宇宙自然之间的关系,解释社会秩序与道德理想的形而上依据,开启了天道性命之学的新境界,为宋代理学的"理一元论"思想奠定了基础,同时也可以明显看出其融合了佛教"一即一切,一切即一"和"月印万川"的思想。程颐的《伊川易传》继承了王弼义理派易学传统,将儒家义理解《易》发挥到了极致,成为宋儒"以《易》立言"的集大成者。

就二程学说的主旨而言,兄弟俩并无二致。但在义理的具体延伸、阐发及个人性情方面,两人有着较大的差别。程颢资性过人，充养有道，主要通过直觉体悟达成对真理的认识，对后来的陆王心学，影响很大。程颐则主张居敬穷理，格物致知，强调由外知以体验内知。后来的朱熹，大致是沿着程颐的理路，发展了理学。如《宋元学案》中所说："大程德性宽宏，规模阔广，以光风霁月为怀。二程气质刚方，文理密察，以峭壁孤峰为体。其道虽同，而造德自各有殊也。"

与此同时，二程对于教育和讲学活动也都极为重视。王安石变法开始后，程颢因政见不合退出政坛，与弟弟程颐一起，每天以读书劝学为事，当时"士大夫从之讲学者，日夕盈门，虚往实归，人得所欲"。程颐早年就以一篇《颜子所好何学论》得到大教育家胡瑗的赏识，并开始在京师授徒讲学，此后几乎毕生从事学术和教育。他"平生诲人不倦，故学者出其门最多，渊源所渐，皆为名士"。

有一则"程门立雪"的典故，说的是进士杨时为了钻研学问，放弃高官厚禄，先后拜二程为师。某日，杨时和学友游酢一起去拜见程颐，适逢老先生静坐打盹。这时天空下起了大雪，二人不敢打扰，一直在门外侍立。等到程颐醒来，门外的积雪已经一尺多厚了。杨时和游酢尊敬师长的心诚意坚遂被后人传为美谈。

二程春风化雨，使得程门弟子，遍及四方，"洛学"也发展成与官方"新学"相互颉颃的主要学派。由于众多门生弟子的继承和弘扬，洛学的影响绵延不断。南宋时期的理学各派，几乎都可以从洛学中找到源流所自。

程门高足杨时，人称"龟山先生"，毕生以弘扬二程之学、排斥王安石新学为己任。靖康年间，他曾任国子祭酒，南宋以后又在东南地区大倡讲学之风，被视为洛学正宗，又被尊为闽中理学的鼻祖，是二程之学发展到朱子之学的关键人物。

谢良佐，字显道，寿春上蔡（今属河南驻马店）人，与游酢、吕大临、杨时并称"程门四先生"。谢良佐天资极高，黄宗羲曾认为："程门高弟，予窃以上蔡为第一。"谢良佐严于律己，修身甚谨。他认为修身的最大障碍在于"矜"，也就是刚愎自用、骄傲自大。某次他与程颐分别一年后相见，程颐问他："一年来有何进益？"他回答道："唯去得一'矜'字。"程颐高兴地说："这足以证明你很用功，已经达到'切问而近思'的仁者境界了。"由此留下了"良佐去矜"的千古佳话。他的"格物穷理"论，上接二程，下启朱熹。他的以禅证儒的治学方法在当时和后世也很有影响，开创了心学的先河。

胡安国是程氏私淑弟子，未曾登堂入室。他与谢良佐、杨时和游酢等程门高足交游讲论，义兼师友。南宋以后，其倡明洛学之功可与杨时相比。安国以其学传子胡宏（五峰先生），胡宏长期讲学于南岳衡山，张栻从其问学。后来张栻主持岳麓书院，从学者甚众，由此奠定了湖湘学派的基础。

朱熹——理学的集大成者。 朱熹是宋代理学的集大成者，被认为是继孔、孟之后，儒家学说最重要的代表人物。理学发展到朱熹那里，最终形成了一个完备的思想体系。

朱熹（1130—1200年），字元晦，号晦庵，徽州婺源（今属江西）人，侨寓福建建阳。他一生著述繁富，主要有《四书章句集注》《周易本义》《诗集传》《楚辞集注》及后人编纂的《晦庵先生朱文公文集》和《朱子语类》等。他还对北宋以来理学家的著述做了许多注解和编纂工作，如《太极图说解》《通书解》《西铭解》《近思录》等。朱熹的讲学地在建阳考亭，故其学派被称为"闽学"或"考亭学派"。

朱熹像

朱熹作《伊洛渊源录》，以二程为中心，把周敦颐、程颢、程颐、张载、邵雍及其弟子的行状、墓志、遗事等资料排成理学谱系，说明理学的渊源和传承。他宣扬二程接孟子之传，又把周敦颐尊为二程的老师，从而确立了理学的道统。从此书开始，"北宋五子"成了宋代新儒学的正统，程朱理学也发展成中国封建社会后期居统治地位的意识形态。

在哲学思想上，朱熹发展了二程、张载关于理气关系的学说。他所建立的理学体系，以"理在先，气在后"为前提，即以客观精神本体（理）为第一性，以物质世界（气）为第二性。他在"人性本明"的基础上提出"人只有天理、人欲两途"，"此胜则彼退，彼胜则此退"。所谓"存天理，去人欲"，就是要用天理战胜人欲。朱熹还用"理在气先"来论证君臣、父子、夫妇之间的关系，认为它们和自然界的四季一样，是"天理使之如此"。天理"张之为三纲，纪之为五常"，"千万年磨灭不得"。经过朱熹的发挥，"三纲五常"成为后世维护封建等级制度的道德支柱。

朱熹曾作《观书有感》诗："半亩方塘一鉴开，天光云影共徘徊。问渠那得清如许，为有源头活水来。"主旨在于说明为学的目的，在于以圣人为己任。人要达到至善之境，必须格物穷理，探索新知，与《大学》中所说的"苟日新，日日新，又日新"异曲而同工。此诗空灵蕴藉，雅俗共赏，一经问世，众口传诵，成为人们努力学习、探索真理的动力。

《宋史·道学传》说朱熹治学，"大抵穷理以致其知，反躬以践其实，而以居敬为主"，强调格物致知、躬行实践与居敬证心、涵泳体悟内外并举。正是在这种治学方法下，朱熹才能博采众长，把握潮流，取得超越性的成就。如清代学者全祖望所说，朱子之学"致广大，尽精微，综罗百代矣！……然善读朱子之书者，正当遍求诸家，以收去短集长之益。若墨守而屏弃一切焉，则非朱子之学也"。

从宋理宗淳祐元年（1241年）开始，周敦颐、二程、张载及朱熹得以配享孔子庙庭。到了元代，科举考试明文规定使用朱熹的注释。考试内容基本是从《四书》中设问，标准答案是朱熹的《四书章句集注》。如加试《诗经》，也用朱熹的注释本；加试《周易》，则兼用程颐和朱熹的注本。这样，程朱理学便上升到了官方学术的地位，理学的独尊地位开始确立。后来的康熙皇帝甚至把朱熹推崇为"集大成而绪千百年绝传之学，开愚蒙而立亿万世一定之归"的圣贤（对联在尤溪县南溪书院、武夷山朱熹纪念馆）。从14世纪开始，理学又跨越国界，对东亚地区的历史发展，产生了相当大的影响。

朱熹不仅是思想家、学问家，也是大教育家。他毕生重视教育，走到哪里就将书院开办到哪里。他不但动员官府恢复或修建学校，自己所到之处也竭尽全力整修学堂，募集图书，遍访名师，自己也亲任教职，动员百姓子弟入书院读书，把书院当作传道授业、弘扬理学的最佳平台。

乾道三年（1167年）八月，朱熹前往潭州（今湖南长沙）访问湖湘学派的代表人物张栻。二人在岳麓书院开创会讲的先河，辨析"太极"与"中和"之理，各地赶来听讲者达数千人。在岳麓书院讲堂，朱熹还手书"忠孝廉节"四个大字，被书院奉为校训。后来朱熹知潭州时，又改建、扩建了岳麓书院，使之成为名闻天下的学府之一。

乾道六年（1170年），朱熹在母亲的墓旁修"寒泉精舍"，从此开始了近十年的隐居守孝、著述授徒生涯。这是他亲手创建的第一所书院。淳熙二年（1175年）正月，浙东学派的领袖吕祖谦从浙江东阳来访朱熹，二人在寒泉精舍讲学之余，相互切磋学问，编成了《近思录》，史称"寒泉之会"。

淳熙七年（1180年）三月，朱熹在知南康军任上修复白鹿洞书院。他自兼洞主，延请名师，充实藏书，请皇帝敕额、赐御书，还置办学田，供养贫穷学子，并亲自订立学规，即著名的

《白鹿洞书院学规》，内容包括："父子有亲，君臣有义，夫妇有别，长幼有序，朋友有信"的"五教之目"，"博学之，审问之，谨思之，明辨之，笃行之"的"为学之序"，"言忠信，行笃敬，惩忿窒欲，迁善改过"的"修身之要"，"正其义不谋其利，明其道不计其功"的"处事之要"，"己所不欲，勿施于人，行有不得，反求诸己"的"接物之要"。这个《学规》是世界上最早的教育规章制度之一，对教育目的、训练纲目、学习程序及修己治人的道理，都一一作了明确的阐述和详细的规定，不仅成为后世天下书院的楷模，也为世界教育界瞩目，成为国内外学者研究教育制度的重要课题。

淳熙十年（1183年），朱熹在武夷山九曲溪畔大隐屏峰脚下创建武夷精舍，潜心著书立说，广收门徒，聚众讲学。一些著名学者如蔡元定、刘爚、黄榦、真德秀等，都曾就学于武夷精舍，朱熹的学说由此广为传播，武夷山也获得了"道南理窟"的美誉。

绍熙三年（1192年），朱熹又在考亭建屋，初名竹林精舍。绍熙五年（1194年），因来学者益众，他便加以扩建，更名为沧洲精舍（后由宋理宗赐书"考亭书院"）。这一时期是朱熹思想最成熟、阅历最丰富、学识最高端的时期，因此书院名声远播，四方学者趋之若鹜。据考证，朱熹创建沧洲精舍前后门生多达两百余人。晚年朱熹遭遇党禁之祸，备受迫害，但仍以顽强的毅力从事著述，每日为学生授课，直至生命最后一刻。朱熹死后，葬于建阳黄坑大林谷，参加会葬者有千人之多。著名词人辛弃疾哭祭挚友："所不朽者，垂万世名。孰谓公死？凛凛犹生！"

"鹅湖之会"与朱陆异同。 在理学上与朱熹对峙的是陆九渊(1139—1193年)。陆九渊,字子静,抚州金溪(今属江西)人,曾结茅讲学于象山(今江西贵溪西南),人称象山先生。由他创立的学派称象山学派,后由明朝王阳明继承发展,称为"陆王心学"。

陆九渊像

陆九渊是南宋时期最富个性的思想家和教育家。他的学说核心是以"心"为宇宙万物的本原,所谓"圣人之学",就是心学。他融合孟子"万物皆备于我"和"良知""良能"的观点以及佛教禅宗"心生""心灭"等论点,提出"心即理"的哲学命题,认为天理、人理、物理只在个人心中,实际上是把人的道德理性自觉与自主上升为终极依据。

陆九渊主张"先发明人之本心,而后使之博览",治学的方法应该是向内体察,其修养指向与终极目标都在于向内培养心灵。他认为只要"明理",一切便在自我掌握之中了,因而提出了充满豪气的名言:"学苟知本,六经皆我注脚。"他以高度的学术责任感和深邃的理论洞察力,最早发现了理学潜在的支离倾向和教条隐患,成功开拓出一条自吾心上达宇宙的外化道路,为程朱理学向阳明心学的转化创造了条件。

淳熙二年(1175年)四月,朱熹送吕祖谦至信州(今属江西上饶)鹅湖寺。吕祖谦为了调和朱熹、陆九渊学说的矛盾,约陆九龄、陆九渊兄弟来鹅湖相会,在朱、陆之间发生了一场轰动学术界的辩论,史称"鹅湖之会"。两方唇枪舌剑,各为自己的学说慷慨陈词,驳难对方。双方争论的焦点是,"尊德性"和"道问学"何者更为重要。朱熹认为心与理是两个不同的概念,理是本体,心是认识的主体,主张通过博览群书和对外物的体察来启发内心的知识。陆九渊主张心与理是一回事,坚持以心来统贯主体与客体,认为无须在读书穷理方面多费工夫。陆九渊指责朱熹是"支离事业",朱熹讥讽陆九渊是"禅学功夫"。双方辩论三天,观点始终未能统一。

尽管朱熹和陆九渊之间学术分歧严重,但这种分歧并未影响二人的深厚友谊。淳熙八年(1181年),朱熹率僚友及诸生邀请学术见解不同的陆九渊到白鹿洞书院讲学。陆九渊讲《论语》中"君子喻于义,小人喻于利"一章,强调"立志"的重要性,认为君子与小人的分野,在于是否以圣贤为志,以治平自任。听者都十分感动,有人还当场流了泪。朱熹再三表示自己讲的不如陆氏高明,并向众人说:"熹当与诸生共守,以无忘陆先生之训。"又请陆九渊书写讲义,将讲义刻石,以作纪念。陆氏的精彩讲说和朱熹的虚怀若谷,成就了思想史上的一段佳话。

陆九渊以道德主体为本体,他所追求的实际上是一种理性。尽管他认为这种本体超越于人的知识之上,却又不离人的知识。所以他在强调"尊德性"的同时,也要求以求知的手段充实本体,作为德性的补充。从根本上说,他与朱熹在价值取向方面是一致的,都把确立儒家道德伦理的本体地位作为目标。通过分析他们的争论,可以更好地揭示理学发展和心学产生的内在动因。

浙东事功学派的兴起。 与朱熹理学、陆氏心学同时，浙东地区的学者也异军突起。前有吕祖谦与朱熹、张栻并称"东南三贤"，后有叶适跟朱熹、陆九渊鼎足而立。与朱熹、陆九渊专注于心性道德的"内圣"之学不同，浙东学者更侧重于经世致用的"外王"之学，

吕祖谦像

更加关注社会现实，重视历史经验，强调建功立业，由此形成了独具特色的"事功学派"。这个学派大体处于宋代思想发展的主脉之外，但却有声有色，影响深远。

吕祖谦（1137—1181年），字伯恭，婺州（今浙江金华）人，人称"东莱先生"。由他创立的"金华学派"，在当时极具影响力，开启了浙东学派的先声。

吕祖谦出身于官宦世家。吕氏家族的成员除官位显赫外，在学业上也颇有建树。所以《宋史·吕祖谦传》说："祖谦之学本之家庭，有中原文献之传。"

吕氏家学的基本特征是"不主一门，不私一说"，这种特点被吕祖谦发扬光大，形成了宽容宏大、兼收并蓄的治学风格。吕祖谦尤其擅长史学和文献学，主张明理致用，反对空谈阴阳性命，对外力主抗金，对内改革弊政。他创建了与岳麓书院齐名的丽泽书院（取《易经》兑卦"丽泽，兑；君子以朋友讲习"以命名，在今金华城东丽泽弄一带），培养了大批学者，一直影响到

宋代新儒学 | 497

明代的学风。

在金华东南的永嘉（今属温州）地区，也形成了一个以提倡"事功之学"为主要特征的学派，因其代表人物薛季宣、陈傅良、叶适等都是永嘉人，所以又称"永嘉学派"。该派主张"开物成务，道在物中"，重视现实，重视事功，批评理学和心学，注重发展经济，富国强兵，继承并发展了传统儒学中"经世"和"外王"的思想，使儒家学说不至于完全陷入纯讲个人心性修养，构成了南宋儒学的一个重要侧面。

最能体现浙东学派气势与风骨的，当数一代奇才陈亮。

陈亮，字同甫，号龙川，金华永康人。《宋史·陈亮传》说他"生而目有光芒，为人才气超迈，喜谈兵，议论风生，下笔数千言立就"，是一位才华横溢、志量非凡的人杰。由他创立的"永康学派"与永嘉之学一样，反对道学家空谈义理，认为道与理都存在于实事、实物之中，提倡有利于国计民生的功利主义，所谓"功到成处，便是有德；事到济处，便是有理"。陈亮与辛弃疾同声相应，同气相求，毕生为抗金奔走呼号，著有《中兴五论》《酌古论》等名篇，议论风生，气势纵横，壮怀激烈，堪称"文中辛稼轩"。

围绕着王霸、义利这一儒家学说的固有命题，陈亮与朱熹进行过往复多次的沟通和辩论。这场旷日持久的辩论是浙东事功学派与程朱理学之间矛盾公开化的体现，其意义远远超过了朱陆"鹅湖之会"的辩争。朱熹的世界是先验的，强调心性道德的修养；陈亮的世界是经验的，注重经世致用的本领。二者的学术路径根本不同。面对道学诸儒的指责，陈亮自信而豪迈地回答：

"推倒一世之智勇,开拓万古之心胸,自谓差有一日之长!"

浙东地区的民风重现实、讲事功,南宋事功学派的兴起与这种民风以及当地社会经济的发展状况密切相关。这种风尚一直传承至今,成为当地人务实创新、发展商业、敢为天下先的精神之源。

宋代是中国古代思想学术的重要转折时期,产生了中国封建社会后期最重要的思想成果——理学。宋代思想的革命性变化具有深刻的背景:一是教育的高度发达和自由讲学之风的盛行,这是学术不断发展的前提条件;二是儒、释、道三家思想的长期共存、互相借鉴和交融,导致了新儒学(宋学)的兴起;三是新儒学的兴起与士大夫自我意识的觉醒相伴始终,在其突破旧有学术传统的过程中,呈现出诸家各派相互争鸣、相互激荡的繁荣局面;四是相对的政治开明和士人地位的空前提高,也极大地拓展了宋朝知识分子的视野和兴趣点,在推动主流知识体系发展变化的同时,也促进了其他知识与学科的进步;五是宋朝所处的内外形势和政治变迁,促成了宋代思想从义理之学到心性之学的转变,这个关键性的转变正好发生在北宋中后期。

简言之,由于王安石变法的失败,宋儒经世致用的热忱和追求"外王"的抱负遭遇了重大挫折。此后,宋儒主要注重于探究心性道德的"内圣"之学,致力于振兴和重构儒家伦理的本体价值。到南宋后期,理学(道学)最终确立了官方主流思想的地位。与新儒学的发展历程相对应,宋代思想经历了具有内在逻辑必然性的否定之否定,也就是现在人们热议的中国思想文化和精神世界从宋朝开始走向内向的问题,这个转向对中国封建社会后期的历史产生了极其深远的影响。

宋代社会经济的发展并没有引导出近代化进程，或者说这种变化由于外力作用（蒙古入侵）被打断了。同样，宋代新儒学的主要着力点也不是颠覆传统，不是为新制度开辟道路，而是对固有文化和传统生活方式的重建，并且这一思想成果本身又构成新的传统的一部分。

宋朝的士大夫不但是一个文化主体，而且也是一个政治主体。他们在思想文化和政治上所表现的主动性，超过了以前的汉、唐和后面的元、明，这种主动性造就了宋朝文治的昌盛。但新儒学毕竟是少数士大夫精英挣扎和奋斗的产物，由于新儒学从"外王"转向了"内圣"，造成了宋儒对现实的隔膜与生疏，"平时袖手谈心性，临危一死报君王"成了他们生存状态的真实写照。

虽然理学获得了主流意识形态的地位，在道德理性和内部秩序的重构方面取得了长足进步，使传统儒学得以脱胎换骨，但民族精神却失去了汉、唐时代恢宏开拓的气象。从宋朝以后，宗法、贞节、孝道等观念大行其道，民族本位文化愈形强固。科举时文占据了士人的精神生活，使他们追求和探索新知的创造力日渐迟钝，这些导致了中国社会长期处于稳定却停滞的状态。

当然，历史是复杂的。发生在南宋时期的两次著名的思想学术论争，也引发了后人无尽的思考——

在朱熹与陈亮的论辩中，朱熹以天理论王道，体现了他试图规制统治者过分欲求、限制君权过分膨胀的努力，有着强烈的现实批判意识。但因为贬低汉、唐，朱熹在历史观上是保守复古的。陈亮以事功言王霸，试图通过对汉、唐君主的褒扬，激励当朝统治者励精图治，收复失地，有强烈的现实关怀精神，虽未必"薄古"，但肯定"厚今"，体现了积极向前的历史观。但他对王霸事业的赞美，则有可能导向道义维度的缺失。因此，余英时先生认为："在当时儒家政治思维的脉络中，陈说实为君权张目，是比较保守的；朱说约束君权，反而是比较激进的。"

同样，朱熹对陆九渊的指责也反映出正统理学家的深深忧虑。因为他看到陆九渊的心学确实已具有南派禅宗那种"心的宗教"的模样：以我为主，我行我素，自立自主，无所羁绊。这种指向有可能冲破儒家道德理性的最后防线。诚如陆氏自己所说："激励奋迅，决破罗网，焚烧荆棘，荡夷污泽。"这是何等的豪迈，何等的具有鼓动性！它说明儒学内部其实潜伏着变革与反叛的巨大能量，说明儒学不仅强调对群体价值的尊重，同时也鼓励个性主义。尽管陆氏"心学"长期处于儒学的边缘地位，但它点燃的强调自我、发掘自我的思想光焰，却接续了玄学和禅宗的精神，成为一种思想资源，一直暗中影响着那些具有反叛精神的士大夫和蔑视传统的年轻人。

宋代文化

李清照像

宋代是中国文化繁荣昌盛的时代。社会经济的大发展和士人地位的空前提高，使宋朝成为中国历史上一个典雅的朝代，在文化艺术的各个领域都取得了突出的成就。理性主义的高度发达和社会生活的多元化，又使宋朝成为中国古代科技发展的巅峰时期，这一时期的众多科技成果对人类文明的进程产生了极其深远的影响。

中外学者普遍认为，两宋文化直到20世纪初都是中国的典型文化。宋朝还开启了中国社会的平民化进程，出现了欧洲近代前夜的一些特征，因而被认为是"近代初期"，日本学者更将宋代称为"东方的文艺复兴时代"。宋朝文明在技术和生活方式上不仅影响了中国和东亚，也影响了世界。

宋词——婉约与豪放。中国近代启蒙思想家严复指出："若研究人心政俗之变，则赵宋一代最宜究心。中国成为今日现象者，为善为恶，姑不具论，而为宋人所造就，什八九可断言也。"史学大师王国维说："天水一朝人智之活动，与文化之多方面，前之汉、唐，后之元、明，皆所不逮也。近世学术，多发端于宋人。"陈寅恪先生更是信心十足地认为："华夏之文化，历数千载之演进，造极于赵宋之世，后渐衰微，终必复振。"

宋代文学在中国文学史上具有特殊重要的地位，处在从"雅文学"到"俗文学"演变的承前启后的阶段。"雅"，主要指流传于社会中上层的士大夫文学，包括诗、词、散文；"俗"，主要指流传于民间下层的小说、戏曲。历史上有"唐诗""宋词""元曲""明清小说"的说法，意在说明各个时期文学繁荣的主要方面。宋代文学的最高成就集中体现为宋词，它是中国汉语言文学的一朵奇葩。宋诗的成就总体上不如唐代，却也有鲜明的特色。崛起于北宋中期的古文运动从广度和深度上都超过了唐朝韩愈、柳宗元开创的局面，在某种程度上还成为宋朝时代风貌和学术思想革命的先导。散文八大家中宋朝占了六位，足以说明问题。宋代的诗、词、散文，长期受到后世作家的追怀和仰慕。随着社会经济的发展和市民阶层的兴起，宋代的俗文学也获得了长足的发展，依托城市娱乐中心而起的说话和戏曲艺术空前繁荣，话本小说流传甚广，开启了元明清俗文学发展的先河。

寒蝉凄切，对长亭晚，骤雨初歇。都门帐饮无绪，留恋处兰舟催发。执手相看泪眼，竟无语凝噎。念去去千里烟波，暮霭沉沉楚天阔。

多情自古伤离别，更那堪、冷落清秋节！今宵酒醒何处？杨柳岸，晓风残月。此去经年，应是良辰美景虚设。便纵有千种风情，更与何人说！

这是柳永的名作《雨霖铃》。《雨霖铃》原为唐教坊曲，相传唐玄宗入蜀时在雨中听到铃声，不禁思念起杨贵妃，故作此曲，曲调本身就具有哀伤的成分。词中，柳永将自己离开汴京与恋人惜别时的真情实感表达得缠绵悱恻，凄婉动人。词人把情景交融的手法运用到慢词中，将离情别绪通过具有画面性的境界表现出来，构成诗意美的境界，给读者以强烈的艺术感染。全词虽为直写，但叙事清楚，写景工致，以具体鲜明且能触动离愁的自然风景来渲染主题，状难状之景，达难达之情，而出之以自然。"多情自古伤离别，更那堪、冷落清秋节"二句画龙点睛，为全词生色，成为脍炙人口的千古名句。

俞文豹《吹剑续录》中说，柳郎中词只合十七八女郎，执红牙板，歌"杨柳岸，晓风残月"。此语生动传神地说出了柳词独具的审美意境和风格特征。

词又称长短句、曲子词，原是配合宴乐的歌词，形成于隋、唐之际，主要来自边地或外域的少数民族，以及汉族民间的土风歌谣。由于宴乐演唱的歌词先天具有俚俗浅显的特征,与以雅正为依归的正统审美观念大相径庭,文人士大夫在欣赏之余更注重对它的改造,使之摆脱俚俗粗鄙,复归风雅正途。经过长时间的变化气质,词的艺术样式在晚唐五代趋于定型,至宋代迎来了繁荣发展的黄金时期。《全宋词》共收录流传至今的词作一千三百三十多家,近两万首,由此可以想见当时的创作盛况。

词起初以描写艳情为主,因为:"簸弄风月,陶写性情,词婉于诗。盖声出于莺吭燕舌间,稍近乎情可也。"所谓"诗言志,词言情",这也是婉约派的主要特点,侧重于描写儿女风情,结构深细缜密,音律婉转谐和,语言圆润,清新绮丽,具有柔婉之美。长期以来,婉约词风支配词坛,人们以南唐后主李煜、柳永、周邦彦等人为"词家正宗"。题材多集中在伤春悲秋、离愁别绪、风花雪月、男欢女爱等方面,其抒情表现力,令人一唱三叹。

四十年来家国,三千里地山河。凤阁龙楼连霄汉,玉树琼枝作烟萝。几曾识干戈?

一旦归为臣虏,沈腰潘鬓消磨。最是仓皇辞庙日,教坊犹奏别离歌。垂泪对宫娥。

这是南唐后主、千古词帝李煜的《破阵子》。李煜降宋时,把他对故国的感情表现在这首词中,题材由花间柳下一变而为家国情怀,由"伶工之词"转变成"士大夫之词",也为宋代的豪放派打下了基础。

塞下秋来风景异，衡阳雁去无留意。四面边声连角起。千嶂里，长烟落日孤城闭。

浊酒一杯家万里，燕然未勒归无计。羌管悠悠霜满地。人不寐，将军白发征夫泪。

范仲淹写这首《渔家傲·秋思》时正在陕西主持防务，整首词表现了守边将士们的英雄气概和艰苦生活，变低沉婉转之调为慷慨雄放之声，将国家、社会的重大问题反映到词里，意境沉雄开阔，苍凉悲壮，开启了苏轼、辛弃疾词作之先河。

苏轼是文人抒情词的最终奠定者，陈师道用"以诗为词"评价苏词，道中了苏词革新的本质。苏轼以前，词的"雅化"过程是渐进的，到苏轼则是一种突飞猛进的演变。苏轼的性情、襟怀、学识，既见于诗，也融于词，所谓"词至东坡，倾荡磊落，如诗如文，如天地奇观"——

他外出打猎，豪情满怀："会挽雕弓如满月，西北望，射天狼。"

他中秋望月，思念亲人，由此悟出人生哲理："人有悲欢离合，月有阴晴圆缺。"

他登临怀古，油然发出"浪淘尽，千古风流人物"的慨叹。

同样是俞文豹的《吹剑续录》，也记载了当时人对苏词的评价："学士词，须关西大汉，铜琵琶，铁绰板，唱'大江东去'。"此评就连苏轼本人也拍案叫绝，为之倾倒。的确，苏词中描绘的景色往往清奇阔大，表达的情怀磊落旷达，高远古雅。苏轼极大地提高了词的品位，把词家的"言情"与诗人的"言志"很好结合起来，所以说"词至东坡，其体始尊"。他对词风的改造，确立了豪放派在宋代词坛的重要地位。

北宋的豪放词，主要体现为封建体制下受到压抑的心灵追求解放。而靖康之变、中原沦陷、南宋偏安的社会现实，给南渡词人以极大的刺激，词人纷纷吟出悲壮之音，唱出慷慨之声，将个体的命运与国家民族的命运紧密结合起来，进一步拓展了词的表现领域，提升了词在文学史上的地位。

昨夜寒蛩不住鸣。惊回千里梦，已三更。起来独自绕阶行。人悄悄，帘外月胧明。

白首为功名。旧山松竹老，阻归程。欲将心事付瑶琴。知音少，弦断有谁听？

这是南宋抗金名将岳飞的词作《小重山》。这首词虽不像《满江红》那样"铁板铜琶，壮怀激烈"，却用更深沉的笔触，含蓄地表达了君子怀璧、英雄孤愤、壮志难酬的心情，无论是思想上还是艺术表现上，都是精妙的上乘之作。

南宋豪放词的典范，非辛弃疾莫属。辛弃疾，字幼安，号稼轩，历城（今山东济南）人。他出生时，中原已被金兵占领，二十一岁参加抗金义军，不久归附南宋，一生力主抗金。辛弃疾的词别开天地，横绝古今。他擅长以文为词，以古写今，题材广阔，词风多样，既有"醉里挑灯看剑，梦回吹角连营"的沉雄豪迈，又有"蓦然回首，那人却在灯火阑珊处"的生动细腻，人称"词中之龙"，与苏轼合称"苏辛"，与李清照并称"济南二安"。

　　何处望神州？满眼风光北固楼。千古兴亡多少事？悠悠。不尽长江滚滚流。

　　年少万兜鍪，坐断东南战未休。天下英雄谁敌手？曹刘。生子当如孙仲谋。

　　宋宁宗开禧元年（1205年），辛弃疾以垂暮之年出任镇江知府，登北固亭，凭高望远，抚今追昔，写下了这首《南乡子·登京口北固亭有怀》，借凭吊三国英雄孙权之名，慨叹南宋无大智大勇之人扭转乾坤。此词三问三答，前后呼应，苍凉雄壮，意境高远。跟同时所作的《永遇乐·京口北固亭怀古》相比，前者风格明快，后者沉郁顿挫，同是怀古伤今，写法大异其趣，堪称千古绝唱的姊妹篇。

　　常记溪亭日暮，沉醉不知归路。兴尽晚回舟，误入藕花深处。争渡，争渡，惊起一滩鸥鹭。

　　这首《如梦令》是宋代女词人李清照的早期作品。李清照，号易安居士，山东章丘人，素有"千古第一才女"之称。易安词在群花争艳的宋代词苑中,独树一帜,自成一家,人称"易安体"。她早年生活优裕,词风清丽明快;后期遭逢家国之变,词作多悲叹身世,情调感伤。论词强调协律,崇尚典雅,提出词"别是一家"之说,反对以诗文之法作词,人称"婉约词宗"。

天接云涛连晓雾,星河欲转千帆舞。仿佛梦魂归帝所。闻天语,殷勤问我归何处。

我报路长嗟日暮,学诗谩有惊人句。九万里风鹏正举。风休住,蓬舟吹取三山去!

这首《渔家傲》是李清照南渡之后的作品。作者把真实的生活感受融入梦境,以浪漫主义的艺术构思,倾诉隐衷,寄托情思,隐寓了对社会现实的不满与失望,对理想境界的追求与向往。全词用典巧妙,景象壮阔,气势磅礴,格调雄奇,充分显示了作者性情中豪放不羁的一面,后人评价"绝无一丝钗粉气"。

事实上,宋代的许多词人风格多变,并不专守一派,秾丽纤巧与豪迈慷慨往往并存不悖,这也成就了宋词的丰富多彩、气象万千。

诗文革新运动。沧浪亭是苏州园林中历史最为悠久的一处,起初为吴越国节度使孙承祐的池馆,后来成为苏舜钦的私家花园。苏舜钦是范仲淹庆历新政的热忱拥护者,因所谓"进奏院事件"遭御史台弹劾,被削籍为民,后离开开封,隐居于苏州。他买下孙氏废园，傍水造亭，取"沧浪之水清兮，可以濯吾缨；沧浪之水浊兮，可以濯吾足"的典故，题名"沧浪亭"，自号沧浪翁。欧阳修应邀作《沧浪亭》长诗，诗中以"清风明月本无价，可惜只卖四万钱"题咏此事。自此以后，"沧浪亭"名声大振。

沧浪亭

苏舜钦，字子美，是北宋诗文革新运动的重要成员，年轻时就以文章知名。他反对当时的浮艳文风，与穆修等人致力于古文和诗歌的写作，对同时期的许多作家有过积极影响。欧阳修说"子美之齿少于予，而予学古文反在其后"，高度推崇苏舜钦在诗文革新运动中的地位。苏舜钦主张写诗作文必须以道义为旨归，不能"雕琢以害正"，强调继承儒家文艺思想中"原于古，致于用"的现实精神。他性格豪迈，诗风也豪放雄肆，笔力豪隽，有别于梅尧臣的含蓄深远。尤其是他的作品极具政论性和战斗性，抨击时弊直接痛快，不遗余力。他在《吾闻》一诗中抒发了自己渴望保卫边疆的壮志："予生虽儒家，气欲吞逆羯。斯时不见用，感叹肠胃热。昼卧书册中，梦过玉关阙。"虽然缺乏诗歌应有的含蕴和韵味，却是宋诗中最早抒写英雄抱负的作品。

醉翁亭、沧浪亭虽遥距数百里，却联系着欧阳修、苏舜钦两位文坛巨擘的不朽友谊，成为后人景仰和神往的胜迹。如果说苏舜钦是北宋诗文革新运动的急先锋和中坚，欧阳修则是这场运动当之无愧的领袖。

欧阳修,字永叔,号醉翁,江西吉安人,是宋代文学史上开创一代文风的文坛领袖。天圣八年(1030年)进士,初为西京(今河南洛阳)留守推官,得到顶头上司、河南府通判钱惟演的支持和提携,与梅尧臣、尹洙结为至交,切磋诗文,遂以文章名冠天下。在洛阳的日子,不仅奠定了欧阳修一生的文学基础,也成为他生命中的美好记忆。后来他被贬官时,还深情地写道:"曾是洛阳花下客,野芳虽晚不须嗟。"

钱惟演奖掖后进的美德也被欧阳修发扬光大,《宋史·欧阳修传》说他"奖引后进,如恐不及,赏识之下,率为闻人"。"唐宋八大家"中,曾巩、王安石、苏氏父子都得到过他的提携。这些人继欧阳修之后,都成为宋代文坛引领风骚的杰出人物。仅此一条,就足以让欧阳修名垂青史。

在欧阳修主持文坛以前,以西崑体为代表的形式主义诗风和文风已经受到严厉的批评。但批评者往往破有余而立不足,在创作实践方面乏善可陈。欧阳修汲取前人的经验教训,主张文道并重,认为文章具有独立的性质,把文学的艺术形式和水平看得与思想内容同样重要,这无疑大大提高了文学的地位,也为北宋的诗文革新建立了正确的指导思想,为宋代文学的大发展开辟了广阔的前景。

欧阳修在韩愈的雄肆、柳宗元的峻切之外别开生面,创造了一种平易自然、简洁流畅的新文风。《醉翁亭记》的语言既简洁凝练又圆融轻快,毫无滞涩窘迫之感。深沉的感慨和精当的议论都出之以委婉含蓄的语气,娓娓道来,纡徐有致。这种平易近人

安徽滁州西南琅琊山麓的醉翁亭，因欧阳修在这里写下传诵千古的《醉翁亭记》而闻名遐迩，被誉为"天下第一亭"。醉翁亭西侧有宝宋斋，是明人为保护苏轼手书《醉翁亭记》而建。斋内有苏轼元祐六年（1091年）大字楷书《醉翁亭记》全文，结法遒美，气韵生动，欧文苏字，珠联璧合。

的文风显然更容易被读者接受。他在诗文创作上的高度成就与他正确的文学理论相辅相成，为曾巩、王安石、苏轼等人提供了榜样。

除了文学，欧阳修在经学、史学等方面都取得了开创性的成就。王安石在《祭欧阳文忠公文》中评价说："如公器质之深厚，智识之高远，而辅学术之精微，故充于文章，见于议论，豪健俊伟，怪巧瑰琦。其积于中者，浩如江河之停蓄；其发于外者，烂如日星之光辉。其清音幽韵，凄如飘风急雨之骤至；其雄辞闳辩，快如轻车骏马之奔驰。世之学者，无问乎识与不识，而读其文，则其人可知。"苏轼则说欧阳修"论大道似韩愈，论事似陆贽，记事似司马迁，诗赋似李白"。这些评论都是很有见地的。

北宋的诗文革新运动,继唐代古文运动之后,把古代文学特别是散文以及文论的发展推进了一步,对后世影响巨大。此后,以唐宋八大家为代表的古文传统,一直被奉为正宗。

宋诗——以文为诗,开辟新局。著名文学史家钱仲联先生认为,在中国文学史上,唐、宋诗歌是并峙的双峰。继唐诗的高度繁荣之后,宋诗在思想内容和艺术表现上有了新的开拓和创造,出现了许多优秀作家、作品,形成了许多流派,对元、明、清的诗歌发展产生了深远影响。

宋初的诗歌基本沿袭唐风,主要有以王禹偁为代表的"白居易体",以魏野、林逋为代表的"晚唐体"和以杨亿、刘筠、钱惟演为代表的"西崑体"。在流派上,以雕章丽句、多用典故的西崑体影响最大。王禹偁则是宋代提倡学习杜甫、白居易的第一人,写下了不少关心民间疾苦的诗篇。

宋仁宗时期,欧阳修、梅尧臣、苏舜钦等人在提倡古文的同时,连带反对西崑体诗人片面追求工整华美、缺乏真情实感的诗风。他们继承宋初王禹偁关心现实的精神,主张诗歌创作应当反映国计民生,以配合当时的政治改革运动。他们的作品或流畅自然,或清新放逸,或古硬奇峭,初步形成了议论化、散文化的独特面目,确立了宋诗的基本特色,并在很大程度上影响了随后的诗歌发展方向。

由于欧阳修等人的努力,宋代诗歌在神宗年间进入了第一个繁荣期。这期间,诗人辈出,流派纷呈,代表人物有王安石、苏轼、黄庭坚。受欧阳修影响,他们都较重视思想内容,并且不同程度地具有以文为诗、以议论为诗的习气。王安石的诗内容充实,个性鲜明,早期作品注重民生,精于议论,晚年讲求诗律精严,含蓄隽永。苏轼的诗则是才气奔放,随物赋形,风格多样。而且其门下诗人如黄庭坚、秦观、张耒、晁补之等,也各具特色。宋诗发展至苏轼,完成了自晚唐、西崑以来的一次诗风转变,使宋诗于唐诗之外另辟天地。黄庭坚在这片新天地中对诗歌的表现形式、创作技巧进行了深入探索,在立意、句法、用韵、用典等方面自出机杼,开创了宋代影响最大、最深远的诗歌流派——江西诗派。

陆游像

北宋灭亡后,面对国运的衰微和江西诗派在流行中所暴露出来的弊病,一些作家开始跳出江西派的藩篱,自立门户,并取得了相当高的成就。其中"南宋四大家"尤袤、杨万里、范成大、陆游的出现,标志着宋代诗歌进入了第二个繁荣时期。南宋后期,宋诗趋向衰颓,四灵派、江湖派等放弃了自欧阳修、苏轼、黄庭坚而来的传统,转学贾岛等人,内容上或写山水田园,或写落拓文人的生活和情感,诗风虽变而题材狭窄,成就有限。直至南宋灭亡前后,文天祥、汪元量等人沉郁悲壮的爱国诗篇,才为宋诗增添了最后一抹绚丽的光彩。

宋代是一个在文学、艺术、哲学、史学各领域均达到极高造诣的时代,其相互碰撞、渗透,形成了一个充满生命力的文化生态圈。宋诗在这种环境中新变代雄,与其他领域密切相关。宋代诗歌在思想内容和艺术表现上，都有新的开拓和发展。与唐诗相比，宋诗在反映民生疾苦、揭露社会黑暗等方面都有所扩展。特别是在民族矛盾异常尖锐的背景下，诗歌中的爱国主义精神更加炽热深沉。在艺术风格上，宋诗逐渐向思理、精细方面发展，具有多议论、以文为诗、以才学为诗等主要特点。简言之，唐诗擅长抒情，宋诗喜欢说理；唐诗强调灵感，宋诗注重才学；唐诗惯用感性形象来把握现实，宋诗借助理性思维来解剖现实。

宋代诗人既重视学习唐人，又力求在学习中创新，形成了争奇斗艳、推陈出新的格局。宋诗流派众多，各种流派之中也常有发展演变，诗歌的风格也因之丰富多样，杰出的诗人、优秀的作品不断涌现。宋诗的数量之大、作者之多远超唐代。《全唐诗》收录了2200多位诗人的48900余首诗歌，《全宋诗》收录了近万人的诗作，录诗二十余万首。与《全唐诗》相比，《全宋诗》收录的诗人数量和篇幅都相当于《全唐诗》的五倍左右。

宋以后的诗歌，基本未能超出唐、宋诗的风格范围。由于时代风气、个人喜好和艺术见解的不同，形成了尊唐派和宗宋派的长期论争。尊唐派往往从批评宋诗缺点出发，强调诗歌形象性、抒情性的艺术特性；宗宋派则从诗歌发展流变的角度肯定宋诗，强调诗歌风格的多样性。蒋士铨《辩诗》说："唐宋皆伟人，各成一代诗。"清代"同光体"的领袖人物陈衍在《石遗室诗话》中认为宋诗继承唐诗又能"力破余地"，开辟新局。这些观点可以说是对唐宋诗的公允之论。

"意足我自足，放笔一戏空"——宋代的尚意书法。《黄州寒食诗》作于宋神宗元丰五年（1082年），那时苏轼因"乌台诗案"被贬为黄州团练副使，穷愁潦倒，偃蹇寂寞。其书法苍劲沉郁，恣肆跌宕，笔酣墨饱，神完气足，诗情、画意、书境融为一体，富有强烈的感染力。

苏轼写诗谤讪新政，换上其他任何朝代，大约都难逃一死。李定、舒亶等辈也是深文周纳，无限上纲，必欲置苏轼于死地。然而苏轼竟幸存了下来。且不说宋朝祖宗有"不杀士大夫及言事之臣"的诫誓，且不说宋神宗夙怀爱才之心，即以王安石对朋友兼政敌苏轼的竭力营救，亦足以垂范后世。

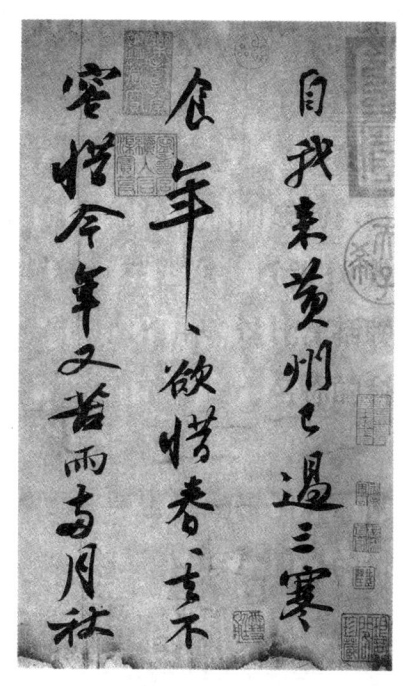

苏轼《寒食帖》

王安石、苏轼"政见之争，宛如寇仇"，当"诗案"发生、苏轼遭难时，已经罢相闲居的王安石挺身而出，仗义执言："岂有圣世而杀才士乎！"对最终免除苏轼的死罪发挥了重要作用。王安石去世时，旧党得势，苏轼在为朝廷拟写的制词中秉承良知，对王安石做出了公允而崇高的评价："名高一时，学贯千载。智足以达其道，辩足以行其言。瑰玮之文，足以藻饰万物；卓绝之行，足以风动四方。"仅此一例，足以体现宋代士大夫精英的精神境界和人格魅力。这种精神气度也昭示着一个文化艺术辉煌时代的到来。

人们在谈及中国书法时常说"晋人尚韵，唐人尚法，宋人尚意",意者,意境、意趣也。崇尚意境、意趣是怎样成为宋代书法乃至绘画的主要特征的呢?

宋代很多文人倾心禅宗,喜欢说禅谈玄,借以深化思辨力和清虚感,力求将禅机化入诗词、书画的意境之中。他们优游山林,与禅僧交游唱和。其诗文、书论和传世书迹中,往往浸润着佛教的思辨和禅宗的机锋。苏轼、黄庭坚等人与禅宗因缘甚深,禅宗的机辩和境界,极大地影响了他们的书法理念和书法风格。

苏、黄和米芾都主张"意在笔先","任运随意",代表了有宋一代的书风,也影响到禅林高僧的墨迹。道潜、圆悟克勤、石桥可宣等学过苏字,大慧宗杲、密庵咸杰学过米字,拙庵德光、天童如净、无准师范、虚堂智愚、兀庵普宁、无学祖元等学过黄字。当时入宋学禅的日本僧人荣西、道元、大智的墨迹中有黄字的痕迹,后来的大德寺派禅僧宗峰、一休等也推崇山谷笔法,由此影响了日本的书坛和禅林。

苏轼在《石苍舒醉墨堂》诗中说:

  人生识字忧患始,姓名粗记可以休。
  何用草书夸神速,开卷惝怳令人愁。
  我尝好之每自笑,君有此病何年瘳?
  自言其中有至乐,适意无异逍遥游。
  近者作堂名醉墨,如饮美酒销百忧。
  乃知柳子语不虚,病嗜土炭如珍羞。
  君于此艺亦云至,堆墙败笔如山丘。

兴来一挥百纸尽，骏马倏忽踏九州。
我书意造本无法，点画信手烦推求。
胡为议论独见假，只字片纸皆藏收。
不减钟张君自足，下方罗赵我亦优。
不须临池更苦学，完取绢素充衾裯。

所谓"我书意造本无法"，并不是主张轻视法度，而是在完成有法之后的无法。只有达到"无法"的高度，才有"意造"和"点画信手"的表现力。

《金刚经》说："知我说法，如筏喻者。法尚应舍，何况非法。"佛说的法义如同渡河的舟筏，只是工具，坐船也不是最终目的，所以上了岸即可舍去。凡夫拘泥于法，智者超越于法，二者判若云泥。

《六祖坛经》记载，五祖弘忍欲传衣钵与弟子，命彼等各作一偈，以示悟道的心迹和意境。上座神秀作偈云："身是菩提树，心如明镜台。时时勤拂拭，莫使惹尘埃。"行者慧能识字不多，请人读了此偈后，即口占一偈："菩提本无树，明镜亦非台。本来无一物，何处惹尘埃？"五祖见此二偈，认为神秀只是"知法"，而慧能已直入堂奥，明了无法之法，便将衣钵传给了慧能。

由此可知，法的修行固然重要，但更重要的是，不能被法障碍，成为法的奴婢。有法而无法，方能领悟真谛，达到从心所欲、自由自在的境界。

"我尝好之每自笑"，早年的苏轼很崇尚古法，对古法有过执著的追求。他在《题二王书》中写道："笔成冢，墨成池，不及

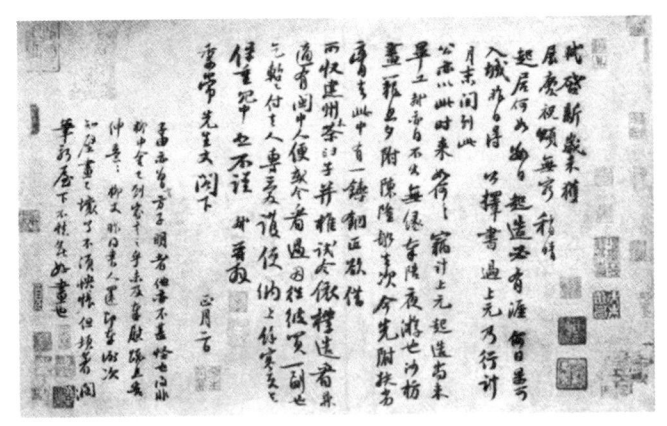

苏轼《新岁展庆帖》

羲之即献之;笔秃千管,墨磨万锭,不作张芝作索靖。"可见也曾"疯劲儿"十足。

后来,他从禅宗教义中明白,倘若一味求法,不能超脱,便如病嗜土炭,自食苦果。禅林中人常说:"起初见山是山,见水是水(事实的境);入了悟处,则见山不是山,见水不是水(分解的境);出了悟境后,见山依旧是山,见水依旧是水(真实的境)。"苏轼所说的"意",即是法上之意,是对法否定之否定的"无法之法",是"得意"后"忘法"的禅境。有诗为证:"心忘其手手忘笔,笔自落纸非我使。正使匆匆不少暇,倏忽千百初为难。稽首般若多心经,请观何处非般若?"

苏轼曾经自负地说:"吾虽不善书,晓书莫如我。苟能通其意,常谓不学可。""吾书虽不甚佳,然自出新意,不践古人,是一快也。"这表明,他已经找到了"翻身做主"、进入自由王国的通途。

黄庭坚,字鲁直,号山谷道人,洪州分宁(今江西修水)

人。其修禅学艺的悟性绝不逊于苏轼。他曾跟随临济宗黄龙派的晦堂禅师参禅,对黄龙禅旨有很深的领悟。这在其诗文、书迹和题跋中可见端倪。他在评五代杨凝式书法时题诗道:"世人尽学兰亭面,欲换凡骨无金丹。谁知洛下杨风子,下笔便到乌丝栏。"意思是世人只迷恋于《兰亭》的表层,对其笔意并无领会,终究难脱凡胎俗骨,而杨凝式深通右军笔意,故能直达精髓。

黄庭坚的书法充满了禅意。在他的传世墨迹中,草书最为出彩,在宋朝书家中堪居首座,在中国书史上堪与颠、醉比肩。他曾回忆为友人李时雍(字致尧)书写行草时的感悟:"元符三年二月己酉夜,沐浴罢,连饮数杯,为成都李致尧作行草。耳热眼花,忽然龙蛇入笔。学书四十年,今夕所谓鳌山悟道书也。"

黄庭坚是一位笃实忠厚、严于律己、不尚虚妄的君子,却对自己晚年的草书极为珍爱,每多自矜之语。他用雪峰禅师"鳌山悟道"的公案来比喻自己在草法上的顿悟,其用力之勤,用心之深,可以想见。

黄庭坚一生从事过大规模的草书创作,在历代书家中也属罕见。他晚年的草书无论在笔法、结构还是章法、气韵上,都与前人大异其趣,开一代新风。同门李之仪评论说:"鲁直晚年,草

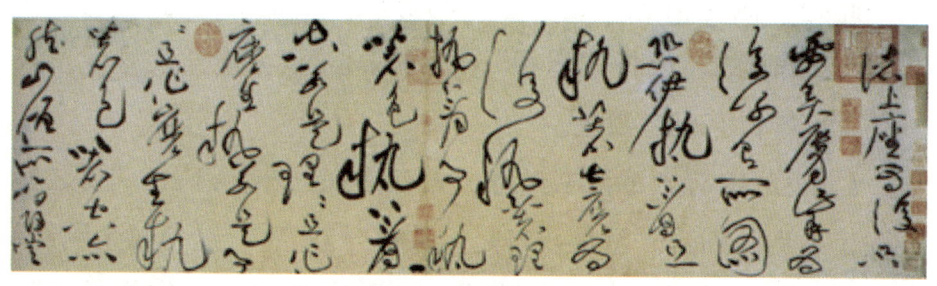

黄庭坚《诸上座帖》

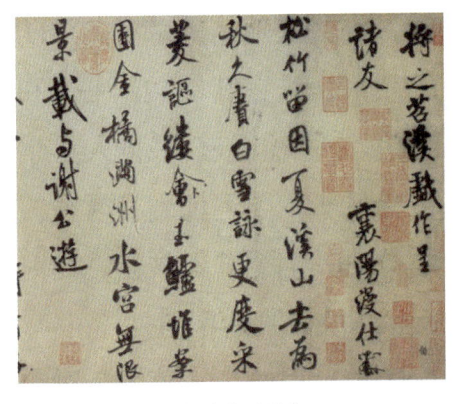

米芾《苕溪诗》

字尤工,得意处自谓优于怀素。此字则曰:'独宿僧房,夜半鬼出,来助人意,故加奇特。'虽未必然,要是其甚得意者尔。"

黄庭坚学书如学禅。他虽不像苏轼那样处处涉及禅理,但善于将禅宗悟境运用到书法的笔法、笔意之中,可谓独具匠心。他在《论书》里说:"字中有笔,如禅家句中有眼,直须具此眼者,乃能知之。"在他的书迹和题跋中也有不少涉及佛禅的内容,如《题苏轼黄州寒食二首跋》云:"它日东坡或见此书,应笑我于无佛处称尊也。"

正因为黄庭坚对禅宗思想有极为深刻的领悟,他的书法才能达到"自成一家始逼真"的境地,他才能成为开创宋代"尚意"书风的重要人物。

米芾受禅宗的影响不太明显,但在他的书论里还是能找到禅宗思想的影子。如《海岳名言》中记载:"学书须得趣,他好俱忘,乃入妙。别为一好萦之,便不工也。"

此处"他好俱忘"之"忘"与苏轼"心忘其手手忘笔"之"忘"是相通的,俱指"忘心"。能"忘心",方能"入妙"。"入妙"者,妙得玄机之谓也。

《书史》中有米芾论书一诗,大有禅宗三昧。诗云:"要之皆一戏,不当问拙工。意足我自足,放笔一戏空。"这与《金刚经》所说"一切有为法,如梦幻泡影,如露亦如电,应作如是观",

何其相似乃尔!

在这里,孔子"志于道,据于德,依于仁,游于艺"的教导被落实到笔墨的操守之中。这种源自禅林悟境的笔墨情怀,已经渗透到中国视觉文化的方方面面。笔墨的艺术成为精神逍遥、心灵栖居的家园,不拘于物、不泥于古、不循于法,成为文人士大夫特立独行、超越尘俗的不舍追求。

古典绘画的全盛时代。与宋朝士大夫的精神追求相适应,文人画的兴起也成为宋代画坛的一面旗帜。所谓文人画,指文人士大夫的画作,有别于民间画工和宫廷画院职业画家的绘画。宋代的文人士大夫除了用策论、散文、诗词来表达自己的政治主张和人生理想外,绘画也是他们擅长的表达情感的手段。

文人画从北宋中期以后形成巨大的艺术潮流。在上层文人士大夫中,对绘画的收藏、品评和延纳画家作画已蔚然成风,许多文人还亲身参与绘画实践,用以寄兴抒怀。他们注重突出自然景物中蕴藏的优美意境,力求做到"诗中有画"。书法艺术的表现形式也被引入绘画中,题字咏诗渐次增多,开辟了书画题跋的新天地,极大地丰富和提高了绘画艺术的表现手段,如苏轼题赞画僧惠崇的《春江晚景》:"竹外桃花三两枝,春江水暖鸭先知。蒌蒿满地芦芽短,正是河豚欲上时。"

文人画类似"墨戏",从题材到笔意都讲求文人的情趣和神韵,重视个人心性与文化修养在绘画意境中的体现。杨无咎的墨梅、文同的竹、苏轼的古木怪石、赵孟坚的水仙、郑思肖的兰,都不求形似而意在借物写情,有所寄托。苏轼说文同画竹,是

"诗不能尽，溢而为书，变而为画"。文同自己也认为，"竹如我，我如竹。"他画竹是自我人格的张扬和表白。杨无咎所画墨梅朴素无华，高雅绝尘，表达了作者的淡泊操守和逸世情怀。宋末遗民郑思肖画兰时不画土壤与根须，寄寓了身如漂萍的感伤和对宋朝的怀念。

文人士大夫在绘画理论上也引领风气。欧阳修提出绘画应表现萧散淡泊的情怀，苏轼认为"论画以形似，见与儿童邻"，"诗画本一体，天工与清新"，陈与义主张"意足不求颜色似，前身相马九方皋"，这些见解对宋代画坛影响深刻，极大地提高了宋代绘画的格调和品位，成为元、明时期文人画大发展的前导。

宋朝是宫廷绘画的鼎盛时代。在五代南唐、西蜀建立画院的基础上，宋朝设立翰林图画院，培养宫廷需要的绘画人才。宋朝的多数帝王都对绘画有不同程度的兴趣，都很重视画院建设。特别是宋徽宗赵佶，不但本人具有高超的书画修养和技巧，而且注意网罗优秀画家，扩充和完善宫廷画院，搜访名画充实内府收藏，使得宫廷绘画达到极盛。其绘画风格讲究格局法度，设色精密，笔法细腻，带有贵族化的审美情趣。郭熙的《早春图》《关山春雪图》，张择端的《清明上河图》《西湖争标图》，王希孟的《千里江山图》，李唐的《采薇图》《万壑松风图》，马远的《踏歌图》等，都是宋代宫廷绘画的杰作。

崇宁三年（1104年），宋徽宗还首创培养绘画人才的专门学校——画学。其中分设佛道、人物、山水、鸟兽、花竹和屋木等科，同时讲授《说文》《尔雅》《方言》和《释名》等书。画学制定了严格的试补、升降和推恩之法。文化课考试，以学生对典籍

宋徽宗绘《听琴图》

的理解是否能跟绘画之意融会贯通为衡量标准，考察生员画艺水平，则"以不仿前人而物之情态形色俱若自然、笔韵高简为工"。邓椿的《画继》中记载了一次画院考试，考题是"竹锁桥边卖酒家"。众考生皆注重于酒家、溪流、小桥、竹林的描摹刻画，不合宋徽宗的心意。唯有一幅独辟蹊径，竹林掩映之中，一幅酒帘迎风招展。徽宗看后大悦，认为酒家藏在竹林中，正是符合"锁"字的意境，钦点为第一名。这幅画的作者就是宋朝最著名的画家之一李唐。

宋苏汉臣《秋庭戏婴图》

宋代绘画分科细致，中国传统绘画的所有门类，几乎都在宋朝奠定或完善。

人物画在反映现实生活上有了巨大的进步，扩展到城乡平民生活的各个方面，发展出"风俗画"这一新的门类。张择端的《清明上河图》描绘了北宋首都东京的繁华景象、汴河航运的热闹场面和清明时节的风俗人情，是中国绘画史上的不朽作品。苏汉臣的《秋庭戏婴图》、李嵩的《货郎图》、李唐的《村医图》和楼璹的《耕织图》也都显示了画家视野的拓展和对现实生活的深入体察。

南宋以后，历史故事画十分流行，如描绘伯夷、叔齐不食周粟的《采薇图》，唐太宗智退颉利可汗的《便桥见虏图》，重耳流亡归国取得政权的《晋文公复国图》等，或借古颂今，或讽喻时政，表现了鲜明的爱国情感和忧患意识。

宗教人物画则表现出一种鲜明的世俗化倾向。画家多以热闹的场面、有趣的情节吸引观众，许多人物形象也是凭借现实人物形象画成的。李公麟所画的《维摩诘像》，有"隐几忘言之状，清羸示病之容"，那种淡泊宁静正是人格独立、才华深潜的士大夫形象的写照。梁楷运用豪放简练的笔触、浓淡变化的水墨从事人物画创作，表现了艺术手法上的重大突破，开创了写意人物画的先河。

"唐画山水，至宋始备。"山水画到了宋朝，进入全盛时期。宋朝的山水画，题材广泛，技法出新，流派繁多，名

南宋画家周季常、林庭圭绘《五百罗汉图之洞中入定》

宋代文化 | 527

家辈出。北宋前期的山水画家以李成、范宽为代表,主要刻画北方的崇山大川,峻岭巨壑。李成的《寒林平野图》,范宽的《溪山行旅图》《雪景寒林图》,从不同方面表现了关陇一带开阔、雄伟的自然气象。北宋后期,米芾、米友仁父子又形成新的流派,其特点是不求工细,多用水墨点染,突破了勾廓加皴的传统技法,开创了独特的"米家山水"。南宋的山水画风着重意境,构图简洁,主体鲜明,笔触大胆泼辣,水墨运用更加充分,李唐、刘松年、马远、夏圭并称"南宋四大家"。靖康之变后,中原沦陷,士大夫的爱国意识必然会在绘画中表现出来。夏圭、马远多画残山剩水,有"马一角、夏半边"之称。人们往往把他们的创作意图与南宋的"半壁山河"联系起来,寄寓了"风雨不堪过江南"的忧思情怀。

两宋时期的绘画创作都强调深入生活,注意写生,充满了士大夫的人文气质和山林之趣。郭熙在他的绘画理论名著《林泉高致》中写道:"君子之所以爱夫山水者,其旨之一,即在于避尘嚣

南宋道教题材《天官图》

而亲渔樵隐逸。"即使是一些达官显贵，也常以山水林泉来咏志或寄托自己对官场的厌倦和归来之思。正因为宋代山水画中蕴含了如此丰富的文化性格和人文精神，其构思布局和旨趣表达也像诗文一样，讲究含蓄和寄兴，大大丰富发展了中国传统绘画"宜虚不宜实、宜藏不宜露"的美学原则。

宋朝是中国绘画史上的全盛时期，宋代绘画是中华传统艺术的瑰宝，但存世稀少、流传分散、文物级别高，一直以来都未能得到系统的汇集、整理和研究。2008年《宋画全集》在北京举行首发式。全书包括图册与文献两部分，收录了海内外的宋画精品一千五百多件，共出版八卷三十二册，填补了历史的空白。

通才型科学家——沈括与苏颂。英国学者李约瑟在其皇皇巨著《中国的科学与文明》（即《中国科学技术史》）的导论中说："每当人们在中国的文献中查找一种具体的科技史料时，往往会发现它的焦点在宋代，不管在应用科学方面或纯粹科学方面都是如此。""就技术的影响而言，在文艺复兴之时和之前，中国占据着一个强大的支配地位。……世界受中国古代和中世纪的顽强的手工业者之赐远远大于受亚历山大时代的技工、能言善辩的神学家之赐。"一句话，宋代是中国科学技术史上的坐标和里程碑！

两宋时期，中国的科学技术获得了令人瞩目的发展。"四大发明"之中，除造纸术以外，在印刷术、指南针和火药的发明和发展过程中，宋代都占有特殊的地位。就促进文化的传播与发展

沈括像

而言,印刷术显得尤其重要,因而素来享有"文明之母"的美称。至于其他科技领域,宋代也是成就卓越,不但推动了这一时期的经济发展和文化繁荣,对人类文明进程也产生了极其深远的影响。

沈括和苏颂是宋朝的两位通才型科学家,他们代表了宋代科技经验主义的杰出成就。

沈括,字存中,浙江钱塘(今属杭州)人,北宋杰出的科学家、政治家。《宋史·沈括传》说他"博学善文,于天文、方志、律历、音乐、医药、卜算,无所不通,皆有所论著"。沈括晚年卜居镇江梦溪园,自号梦溪丈人,撰写了不朽名著《梦溪笔谈》。

《梦溪笔谈》是一部包含古代自然科学、工艺技术及社会历史现象的综合性笔记体著作。全书共分三十卷,其中《笔谈》二十六卷,《补笔谈》三卷,《续笔谈》一卷。全书有十七目,六百零九条,内容涉及天文、历法、数学、物理、化学、生物、地质、医学等各门学科,总结了中国古代,特别是北宋时期的科学成就。在社会历史方面,对西北和北方的军事利害、朝廷典制礼仪的演变、赋役制度的利弊,都有较为翔实的记载。该书在国内外受到广泛重视,被李约瑟评价为中国科学史上的坐标。

沈括通过精确测量子午圈,发现了地磁偏角的存在,比欧洲早了四百年。根据当时日食和月食的观测情况,他分析出太阳和月亮是球状的,而不是平面的,从而扩展了中国早期天文学的理论。沈括还确定出北极星几个世纪运转的位置，使得海员在利用指南针航行时能够更准确地确定方向。沈括对地质学也颇有研究，通过对自然现象的长期观察，阐明了有关地貌学和气候变化的原理。他推断华北平原是由黄河等河流的泥沙冲积而成的，这是对华北平原形成原因的最早的科学解释。在西欧，直到18世纪末期，英国人郝登才谈到流水的侵蚀与搬运作用，这比沈括晚了大约七百年。另外，沈括还是最早使用"石油"这个名称的科学家。

执掌司天监期间，沈括举荐平民天文学家和数学家卫朴，两人一起运用宇宙学假设，描绘行星运行轨道的变更。在卫朴的协助下，沈括连续五年、每晚三次记录和测绘月亮的运行轨迹，修正了月亮运行的测量误差。其间由卫朴主持修订了《奉元历》，后来沈括又提出了能跟天文实际比较吻合，更便利于掌握和安排农时的"十二气历"。因为政治斗争和观念差异，朝廷只是部分接受了他们的研究成果。

宋朝是中国古代数学最辉煌的时期之一，沈括的《梦溪笔谈》中，有十多条有关数学的讨论。沈括从实际计算需要出发，创立了"隙积术"和"会圆术"。他通过对堆起来的酒坛和垒起来的棋子等有空隙堆积体的研究，提出了求其总数的正确方法，这就是"隙积术"，即二阶等差级数的求和方法。这项研究发展了自《九章算术》以来的等差级数问题，开辟了古代数学史上高阶等差级数研究的方向。在计算田亩时，沈括提出了已知圆的直径和弓形的高，求弓形的弦和弧长的"会圆术"。这一方法不仅促进了平面几何学和球面三角学的发展，在天文学计算中也发挥了重要的作用。

沈括还是出色的水利专家。早年任沭阳县（今属江苏）主簿时，他就主持了治理沭水的工程，不仅解除了水灾威胁，还开垦出七千顷良田。在客居宁国县（今属安徽）时，他参与了胞兄沈披主持的修筑万春圩（今安徽芜湖境内）工程，开辟出一千二百七十顷能排能灌、旱涝保收的良田，并写下了圩田方面的著作《万春圩图记》。熙宁五年（1072年），沈括主持汴河的水利建设。他采用"分层筑堰法"，测得开封和泗州之间的地势高差，单位竟精确到了寸分，仅用四五年时间，就取得引水淤田一万七千多顷的成绩。

苏颂，字子容，福建同安（今属厦门）人。他为政宽仁，体恤百姓，元祐中官至宰相。他毕生好学，天文、地理、历算、音乐、医药无所不通，尤精于历代典故。

宋仁宗嘉祐年间，苏颂主持了《本草图经》的编写工作，于嘉祐六年（1061年）完成。这是流传至今的第一部有图解的药物学著作，涵盖了药物学、植物学、动物学、矿物学和冶金学等学科的许多知识，不仅为药性配方提供了依据，而且为历代本草的纠谬订讹做出了贡献，使不少过去无法辨认的药物得以确认无误。明代李时珍推崇它"考证详明，颇有发挥"。

苏颂曾经两次出使辽朝，每次往返时间多达四个多月，还三次担任接待辽使的伴使。其间，他十分注意搜集整理辽国的政治制度、经济实力、军事设施、山川地理、风土民情、外交礼仪等情况，及时向朝廷提供，为协调宋、辽关系做出了贡献。

但苏颂最大的成就莫过于创建水运仪象台，这是集观测天象的浑仪、演示天象的浑象、计量时间的漏刻和自动报时的机械装置于一体的综合性观测仪器，元祐元年（1086年）开始设计，元祐七年（1092年）全部竣工。整座仪器高约十二米，宽约七米，是一座上狭下广、呈正方台形的木结构建筑。全台共分三隔，上隔放浑仪，顶板可以自由开启，已具有现代天文观测室的雏形，中隔置浑象，下隔包括报时装置和全台的动力机构，其中的擒纵器则是报时的关键部件。

苏颂在《新仪象法要》中详细描述了水运仪象台的设计要点，认为自己的成功是以东汉发明家张衡和其他早期天文学家、机械专家的成就为基础的。金兵攻入汴京后，掠走了水运仪象台，运至燕京，最后毁于蒙金战争中。

水运仪象台是11世纪末中国杰出的天文仪器，也是世界上最古老的天文钟。李约瑟等人认为它可能是欧洲中世纪天文钟的直接祖先，说明近代机械钟表的关键性部件——擒纵器也是中国发明的，反映出中国古代天文学和力学知识及应用已经达到相当高的水平。

1958年，王振铎先生按1∶5的比例复制了水运仪象台的模型。其后李约瑟以及美国、日本和中国台湾地区的科学家也成功复制或仿制了水运仪象台。2011年，国内首台按1∶1比例仿制的水运仪象台在厦门市同安区的苏颂公园落成，这个水运仪象台可以运转，是苏颂公园的"镇园之宝"。

沈括和苏颂的例子说明宋朝任用了许多具备科学知识的官员，这些人掌握了多个学科的知识，有利于宋朝的社会管理、军事和经济发展。

印刷术的高度发达。在印刷术发明以前,中国已经有能力大规模生产纸张。造纸术经东汉蔡伦改进,用树皮、破布、麻头和鱼网等廉价之物做原料,大大降低了造纸成本,为纸的普及准备了条件。但是抄写书籍还是非常费工的,远远不能适应社会的需要。东汉熹平年间(172—178年),出现了摹印和拓印石碑的方法。后来石碑拓印又和印章结合起来,形成雕版印刷的雏形。雕版印刷的印品在唐代开始流行,现存最早的雕版印刷品是唐懿宗咸通九年(868年)印刷的《金刚经》,发现于甘肃敦煌,1907年被英国人斯坦因所盗,现藏大英图书馆。当时雕版印刷的新技术主要是在民间行用,所印的内容主要是佛教与道教的经典、神像以及民间所需的实用性书籍和初学入门的小型图书等。

官方主持的大规模雕印书籍,始于五代时期。其内容多为儒家经典,是当时官方学校和科举考试的主要课本来源。到了宋朝,雕版印刷进入高度发达的全盛时代,印刷技术和书籍质量都达到了很高的水平,官方和民间的出版事业获得了迅猛的发展,逐步形成了东京、杭州、成都、福建四个刻书中心,书籍的流布日益广泛。

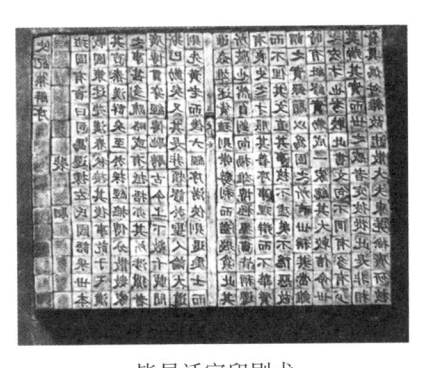
毕昇活字印刷术

11世纪中叶,北宋发明家毕昇又发明了胶泥活字印刷术,比德国人约翰内斯·古腾堡的铅活字印刷早约四百年。《梦溪笔谈》卷十八《技艺》记载了毕昇的这一创造性发明:"庆历中,有布衣毕昇又为活板。其法用胶泥刻字,薄如钱唇，每字为一印，火烧令坚。先设一铁板，其上以松脂、蜡和纸灰之类冒之。欲印，则以一铁范置铁板上，乃密布字印，满铁范为一板，持就火炀之，药稍熔，则以一平板按其面，则字平如砥。若止印三二本，未为简易；若印数十百千本，则极为神速。"

活字印刷在朝鲜半岛的王氏高丽时期得到了改进，崔允仪于1234年将毕昇的烧粘土字改为金属字，1377年印制的高丽佛经《白云和尚抄录佛祖直指心体要节》是现存世界上最古老的金属活字本。中国的活字印刷也在不停改进，元朝的科学家王祯在大德二年（1298年）发明了木活字印刷。明清时期，活字印刷技术得到了较多的运用。

以前西方人一直认为，使用铅字活版印刷术的古腾堡是活字印刷的发明者（公平地说，技术上最成熟的确实是他）。但随着李约瑟等人证明宋朝的毕昇才是活字印刷的开创者，人们也就承认活字印刷是中国人发明的了。在欧美历次评选"史上最伟大发明"的活动中，活字印刷都名列前茅，发明权也属于中国。

由于汉字的独特性（非音节文字），以及中国从宋代以来十分讲究印刷字体的美观性，加上印刷的书籍往往需要大小不同的字体，有的书籍还要配上插图，所以活字版不如雕版方便和易于保存，雕版印刷在古代中国始终占据主导位置。时至今日，电脑排版已普遍流行，但中国人发明的印刷术对人类文明史做出的重大贡献是不可磨灭的。

宋朝在大力发展出版事业的同

《太平广记》书影

宋代文化

时，也特别重视经籍图书的搜集、校雠和收藏工作，且诸帝相承，始终一贯。经过长期不断的经营，官方图书事业获得了很大的发展，私人和民间的藏书之风也极为盛行，涌现出不少著名的藏书家和藏书中心。

印刷术的发达和图书事业的繁荣，为宋朝教育的普及和文化知识的传播提供了重要的物质条件。南宋学者王应麟说："古未有版本，好学者患无书。"唐代学校教育的教材，除仰赖传抄手写之外，也只不过是摩勒刻石，以资讲习。宋朝政府通过大量刊印和颁行以儒家经典为核心的各类书籍，来满足各级学校的教学需要。朝廷颁赐国子监印本书籍已经成为常制，只要是有学校的地方，一般都能够获得必要的书籍，这在以前是难以想象的。除了朝廷赐书外，不少地方官都热衷于兴办文教，大量购求图书，以备学校教习之用。宋朝私人藏书之风以江西、两浙地区最盛，其次是河南、四川和福建。这些地区的藏书中心，同时也成为宋代教育、学术和文化的中心。许多藏书家实际上也是教育家和著名的学者，其藏书活动与讲学活动是紧密结合在一起的。

宋朝图书印刷质量之精良也是世所公认的，宋版书留传至今者很少，往往价值连城，有"一页宋版，一两黄金"的说法。人们追捧宋版书，或为治学，或为炫富，或珍视有加，或顶礼膜拜，佞宋之风，习以成俗。宋代雕版印刷技术高度成熟，无论书写还是刻印都相当精美，印书多用皮纸和麻纸，文理坚致而有韧性。版式疏朗雅洁，版心下方往往有刻字工人的姓名和每版的字数。刻书选用字体，各地风格不同，浙本多用秀丽挺拔的欧体字，蜀本多用雄伟朴厚的颜体字，建本字形介于颜、柳之间，横轻竖重,笔画刚劲。印书用墨也很讲究,色泽清纯匀净,形成了鲜明的时代特征,并为后代所推崇仿效。

火药和火器在军事中的广泛运用。近代以来的中外学者一致认为,火药最晚在9世纪的唐代时期就已经出现。火药起源于炼丹术,炼丹家的目的是寻找长生不老之药,这虽然是痴人说梦,但炼丹术所采用的一些具体方法还是有可取之处的,显示了化学的原始形态。在不断的实践中,炼丹家知道了硫黄、硝石与炭混合点火会发生激烈的反应,并采取措施控制反应速度,但是因药物伏火而引起丹房失火的事故时有发生。加上它不能解决长生不老的问题,炼丹家对它并不感兴趣。可是,这个配方一旦转到军事家手里,就成了四大发明之一的火药。

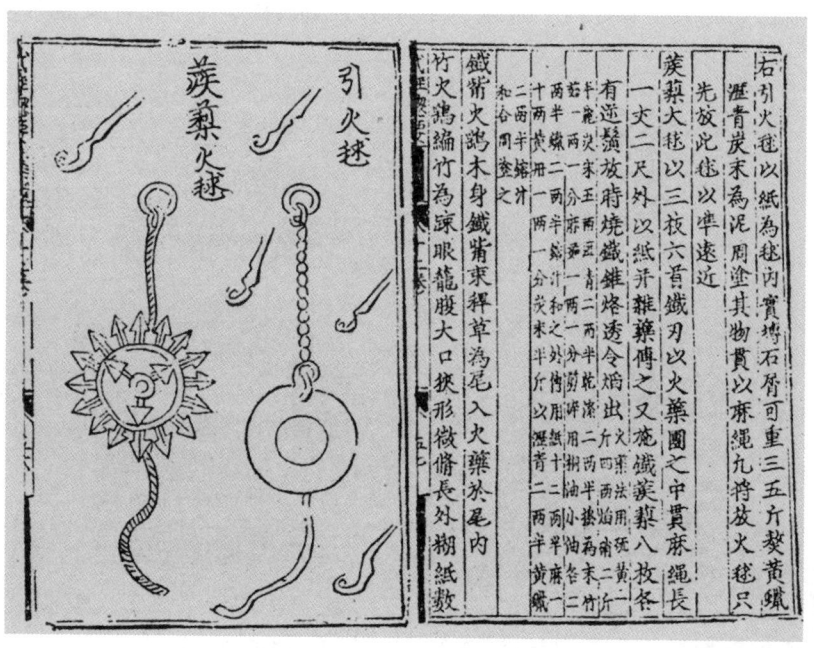

《武经总要》关于火药的记载

宋代文化 | 537

火药发明以前,火攻已经广泛运用于军事。火药发明之后,利用抛石机抛掷火药包以代替石头和油脂火球,可以明显增强杀伤力和破坏力。据宋人路振的《九国志》记载:唐哀帝天祐元年(904年),杨行密的军队围攻豫章(今江西南昌),部将郑璠命所部"发机飞火",就是将火药捆在箭簇上点燃后射入城中,烧毁了该城的龙沙门。这可能是火药应用于战争的最早记载。

到了宋代,持续不断的战争使火药武器得到了迅速发展。目前流传下来的最早记载火药武器制作过程的书籍是宋仁宗时期曾公亮和丁度编撰的《武经总要》,该书是中国第一部规模宏大的官修综合性军事著作。书中描绘了炸药从弹弩发射的机械原理,记载了中国最早的一批军用火器,分成火球类和火箭类,还记录了引火球、蒺藜火球、毒药烟球三种武器的火药配方。书中记载的"猛火油柜"则首次引入火药作为引燃物,与此前文献中用石

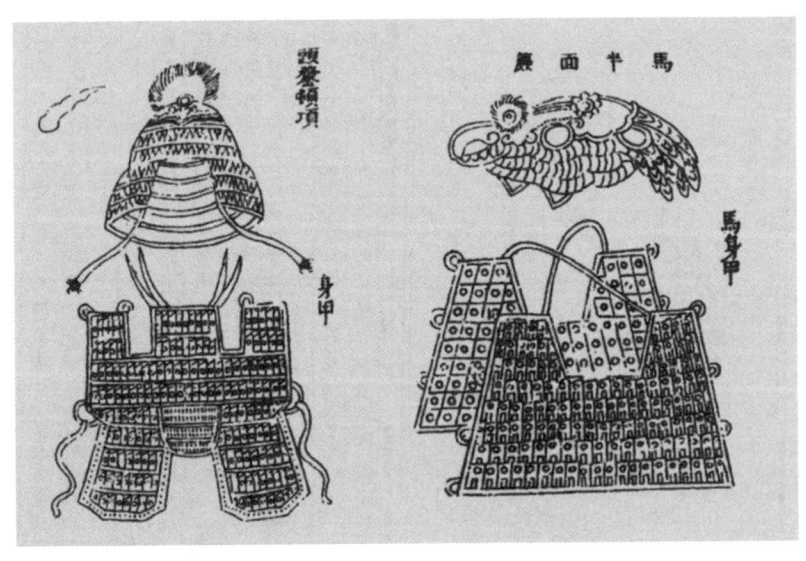

《武经总要》中的宋代甲胄图解

油作为进攻武器的猛火油相比又大大推进了一步。

火球类武器主要是用抛石器抛入敌阵,烧毁城池或器材,造成火灾、致毒、制障和人员伤亡。火箭类武器则继承了唐末以来"发机飞火"的方法,利用火药燃烧产生的向后反作用力将箭射出。这可算是世界上最早的喷射火器,主要用于焚烧粮草和攻城作战。

经过不断的改进,火药武器的爆炸威力也日益增强,到北宋末年出现了爆炸威力较大的火器"霹雳炮"。据《靖康传信录》卷二记载,靖康元年(1126年),金人围攻汴京,李纲在守城时曾用霹雳炮击退金兵,"夜发霹雳炮以击,贼军皆惊呼"。这种霹雳炮就是在霹雳火球的基础上发展而来的。

除了火球和火箭,南宋初期还出现了世界上最早的管型火器。绍兴二年(1132年),镇抚使陈规在守卫德安府(今湖北安

《武经总要》所绘"火牛"

宋代文化

陆）城时发明了最早的管型火器，即在打通的粗竹竿里填入火药，交战时点燃尾部，用喷出的火焰烧伤敌人，由二至三人操作。这种武器虽然简陋，但陈规却凭此击败了李横的部队，成为现代管型火器的鼻祖。

宋理宗开庆元年（1259年），寿春地区有人制成了突火枪。突火枪用粗竹筒制成，枪内装有"子窠"，就是原始的子弹。火药点燃后产生强大的气体压力，把"子窠"射出去。突火枪开创了管状火器发射弹丸的先声，将燃烧性火器过渡到了管型射击火器，为金属管型射击火器——火铳的创制奠定了基础。

到13世纪，中国人又发明了"震天雷"等铁壳类爆炸性兵器。《金史·赤盏合喜传》中有这样的描述："震天雷"用铁罐子装填火药，点火发炮，声如雷震，热力达半亩以上，人与牛皮皆碎迸无迹，甲铁皆透。这种威力强大的火器就连战无不胜的蒙古大军也为之胆寒。

宋端宗景炎二年（1277年），元兵攻打静江（今广西桂林），守城宋将在城陷粮绝的情况下，点燃了一枚大型铁火炮壮烈殉国。火炮爆炸时，"声如雷霆，震城土皆崩，烟气涨天外"，元兵多惊死者，南宋兵将更是"灰烬无遗"。

宋代的武器装备，在当时是相当先进的。尤其是火药武器的广泛运用，更是前代所未有。这些因素在抵御外敌的斗争中发挥了重要的作用。但由于火器的性能尚处于低级阶段，还不可能取代冷兵器，所以宋代的军队，就其总体而言，基本上仍以冷兵器为主。

早在八九世纪时，硝就和医药、炼丹术一起，由中国传到了阿拉伯。当时的阿拉伯人称它为"中国雪",波斯人称它为"中国盐",并用硝来治病、冶金和制造玻璃。13世纪时,火药由商人经印度传入阿拉伯地区,希腊人通过翻译阿拉伯人的书籍才知道火药。

火药武器则是通过战争传到了阿拉伯国家。南宋端平元年(1234年)蒙古灭金后,将虏获的金军火药工匠和火器手编入了蒙古军队。次年,蒙古大军发动第二次西征,新编入蒙军的火器部队也随军远征。在随后的几年中,蒙古大军横扫了东欧平原。根据波兰历史学家德鲁果斯《波兰史》一书的记述,在1241年的瓦尔斯塔德战役中,蒙古军队使用了威力强大的火器,从一种木筒里发射成束的火箭,因为木筒上绘有龙头,因此被波兰人称作"中国喷火龙"。蒙古人灭亡阿拉伯帝国后,建立起了伊儿汗国,这里迅速成为火药等中国科技知识向西方传播的枢纽。

后来阿拉伯人又与欧洲一些国家进行了长期的战争。在与阿拉伯人的战争中,欧洲人逐步掌握了制造火药和火药兵器的技术。欧洲人掌握了火药和火器制造技术以后,不断加以改进,逐渐发展出近代的枪炮。中国发明的火药大大推进了历史发展的进程,成为欧洲文艺复兴的重要支柱之一。

造船业、航海技术与"海上丝绸之路"的兴盛。远古时期,中国的造船、航海技术远远落后于当时的地中海沿岸国家。但是,中国后来居上,最迟在隋唐时期已处于世界领先地位,宋元时期达到高峰。

舵、水密隔舱和龙骨装置是中国古代造船技术的三大发明。

前两项发明成熟于宋代，后一项发明出现于宋代，它们共同奠定了宋元时期中国造船、航海技术领先世界的基础，对世界造船、航海技术产生了深远影响。

舵是操纵船舶航行方向的设备，古人称之为"凌波至宝"。宋代船舶大多使用长方形门舵。为了转舵省力，宋人发明了"开孔舵"，就是在舵面上打许多孔。由于水的表面张力作用，舵面开孔并不影响性能，还可以减小水的阻力。所以，开孔舵称得上是一项别具匠心的发明，如今还普遍使用。

最迟在北宋时期，还出现了一种平衡舵。这种舵将一小部分舵面移到舵杆前面，这样就能够缩小舵面的摆动力矩，使操纵更加灵活轻便。张择端的《清明上河图》就绘有平衡舵。1978年，天津静海出土过北宋平衡舵实物。此外，南宋海船上还出现了可随水深浅而升降的升降舵。

10世纪，阿拉伯航海者引用中国舵。12世纪末至13世纪初，中国舵又经阿拉伯传入欧洲，成为开创人类大航海时代的技术条件之一。

宋代的水密隔舱技术已经十分成熟。水密隔舱，就是用隔舱板将船舱分成几个独立的舱区。这种结构最迟在唐代就已经出现，天津静海古运河河道出土的北宋木船和福建泉州出土的宋代海船都有十三个舱。

水密隔舱的采用，是造船史上的一大创举，不但改进了船舶结构，也提高了船舶的安全和性能。首先，厚实的隔舱板与船壳板紧密钉合，增加了船体横向强度。隔舱板实际上起到肋骨作用，从而取代肋骨，使造船工艺简化且船体坚固。其次，水密隔舱提高了船舶抗沉能力。倘若发生意外，船舶触礁漏水，只进坏舱，不影响其他船舱，船舶不会立即沉没，可以赢得宝贵的抢修时间，船舶的安全性能得到极大提高。再次，由于分舱，不同货主可以同时到不同舱位装取货物，提高了装卸效率，货物也便于保管。

正是因为水密隔舱的采用，使中国海船优越于外国海船。直到18世纪末，水密隔舱结构才开始引起西方重视。1787年，美国著名科学家和政治家富兰克林在谈到美、法间邮船计划的信中说：采用中国的水密隔舱方法，"对于乘客将是一种莫大的鼓励"。1795年，本瑟姆将军改造英国军舰，采用了"免得进水沉没的隔板"。英国人误以为这是本瑟姆将军的发明，本瑟姆将军公开声明："这是今天的中国，也是古代的中国所实行的。"从此，中国发明的水密隔舱结构流行于欧美，乃至世界各国。如今，无论是载重数十万吨的油轮，还是潜入深海的核潜艇，虽然制造材料日新月异，但船体内部采用的仍然是水密隔舱结构。

在宋代，人们发明了一种尖底龙骨船，因诞生于福建，所以称为"福船"。宋人徐梦莘的《三朝北盟会编》中说："海舟以福建为上。"明人茅元仪的《武备志》"福船"条也说："船制至福建备矣。"宋代的福船，被认为是中国古代造船技术的杰出代表。

福船的船型和船壳结构是由龙骨所决定的。龙骨由首龙骨、主龙骨和尾龙骨三段通过榫卯连接而成，处于船壳底部的正中。船壳由龙骨逐步向两侧呈弧形状展宽，船壳板之间采用榫卯式搭接与平接，从而形成阶梯状，并用竹钉、铁钉和锔钉加固，接缝处用麻丝和桐油灰等捻料腻密。福船的横断面呈"V"型，龙骨装置在尖底下端贯通船只首尾,形成尖首尖底,利于破浪前进。而且底尖吃水深,稳定性好,还容易转舵变向,能在狭窄和多礁的航道上使用。所以,福船是当时各条海洋航道上最活跃的船型。"南海一号"大约就属于这种船型。

宋代航海技术的一大突破性成就,就是指南针和罗盘的广泛使用。对此,北宋朱彧的《萍洲可谈》和徐兢的《宣和奉使高丽图经》,南宋赵汝适的《诸蕃志》和吴自牧的《梦粱录》都有记述。除了指南针和罗盘,宋代的海员还能根据天气变化确定方位、判断环境,根据海底泥土的气味和外观来判断船只的位置,并且开始掌握季风规律,利用季风进行航海。

宋代海上交通航线的发展,也为海图的产生创造了条件。在两宋时期,有关海图的记述已十分明确,如徐兢的《宣和奉使高丽图经》和刘豫献给金熙宗完颜亶的海道图等,都说明了当时海图的发展。海图的出现,为航海提供了更多的技术工具与知识,在海洋地理识别探测方面是一大进步。

宋代海外贸易的繁荣兴盛,推动了航海技术的进步和造船业的发达。而发达的造船、航海技术又为海外贸易的繁荣提供了可靠的物质技术条件。

2007年12月22日,"南海一号"古沉船整体打捞出水,揭开了世界水下考古史的新篇章。"南海一号"是八百多年前沉没在广东省阳江市东平港以南约二十海里处的宋代商船,是迄今为止世界上发现的海上沉船中年代最早、船体最大、保存最完整的远洋贸易商船。这艘古沉船的重见天日，为我们研究海上丝绸之路的历史提供了重要的实物资料，尤其是为研究宋朝发达的造船业和航海技术提供了重要参考。

"南海一号"是一个长三十米、宽十多米、高三至四米，连带海底凝结物重达三千吨的庞然大物。在整体打捞开始之前，水下考古队已对这艘宋代商船进行了小规模试掘，打捞出以瓷器为主的各类文物四千余件，多数都是十分罕见甚至绝无仅有的文物珍品。经过七年的保护发掘，沉船表面的淤泥海沙贝壳等凝结物被逐层清理，船舱内超过六万件层层叠叠、密密麻麻的南宋瓷器得以重见天光，展现在世人面前。

"南海一号"出土瓷器

经过考古识别，这些南宋外销瓷主要由江西景德镇窑系、浙江龙泉窑系、福建德化窑系、福建闽清义窑系和福建磁灶窑系等五大民窑瓷器构成，品种超过三十种，多数可定为国家一级、二级文物。"南海一号"还出土了许多"洋味"十足的瓷器，从棱角分明的酒壶到有着喇叭口的大瓷碗，都具有浓郁的阿拉伯风情，被认为是宋代接受海外订货

南宋龙泉窑青釉龙虎瓶

宋代文化 | 545

"来样加工"的产品。

"南海一号"出土的大量文物，再次印证了宋朝是中国瓷器的第一个鼎盛时代。汝、官、哥、定、钧五大名窑，器物璀璨夺目。对比元、明的青花瓷和清代的珐琅彩，宋瓷以优雅的单色釉著称，是世所公认的中华瓷器中的"大家闺秀"。据赵汝适的《诸蕃志》记载，宋代瓷器被运往全球五十多个国家，最远包括非洲的坦桑尼亚等地，成为风靡世界的名牌，卖价几与黄金相等。随着宋瓷的光芒远播海外，外国人对宋瓷趋之若鹜，宋瓷的使用成为身份等级的象征，极大地影响了他们的生活习俗。所以，从宋朝开始，"海上丝绸之路"改称"中华瓷器之路"更为确切。

隋唐五代北宋南宋纪元表

朝代	皇帝名及尊号	在位期间年号	公元纪年
隋	文帝杨坚	开皇	581—600
		仁寿	601—604
	炀帝杨广	大业	605—618
	恭帝杨侑	义宁	617
唐	高祖李渊	武德	618—626
	太宗李世民	贞观	627—649
	高宗李治	永徽	650—655
		显庆	656—661
		龙朔	661—663
		麟德	664—665
		乾封	666—668
		总章	668—670
		咸亨	670—674
		上元	674—676
		仪凤	676—679
		调露	679
		永隆	680
		开耀	681
		永淳	682
		弘道	683

续表

朝代	皇帝名及尊号	在位期间年号	公元纪年
唐	中宗李显	嗣圣	684
	睿宗李旦	文明	684
	则天武后	光宅	684
		垂拱	685—688
		永昌	689
		载初	689
	周圣神皇帝武曌	天授	690—692
		如意	692
		长寿	692—694
		延载	694
		证圣	695
		天册万岁	695
		万岁登封	696
		万岁通天	696
		神功	697
		圣历	698—700
		久视	700
		大足	701
		长安	701—704
	中宗李显	神龙	705—707
		景龙	707—710
	殇帝	唐隆	710
	睿宗李旦	景云	710—711
		太极	712
		延和	712
	玄宗李隆基	先天	712
		开元	713—741
		天宝	742—756

续表

朝代	皇帝名及尊号	在位期间年号	公元纪年
唐	肃宗李亨	至德	756—758
		乾元	758—760
		上元	760—761
	代宗李豫	宝应	762—763
		广德	763—764
		永泰	765—766
		大历	766—779
	德宗李适	建中	780—783
		兴元	784
		贞元	785—805
	顺宗李诵	永贞	805
	宪宗李纯	元和	806—820
	穆宗李恒	长庆	821—824
	敬宗李湛	宝历	825—827
	文宗李昂	大和	827—835
		开成	836—840
	武宗李炎	会昌	841—846
	宣宗李忱	大中	847—859
	懿宗李漼	咸通	860—873
	僖宗李儇	乾符	874—879
		广明	880—881
		中和	881—885
		光启	885—888
		文德	888
	昭宗李晔	龙纪	889
		大顺	890—891
		景福	892—893
		乾宁	894—898
		光化	898—901
		天复	901—904

续表

朝代		皇帝名及尊号	在位期间年号	公元纪年
唐		哀帝李柷	天祐	905—907
五代	后梁	太祖朱晃（又名温、全忠）	开平	907—910
			乾化	911—912
		末帝朱瑱	乾化	913—915
			贞明	915—921
			龙德	921—923
	后唐	庄宗李存勖	同光	923—926
		明宗李亶	天成	926—930
			长兴	930—933
		闵帝李从厚	应顺	934
		末帝李从珂	清泰	934—936
	后晋	高祖石敬瑭	天福	936—942
		出帝石重贵	天福	943
			开运	944—947
	后汉	高祖刘暠（本名知远）	天福	947
			乾祐	948
		隐帝承祐	乾祐	948—950
	后周	太祖郭威	广顺	951—953
			显德	954
		世宗柴荣	显德	954—959
		恭帝柴宗训	显德	954—960
北宋		太祖赵匡胤	建隆	960—963
			乾德	963—968
			开宝	968—976
		太宗赵炅（本名匡义、光义）	太平兴国	976—984
			雍熙	984—987
			端拱	988—989
			淳化	990—994
			至道	995—997

续表

朝代	皇帝名及尊号	在位期间年号	公元纪年
北宋	真宗赵恒	咸平	998—1003
		景德	1004—1007
		大中祥符	1008—1016
		天禧	1017—1021
		乾兴	1022
	仁宗赵祯	天圣	1023—1032
		明道	1032—1033
		景祐	1033—1038
		宝元	1038—1040
		康定	1040—1041
		庆历	1041—1048
		皇祐	1049—1054
		至和	1054—1056
		嘉祐	1056—1063
	英宗赵曙	治平	1064—1067
	神宗赵顼	熙宁	1068—1077
		元丰	1078—1085
	哲宗赵煦	元祐	1086—1094
		绍圣	1094—1098
		元符	1098—1100
	徽宗赵佶	建中靖国	1101
		崇宁	1102—1106
		大观	1107—1110
		政和	1111—1118
		重和	1118—1119
		宣和	1119—1125
	钦宗赵桓	靖康	1126—1127

续表

朝代	皇帝名及尊号	在位期间年号	公元纪年
南宋	高宗赵构	建炎	1127—1130
		绍兴	1131—1162
	孝宗赵昚	隆兴	1163—1164
		乾道	1165—1173
		淳熙	1174—1189
	光宗赵惇	绍熙	1190—1194
	宁宗赵扩	庆元	1195—1200
		嘉泰	1201—1204
		开禧	1205—1207
		嘉定	1208—1224
	理宗赵昀	宝庆	1225—1227
		绍定	1228—1233
		端平	1234—1236
		嘉熙	1237—1240
		淳祐	1241—1252
		宝祐	1253—1258
		开庆	1259
		景定	1260—1264
	度宗赵禥	咸淳	1265—1274
	恭帝赵㬎	德祐	1275—1276
	端宗赵昰	景炎	1276—1278
	卫王赵昺	祥兴	1278—1279